ELIER RAMÍREZ CAÑEDO

CUBA:
LA ISLA INSUMISA

EDITORIAL LETRA VIVA
CORAL GABLES, LA FLORIDA

CUBA:
LA ISLA INSUMISA

ELIER RAMÍREZ CAÑEDO

ÍNDICE

DE LA HISTORIA   9

DARDOS VENENOSOS CONTRA
LA HISTORIA DE CUBA:
LA POLITIZACIÓN DEL AUTONOMISMO   11
UN COMBATE DE IDEAS EN EL SIGLO XIX:
JOSÉ MARTÍ Y EL AUTONOMISMO   32
EL AUTONOMISMO EN LA HISTORIOGRAFÍA CUBANA:
UNA LARGA Y ENCONADA POLÉMICA   47
CULPABLES DE CUBANÍA   62
EL GRAN APORTE CHILENO
A LA INDEPENDENCIA DE CUBA   68
¿QUÉ PASÓ EN LA MEJORANA?   71

RELACIONES ESTADOS UNIDOS-CUBA   77

ESTADOS UNIDOS CONTRA LA INDEPENDENCIA DE
CUBA; OTRO ROSTRO DEL BICENTENARIO   79

LA SOLUCIÓN AUTONÓMICA EN CUBA PARA FINES
DEL SIGLO XIX: UNA BARAJA
EN EL JUEGO IMPERIAL ESTADOUNIDENSE   106
LA BATALLA DIPLOMÁTICA Y POLÍTICA EN TORNO A
LA CRISIS DE OCTUBRE. EL PAPEL DE LA ONU   117
UN SINGULAR ENCUENTRO:
GUEVARA Y GOODWIN EN MONTEVIDEO   161
A 50 AÑOS DEL MAGNICIDIO EN DALLAS.
J.F. KENNEDY Y LA REVOLUCIÓN CUBANA   170
FORD, KISSINGER Y LA NORMALIZACIÓN
DE LAS RELACIONES CON CUBA   199
CUBA Y ESTADOS UNIDOS, 1979:
LA CRISIS DE LA BRIGADA SOVIÉTICA   243
A 30 AÑOS DE LA CRISIS MIGRATORIA DEL MARIEL   260
FIDEL, CARTER

Y LAS MISIONES SECRETAS DE PAUL AUSTIN 295
EE.UU., CUBA Y LA NORMALIZACIÓN
DE LAS RELACIONES 325
LECCIONES HISTÓRICAS PARA OBAMA 341
POLÍTICA DE ESTADOS UNIDOS HACIA CUBA:
TENDENCIAS ACTUALES 354

RESEÑAS 373

PALABRAS DE PRESENTACIÓN DEL LIBRO:
DOS RÍOS, A CABALLO Y CON EL SOL EN LA FRENTE 375
UNA HISTORIA CON PERSPECTIVA DE FUTURO 381
REPÚBLICA DE CORCHO:
LECTURA MUY RECOMENDABLE 387
CAYO CONFITES:
LA HISTORIA DE UNA AVENTURA DESVENTURADA 390
UNA LECTURA IMPRESCINDIBLE:
50 AÑOS DE OPERACIONES ENCUBIERTAS EN EE.UU. 396
A PROPÓSITO DEL LIBRO
AMÉRICA LATINA EN TIEMPOS DE BICENTENARIO 405
UN LIBRO IMPRESCINDIBLE
EN LA HORA ACTUAL DE CUBA 413

POLÉMICAS 423

PROVOCACIÓN Y POLÉMICA PALABRAS
PARA PRESENTACIÓN DE LIBRO: EL AUTONOMISMO
EN LAS HORAS CRUCIALES DE LA NACIÓN CUBANA 425
RAFAEL ROJAS: EL VERDADERO MAÑOSO 432
UNA CRÍTICA DESAFORTUNADA
A UN LIBRO NECESARIO 443
UN ROUND MÁS SOBRE
LA CONSPIRACIÓN DE LOS IGUALES 457
ANTI-INJERENCISMO Y ANTI-PLATTISMO
EN TIEMPO DE LOS INDEPENDIENTES DE COLOR 468

ENTREVISTAS 483

"DEBEMOS SANAR EL TEJIDO ESPIRITUAL
DE LA NACIÓN" 485
LA HISTORIA SACRALIZADA NO ES HISTORIA 493
LAS "FRONTERAS" SIMBÓLICAS DEL PATRIOTISMO 498

CUBA HOY 509

"LOS AVATARES ACTUALES
DE LA JUVENTUD COMUNISTA CUBANA" 511
UNA SENCILLA TAREA PARA BERTA SOLER 519
"LA IMPORTANCIA DE LA CRÍTICA REVOLUCIONARIA" 522
UN DISCURSO MEDULAR 527
"LUCHAMOS CONTRA LA MISERIA, PERO AL
MISMO TIEMPO LUCHAMOS CONTRA LA ALIENACIÓN" 532
RELEYENDO PALABRAS A LOS INTELECTUALES 541

ELIER RAMÍREZ CAÑEDO

DE LA HISTORIA

ELIER RAMÍREZ CAÑEDO

DARDOS VENENOSOS CONTRA LA HISTORIA DE CUBA:
LA POLITIZACIÓN DEL AUTONOMISMO

Desde hace ya algún tiempo, el autonomismo, corriente política de la centuria decimonónica cubana, se ha convertido en un tema de interés en la producción historiográfica española, y también ha pasado a ser tópico predilecto para algunos elementos hostiles al proceso revolucionario cubano actual. Sin embargo, entre los primeros y los segundos existen diferencias marcadas, pues en los autores españoles, a pesar de que podemos discrepar con muchas de sus hipótesis, y percibir en algunos de sus criterios cierta carga política adversa al sistema político de la Isla, se observa seriedad investigativa, nada comparable con los epidérmicos y extremadamente politizados análisis de ciertos detractores de la Revolución Cubana.

La mayoría de las aportaciones sobre el autonomismo en la historiografía española, en donde se destacan autores como: Marta Bizcarrondo, Antonio Elorza, Luis Miguel García Mora, Inés Roldán, Antonio Santamaría y Consuelo Naranjo, han partido del cuestionamiento del tratamiento que le ha dado a esta corriente política la producción historiográfica de la Isla después de 1959. Basados en este presupuesto, y en aferrada cruzada por revertir los criterios en torno al tema, que de manera general se han esgrimido en la historiografía cubana, estos investigadores españoles han caído en las mismas deficiencias que critican en la historiografía marxista cubana, con los consecuentes juicios torcidos sobre la corriente autonómica.

Por lo general, sus estudios han partido de hipótesis que reflejan cierto desconocimiento de la realidad colonial de la Isla en la segunda mitad del siglo XIX, y en su férrea intención demostrativa, no han logrado más que anquilosar y restarle calidad y alcance a sus resultados investigativos. Esto ha sido así, a pesar de la amplia gama de fuentes primarias y secundarias consultadas, y de los interesantes elementos que han proporcionado al estudio del reformismo decimonónico cubano.

Entre los historiadores españoles que han pretendido encumbrar esta opción política, se destaca Luis Miguel García Mora, quien ha realizado numerosas investigaciones y publicado artículos y ensayos referentes al Partido Autonomista Cubano. García Mora, en su artículo "Quiénes eran y a qué se dedicaban los autonomistas cubanos?, prefiere ver en el autonomismo un nacionalismo conservador y moderado, más preocupado en profundizar la práctica política, que en lograr la independencia, por lo que no está dispuesto a coger las armas"[1].

Pero sin dudas, la obra de mayor amplitud en torno al tema, que discrepa con los tradicionales enfoques de la historiografía cubana, es *Cuba/España. El dilema autonomista, 1878-1898,* de los profesores españoles Marta Bizcarrondo y Antonio Elorza. Esta obra, dirige su atención a la biografía política del Partido Liberal Autonomista de la isla de Cuba, y parte de la hipótesis de que el autonomismo encarnaba una fórmula de "construcción nacional cubana". Desde el principio los autores adelantan a los lectores en que sus páginas contienen "la historia de un fracaso", pero también la historia del esfuerzo de una elite insular "por configurar un país, una patria, sin renunciar al vínculo con una Metrópoli opresiva y obtusa"[2]

---

[1] Citado por Inés Roldán de Montaud en su artículo "Los Partidos Políticos Cubanos de la Época Colonial en la Historiografía Reciente" en: *Visitando la Isla. Temas de Historia de Cuba*, Madrid, Editorial Ahila, 2002, p.37.

[2] Ver Marta Bizcarrondo y Antonio Elorza, *Cuba/España. El dilema autonomista 1878-1898*, Madrid, Editorial Colibrí, 2001, p. 17-18.

Tanto García Mora, como Bizcarrondo y Elorza, procuran señalar los puntos de contacto entre independentismo y autonomismo, criticando a la historiografía cubana que, según ellos, ha tendido por lo general a ver estas corrientes políticas como dos fuerzas totalmente contrapuestas. También han resaltado el papel de la crítica sistemática autonomista, como contribución a la construcción de la conciencia cubana y el criterio de que los autonomistas no se opusieron a la materialización del estado nacional cubano, pues a su juicio, esto era posible dentro de los marcos de la soberanía española a través de una vía más moderada y conservadora.

Sin embargo, hay que destacar que, bajo el dominio colonial español que los autonomistas querían reformar sin desprenderse de él, era imposible que brotara la nación cubana. En todo caso, aunque nunca fue posible en la manera que lo desearon los autonomistas, dada la terquedad española y los intereses económicos que se ponían en juego[3], la aspiración y lucha legal autonomista tenía como meta convertir a Cuba en una región especial con intereses y leyes propias; pero representada siempre por su madre patria: la nación española.

La mayoría de los autonomistas, en su imaginario, solo apreciaban esta región especial española, y no una nación que emergía buscando su realización fuera de los contornos coloniales. Para ellos, Cuba no estaba madura para la independencia y el pueblo antillano no tenía capacidad para sostenerse individualmente en caso de romperse la "vital unidad nacional". Por tal motivo, defendieron con patriotismo la primera alternativa, mientras que la segunda, no pasó de ser una idea pavorosa a la cual había que combatir denodadamente. La

---

[3] La concesión de la autonomía constituía la afectación directa del negocio colonial mediante el cual España expoliaba las riquezas de la Isla, y actuaría también en menoscabo de los sectores y grupos peninsulares que se beneficiaban, tanto en la metrópoli como en la colonia, de *statu quo* entronizado. Para más información puede verse María del Carmen Barcia, *Elites y grupos de presión en Cuba 1868-1898*, La Habana, Editorial de Ciencias Sociales, 1998.

opción política autonómica se oponía, tanto a la tozudez española, como a la insurrección armada mambisa, colocándose así en el medio de dos fuegos encontrados, pero a la hora del estallido revolucionario, optaban por plegarse, en definitiva, a quien era en realidad su más cruento y verdadero rival: el colonialismo español.

El propio Rafael Montoro dejó claro en uno de sus discursos, hasta donde llegaban sus anhelos políticos:

> "La política local, en Cuba, no encierra peligros para la nacionalidad española, como no los encierra para la nacionalidad británica en sus libres y prósperas colonias. La nacionalidad española, como ha demostrado elocuentemente el señor Govín, es presunción necesaria y base verdaderamente inconmovible de la política local,...."[4]

La principal limitante de estos autores españoles, es que al empeñarse en la búsqueda de los nobles aspectos del autonomismo, para contraponerlos a las valoraciones tradicionales del tema en historiografía cubana revolucionaria, obvian que Cuba autonómica, como ambicionaban sus partidarios, significaba únicamente la continuación reformada de la coyunda colonial. Descartan que ya no solo la distancia y los intereses económicos separaban a España y Cuba, sino también una grieta espiritual insalvable resultado de la epopeya del 68, y que la ideología mambisa había devenido en autoconciencia de las masas oprimidas y baluarte de la identidad nacional.

Olvidan que nuevos contornos nacionales habían surgido en la manigua durante la Guerra Grande, marcando la psiquis social de los cubanos y el orgullo nacional, y que la independencia no era para aquel tiempo

---

[4] Rafael Montoro, Discurso Pronunciado en la Junta Magna del Partido el 1ro de abril de 1882 en: *El Ideal Autonomista*, La Habana, Editorial Cuba, 1936, p. 31.

un "capricho pasajero, sino un sentimiento natural y profundo que se trasmitía con la sangre de generación en generación"[5]. En suma, era imposible pensar en una perpetuidad armónica cuando las autoridades españolas e incluso algunos sectores de su población, veían únicamente a la Isla como una de sus posesiones ultramarinas, de la cual se obtenían significativos beneficios económicos, y por tanto, había que seguir explotando sin misericordia. Es absurdo pensar que el pueblo cubano, pueblo en sí y para sí después de la Guerra de los Diez Años, no aspirara a sacudirse radicalmente de un yugo tan asfixiante.

Consiguientemente, no era posible defender el orden colonial reformado, sin negar la nacionalidad. Para ver nacer definitivamente al estado nacional cubano, libre y soberano, la única vía probada y posible estaba en dirigirse con vigor a la raíz del problema, y este se hallaba, a todas luces, en el colonialismo español, pero no podía extirparse con utópicos remedios intermedios y líricos, sino con soluciones radicales. José Martí entendió perfectamente esta realidad que no vieron los autonomistas:

"Rudo como es el refrán de los esclavos de Luisiana –escribió en 1892-, es toda una lección de Estado, y pudiera ser el lema de una revolución: "Con recortarle las orejas a un mulo, no se le hace caballo (...) Ni dentro de la ley, ni dentro de su esperanza agonizante, ni dentro de su composición real, podría más el partido autonomista, ni insinúa más, que reconocer la ineficiencia de impetrar de España, con la sumisión que convida al desdén, una suma de libertades incompatibles con

---

[5] Rafael María Merchán, *Cuba: justificación de sus guerras de independencia*, La Habana, Imprenta Nacional de Cuba, 1961, p.180.

el carácter, los hábitos y las necesidades de la política española"[6].

A diferencia de las investigaciones de los historiadores
españoles sobre el autonomismo, en los trabajos publicados en el exterior de varios opositores del sistema socialista cubano, resaltan más sus posicionamientos políticos, que sus razonamientos históricos. Algunos de
ellos, han dedicado sus líneas en artículos y libros para
exaltar el ideal autonomista como la opción que, de haberse materializado, hubiera resuelto los problemas de
la Isla, al tiempo que catalogan a esta corriente como la
fórmula que encarnaba realmente el sentimiento nacional y no un independentismo supuestamente inven-
tado.

En las exposiciones de estos "ideólogos", también sub-
yace el designio de loar el espíritu moderado, pausado
y gradual de los autonomistas como el que debiera sus-
tituir, en la Cuba contemporánea, el espíritu revolucionario que nos legaron los mambises. También, puede
encontrarse en sus trabajos sobre el tema, la idea de la
culpabilidad del independentismo del fiasco autonómico. Al mismo tiempo, otras figuras de la misma es-
tirpe, pero mucho más reaccionarios, han volcado su mirada hacia el autonomismo, para ejemplificando sus
fracasos históricos, condenar los métodos pacíficos, civi-
listas y evolutivos, estimulando el uso de la violencia y
el terrorismo para lograr un "cambio de régimen" en
Cuba.

En lo que coinciden estos exponentes es en su manipulación política en torno a la temática autonomista. Se
percibe con facilidad en algunos de ellos sus ansias re-
visionistas de la historia oficial cubana, con el propósito
bien marcado de subvertir las bases más firmes y sensibles de nuestra historia nacional, como un camino

---

[6] José Martí: "La agitación autonomista", *Patria*, New York,
1892, en: *Ob. Cit.*, t.1. p.332-333

oportuno para desmontar las posturas políticas actuales de la mayoría de los cubanos. Saben que nuestra historia gloriosa, donde las reformas no tuvieron cabida y las soluciones verdaderas vinieron de la lid redentora, es sustentación ideológica de la lucha del pueblo cubano en el presente y en el porvenir, por tal motivo, han dirigido hacia ahí sus dardos venenosos. Algunos han sido más sutiles, otros más descabellados, pero ninguno ha tenido sinceras intenciones de hurgar en nuestro pasado, todo lo contrario, de ahí, las innumerables aberraciones o dislates que se pueden encontrar en los trabajos que han publicado.

Entre los cubano-estadounidenses que se han dedicado a la defensa apostólica del autonomismo cubano y al ataque a la Revolución, podemos encontrar a Rafael E. Tarragó (bibliotecario iberoamericanista de la Wilson Library en la Universidad de Minnesota, EE.UU). Su obra, *Experiencias Políticas de los Cubanos en la Cuba Española 1512-1898* (Barcelona, s.a), es un intento fallido por desvirtuar algunos aspectos de la Historia de Cuba. Desde la introducción de este libro podemos percibir estos propósitos insidiosos. Tarragó aboga por la idea de que los historiadores cubanos son incapaces de analizar imparcialmente su historia, ya que según él, fueron los independentistas cubanos quienes hundieron la salida autonómica, al apoyar la invasión estadounidense en 1898[7].

No se percata, o no lo quiere reconocer, dada su intención de manipular la Historia cubana, que la autonomía era ya una idea retardataria después de haber acontecido la Guerra Grande. Estallido revolucionario que se produjo, entre otros motivos, porque España se encargó de enterrar, entre 1866 y 1867, la posibilidad de reformas, ratificando el carácter opresivo y obsoleto de su política colonial. Y si el autonomismo pudo resurgir e incluso existir como partido político, como nunca había

---

[7] Rafael E. Tarragó, *Experiencias Políticas de los Cubanos en la Cuba Española: 1512-1898,* Barcelona, Puvill Libros, S.A, (s.a), p.10.

sido posible en las anteriores etapas reformistas, fue una consecuencia del alcance de la lucha independentista del 68, que hizo sacudir al colonialismo español en la Isla y este tuvo que acceder a ciertos acomodos. Por tal razón, aunque nunca lo reconocieron de esa manera, los reformistas que se unieron al Partido Autonomista en 1878, debieron su existencia al independentismo cubano, pues de no haberse alzado los cubanos en armas, jamás hubieran conocido la legalidad.

Así se repitió durante la farsa de 1898, pues la metrópoli solo mudaba su terca y expoliadora política, cuando la llama le quemaba los pies. Para aquel entonces, al vigoroso fuego de la Revolución se le unieron las insistentes presiones estadounidenses exigiendo reformas, enmascarando sus verdaderas intenciones de apoderarse de la Isla, lo que llevó al gobierno español, a regañadientes, a conceder la "autonomía" a Cuba.

Tarragó también sostiene, que los autonomistas "abogaron por la temprana supresión del sistema del patronato y la abolición completa de la esclavitud de los negros decretada en 1886"[8]. En este caso, Tarragó falsea la historia, porque debió haber apuntado que inicialmente los autonomistas, por razones económicas, fueron más conservadores incluso que el propio Partido Unión Constitucional, al pedir la abolición gradual y con indemnización de la esclavitud y la implantación del patronato.

Llega al extremo Tarragó, al señalar que Martí y la guerra del 95 impidieron las reformas y, por tanto, fueron los máximos causantes de la crisis que llevó a la intervención estadounidense en Cuba[9]. Al obviar que EE.UU estaba decidido a intervenir en la Isla para apoderarse de la misma, con autonomía o sin ella, Tarragó desconoce que los intereses expansionistas de esa nación con relación a la "Perla de las Antillas" se remon-

---

[8] Ver: Ibídem, p.78.
[9] Ver: Ibídem, p.100

taban a mucho antes de 1898 y que la exigencia de reformas a España fue solo una táctica coyuntural en busca de un objetivo mayor. De cualquier forma, encontrarían siempre una justificación para entrometerse en la contienda cubano-española y satisfacer sus ansias imperiales.

Un artículo de Tarragó que apareció el 17 de marzo del 2003, en *El Nuevo Herald* de Miami, es otro de sus intentos por atacar el legado histórico de Cuba. En el mismo asevera que las reformas de Abarzuza habían hecho innecesaria la guerra de Martí en 1895. Según afirma, con total ignorancia, Cuba gozaba ya de todas las libertades civiles, y la guerra de Martí vino a destruirlo todo[10].

Cualquiera que haya leído un poco de Historia de Cuba, que no sea por el lomo del libro, se puede percatar con facilidad que estas tesis no están para nada sustentadas en la realidad histórica.

La llamada fórmula Romero- Abarzuza, aprobada por unanimidad en las Cortes españolas el 13 de febrero de 1895, en momentos en que la mayor parte de la población cubana, cansada ya de tantas afrentas de la metrópoli, se inclinaba por la concreción del estado nacional sin cortapisas, fue incluso más retrógrada que el proyecto presentado con anterioridad por el Ministro de Ultramar, Antonio Maura[11].

---

[10] Rafael E. Tarragó, "Los autonomistas y la Guerra de Martí", *Nuevo Herald*, Miami, 17 de marzo del 2003.

[11] n los primeros meses de su mandato como Ministro de Ultramar, Antonio Maura elaboró su Proyecto de Ley Reformando el Gobierno y Administración Civil de las Islas de Cuba y Puerto Rico, que fue presentado en las Cortes, el 5 de junio de 1893, bajo la forma de seis bases. Partía éste de un extenso preámbulo que resaltaba los vicios del sistema administrativo que regía en las Antillas y la forma en que esto limitaba la prosperidad de las islas. Planteaba establecer una Diputación Provincial única, integrada por 18 miembros elegibles por 4 años y un Consejo de Administración que tendría carácter consultivo y estaría integrado por 24 individuos, 15 elegibles y 9 nominados por el gobierno. El Gobernador General sería el encargado de ejecutar las decisiones de la diputación y poseería el derecho

Esto se puede corroborar con facilidad al ver que dicha fórmula mantenía incólume la autoridad del Capitán General, que podía suspender a los integrantes del Consejo de Administración que se crearía en la Isla, a pesar de que la mitad de sus miembros fuesen elegidos. Entre las facultades del Consejo de Administración no estaría la de nombrar a los funcionarios administrativos, ni la de exigirles responsabilidades, por lo que la corrupción administrativa seguiría creciendo sin grandes contratiempos. Por añadidura, los presupuestos generales continuarían aprobándose en la Metrópoli, siempre en su beneficio y en detrimento de la colonia caribeña, que continuaría cargando con una enorme deuda y los aranceles que frenaban su desarrollo. Aunque en apariencia se decía que el Consejo de Administración asumía las funciones de Diputación Única, en la práctica no era así, quedando por tanto el poder insular fragmentado y dando pábulo al caciquismo, lo que obraba en favor de los intereses de los grupos de presión peninsulares y la oligarquía españolista de la Isla, que se beneficiaban del *statu quo* entronizado[12].

Tampoco se materializaba la soñada división del mando civil y el militar. De haber hecho Tarragó un análisis exhaustivo de la fórmula Abarzuza, hubiera comprendido sin dificultad, que no representaba para nada los intereses de la nación cubana, y no llegó siquiera a cubrir las aspiraciones del Partido Autonomista, a pesar de que este, en evidente actitud oportunista, se adhirió a él, no sin fuertes discusiones en el seno de la Junta Central entre los que se conformaban

---

al veto, aunque para utilizarlo debía someter, previamente, su proposición al Ministerio de Ultramar a través del Consejo de Administración. Finalmente, este proyecto no fue discutido ni aprobado en las Cortes Españolas, en este desenlace jugó un papel fundamental el grupo de presión financiero. Ver: María del Carmen Barcia, *Elites y grupos de presión en Cuba 1868-1898*, La Habana, Editorial de Ciencias Sociales, 1998.

[12] Ibídem, p. 173-178.

con esta concesión, y los que abogaban por la total autonomía.

Pero en esa ocasión las reformas estuvieron gastadas para los cubanos; y así se demostró cuando solo once días después de aprobado este proyecto, estalló nuevamente la insurrección en la Isla, cobrando de inmediato una fuerza vertiginosa.

Está claro que después del Zanjón, Cuba siguió siendo una plaza sitiada regida por el Capitán General y por los siempre favorecidos integristas españoles. La fórmula Abarzuza, a todas luces, no revertía esa situación. De ahí que la guerra preparada durante muchos años, bajo innumerables sacrificios y vicisitudes, por José Martí y otros patriotas, fuese tan necesaria.

Pero los mal intencionados planteamientos de Tarragó, se quedaron muy por detrás en comparación con los esgrimidos por Hugo.J. Byrne, lo que demuestra el grado en que ha sido politizado el reformismo decimonónico cubano. En una conferencia en la Universidad de California, que llevó por título "El Autonomismo del siglo XXI"[13], este cubano-estadounidense, sostiene que los "disidentes"[14] cubanos o los nuevos autonomistas del siglo XXI como los califica, están tan equivocados como lo estuvieron los defensores de la evolución del siglo XIX cubano en su lucha legal y pacífica frente a la metrópoli española. Para Byrne, estos nuevos autonomistas cuentan con menos cartas de triunfo que sus antecesores, pues se oponen "al poder absoluto y totalitario del estado cubano".

Así, utilizando una de las farsas más burdas que han empleado los calumniadores del sistema político de la Isla, Byrne no está haciendo otra cosa que incitar a la lucha violenta y terrorista contra el sistema socialista de la Isla, sustentándose en la historia del fracaso del

---

[13] Con este título publicó dicha conferencia la revista contrarrevolucionaria *Guaracabuya*. (http: //www. amigospais-guaracabuya.org/)

[14] Mercenarios pagados por el Gobierno de EE.UU y por los grupos y organizaciones contrarrevolucionarias establecidos en ese país, fundamentalmente en la Florida.

Partido Autonomista y sus métodos pacíficos, como un elemento histórico similar a los que emplean los "disidentes" cubanos en el presente.

La adscripción de Byrne a los métodos violentos y terroristas se vislumbra cuando termina, nada más y nada menos que su conferencia, citando unas palabras del terrorista confeso Luis Posada Carriles[15], pronunciadas en la Florida el 13 de abril del 2005, donde llamaba a la implementación de estos recursos en la cruzada contra la Revolución Cubana[16]. Y seguidamente llega al colmo en sus ofensas a la Historia de Cuba y a sus principales próceres, al citar unas ideas de José Martí, totalmente descontextualizadas[17].

Estos desatinados juicios, para nada que ver con la historia, se repiten en los que quieren sustentarse en el autonomismo, de una forma u otra, para enfrentar la Cuba revolucionaria.

El canadiense J.C.M. Ogelsby es otro de los exponentes más sobresaliente dentro de este nuevo grupo de

---

[15] Connotado terrorista. Prófugo de la justicia cubana y venezolana por perpetuar la voladura de un avión de cubana de aviación el 6 de octubre de 1876, donde perdieron la vida 73 personas.

[16] "Nuestra estrategia es luchar sin descanso. Los invito a Uds. dentro y fuera de la Patria, para que juntos libremos esta cruzada por la libertad, asegurándoles que los fusiles asesinos de los torturadores de la Seguridad del Estado, serán insuficientes para impedir las ansias de libertad, de un pueblo que ha sabido una y mil veces enfrentar la opresión y derrotarla".

[17] "Es lícito y honroso aborrecer la violencia, y predicar contra ella, mientras haya modo visible y racional de obtener sin violencia las justicia indispensable al bienestar del hombre; pero cuando se está convencido de que por la diferencia inevitable de los caracteres, por los intereses irreconciliables y distintos, por la adversidad, honda como el mar, de mente política y aspiraciones, no hay modo pacífico suficiente para obtener siquiera derechos mínimos en un pueblo donde estalla ya, en nueva plenitud de capacidad sofocada, o es ciego quien sostiene contra la verdad hirviente el modo pacífico: o es desleal a su pueblo quien no lo ve y se empeña en proclamarlo".

alabarderos del autonomismo cubano. Este autor, en uno de sus trabajos, analiza el autonomismo cubano en relación con la fijación que este tuvo respecto del modelo de autonomía colonial del Canadá. Sostiene la legitimación nacional de los autonomistas, y los considera forjadores de la conciencia nacional, pero los presupuestos de los que parte le llevan a sostener que el independentismo era un movimiento minoritario, y que la república cubana fue fundada con la ayuda de los E.E.UU sobre las masas de los cubanos autonomistas y apolíticos.

Si el autor hubiera revisado los documentos que se conservan en las Bibliotecas y Archivos Cubanos, se hubiera percatado con facilidad que esa tesis no se acerca en nada a la realidad, pues las propias actas de la Junta Central del Partido Autonomista, nos reflejan que una vez reiniciada la lucha independentista en 1895, el sentimiento autonomista era muy minoritario, pues la mayoría del pueblo cubano se encontraba ya, de una forma u otra, al lado de la insurrección libertadora. Asimismo, no se puede soslayar que el triunfo de la revolución emancipadora fue mediatizado por los EE.UU, que intervino en la guerra con el fin de coronar los planes expansionistas que perseguía desde otrora, y la república que se instauró, subyugada al imperio del Norte, no fue en verdad el sueño de los cubanos que vertieron su sangre en la manigua.

Los razonamientos de Ogeslby pasan por exculpar al autonomismo y culpar a España en su política colonial. Pero los autonomistas también erraron. Aunque la mayoría eran brillantes intelectuales, no comprendieron que la opción política que defendieron durante años, era imposible bajo la tutela española.

Parte Ogeslby de supuestos inaceptables como que el cubano era un hombre de mentalidad colonial, y por ello la autonomía y los autonomistas encarnaban su voluntad política. Como demostración de un total desconocimiento de la Historia de Cuba, Ogeslby llega a decir que los autonomistas querían formar una sociedad multirracial y libre, concluyendo que Cuba no pudo ser esa nación libre bajo España, pero cumplió bajo la dominación de los EE.UU durante los años republicanos, la aspiración de Montoro de que se subordinara a una potencia extranjera, y que irónicamente el gobierno cubano después de 1959 hizo exactamente lo que Giberga pensaba, que Cuba en la época de la independencia, debía buscar la alianza con la más poderosa nación de Europa (URSS), para contrabalancear a los Estados Unidos.

En su criterio, no habiendo tenido oportunidad la Mayor de las Antillas *"de evolucionar hacia fuera de su sensibilidad colonial, los cubanos se encontraron atrapados en una tradición revolucionaria que paradójicamente parecía ser absolutamente colonial"[18]*. No hay dudas de que estas extrapolaciones insensatas, reflejan las posiciones antagónicas del autor frente al proceso revolucionario cubano actual.

El cubano residente en México, Rafael Rojas[19], se ha sumado desde ya hace algunos años, a los enaltecedores de la corriente autonómica cubana del siglo XIX. En su libro, *José Martí: la invención de Cuba* (Colibrí, Madrid, 2000), el autor sustenta la hipótesis de que Martí se dedicó a crear una nación cívico-republicana, una tradición, un imaginario articulado por la epopeya de la Guerra de los Diez Años, que devino en la desactivación del mensaje aristocrático de los patricios blancos. Así el Apóstol, según Rojas, a través de sus discursos frente al auditorio cubano de la emigración y sus escritos en *Patria,* fue "creando los mitos, los héroes, pero también las efemérides patrióticas, el ceremonial cívico y hasta los

---

[18] Luis Miguel García Mora, "Del Zanjón a Baire: A propósito de un balance historiográfico sobre el autonomismo cubano" en: *Revista Ibero Americana Pragnesia*. Suplementum 7/1995, p.38.

[19] Actualmente se desempeña como investigador y profesor del CIDE (Centro de Investigación y Docencia Económica) en Ciudad México y es codirector de la revista *Encuentro* que se publica en España.

símbolos nacionales y los emblemas políticos de su República"[20].

En su criterio, Martí inventó una nación moderna que contemplaba la comunidad negra dentro del espacio nacional y donde solo se exaltaban las virtudes morales del pueblo cubano, pero una nación, que no tenía nada que ver con la que existía en la práctica, y que se sustentaba en el imaginario de la aristocracia blanca, en donde era discriminado el negro criollo. Está claro que, para Rojas, la real nacionalidad cubana estaba representada por los autonomistas aristócratas blancos.

Sin embargo, qué respuesta daría Rojas a las siguientes preguntas: ¿por qué la mayoría del pueblo cubano optó por la liberación nacional y no por los remedios recomendados por los patricios blancos autonomistas? ¿por qué no se detuvo la insurrección redentora de 1895, sino que su fuerza se hizo más evidente a pesar de las intensa propaganda autonomista que la caracterizaba, como guerra de razas? ¿por qué de solo pisar tierra cubana el general negro Antonio Maceo, pudo contar con la incorporación espontánea cientos de hombres dispuestos a luchar por la independencia de Cuba bajo sus órdenes? ¿cómo es posible que la mayoría de los cubanos abrazaran la causa de Martí organizada fundamentalmente en la emigración y no la de los autonomistas que habían gozado de la ventaja de desplegar su labor en el interior de la Isla desde 1878?

Las respuestas a estas simples interrogantes demuestran que la nación cubana por la que abogaba Martí en la segunda mitad del siglo XIX, no fue una invención fortuita, sino el legado espiritual y el sentimiento mayoritario del país, no se trataba de una cuestión de atmósfera, sino de subsuelo. La abolición de la esclavitud y la lucha por la integración racial de todos los componentes de la sociedad cubana, fue cimentada por la ideología independentista desde el 10 de octubre de 1868, al poner Céspedes en libertad a sus esclavos, cuando la

---

[20] Rafael Rojas, *José Martí: la invención de Cuba*, Madrid, Editorial Colibrí, (s.a), p. 132-133.

Constitución de Guáimaro declaró en su artículo 24 la libertad de todos los habitantes de la Isla sin distinción del color de su piel, y en diciembre de 1870, al reafirmarse la abolición de la esclavitud en todas sus formas por circular del ejecutivo.

Los sectores más populares, entre los que se encontraban los negros y mulatos, asumieron al paso de los años, la vanguardia revolucionaria de la Guerra Grande que originariamente perteneció a los terratenientes centro-orientales, lo cual trajo como consecuencia la radicalización de la lucha. Esta tuvo como colofón la Protesta de Baraguá; en la cual Maceo, con su decisión de continuar el combate, devino la máxima representación de la nación, y le dio continuidad a la idea de libertad y abolición.

Al contrario de los criterios defendidos muy sutilmente por Rojas, que van a las raíces más ancladas de nuestra Historia Nacional, podría señalarse que la autonomía una vez concluida la Guerra de los Diez Años, fue la invención de un imaginario no representativo de la mayoría del pueblo cubano, de ahí su imposibilidad de convertirse en una opción viable para Cuba. Ello explica el por qué a pesar de que sus exponentes actuaron en el interior de la Isla, a diferencia de Martí que lo hizo en la emigración, no pudieron jamás ganarse el sentimiento mayoritario del país.

Martí no fue el inventor de una Cuba inexistente, sino el más lúcido representante de la nación cubana fraguada en la manigua. Nación que había encontrado su basamento jurídico en Guáimaro y que fuera reconocida nos solo por muchos cubanos sino también por varios países latinoamericanos. Por si fuera poco, la grandeza del Apóstol también radicó en lograr nuclear todos los elementos necesarios para alcanzar la plasmación definitiva de esta nacionalidad en efervescencia. Martí no hizo otra cosa que desarrollar, inflamar e iluminar las ideas independentistas y de integración racial, que ya existían como parte inseparable de la nación cubana.

Rojas también se ha manifestado como exaltador del autonomismo cubano en numerosos artículos, uno de ellos "Un Libro Que Faltaba", publicado en la revista *Encuentro*[21], es todo un elogio y la adhesión a los criterios vertidos por los autores españoles Bizcarrondo y Elorza en su obra sobre el autonomismo cubano, y que hemos expuesto y analizado anteriormente. Esto es así, hasta que entra en contradicción con el epílogo del libro donde se plantea que la supervivencia del autonomismo vino de la adaptación conservadora que asumieron sus representantes durante la República. Rojas discrepa con Bizcarrondo y Elorza, pues para él, en aquel tiempo, todos los autonomistas compartían las mismas ideas liberales, republicanas y democráticas de los separatistas y anexionistas.

Al tratar de fundamentar estos criterios Rojas sostiene que según el terreno soberanista que diferencia a un conservador de un liberal, "Zayas y Fernández de Castro votaron contra la Enmienda Platt en el Congreso Constituyente de 1901"[22] por lo que no serían conservadores.

Para contradecirlo basta con recordar que la mayoría de los autonomistas siguieron un camino conservador, entre ellos, quien había sido su ideólogo fundamental: Rafael Montoro, inicialmente militante del Partido Moderado junto a Estrada Palma, y posteriormente adscrito al Partido Conservador y candidato a la vicepresidencia con el general Mario García Menocal. Por otro lado, Rojas comete un error por ignorancia histórica, al plantear que Zayas y Fernández de Castro votaron contra la Enmienda Platt en el Congreso Constituyente de 1901.

Puede ser que su dislate haya versado en confundir a los ex autonomistas, Francisco de Zayas y Rafael Fernández de Castro con Alfredo Zayas y el general José Fernández de Castro, los dos primeros no participaron en la Constituyente de 1901. En caso de haber estado

---

[21] *Internet*.arch 1.cubaencuentro.com/pdfs/21-22/21 re 247.pdf.
[22] Ibídem

refiriéndose a los dos últimos habría que aclararle a Rojas que, Alfredo Zayas militó un tiempo en el autonomismo, pero durante la guerra del 95 se había pasado al independentismo, y que José Fernández de Castro, General del Ejército Libertador, siempre perteneció a las filas separatistas. En definitiva, el único ex autonomista que participó en la Constituyente de 1901 fue Eliseo Giberga y votó a favor de la Enmienda Platt.

Ante tantas insidias y venenos contra nuestro preciado legado, la historia verdadera del autonomismo decimonónico cubano habla por sí sola. Es cierto que los autonomistas ocuparon un espacio significativo en la segunda mitad del siglo XIX, que sus aportes en la literatura, en la filosofía, en la crítica estética, en el arte de la oratoria y en la lucha cívica llegan hasta nuestros días y merecen serias investigaciones. También, que el Partido Autonomista no fue una organización homogénea, y que en él militaron conjuntamente, en determinadas coyunturas, patriotas y enemigos de Cuba. Tampoco se puede desconocer que durante los años de reposo turbulento su labor política, que incluía fuertes críticas a los vicios del colonialismo español, contribuyó a exacerbar la conciencia nacional cubana. Nada de esto es desestimado.

Sin embargo, los autonomistas no estuvieron jamás dentro de la vanguardia patriótica cubana, ni en el lugar que los enemigos de la revolución quieren atribuirle en la Historia de Cuba. Los autonomistas tuvieron suficiente tiempo e inteligencia para haber rectificado sus errores y ocupado un puesto más encomiable en nuestra historia. Sus posiciones de clase, su ofuscada mentalidad pro-española, sus concepciones filosóficas donde predominaba el positivismo spenceriano, y por tanto, su adscripción a los métodos pacíficos, evolutivos y pausados, su férrea desconfianza en la capacidad de los cubanos para regir individualmente su destino, y su ojeriza hacia los sectores populares donde se encontraban los iletrados, los negros y los mulatos, fueron algunos de los elementos que llevaron a estos hombres de verbo luminoso y vasta cultura a sus posicionamientos errados y a sus continuos fracasos.

Nada lograron frente a la tozudez española, no percibieron que todas las migajas o variaciones de la política metropolitana producida en la Isla a partir de 1878, no fue otra cosa que el corolario del peligro latente que representaba otra revolución irredentista, que no dejaba de mostrar sus destellos resurgentes. No se percataron, incluso, que el propio partido desde el que desplegaban su proselitismo era uno de los mayores logros de la lucha redentora del 68. Por si fuera poco, la venda que cegaba sus ojos no les permitió comprender que fueron siempre figuras decorativas, pues España los vejaba, ignoraba todos sus reclamos, los tildaba de independentistas, los mandaba a las mazmorras de Ceuta y Chafarinas, y hacía vencer a los integristas en las elecciones, utilizando todo tipo de fraudes y subterfugios.

Hasta tal punto fueron autómatas que, en enero de 1898, después de instaurado el ensayo histriónico de autonomía en la Isla, Segismundo Moret, Ministro de Ultramar, para evitar cualquier confusión al respecto, le comunicó en telegrama al recién nombrado Capitán General de la Isla, Ramón Blanco, que los secretarios de despacho del gobierno autonómico eran meros auxiliares suyos, y que él constituía la única autoridad[23].

A pesar de todos estos ultrajes que duraron años, los autonomistas de manera equívoca, en vez de cambiar de actitud ante la tácita insolencia de la metrópoli y convencerse de la inviabilidad de su lucha, optaron por enfrentarse de manera resuelta a la independencia, la cual consideraban la más terrible de las soluciones, así pagaron los autonomistas al ideal que les había dado vida. Llegaron al colmo en sus agravios a los indepen-

---

[23] Telegrama enviado por Segismundo Moret a Ramón Blanco", Madrid, 5 de enero de 1898, Archivo Personal de Rolando Rodríguez.

dentistas cubanos, al celebrar la muerte de Antonio Maceo, calificar de racistas a sus seguidores y apoyar al sanguinario Valeriano Weyler.

Mas la obstinación de la metrópoli fue tan aguda como la de los propios autonomistas que permanecieron dóciles a sus pies, hasta el último hombre y la última peseta proveniente de España. Esto fue así, pese a que el sentimiento del país se inclinaba a la ruptura definitiva, y que la historia misma había demostrado que no había otra salida, ya que eran muchos los intereses que España y los grupos peninsulares y sectores oligárquicos en la Isla salvaguardaban, y que jamás aceptarían poner en manos de los cubanos, ni siquiera compartirlos con ellos.

Finalmente, es acertado decir que si la ideología revolucionaria ha empañado en alguna medida la visión sobre el fenómeno autonomista en los estudios cubanos, obviando una serie de matices positivos que aportó dicha corriente[24], la no revolucionaria de ciertos enemigos

---

[24] Para la mayor parte de la historiografía cubana revolucionaria, por razones lógicas, lo más interesante ha sido demostrar el papel antinacional, racista, antipatriótico e inviable del autonomismo. Ver: Jorge Ibarra, *Ideología Mambisa*, La Habana, Editorial de Ciencias Sociales, 1985, Ramón de Armas... (et. al), *Los partidos políticos burgueses en Cuba neocolonial (1899-1952)*, La Habana, Ed. de Ciencias Sociales, 1985, Diana Abad Muñoz, *De la Guerra Grande al Partido Revolucionario Cubano*, La Habana, Editorial de Ciencias Sociales, 1995 y Mildred de la Torre, *El autonomismo en Cuba 1878-1898*, La Habana, Editorial de Ciencias Sociales, 1997. Sin embargo, la producción historiográfica cubana más reciente ha brindado nuevos juicios, privilegiando algunos matices positivos del autonomismo desdeñados por las aportaciones anteriores. Ver: Oscar Loyola Vega, "La alternativa histórica de un 98 no consumado" en Revista Temas no 12-13, María del Carmen Barcia Zequeira, *Una Sociedad en Crisis, La Habana, Finales del Siglo XIX*, La Habana, Editorial de Ciencias Sociales, 2000, Yoel Cordoví Núñez, *Liberalismo, crisis e independencia en Cuba, 1880-1904*, La Habana, Editorial de Ciencias Sociales, 2003 y Ale-

de nuestro proceso los ha dejado ciegos, llevándolos incluso a la entelequia y la mentira. Los historiadores cubanos hemos partido siempre del impulso por acercarnos lo más posible a la verdad histórica, mientras que la mayoría de autores adversarios de la Revolución Cubana que hemos analizado, han tenido como principal acicate la construcción de ficciones históricas, que fundamenten sus posicionamientos políticos y atenten contra la memoria colectiva del pueblo cubano, con el ánimo de subvertir la Revolución desde sus propias raíces.

17 de enero de 2014. Ponencia presentada en el XXI Congreso Nacional de Historia. Provincia La Habana.

---

jandro Sebazco Pernas, "José Martí y el Autonomismo: Dos Alternativas de la Nación Cubana" en Perfiles de la Nación, La Habana, Editorial de Ciencias Sociales, 2004, t.1.

UN COMBATE DE IDEAS EN EL SIGLO XIX:
JOSÉ MARTÍ Y EL AUTONOMISMO.

Es imprescindible, si se quiere lograr un análisis exhaustivo del fenómeno autonomista, y de la respuesta que encontró en los seguidores irreductibles de la vía independentista, remitirse al pensamiento martiano. José Martí encarnó las posiciones más avanzadas del pensamiento democrático radical cubano de su tiempo, no por casualidad sus ideas signaron proverbialmente la lucha revolucionaria y progresista de Cuba y del resto de los países latinoamericanos durante muchos años. En la actualidad, su pensamiento es aún estandarte de lid.

Martí tuvo una total comprensión de la necesidad del debate de ideas como vía para que el proyecto revolucionario y los lineamientos generales del modelo de república al que aspiraba, y consideraba viable y necesario en nuestras condiciones históricas, pudieran ser concientizados por las masas humildes que, a su juicio, debían dirigir la revolución. Sabía que a la práctica revolucionaria debía anteceder una enconada lucha de pensamiento, como antesala indispensable para la reorganización política e ideológica y militar de las fuerzas revolucionarias. Asimismo, entendía necesario ganar el sentimiento patriótico, y a la vez, la conciencia de los más amplios sectores de la población.

Era también de importancia ir anulando las dudas sobre la posibilidad de la victoria militar, a pesar del fatídico recuerdo de los fracasos anteriores. A su vez, se hacía vital la unidad de las distintas tendencias dentro del movimiento patriótico y en fin, que se generalizara el convencimiento de la capacidad de los cubanos para el gobierno propio. Por tales motivos, en su ardua labor organizativa de la nueva acometida mambisa, Martí dedicó una significativa parte de su tiempo, para referirse al autonomismo, trasmitiendo en sus discursos, escritos y cartas: análisis, valoraciones y críticas profundas respecto a esta corriente política.

Se percataba de que el autonomismo podría convertirse en un poderoso dique de contención frente al ideal independentista. A sus preocupaciones se le añadía, su acertada valoración de lo ponzoñoso que resultaba para la causa revolucionaria, que los autonomistas gozaran de la ventajosa posición de desplegar su labor propagandística al interior de la Isla, mientras que su radio de acción quedaba restringido fundamentalmente a la emigración cubana. Conocía muy bien que las figuras más egregias del autonomismo: Rafael Montoro, Eliseo Giberga, Antonio Govín, Rafael Fernández de Castro, etc, eran prestigiosos intelectuales y que, sus excelsas aptitudes para hacer vibrar las sensibilidades de los cubanos desde los púlpitos, podía devenir en la suma de simpatías a su bandera política en desmedro de la causa redentora. Ante tal situación, Martí justipreciaba que los autonomistas resultaban mucho más perniciosos que los anexionistas y los propios integristas. Hacia esta corriente política quedó entonces enfocada la mayor parte de su artillería ideológica.

El 21 de abril de 1879, encontrándose Martí en la Isla conspirando por un nuevo estallido revolucionario, fue invitado a un banquete que el Partido Liberal le ofreció en los altos del Louvre al periodista Adolfo Márquez Sterling, director del periódico *La Libertad*. El "Sinsonte del Liceo de Guanabacoa", como le llamaban por su elocuencia, tuvo allí la posibilidad de mostrar su inmensa valentía política y sus excelentes dotes como orador dentro de la misma patulea autonomista:

"...por soberbia, por digna, por enérgica, yo brindo por la política cubana. Pero si, entrando por senda tortuosa, nos planteamos con todos sus elementos el problema no llegando por lo tanto a soluciones inmediatas definidas y concretas; si olvidamos como perdidos o deshechos, elementos potentes y encendidos; si nos apretamos el corazón para que de él no surja la verdad que se nos escapa por los labios; si hemos de ser más que voces de la patria disfraces de nosotros mismos; si con ligeras caricias en la melena, como el domador desconfiado, se pretende aquietar y burlar al noble león ansioso, entonces quiebro mi copa: no brindo por la política cubana"[25].

Después de electrizado el auditorio ante las hermosas palabras de Martí, estallaron los aplausos, que fueron una transacción entre la cortesía y la disciplina del partido. José María Gálvez, presidente de la organización autonómica, inmediatamente pasó un recado discreto a Montoro, y este se levantó a contestar. Se produjo entonces el duelo entre dos de las mentes más ilustradas de la época, pródigos en el arte de la palabra. El ideólogo del partido defendió entonces las proyecciones de la organización en la que con orgullo militaba, y a partir de este momento, los campos quedaron dramáticamente escindidos[26].

No sería muy difícil para Martí desentrañar, con mucho juicio, la mezquina defensa de intereses económicos dentro del movimiento autonomista como una de las causas primordiales que condicionaba su actuación política. De lo que se percataba no era más que el basamento clasista del autonomismo. Sabía que el sector que lo conformaba, esencialmente los de su cúpula dirigente, convertida en hegemónica desde sus inicios,

---

[25] José Martí: Discurso en los altos del Louvre, La Habana, 21 de abril de 1879, en: *Obras Completas*. La Habana: Editorial de Ciencias Sociales, 1975. t.4. p.178.(Y Martí, según se dice, unió a sus palabras la acción de quebrar su copa)
[26] Mañach, Jorge. *Martí. El Apóstol*. La Habana. Editorial de Ciencias Sociales, 1990.p.103.

cuando centralizó de forma férrea la dirección del Partido; se aferraban al mantenimiento o satisfacción de intereses clasistas, uno de los motivos reales por el que condenaban la vía insurreccional como solución para Cuba.

Temían a una verdadera revolución de amplio contenido social, que pusiera en peligro nuevamente sus riquezas e intereses, ya afectados durante la pasada insurrección. A su vez, veían con rechazo una guerra independentista que podía afectar, según ellos, la aspiración de alcanzar el advenimiento de un capitalismo desarrollado. Esto fue así, aún en los momentos en que se hacía más que evidente que no había otra opción que la ruptura definitiva con España y el sentir de la mayoría de los cubanos se inclinaba hacia la vía emancipadora.

Para Martí, "el deber de procurar el bien mayor de un grupo de hijos del país", no podía ser superior "al deber de procurar el bien de todos los hijos del país"[27]. No era para él, la caja lo que había que defender, "ni con poner en paz el débito y el crédito, o con capitanear de palaciegos unas cuantas docenas de criollos", se acallaba "el ansia de conquistar un régimen de dignidad y de justicia"[28].

La nación que ensoñaba Martí, "Con todos y para el bien de todos", nada tenía que ver con la que aspiraban los personeros del autonomismo, en la cual los intereses de un solo sector de la población cubana encontrarían complacencia. Después de una "conmoción tan honda y ruda" como lo fue la Guerra de los Diez Años, decía Martí, los autonomistas se equivocaban al pensar que podían ser "bases duraderas" para calmar la agitación: "el aplazamiento, la fuerza y el engaño". Los criticaba por tratar de elevar a "categoría de soluciones, que

---

[27] José Martí: "La Política", *Patria*, New York, 1892, en: *Ob.Cit.*, t.1. p. 335-336.
[28] José Martí: "Autonomismo e Independencia", *Patria*, New York, 1892, en: *Ob.Cit.*, t.1. p.355.

para ser salvadoras" habían de ser generales y satisfacer al mayor número de cubanos, sus "aspiraciones acomodaticias sin precedente y sin probabilidad de éxito" y por negarse a poner sus "manos sobre las fibras reales de la patria, para sentirlas vibrar y gemir", cerrando "airados los oídos" y cubriéndose "espantados los ojos, para no ver los problemas verdaderos"[29].

Sin embargo, Martí distinguía muy bien los diferentes elementos que componían el Partido Autonomista. Reconocía dentro de su membresía, no solo a los que actuaban según intereses económicos, y por tanto defensores a ultranza de una solución inoperante en aquellas circunstancias históricas, sino también a los cubanos que tenían un pensamiento patriótico y progresista dentro de sus filas y que auguraban en el autonomismo una vía para el adelanto de la nación, a los independentistas que esperaban la hora de volver a la manigua, a los que francamente creían que España podía hacer concesiones honorables a la Isla y a los que con honestidad no eran partidarios de una guerra, por las terribles consecuencias que provocaría:

"Honra y respeto merece el cubano que crea sinceramente que de España nos puede venir un remedio durable y esencial, - porque hay uno, o dos, cubanos que lo creen: honra y respeto al que, en la certidumbre de que un pueblo no ha de disponerse a los horrores de la guerra por el convite romántico de un héroe frustrado, dirija su política (...) Al que se engañe de buena fe, y al que se prepare, sin traición a la política de paz insegura, para atender con el menor desconcierto posible a las consecuencias naturales, en un pueblo empobrecido e infeliz, del fracaso de una tentativa de paz tan inútil como sincera, honra y respeto. Pero

[29] José Martí: Discurso en Steck Hall, New York, 24 de enero de 1880, en: *Discursos*. Editorial de Ciencias Sociales, La Habana, 1974. p.56.

al que finja, blanqueando el corazón, aquella creencia en el remedio imposible que afloja las fuerzas indispensables para el remedio final; al que prefiere su bien inseguro, impuro, al servicio franco de la Patria, o contribuye con su silencio y su favor,....; al que oculta sabiendo la verdad, y promete lo que no cree, con labios prostituidos, y pretende demorar la obra sana de la indignación, ..., a esos enemigos de la república, a esos aliados convictos del gobierno opresor, ¡ ni honra ni respeto![30]

Es sabido que la política oficial de la organización autonómica respecto a la independencia fue de condena total, pero no se quedó ahí, sino que prestaron un servil apoyo al gobierno español en su combate por extirpar de raíz la revolución. Así lo hicieron durante la Guerra Chiquita y frente a los distintos intentos separatistas que se produjeron durante el período fraguador. A esto se refería Martí cuando decía que: "ni por su espíritu, ni por su constitución, ni por sus prácticas y relaciones, ni por la fe en la paz española de algunos de sus miembros, ni por la lealtad de unos y el miedo de otros"[31], se había puesto el Partido Autonomista a favor de la solución radical, sino que su objetivo fue siempre enterrarla.

Martí insistía continuamente en la importancia, la inevitabilidad y la necesidad de una nueva contienda para resolver las urgencias del país, y por demás, la única forma de llegar a la raíz del problema. La guerra era "por desdicha el único medio de rescatar a la patria de la persecución y el hambre;..."[32].

Asimismo, para El Apóstol, eran inadmisibles las soluciones intermedias, desde pequeño había resuelto el

---

[30] José Martí: Discurso en Hardman Hall, New York, 10 de octubre de 1889, en: *Ob.Cit.*, p.96-97.
[31] José Martí: "La agitación autonomista", *Patria*, New York, 1892, en: *Ob.Cit.*, t.1. p.233.
[32] José Martí: Discurso en el Masonic Temple, New York, 10 de octubre de 1887, en: *Ob.Cit.*, p.78

dilema planteado: "Yara o Madrid", eligiendo con plena convicción y total entereza la entrega total a la causa redentora; lo que devino luego en su bregar incansable por acreditar la revolución, explicando sus causas, su necesidad, procedimientos, fines, errores cometidos y los previsibles. Por suma, el argumento fundamental de la Revolución lo apreciaba en la incapacidad de España en conceder "el sistema ineficaz de la autonomía en el plazo en que pueden esperarlo sin estallar la dignidad y la miseria de Cuba,..."[33]

Para Martí, era evidente la taimada actitud de las autoridades metropolitanas que pretendían suavizar con reformas vacuas el descontento desembozado que se vislumbraba en el pueblo antillano. Lo hacían según él, con la intención de mitigar el peligro de un nuevo estallido independentista, que se acrecentaba por las labores que desplegaba el Partido Revolucionario Cubano en la emigración:

" ¿Y cuándo, sino cuando está la revolución a puerta; cuándo, sino por la virtud y poder de los partidarios de la revolución; cuándo, sino por la necesidad apremiante de quitar vigor a la idea de guerra en la isla, que las emigraciones impulsan y apremian; cuándo, sino por esta espuela que llevamos los emigrados al talón; cuando, sino por el miedo que inspira al gobierno nuestra ordenación revolucionaria obtendría Cuba, de la metrópoli que aún después de diez años se burla de ella, esas migajas de apariencia con los que da a los tímidos pretexto para acatar y con los que ya no puede engañar a la isla escarmentada?[34]

[33] Ibídem., p.195.
[34] José Martí: "¿Conque consejos y promesas de autonomía?", *Patria*, New York, 1893, en: *Ob.Cit.*, t.2. p.288-289.

Paralelamente, Martí divulgaba sus reflexiones, de que hasta la base legal en la que los autonomistas erigían su labor y sus súplicas indignas al gobierno español, no eran más que un corolario de la propia revolución, y que la metrópoli mudaba únicamente su política, cuando el peligro de una nueva llama insurreccional se sentía quemándole los pies.

Los autonomistas, principalmente los de su cenáculo directivo, se empeñaron en la espera agónica de que España cediera a sus reclamos, cerrando los ojos ante una patria que se desangraba, víctima de un colonialismo salvaje y expoliador, que no tenía, ni podía conceder absolutamente nada, pues el entramado de intereses de la metrópoli, de los sectores y grupos privilegiados peninsulares y la oligarquía españolista de la Isla, no se lo permitía. Esto sin contar que en la mayoría de los sectores gubernamentales españoles, la autonomía era vista como una forma solapada de buscar la independencia.

Martí, conocedor de esa realidad cubana y a la vez, de los intereses que se movían en la Península, por el tiempo que vivió en ella exiliado, no desaprovecha oportunidad para referirse a la inviabilidad de la autonomía. Consideraba que era una solución que no iba a la esencia del problema isleño e impracticable bajo las cadenas coloniales metropolitanas. Estaba convencido de que había que llegar a la raíz del problema cubano, y la única manera de hacerlo era alcanzando la libertad sin cortapisas:

"Si la revolución tuviese por objeto mudar de manos el poder habitual de Cuba, o cambiar las formas más que las esencias, caería naturalmente la obra revolucionaria en los que, por profesión o simpatía o liga de intereses, están entre los habitantes de la isla, abocados al ejercicio del poder (…). Rudo como es el refrán de los esclavos de Luisiana, es toda una lección de Estado, y pudiera ser el lema de una revolución: "Con recortarle las orejas a un mulo, no se le hace caballo" (…) Ni dentro de la ley, ni dentro de su esperanza agonizante, ni dentro de su composición real, podría más el partido autonomista, ni insinúa más, que reconocer la ineficacia de impetrar de España, con la sumisión que convida al desdén, una suma de libertades incompatibles con el carácter, los hábitos y las necesidades de la política española"[35]

Estas ideas saltan a la vista en muchos de los escritos y discursos que se conservan de Martí. Los remedios, a su entender, eran impotentes cuando no se calculaban en relación con la fuerza y la urgencia de las enfermedades. La pelea lenta y sin cesar burlada de los autonomistas no hacía otra cosa que entretener al pueblo cubano sin resolver sus verdaderos problemas[36].

Creía el Apóstol que Cuba no tenía que lograr autonomía, como las colonias inglesas, para convencerse, como lo estaban ellas, de que la autonomía era insuficiente y tenía necesariamente que ceder, bajo la fuerza de las circunstancias, ante la solución independentista[37].

Ante la actitud cómoda y sumisa de los autonomistas más recalcitrantes, la respuesta martiana fue siempre enérgica:

"¿Qué esperan esos hombres que afectan esperar todavía algo de sus dueños? ¡Oh! Yo no he visto mejillas más abofeteadas, yo no he visto una ira más desafiada; yo no he visto una provocación más atrevida… ¿Qué afectan esperar, cuando con desdeñosa complacencia, no perdonan sus dueños ocasión de repetirles que no cabe pedir allí donde

[35] José Martí: "La agitación autonomista", *Patria*, New York, 1892, en: *Ob. Cit.*, t.1. p.332-333.
[36] José Martí: "Política Insuficiente", *Patria*, New York, 1893, en: *Ob. Cit.,* t.2. p.193-195.
[37] José Martí: "Los Cubanos de Ocala", *Patria*, New York, 1892, en: *Ob. Cit.*, t.2.p.50-51.

se ha de tener por entendido que no hay nada ya que conceder?[38]

Sin embargo, Martí no cerró nunca las puertas a los autonomistas que quisieron unirse a la revolución. A su entender, eran hombres que seguían un camino equívoco, pero que había que contar con ellos para construir la República a la que aspiraba al terminar el conflicto bélico. No por casualidad en agosto de 1889, cuando Montoro y Giberga pasan por Nueva York, en tránsito hacia Cuba, después de haber librado una de sus batallas elocuentes e inútiles en las cortes españolas, Martí se dirige al hotel a cumplimentarlos[39]. Para él, los autonomistas por su derecho pleno de cubanos podían y debían unirse a la obra revolucionaria. La patria cubana como concepto martiano, tenía una relevancia vital que trascendía toda enemistad política con los autonomistas. Se trataba de sumar voluntades, no de restarlas. Sus ideas al respecto no dejan dudas de esta intención:

"Es grato esperar, por el ardimiento propio del corazón del hombre y por los consejos de un justo interés, que estén juntos en la hora definitiva de crear la república, los confesos de la política pacífica y los preparadores de la guerra inevitable"[40].

En su discurso del 10 de octubre de 1891, pronunciado en Hardman Hall, Nueva York, retoma estos criterios:

"...ni blandimos el marchamo para señalar las frentes culpables del terrible desorden espiritual, ni le señalamos con manos rencorosas la agonía

---

[38] José Martí: Discurso en Steck Hall, 24 de enero de 1880, en: *Ob.Cit.*, p.63.
[39] Ver: Mañach, Jorge en: *Ob. Cit., p.*171-172.
[40] José Martí: "La agitación autonomista", *Patria*, New York, 1892, en: *Ob. Cit.*, t.1. p.333.

de un pueblo que pudo mantenerse, y se debió
mantener, en la campaña de la prudencia, disci-
plinado para la de la resolución; sino que abrimos
los brazos, pensando solo en que somos pocos, aun
cuando fuésemos todos, para reparar el tiempo
perdido, para encender en la fe nueva los ánimos
vibrantes...″[41]

Un ejemplo muy ilustrativo de la excepcional capacidad política de Martí, en su lucha por organizar la
nueva contienda independentista, se produjo cuando al
regresar Enrique Loynaz del Castillo a New York, después del fracaso de su intento de desembarcar un car-
gamento de armas por Nuevitas, debido a la delación de
Antonio Aguilera, miembro de la junta autonomista de
Camagüey; se dispuso a contestar a las calumnias, que
sobre su persona estaba esgrimiendo la propaganda autonomista. Para este fin, redactó un manifiesto que cir-
culó con fecha 30 de abril de 1894 en la emigración y en
la Isla. Este documento según testimonio del propio
Loynaz del Castillo[42], fue leído dos veces a Martí antes
de darlo a la imprenta, el cual quiso se le suprimieran
algunas palabras que le parecían muy duras, por más
que Loynaz creía que se las merecían los autonomistas.
Al utilizar la frase "el horror de su conducta", Martí co-
rrigió "horror por error". Ni una sílaba que hiriera a los
adversarios, que también eran hijos de Cuba. El ataque
debía centrarse contra su propaganda, no debía ser personal.

Su labor aglutinadora, abierta a incluir a los autonomistas, también la podemos percibir en su artículo "El
Lenguaje reciente de ciertos autonomistas" publicado
en *Patria* en 1894, cuando profirió a través de brillantes

---

[41] José Martí : Discurso en Hardman Hall, New York, 10 de octubre de 1891, en: *Ob. Cit.*, p.140
[42] Ver: Loynaz del Castillo, Enrique. *Memorias de la Guerra*. La
Habana: Editorial de Ciencias Sociales, La Habana, 1989.p.80.

líneas: "El templo está abierto, y la alfombra está al entrar, para que dejen en ella la sandalias los que anduvieron por el fango, o se equivocaron de camino"[43].

Martí vislumbró, como gran estadista que era, cuál iba a ser el destino del Partido Autonomista y de sus seguidores. Manifestaba que a la hora del estallido revolucionario, muchos autonomistas irían a parar a la manigua, mientras que sus más connotados y fieles representantes se unirían a España o terminarían en la emigración: "La masa sana, que siguió siempre al autonomismo porque creyó que con él se iba a la independencia, se irá entera a la revolución"[44].

Valorando la situación en que se encontraba el Partido Autonomista en septiembre de 1894, Martí enfatizaba:

> "Pero el autonomismo, como organización política, y como entidad actual de Cuba, ha cesado ya de existir, y solo entraría a la vida real si obedeciendo a la voluntad clara del país, la encabezase en vez de echarla en brazos de sus opresores. Desertado en Oriente, vencido ya en la conciencia camagüeyana, que un día lo ayudó de buena fe; reducido en Las Villas al aplauso curioso de los teatros incrédulos; postergado en occidente, que es donde más pudiera fungir..."[45]

De esta manera, Martí refleja la crítica situación en que se encontraba el Partido Autonomista en los preludios de la nueva arremetida independentista. Se había convertido en un partido escuálido, de minorías, que se oponía a la voluntad, al sentir y a los intereses de la mayoría de los cubanos. Por tal razón, para aquel tiempo se indignaba de pensar que aún hubiera autonomistas que permanecieran dóciles al compás de una política insuficiente, a pesar de no haber recibido más

---

[43] José Martí: "El lenguaje reciente de ciertos autonomistas", *Patria*, New York, 1894, en: *Ob. Cit.*, t.3.p.266.
[44] José Martí: Ibídem., t.3.p.265.
[45] Ibídem., p. 264.

que agravios del gobierno español:

"A silbidos ha echado España del Congreso la autonomía de Cuba. A balazos, dice el jefe del gobierno español que echará atrás la autonomía. Ya no hay en Cuba autonomistas. No los debe haber. El honor no permite que los haya"[46].

Pero ya desde su discurso del 10 de octubre de 1889 en el Hardman Hall de Nueva York, Martí se había referido a lo errado del camino que seguían los autonomistas y manifestado sus juicios más claviridentes sobre el papel histórico de esta corriente política:

"No es que no debió existir el partido de la paz, sino que no existe como debe, ni para lo que debe. Es que jamás ha cumplido con su misión, por el error de su nacimiento híbrido, por la falta de grandeza en las miras. Es que no abarca en la lucha del país contra sus opresores, todos los elementos del país. Es que no ha podido allegarse a las fuerzas indispensables para el triunfo, ni para el goce pacífico de él, ni para la vida sana de la patria, aún dentro de la libertad incompleta, o desdeña el trato verás con todos aquellos que se hubieran puesto del lado de la libertad contra España, si hubiese citado a la guerra común por la libertad, como debió citar, a los que por culpa de España padecen como nosotros de falta de libertad, (...) Es que el Partido Autonomista por su debilidad, su estrechez y su imprevisión, ha hecho mayores los peligros de la patria"[47].

Según él, jamás había sido el Partido Autonomista,

---

[46] José Martí: "Las Reformas en Cuba", *Patria*, New York, 1894, en: *Ob.Cit.*, t.3.p.426.
[47] José Martí: Discurso en Hardman Hall, New York, 10 de octubre de 1889, en: *Ob.Cit.*, p.100.

como algunos cándidos propalaban, el partido de la evolución:

"...,dábase el caso singular de que los que proclamaban el dogma político de la evolución eran meros retrógrados, que mantenían para un pueblo formado en la revolución las soluciones imaginadas antes de ella, y que los que en silencio respetuoso les permitían el pleno ensayo de su sistema inútil, eran, aunque acusados de enemigos de la evolución, los verdaderos evolucionarios"[48].

Para Martí, la falta mayor de los presupuestos teóricos de los autonomistas, fue su desconfianza en las condiciones y capacidades de los cubanos para emprender un camino independiente. Los cambios demográficos, políticos, económicos y sociales del país, planteados por el Partido Autonomista, suponían el reconocimiento de los paradigmas de la ideología liberal en el continente. La creación de un país moderno, racialmente homogéneo o al menos predominantemente blanco, nutrido de una amplia clase media de hacendados criollos y de emigrantes de origen europeo ligado a Europa por vínculos con la metrópoli española que avalara su seguridad y autogobierno, y económicamente enlazado a América por vínculos económicos con Estados Unidos que permitieran su prosperidad, fue interpretado por Martí como una absurda utopía carente de realismo y sensatez. Imposible de llevar a efecto en la práctica[49].

Estas y muchas otras aristas, que pudieran abordarse sobre el pensamiento martiano con respecto al autonomismo, son de extraordinaria importancia para lograr un mayor acercamiento a esta corriente política que

[48] José Martí: Discurso en Hardman Hall, New York, 31 de enero de 1893, en: *Ob.Cit.*, p. 195.
[49] Alejandro Sebazco. "José Martí y el Autonomismo: Dos alternativas de la nacionalidad cubana"en: *Ob.Cit.*, p.168-169.

irrumpió en la segunda mitad de la centuria decimonónica cubana, como una vía que confrontaba peligrosa-
mente los postulados independentistas. Esto fue vis-
lumbrado por Martí desde fecha muy temprana y por
tal motivo se detuvo con regularidad a analizar este movimiento, para poder combatirlo con la fuerza de su pensamiento. El impetuoso combate ideológico desarrollado por Martí en la emigración frente a las ideas autonomistas, ayudó a que muchos cubanos desentraña-
ran el basamento clasista que caracterizó a la agrupación política, su inoperancia histórica, la heterogenei-
dad de sus filas y su ostensible anti-independentismo.
Asimismo, contribuyó a encumbrar la solución independentista como el único derrotero posible a seguir para
resolver los males de Cuba, encaminado a la coronación
de una nación pletórica de dignidad, libertad y justicia.

No fue necesario para Martí que sus ideas sobre el autonomismo llegaran a Cuba, para que el sentimiento
mayoritario del país se inclinara hacia la independencia. La propia rigidez y brutalidad del colonialismo español hizo más contra el autonomismo al interior de la
Isla, que la labor ideológica del Apóstol, la cual solo
tuvo una notable circulación entre los emigrados cubanos. No obstante, en su incansable lucha contra quienes
fueron son más dignos rivales en el campo de las ideas,
José Martí aportó a nuestro proceso histórico, la importante experiencia de lo trascendental de la labor ideológica en una causa revolucionaria.

28 de Enero de 2014

EL AUTONOMISMO EN LA HISTORIOGRAFÍA CUBANA: UNA LARGA Y ENCONADA POLÉMICA.

El autonomismo en Cuba es uno de los temas que, desde los primeros estudios al respecto, generó sinnúmero de discusiones en la historiografía cubana. Las polémicas alrededor del tema han sido tan peliagudas y disímiles, que actualmente muchas de ellas persisten entre los historiadores cubanos, al tiempo que van floreciendo otras, en correspondencia con el interés cada vez más marcado, aunque aún no suficiente dado la importancia del tema, que los investigadores de nuestra historia nacional muestran por el autonomismo decimonónico.

¿Se puede realizar la misma valoración del autonomismo en todas sus etapas de existencia? ¿Cuál fue la base del pensamiento filosófico de los autonomistas más prominentes que justifica su actitud? ¿Contribuyó el autonomismo al proceso de formación de la nación cubana? ¿Fueron aquellos hombres que formaron, integraron y defendieron el Partido Autonomista con fidelidad, elementos antinacionales, anticubanos, racistas y antipatriotas? Estas son algunas de las principales incógnitas que se han hecho hasta hoy día los interesados en el estudio de esta corriente política y que, consiguientemente, han conducido a tan diversas lecturas en torno a la misma.

Durante la república neocolonial (1902-1958), emergieron en la Isla múltiples y diferentes valoraciones referidas al autonomismo. En esos años, algunos de los antiguos dirigentes del Partido Autonomista vinculados a la política republicana, tuvieron la necesidad de justificar su actuación pretérita ante el presente, lo que se tradujo en su magnificación del papel desempeñado por el autonomismo en todo su decurso histórico; mien-

tras que otros, ya fueran ex-autonomistas o investigadores del tema, se dedicaron a analizarlo en dos momentos diferentes: de 1878 a 1895, como la etapa heroica favorecedora del desarrollo de la conciencia nacional, y de 1895 a 1898, como el período antirrevolucionario y antinacional.

Dentro del primer grupo sobresale Eliseo Giberga, al
dejar constancia de sus defensas al autonomismo en
conferencia realizada en 1913 en el Ateneo de la Habana, y que años más tarde publicara la revista *Cuba
Contemporánea* bajo el título *Las ideas políticas en
Cuba*. En sus palabras, el orador autonomista acentúa
la importancia que tuvo el autonomismo para el siglo
XIX cubano, por formar sus filas destacados intelectuales, haciendo énfasis en que el autonomismo había surgido para reencauzar el sentimiento separatista fracasado tras el Zanjón, en una época en que para alcanzar
el progreso y la libertad no era necesario recurrir a las
armas, ya que la historia demostraba que, dentro del
marco constitucional de las monarquías europeas, se
podían satisfacer todas las aspiraciones del pueblo cubano. Subraya que el autonomismo ofreció a la independencia orden y parlamentarismo, y que si bien la república fue un logro de los mambises, su consolidación hubiera sido imposible sin el concurso de los antiguos autonomistas[50].

El segundo grupo lo encabeza Raimundo Cabrera,
también antiguo autonomista, miembro de la Junta
Central y diputado provincial en diversas ocasiones. Al
igual que Giberga, su objetivo es justificar ante el presente su desenvolvimiento en el pasado. En su obra *Los
partidos coloniales* (1914), Cabrera advierte la importancia del autonomismo en el período de 1878 a 1895,
época en que militó dentro de sus filas, mientras que
critica su actuación durante los años en que tuvo lugar
la Guerra Necesaria (1895-1898), por supuesto, en ese

---

[50] Veáse Eliseo Giberga: *Obras. Discursos Políticos*, Rambla,
Bouza y Cía, La Habana, 1930, t.1, pp.490-524.

tiempo laboró con el separatismo[51]. Asimismo, considera que al igual que el reformismo dejó paso a la Revolución, el autonomismo debía haber obrado de la misma manera y, al no hacerlo así, se había vuelto contra su tradición política[52].

De esta forma, Cabrera inaugura una conceptualización que historiadores posteriores emplearán en sus trabajos sobre el autonomismo, consistente en diferenciar dentro de su historia una etapa heroica, de 1878 a 1895, favorecedora del desarrollo de la conciencia nacional, frente a un período antinacional y antirrevolucionario, desde 1895 hasta su expiración. Aunque Raimundo Cabrera fue el primero durante la república neocolonial en verter estos criterios, hay que subrayar que, ya en 1896, Rafael Maria Merchán en su obra: "*Cuba, justificación de sus guerras de independencia*", había planteado que los autonomistas habían tenido su razón de ser, su justificación patriótica y cumplido todos sus deberes menos el de saber morir, refiriéndose al momento en que se reinicia la lucha independentista en 1895[53].

No pocos son los autores que, en los años republicanos, se hacen partícipes de esta periodización valorativa del autonomismo, resaltando de manera general el papel librado por el autonomismo en la conciencia cubana, como un momento previo y necesario al nuevo estallido revolucionario de 1895. Destacan la dura crítica de los autonomistas a los males del colonialismo español, como un elemento positivo para el propio independentismo y, que la nacionalidad cubana debía al autonomismo una construcción racional y completa de una doctrina constitucional. Todos justifican y enaltecen la

---

[51] Cabrera fue a la emigración, específicamente a Nueva York, y allí editó junto a Nicolás Heredia la Revista *Cuba y América*, órgano de propaganda independentista.
[52] Veáse Raimundo Cabrera: *Los partidos coloniales*, Imprenta el siglo XX, La Habana, 1914.
[53] Veáse Rafael María Merchán: *Cuba, justificación de sus guerras de independencia,* Imprenta Nacional de Cuba, *La Habana*, 1961, p.170.

actitud de los autonomistas hasta la época que catalogan como no heroica (1895-1898)[54].

Otra de las polémicas más importantes consistió en descifrar cuál fue la base del pensamiento filosófico de los autonomistas, para así explicar su actitud histórica. Esta larga polémica estuvo protagonizada fundamentalmente por Antonio Sánchez de Bustamante y Montoro (nieto del líder autonomista Rafael Montoro) y Antonio Martínez Bello.

En 1933 Antonio Sánchez de Bustamante y Montoro publica *La ideología autonomista*[55], donde considera que el autonomismo tenía un modelo político inspirado en la política autonómica del liberalismo británico hacia Canadá, y un cometido histórico que cumplir, consistente en aprovechar con vistas al progreso insular, las potencialidades políticas que se abrían tras el Zanjón. Bustamante también tiene en cuenta el desarrollo de la filosofía hegeliana dentro del autonomismo y, por tanto, considera que la actitud antinacional y antirrevolucionaria desarrollada por esta corriente, había sido provocada por la asunción de la filosofía política de Hegel por parte de los principales ideólogos del autonomismo. Según Bustamante, los autonomistas aguardaban pacíficamente la evolución de las leyes del desarrollo de la historia, que harían a Cuba independiente de

---

[54] Entre estos autores se destacan: Mario Guiral Moreno con su trabajo "*La obra del Partido Liberal autonomista durante los años de 1878 y 1898*"en: Curso de Introducción a la Historia de Cuba, editado por Emilio Roig de Leuchesering en 1938; Raimundo Menocal con "*Las orientaciones del Partido Liberal Autonomista*" en: *Origen y desarrollo del pensamiento cubano* (1945), la obra de Emilio Roig de Leuchesering: *1895 y 1898. Dos guerras cubanas. Ensayo de revalorización* (1945), y Enrique Gay-Calbó con "*El autonomista y otros partidos*" en: Historia de la Nación Cubana, publicada bajo la dirección de Ramiro Guerra en 1952.

[55] Veáse Antonio Sánchez de Bustamante y Montoro: *Ideología Autonomista*, Montero, La Habana, 1933.

una manera más sólida que cualquier proceso revolucionario, y precisamente esto había sido lo que los había puesto frente a la Revolución[56].

Frente a esta argumentación, Martínez Bello en su obra *Origen y meta del autonomismo* (1952)[57], es más profundo al explicar el posicionamiento ideológico del autonomismo sobre las bases del origen de clase, la constitución biotípica, la educación, las motivaciones económicas, la formación cultural y la tradición política e, incluso, por el temperamento psicológico de sus líderes.

Esta es la tesis fundamental que, a lo largo de ese ensayo, trata de demostrar Martínez Bello frente a la noción de la filosofía de la historia de Hegel, defendida por Bustamante, y encuentra a ésta incoherente con la realidad insular de fines del siglo XIX por varios motivos: primero, que la filosofía de Hegel iba encaminada al estado europeo y no al espacio ultramarino y caribeño de Cuba, al unísono sostiene que, cuando surgió el autonomismo, los supuestos de la filosofía de Hegel habían sido ampliamente superados; segundo, que el autonomismo aglutinaba un pensamiento filosófico heterogéneo, y porque uno de sus miembros, Montoro, hubiera expuesto cierta vocación hegeliana, no debía asumirse que esta regía las ideas de la colectividad, más cuando estima muy *sui generis* los principios hegelianos de Montoro, y aplicables más que a la política, a sus reflexiones idealistas sobre el arte y la literatura; tercero, que el evolucionismo autonomista se explicaría más por los puntos de contacto con la filosofía de la historia de Spencer y por el desarrollo del liberalismo británico, que por los principios filosóficos de Hegel[58].

---

[56] Luis Miguel García Mora, "Del Zanjón a Baire: A propósito de un balance historiográfico sobre el autonomismo cubano" en: Revista *Ibero Americana Pragnesia*, Suplementum 7/1995, p.38.

[57] Veáse Antonio Martínez Bello: *Origen y Meta del Autonomismo. Exégesis de Montoro*, Imprenta de P. Fernández y Cia, La Habana, 1952.

[58] Luis Miguel García Mora: *Ob.Cit*, p.38.

Así, Martínez Bello concluye que las "determinaciones de su medio económico", el "efecto de la tradición reformista cubana", los "condicionamientos de la clase social a la que pertenecían", las "impulsiones profundas del temperamento"[59], son los factores que explican la posición política que adoptan los autonomistas frente a la Revolución. A pesar de su crítica al autonomismo, Martínez Bello resalta en sus exponentes, especialmente en Montoro, un patriotismo sincero en defensa de los principios que sustentaban. También destaca el papel desempeñado por el autonomismo en la conciencia cubana, a través de la constante denuncia cívica de los errores del coloniaje.

La crítica marxista al autonomismo comienza también durante la república. Sergio Aguirre, en una ponencia presentada al Primer Congreso Nacional de Historia de la Sociedad Cubana de Estudios Históricos, celebrado en La Habana en 1942, analiza al autonomismo como la sexta actitud de la burguesía cubana del siglo XIX, postura política ocasionada por la defensa indeleble y constante de sus intereses de clase. Aguirre advierte en el reformismo anterior a la Guerra de los Diez Años, aspectos positivos para el desarrollo de la nacionalidad cubana, pero tras el Zanjón el autonomismo es considerado por este autor como una traición a nuestra nacionalidad[60].

Por su parte, Raúl Cepero Bonilla en *Azúcar y Abolición,* obra publicada en 1948, promueve la interpretación racista del autonomismo, para él, la filosofía social del Partido Autonomista no había sido otra que el racismo. A su vez, Cepero ubica a los autonomistas como usufructuarios directos de la tradición más moderada

[59] Antonio Martínez Bello: *Ob.Cit*, p.116.
[60] Veáse Sergio Aguirre: Ponencia presentada en el Primer Congreso Nacional de Historia en 1942 y publicada posteriormente en la revista *Dialéctica* número 6, en marzo-abril de 1943 y en *Cuadernos Populares, Historia de Cuba*, número 1, de 1944, La Habana.

del reformismo, sustentada por la sacarocracia cubana radicada en el Occidente, la cual había salido maltrecha de la guerra. Según Cepero, los autonomistas lo que hicieron fue renovar esa inclinación reaccionaria del reformismo, y atemperarla a los nuevos tiempos que se iniciaron tras el Zanjón. Así, infiere que tuvieron que consentir el abolicionismo, pero seguían pensando en los mismos términos racistas que los ideólogos de la clase de los hacendados esclavistas. Por eso, sostiene Cepero que la actitud que primó en el autonomismo hacia el negro fue la racista: el negro era eliminado o dominado, considerando que no era el sistema social, sino el color de su piel lo que motivaba su discriminación[61].

Como hemos visto, realizar un juicio lo más justo posible sobre el autonomismo cubano, fue una tarea realmente espinosa para los que indagaron en esta corriente política durante el período republicano, las valoraciones que se hicieron al respecto, en su gran mayoría, estuvieron cargadas de subjetivismos desmedidos, sobre todo, de los mismos que defendieron estas ideas y que aún vivían para aquel tiempo, pero también de los que la criticaron con ojeriza. Algunos intentaron ser más objetivos y colocar el autonomismo en su verdadero sitial histórico, y, para hacerlo, se adscribieron a la idea de valorar el autonomismo en dos momentos diferentes: de 1878 a 1895 y de 1895 a 1898. De esta manera pensaron que habían resuelto la enconada controversia.

Sin embargo, la idea autonómica comenzó a configurarse desde fines del siglo XVIII, cuando dio luz el primer ciclo del reformismo cubano y donde resaltó la figura de Francisco de Arango y Pareño, aunque a partir de 1878 fue que alcanzó su clímax al ser defendida desde un partido político legalizado por la corona española. Esto fue posible, en buena medida, como corolario de la cruenta conmoción de la Guerra de los Diez Años, sin dudas, un momento de ruptura radical, de delimitación más clara de los perfiles de la nación cubana, que

---

[61] Veáse Raúl Cepero Bonilla: *Azúcar y Abolición*, Editorial Cenit, La Habana, 1948.

ya venía mostrando sus atisbos desde finales del siglo XVIII. De esta manera, la corriente autonómica disfrutó de los frutos obtenidos por el independentismo para reclamar por vía legal la satisfacción de sus propios intereses, lo cual no hubiera sido posible si antes, no se hubieran lanzado los cubanos a la manigua en búsqueda de la definitiva constitución histórica del estado nacional cubano. Una metrópoli tan despótica como España, no hubiera permitido tal cosa si no se hubiera sentido realmente en aprietos.

Pero el autonomismo, ya amparado en su legalidad, no emergió para reencauzar el sentimiento separatista como sostiene Giberga, sino más bien, para desviarlo, dividirlo, frenarlo y condenarlo. Y si bien el autonomismo contribuyó, en cierta medida, durante el período de 1878-1895, por medio de algunos matices de su asidua labor política y cultural, sin intencionalidad manifiesta, y en evidente descenso con el transcurso del tiempo, al complejo proceso de formación de la nación cubana; paradójicamente fue antirrevolucionario y antinacional su papel durante esta etapa, al negar férreamente la definitiva y necesaria constitución histórica del estado nacional, el cual emergía de manera imparable. Durante esos años, se mantuvo latente la labor de zapa de los autonomistas contra todo lo que oliera a redención nacional. Se convirtieron de esta manera en un verdadero escollo ante la materialización del propio proceso que de forma inconsciente coadyuvaron.

Estos hombres de verbo luminoso y de prodigiosa inteligencia no consiguieron percatarse- sin desconocer que en ellos hubo también los que solo buscaban sinecuras y satisfacción de intereses económicos dentro de los moldes coloniales-dada su mentalidad aristocrática, proespañola, evolutiva y desconfiada de la capacidad de los cubanos de regir soberanamente su destino, que la guerra de 68 había demarcado muy bien los nuevos contornos de la identidad cubana, desplazando el reformismo del cauce autóctono, lógico y espontáneo que seguía la nación cubana en ascenso. De ahí, que su papel deviniera en antinacional y antirrevolucionario, tanto en el período de 1878 a 1895, como de 1895 a 1898. De efectuar una división periódica para enjuiciar en dos momentos diferentes el ideal autonomista, sería más factible hacerlo, desde que surgen los primeros proyectos reformistas o autonómicos a fines del siglo XVIII cubano hasta el 10 de octubre de 1868, como una primera etapa.

Durante este período, podemos considerar al reformismo como una fórmula de construcción nacional, pues en esos años, la opción autonomista era aún progresista para la nación cubana que ya empezaba a germinar. Y una segunda etapa, desde el levantamiento de Céspedes en La Demajagua, fecha en que el independentismo comenzó a superar al resto de las alternativas políticas de su época, hasta 1898, período en que podemos catalogar el autonomismo como antinacional y antirrevolucionario.

El autonomismo recibió también las críticas de la historiografía marxista cubana posterior a 1959. En *Ideología Mambisa* (1972), Jorge Ibarra atribuye "el contenido reaccionario y retrógrado del autonomismo" a la composición social de su equipo dirigente, al mismo tiempo que ratifica el racismo de la mayoría de los dirigentes autonomistas[62]. Ramón de Armas en *Los partidos políticos burgueses en Cuba neocolonial (1899-1952)* (1985), califica a los autonomistas insulares como exponentes de "una burguesía antinacional"[63].

El trabajo *El autonomismo en Cuba 1878-1898* (1997), de la investigadora cubana Mildred de la Torre, actualmente el más completo sobre el tema producido por la historiografía cubana, tiene el objetivo de demostrar

---

[62] Jorge Ibarra: *Ideología Mambisa*, Instituto Cubano del Libro, La Habana, 1972, pp.57-59.
[63] Ramón de Armas... (et.al): *Los partidos políticos burgueses en Cuba neocolonial (1899-1952)*, Editorial de Ciencias Sociales, La Habana, 1985, p.24.

todo el empeño de la actividad autonomista por evitar la construcción de la nación cubana. En el capítulo quinto de este libro, titulado "La autonomía contra la nación cubana", la autora desarrolla con profundidad la idea que el autonomismo mantuvo una línea de constante oposición a la revolución, condenando el movimiento insurreccional de 1879 y más tarde el de 1895; de ahí su reprobación como antipatriota y antinacional, además de considerarlo mayoritariamente racista[64].

También la obra de Rolando Rodríguez *Cuba: la forja de una Nación* en dos tomos (1998), ratifica el criterio del carácter antinacional y racista del Partido Autonomista, así como su inviabilidad bajo el dominio colonial español. Pero en dicha investigación, también el autor resalta matices positivos de la labor del autonomismo, y distingue en éste un carácter mucho más plural en la composición de sus filas, en términos políticos y sociales, que el que habitualmente admite otras aportaciones de la historiografía cubana. Reconoce, incluso, que en medios separatistas no se acentuaba la existencia de una separación insalvable con los autonomistas. Asimismo, destaca la importancia de la crítica autonomista a los males de la dominación colonial, como un elemento que contribuyó al desarrollo de la conciencia nacional cubana[65].

Por su parte, Diana Abad en su libro *De la Guerra Grande al Partido Revolucionario Cubano* (1995), se concentra, al igual que lo habían hecho otros estudiosos marxistas, en el basamento clasista del autonomismo y en la defensa acérrima de sus intereses económicos. Para la autora, los partidos políticos surgidos en 1878 son la expresión de los intereses específicos de sectores distintos de una misma clase social: la burguesía, por lo que define el accionar del Partido Autonomista como la

---

[64] Veáse Mildred de la Torre Molina: *El autonomismo en Cuba 1878-1898,* Editorial de Ciencias Sociales, La Habana, 1997.
[65] Veáse Rolando Rodríguez, *Cuba: la forja de una nación,* Editorial de Ciencias Sociales, La Habana, 1998, t.2.

respuesta burguesa no independentista, a los objetivos fundamentales de la guerra y por ende antinacional[66].

Sin embargo, la historiografía cubana más reciente ha incorporado a las discusiones en torno al tema, enfoques diferentes, brindando nuevas visiones a los que pretenden juzgar el fenómeno autonomista con toda justeza y profundidad. Esto reafirma la idea de que el autonomismo continúa siendo, en la actualidad, un tema harto complejo y polémico.

En 1998 en la Revista *Temas,* se publica un artículo del historiador cubano Oscar Loyola, titulado: "La alternativa histórica de un 98 no consumado", donde se plantea, entre otros análisis novedosos, que el autonomismo y el independentismo no eran términos totalmente excluyentes, pues aunque se diferenciaban en los medios y los fines, partían del mismo origen: la conciencia de la necesidad de un cambio social que enrumbase de manera diferente el desarrollo insular. También se sostiene que: "La mayor existencia de un sustrato nacionalista en una de las dos opciones no excluye contenidos nacionalistas en la otra"[67].

En este aspecto también ha insistido Yoel Cordoví en su obra *Liberalismo, crisis e independencia en Cuba, 1880-1904,* al decir que:

"Evolución y revolución, reformismo y lucha armada, recorren en tanto opciones o alternativas finiseculares de enfrentamiento a la realidad colonial intrincados derroteros susceptibles de desplazamiento de acuerdo a los condicionamientos contextuales"[68].

---

[66] Veáse Diana Abad Muñoz: *De la Guerra Grande al Partido Revolucionario Cubano,* Editorial de Ciencias Sociales, La Habana, 1995.

[67] Oscar Loyola Vega, "La alternativa histórica de un 98 no consumado", en: *Revista Temas* no 12-13, p.19.

[68] Yoel Cordoví Núñez: *Liberalismo, crisis e independencia en Cuba, 1880-1904,* Editorial de Ciencias Sociales, La Habana, 2003, pp. 33-34.

En el año 2000 la investigadora María del Carmen Barcia publica *Una Sociedad en Crisis: La Habana finales del siglo XIX;* en este trabajo la autora plantea un nuevo punto de vista del fenómeno autonomista, al resumir que:

> "Los autonomistas no constituyeron la vanguardia patriótica cubana, pero tampoco representaron a los elementos más recalcitrantes y un número apreciable de ellos defendió, con diferentes matices la existencia de la nación. (...)
> En medio de desaciertos, imprecisiones, y limitaciones ideológicas y políticas, existió en muchos autonomistas un fuerte sentimiento de cubanía, y ello no debe ser ignorado"[69].

En la excelente compilación realizada por Maria del Pilar Díaz Castañón, que dio como resultado la obra *Perfiles de la Nación,* publicada también en el año 2000, Alejandro Sebazco en su artículo "José Martí y el Autonomismo: Dos Alternativas de la Nacionalidad Cubana", resalta la labor política y cultural del partido autonomista como elementos que contribuyeron a ir creando los límites de una identidad nacional cubana. Entre otras cuestiones sostiene que:

> "El hecho de tener entre sus miembros a intelectuales de alto valor le permite a los autonomistas desempeñar un relevante papel en la vida cultural colonial que les convierte generalmente en autores, árbitros y jueces de la producción intelectual. De hecho el campo de la ideología, el arte, la política y la cultura en general no prescinde a partir de ese momento de los comentarios o críticas de Rafael Montoro, Enrique José Varona, Antonio

---

[69] María del Carmen Barcia Zequeira: *Una Sociedad en crisis. La Habana finales del siglo XIX*, Editorial de Ciencias Sociales, La Habana, 2000, p.52.

Govín, Eliseo Giberga, José Antonio Cortina y Vidal y Morales, entre otros, quienes estimulaban y muchas veces exacerban lo particular de la producción insular frente a la metropolitana"[70].

Los motivos por los cuáles el autonomismo ha recibido fuertes críticas por la mayor parte de la historiografía marxista, desestimando, en alguna medida, los aspectos que fueron positivos para el proceso de construcción nacional, desde sus iniciadores en la república hasta la actualidad, podemos encontrarlos en que realmente abordar el autonomismo en Cuba, ha sido una tarea embarazosa para los historiadores que se han propuesto un acercamiento lo menos sesgado posible a nuestra historia. La mayoría de los que se han adentrado en el tema, lo han hecho partiendo de juicios condenatorios de antemano, pues en ellos ha influido proverbialmente su nacionalismo, su realidad actual, su subjetividad y los criterios repetidos por la historiografía cubana durante años.

La influencia del medio en que se desenvuelve el historiador, la subjetividad presente desde el comienzo mismo de la investigación histórica-aunque trate de restringirse al mínimo para alcanzar mayor objetividad en los análisis-, el partidismo y la influencia de la ideología, son factores que influyen en la forma de hacer historia no solo en Cuba, sino en cualquier región del mundo.

A pesar de esto, en la actualidad algunos discrepan con este criterio, y ciertos detractores de la revolución, o críticos de la historiografía marxista cubana, han resaltado estas cuestiones como algo inaudito y exclusivo de la isla socialista, llegando incluso a plantear con toda falsedad, que los historiadores cubanos "son simples ejecutores de una política orquestada y decidida por las altas esferas del poder político", donde el historiador

---

[70] Alejandro Sebazco Pernas, "José Martí y el Autonomismo: Dos Alternativas de la Nación Cubana" en: *Perfiles de la Nación*, Editorial de Ciencias Sociales, La Habana, 2004, p.162.

hace todo, "menos ejecutar la investigación"[71].

Descartando una mentira como la anterior, no se puede soslayar, que los factores subjetivos en el tratamiento crítico del fenómeno autonomista por la historiografía cubana, han sido más ostensibles en comparación con la forma en que se han abordado otros temas de la historia nacional. El leitmotiv de lo anterior podemos encontrarlo en la propia historia del autonomismo y del proceso revolucionario cubano que culminó el primero de enero de 1959.

Cuando se hace una valoración del papel desempeñado por el autonomismo desde nuestro presente, así como lo han hecho la mayoría de los historiadores marxistas, lo más común es que lo primero en que se piense sea en que los autonomistas cubanos fueron fervientes enemigos de la independencia de la Isla, mientras sus súplicas se estrellaron durante años contra la soberbia peninsular. Asimismo, no puede eludirse que el empecinamiento a sus ideales fue tan agudo, que devino en la no disolución de la organización autonómica al estallar la guerra del 95 y, llegar incluso, a ofrecer sus fieles servicios a una figura tan abominable y odiosa para el pueblo cubano, como Valeriano Weyler y Nicolau. A tal magnitud llegó el rechazo a sus posiciones en el imaginario popular cubano, que ya a inicios del siglo XX, los ocupantes estadounidenses reconocieron, después de 1899, que los cubanos odiaban más a los ex autonomistas que a los propios españoles, esto sin olvidar su actitud mayoritariamente discriminatoria hacia los negros y mulatos.

Todos estos elementos, a los cuáles podríamos añadirles otros, hacen muy difícil en la Cuba revolucionaria de hoy, sustentada en las tradiciones más heroicas de los mambises cubanos del siglo XIX y del legado recibido de figuras como José Martí, Antonio Maceo, Máximo Gómez, entre otros, que el autonomismo sea visto

---

[71] Mildred de la Torre Molina, "Los nuevos autonomistas y la historia oficial" en: *Internet*. www.cubasocialista.cu./texto/c.s

con nuevos ojos. Por demás, en esto ha residido la causa fundamental de que en la Isla existan hoy escasos trabajos dedicados a la historia del Partido Autonomista y de sus principales exponentes. Sin lugar a dudas, estos son los principales retos a los que se ha enfrentado y, encaran en la actualidad, los historiadores cubanos a la hora de abordar el autonomismo.

Consiguientemente, el interés primordial de los historiadores cubanos se ha enmarcado en la vanguardia patriótica cubana constituida por los independentistas, mientras que los pocos que se han adentrado de una forma u otra en la investigación del autonomismo cubano, por lo general, lo han hecho con la intención de resaltar los aspectos que obraron en detrimento de la nación cubana que se perfilaba. Pero a pesar de que estos aspectos retardatarios del autonomismo se hacen muy notorios a la luz de hoy, no por eso debemos dejar de referirnos a los elementos positivos que aportó esta corriente política al proceso de formación de la nación y la nacionalidad cubana, pues la historia no debe verse de un solo color, sino en su diversidad de matices.

Solo así se tendrá una comprensión más global y profunda de la historia. Mucho más, cuando podemos afirmar que abordar el autonomismo, tomando en consideración estos criterios y en su contexto histórico, además de acercarnos con mayor certeza y amplitud a la realidad cubana del siglo XIX, hace incluso más ostensible la grandeza del independentismo cubano, cuando lo comparamos con esta opción política.

Culpables de cubanía

"Cuando se muere en brazos de la patria agradecida, la muerte acaba, la prisión se rompe; ¡Empieza, al fin, con el morir, la vida¡ (José Martí, A mis hermanos muertos, Madrid, 1872)

El destacado patriota Fermín Valdés Domínguez, entrañable amigo de José Martí y uno de los estudiantes de medicina condenado a presidio en noviembre de 1871, dedicó muchos años de su vida a reivindicar la memoria de sus compañeros de estudios, ocho de ellos asesinados brutalmente. Su libro *27 de noviembre de 1871* –de seis ediciones, la última de ellas en 1909, un año antes de su fallecimiento- demostró fehacientemente la inocencia de los estudiantes de medicina fusilados y de los condenados a prisión de los cargos por los cuales fueron sometidos a consejo de guerra.

Todo tipo de mentiras y exageraciones propalaron con una velocidad exorbitante los voluntarios peninsulares y la prensa integrista: que los estudiantes habían roto la lápida y el cristal del nicho de Gonzalo Castañón[72]; que habían retirado las coronas existentes y puesto en sustitución ristras de ajos; que habían sacado los restos del cadáver y jugado con ellos; que habían escrito palabras obscenas en la tumba; que habían rayado el cristal del nicho; que habían profanado incluso las tumbas de otros patriotas peninsulares; etc, etc. Se acusaba a los estudiantes de los hechos que cotidianamente los integristas voluntarios[73] fanatizados hacían en la tumba

---

[72] Director del periódico *La voz de Cuba,* fiel exponente de los intereses y las ideas de los voluntarios peninsulares.
[73] A inicios de la Guerra de los Diez Años el capitán general Francisco Lersundi, sin tropas de línea suficientes para combatir la insurrección y a la vez guardar el orden interior en ciudades

del sabio educador cubano don José de la Luz y Caballero.

Mas incluso, de haber cometido ciertamente los estudiantes de medicina tales tropelías, por el código penal español que se aplicaba en la Isla en esos momentos, la pena que les correspondía era la de prisión correccional. Pero los voluntarios eran los dueños y señores de la situación y querían sangre, aunque fuera de niños y adolescentes cubanos, todavía estaban ansiosos por vengar la muerte de su ídolo Gonzalo de Castañón, abatido a balazos en Cayo Hueso en 1870 por el cubano Mateo Orozco.

Eran esos voluntarios los mismos que habían expulsado de la Isla al Capitán General, Domingo Dulce por considerarlo demasiado blando en la represión a los insurrectos. A tal grado llegaba el fanatismo y la insania de los voluntarios, que por ese tiempo el gobernador de La Habana sería encargado de llevar la tapa de ataúd en unos funerales de coronel muerto en campaña de un gorrión hallado sin vida en un parque, que los voluntarios asimilaron a su propia imagen de inmigrantes. Era tal la demencia que poco después en Guanabacoa, un

---

y poblados, puso su custodia en manos de los voluntarios peninsulares. Los cuerpos de voluntarios habían tenido su origen como defensa contra la temida invasión de Narciso López a la Isla, y que se había disuelto al reanudarse la tranquilidad en el país. Los voluntarios eran extraídos de las filas de los detallistas, los trabajadores del comercio y las pocas industrias del país –sobre todo la tabacalera-, y empleados del gobierno llegados a la isla con el encantamiento de hacer dinero rápido y fácil con los sobornos. A todos ellos los azuzaban sus coroneles y capitanes, en general los poderosos que ostentaban el grado no por saber de guerra sino porque con su dinero eran capaces de armar y uniformar un batallón. Los voluntarios estaban encargados hasta de la guarnición de las fortalezas militares y la casa de gobierno de la capital. Tales individuos, en su mayoría con muy poca o ninguna instrucción, muchas veces aldeanos a los que se les aseguraba que de triunfar los mambises tendrían que regresar a España y olvidase de sus sueños de hacer fortuna en Cuba.

gato fue condenado a ser pasado por las armas por haberse comido un gorrión.

Según la versión de Fermín Valdés Domínguez cuando el gobernador político le preguntó al capellán del cementerio, Mariano Rodríguez Armenteros sobre las rayas que aparecieron en el cristal de la tumba de Castañón, este respondió: *"Esas rayas, que están cubiertas por el polvo y la humedad, las he visto desde hace mucho tiempo y por lo tanto no pueden suponerse hechas en estos días por los estudiantes"*[74]. Por no haberse prestado a los infames manejos del gobernador político, el presbítero Mariano Rodríguez fue separado de su cargo de capellán del cementerio durante varios meses. Por su parte, Joseph A. Raphel, secretario del cónsul estadounidense en la Isla, sin llamar la atención visitó el cementerio de Espada tres días después del fusilamiento y examinó concienzudamente el nicho de Castañón, comprobando que se hallaba intacto y sin ninguna señal de profanación. También el hijo de Castañón, Fernando Castañón, al visitar la Isla en 1887, para exhumar los restos de su padre le dejaría constancia escrita a Fermín Valdés Domínguez de que no se observaban señales de violencia en la lápida y el cristal del nicho de su padre.

El historiador Luis Felipe Le Roy y Gálvez, autor del libro más completo escrito en la Isla sobre este tema[75], logró demostrar que los estudiantes de medicina eran inocentes de profanación –ratificando la tesis de Fermín Valdés Domínguez-, pero que no lo eran de llevar con orgullo en su pecho el sentimiento de cubanía y de simpatizar en mayoría con la causa independentista de la ínsula.

---

[74] Fermín Valdés Domínguez, *27 de noviembre de 1871*, Habana, Imprenta y Papelería de Rambla y Bouza, 1909, sexta edición, p.14.

[75] Luis Felipe Le Roy y Gálvez, *A cien años del 71. El fusilamiento de los estudiantes*, Instituto Cubano del Libro, Editorial Ciencias Sociales, La Habana, 1971.

El autor pone varios ejemplos para validar su hipótesis: Fermín Valdés Domínguez estudiante del primer
año de medicina, había cumplido ya 6 meses de cárcel
en 1870 –por la misma causa que se condenó a Martí a
presidio- y pelearía en la manigua después junto a Maceo y Gómez, terminando en 1898 con el grado de coronel del Ejército Libertador; Anacleto Bermúdez –condenado a fusilamiento- era de los que junto a José Martí
y otros, confeccionaban en el Instituto de Segunda Enseñanza de la calle Obispo, en 1869, el periódico manus-
crito "subversivo" *El Siboney*, en el mes de junio de
1875, fue muerto en un encuentro con la guardia civil
Alfredo Álvarez Carballo -condenado a 4 años de presidio en la causa de 1871-, que se había alzado con otros
compañeros en la región de Vuelta Abajo; Ricardo Gas-
tón y Ralló -condenado también a 4 años- se iría a la
manigua y terminaría la guerra con el grado de Comandante; y Antonio Reyes y Zamora -condenado a 6 años
de presidio- actuaría de agente de la Revolución en el
exterior[76].

Habría que sumar a los elementos ya señalados que el
sobrino de Alonso Álvarez de la Campa y Gamba –el
más joven de los fusilados, contaba apenas con 16 años-
, Enrique Gamba y Álvarez de la Campa le expresó en
una carta años después a Fermín Valdés Domínguez: *"Sí, sus simpatías políticas estaban, como las de
todos los jóvenes estudiantes de esa época, con los revolucionarios del 68"*[77]. También que en uno de los informes sobre los acontecimientos del cónsul general francés en la Isla a sus superiores, se señala que cuando los
estudiantes jugaban con el carro destinado a transportar los cadáveres se había gritado ¡Viva Cuba Libre¡[78].

A no dudarlo, pues entre los que jugaron con la carreta
de transportar los cadáveres había estado Anacleto
Bermúdez, el mismo que también encaró con singular
valentía al gobernador político Dionisio López Roberts,

---

[76] Ibídem, p.107.
[77] Citado por Ibídem, p.249
[78] Ibídem, p.362.

cuando este procedía a tomarlos prisioneros, exigiéndole demostrara dónde estaba el delito por el cual se estaba acusando a los estudiantes.

Por todo lo dicho anteriormente es que podemos sostener hoy con toda propiedad que los 8 estudiantes de medicina fueron los primeros mártires de las luchas del estudiantado universitario cubano y que por eso sus retratos encabezan la larga fila de fotografías en el simbólico Salón de los Mártires de La Universidad de La Habana. Los estudiantes de medicina para nada podían ser ajenos al ambiente de rebeldía que se respiraba en la Universidad de La Habana.

Las autoridades españolas consideraban a la Universidad como un "nido de víboras" y no olvidaban el hecho de que en 1851 había aparecido fijado en la puerta de la Universidad un papel en el cual estaba pintada la bandera de Narciso López, hoy nuestra enseña nacional, con un letrero que rezaba: "¡Viva Narciso López¡ ¡Muera España¡ y que el 22 de marzo de 1865 había aparecido cortado en el Aula Chica un retrato de la reina española Isabel II.

Si la autoridad insular hubiera fusilado a los ocho estudiantes por infidencia, hubiera ayudado a convertirlos en mártires de la causa cubana. Acusándolos de profanación los deshonraba frente a la opinión pública, máxime cuando se trataba de una sociedad que en grado sumo repudiaba tales actos. A 143 años de aquellos trágicos y abominables acontecimientos queda claro que aquellos niños y adolescentes de lo único que eran culpables era de la cubanía que caracterizaba a muchos de los estudiantes de la Universidad de La Habana. A pesar de su corta edad, uno de ellos tenía solamente 16 años, enfrentaron la muerte como lo estaban haciendo algunos compañeros suyos en la manigua cubana:

"Salieron de la prisión al sitio del suplicio con la frente alta, sin mostrar temor y sin hacer alarde de no tenerlo.

Su actitud impuso respeto aun a los voluntarios. Un silencio de muerte se hizo a su alrededor. No se dirigió ningún insulto a quienes honrando la entereza de esa valiente juventud se descubrieron ante las víctimas"[79].

---

[79] Ibídem, p.365. (Del informe del cónsul francés en la Isla a sus superiores, La Habana, 3 de diciembre de 1871)

El gran aporte chileno
a la independencia de Cuba

Aún hoy continúa siendo poco conocido en nuestro país que el pueblo chileno brindó un apoyo extraordinario a las luchas independentistas de Cuba contra el colonialismo español, en la segunda mitad del siglo XIX. Esta interesante historia puede encontrarse en el libro *Chile en la independencia de Cuba* (Editorial Verde Olivo, 2007), del teniente coronel René González Barrios[80].

Resulta que Benjamín Vicuña Mackenna, renombrado intelectual chileno, fue una de las figuras más destacadas en el apoyo a la causa libertaria de Cuba. Antes de que ocurriera el alzamiento del 10 de octubre de 1868 en el oriente cubano, Mackenna fue enviado por el gobierno chileno a Nueva York en misión especial, para en conexión con emigrados cubanos, emprender una expedición que llevara la independencia a la isla caribeña.

Mackenna era un fiel continuador de las ideas integracionistas de Simón Bolívar. Estas se convirtieron en su acicate fundamental al fundar en 1862 la Sociedad de la Unión Americana, con el propósito de fomentar una confederación continental muy parecida a la que había concebido El Libertador. Al respecto señalaba Mackenna: *"La completa realización de nuestro ideal es una gran nacionalidad americana, puesto que aspiramos a que se forme de todas las repúblicas una gran confederación y de todas las patrias diferentes, una sola, la patria americana"*[81].

---

[80] Autor de numerosos libros relacionados con la historia de Cuba del siglo XIX. Actual Presidente del Instituto de Historia de Cuba.
[81] René González Barrios, *Chile en la independencia de Cuba*, Editorial Verde Olivo, Ciudad de La Habana, 2007, p.25.

También con la intención de estimular la independencia de Cuba y Puerto Rico, Mackenna creó el periódico *La Voz de la América* y llegó a contactar con el ya anciano José Antonio Páez, quien siempre estuvo deseoso de liberar a Cuba, pero el gobierno chileno terminó cancelando su misión en 1866. A pesar de sufrir tal decepción, Mackenna continuó laborando por la causa cubana hasta su muerte, ocurrida el 25 de enero de 1886.

Precisamente en reconocimiento al auxilio chileno a la causa independentista de la Mayor de las Antillas, la bandera utilizada por Carlos Manuel de Céspedes al alzarse en armas el 10 de octubre de 1868, era prácticamente igual a la bandera chilena. Solo se invertían los colores azul y rojo. Con esa bandera se libraron los primeros combates y en su defensa murieron los primeros mambises, hasta que en 1869, al celebrarse la asamblea de Guáimaro se decidió utilizar la bandera que había enarbolado el general venezolano Narcizo López el 19 de mayo de 1850 como enseña nacional, dejando la de Céspedes para que presidiera las reuniones de la Cámara de Representantes.

Durante la Guerra de los Diez Años Chile fue la segunda nación después de México en reconocer la beligerancia de las armas cubanas.

Asimismo, en 1873, Chile copatrocinó un plan continental por la independencia de Cuba, que fue presentado al congreso de Colombia. Consistía en armar 20 000 hombres de Venezuela y Colombia y embarcarlos en buques de las armadas de Perú y Chile, para lanzarlos sobre Cuba en apoyo a los insurrectos cubanos. Desgraciadamente el proyecto no fue aprobado en el congreso colombiano por un voto. No obstante, durante esos años muchos chilenos continuaron enviando cargamentos de armas a la manigua cubana.

Durante la Guerra Necesaria organizada por José Martí y que arrancó el 24 de febrero de 1895, fueron muchos los chilenos que se unieron a las fuerzas mambisas cubanas. Dentro de las figuras chilenas más descollantes en esa etapa estuvieron: el general de brigada Pedro Vargas Sotomayor, el teniente coronel Arturo

Lara y el capitán Carlos Dublé. Asimismo, Chile fue el país desde donde se recibieron más contribuciones voluntarias para la Revolución Cubana, solo superado por los clubes cubanos en los Estados Unidos.

Pedro Vargas Sotomayor se incorporó a la manigua cubana en 1895 y se destacó en numerosos combates bajo las órdenes de Antonio Maceo. Participó en la invasión a Occidente. Se convirtió en uno de los hombres de confianza del Titán de Bronce. Muere a finales de noviembre de 1896, víctima de una fulminante enfermedad. El 13 de junio de 1986 se inauguró en Bahía Honda, Pinar del Río, un obelisco que rinde tributo a este valiente chileno.

Arturo Lara peleó prácticamente a lo largo de toda Cuba. Por su arrojo se ganó el calificativo de "león chileno". Murió combatiendo por la independencia cubana.

Carlos Dublé fue ayudante del mayor general Pedro E. Betancourt. Operó fundamentalmente en las provincias de La Habana y Matanzas. A principios de 1900 regresó a Chile, donde el periodista Emilio Rodríguez Mendoza en un libro dos manos, publicó sus memorias acerca de la guerra del 95, bajo el título *En la manigua*.

Estos son solo algunos de los nombres más sobresalientes y una síntesis muy apretada de sus biografías. Mayor información puede encontrarse en el libro de González Barrios, que bien merecería una segunda edición, para divulgar esta hermosa historia —aún poco conocida en ambos países- de solidaridad del pueblo chileno con el cubano y estimular a otros historiadores a continuar profundizando en el tema.

Recientemente tuve el honor de participar en la III edición de la Feria Internacional del Libro en Antofagasta, Chile. Al entrar en contacto con el pueblo chileno pude palpar cuan profundos son los lazos espirituales que unen a nuestros pueblos. La obra *Chile en la independencia de Cuba,* de González Barrios, nos demuestra que no es un fenómeno de la contemporaneidad, sino que se remonta incluso al siglo XIX.

¿QUÉ PASÓ EN LA MEJORANA?

Uno de los grandes y enigmáticos acontecimientos de la Historia de Cuba es el de la famosa reunión de "La Mejorana" el 5 de mayo de 1895, entre los tres grandes del siglo XIX cubano: José Martí, Antonio Maceo y Máximo Gómez.

El encuentro entre los tres jefes de la Revolución tuvo lugar en la casa del administrador de la colonia de cañas del antiguo ingenio de la Mejorana, Germán Álvarez; sitio actualmente ubicado en la provincia de Santiago de Cuba. Era una casa de campo amplia de cuatro habitaciones, con un hermoso framboyán en el patio posterior. Lo que quizá no sabían los congregados, era que aquella residencia donde se iba a producir el encuentro más transcendental de la Revolución de 1895 resultaba conocida de los mandos españoles como de visita frecuente de los mambises. Según el relato del alférez Ramón Garriga, en aquellos momentos asignado como ayudante de Martí, la mesa del almuerzo estaba dispuesta debajo del framboyán del patio y en ella se sentaron 18 personas: Gómez en el centro, Martí a su derecha y Antonio Maceo a la izquierda. A la derecha del Apóstol, José Maceo; y a la izquierda del general Antonio, Paquito Borrego y Jesús Rabí. El administrador de la hacienda, Germán Álvarez también ocupó un lugar en la mesa[82].

Pese a todas las versiones que existen sobre aquella reunión importantísima, el testimonio de Martí sigue siendo el más completo. Las anotaciones que hizo el Apóstol el propio día 5 de mayo reflejan que fue una reunión tensa entre tres hombres apasionados con la

---

[82] Rolando Rodríguez, *Cuba: La Forja de una Nación*, Editorial de Ciencias Sociales, La Habana, 2005, p.41, t.3.

causa de la libertad de Cuba, pero no por ello coinciden-
tes en la manera de organizar la lucha:

> "Maceo y Gómez hablan bajo, cerca de mí: me lla-
> man a poco, allí en el portal: que Maceo tiene otro
> pensamiento de gobierno: una junta de los gene-
> rales con mando, por sus representantes, -y una
> Secretaría General- (...) Nos vamos a un cuarto a
> hablar. No puedo desenredarle a Maceo la conver-
> sación: "¿Pero usted U. se queda conmigo o se va
> con Gómez?" Y me habla, cortándome las pala-
> bras, como si fuese yo la continuación del gobierno
> leguleyo, y su representante"[83].

Es fácil advertir en las palabras de Martí, que las vie-
jas contradicciones de la Guerra de los Diez Años y la
Guerra Chiquita, entre el poder civil y el militar, aún
estaban a flor de piel. Maceo defendía un poder militar
sin interferencias de los civiles. Consideraba que primero había que ganarle la guerra a España antes de
pensar en la existencia de un gobierno civil en plena
manigua. Martí discrepaba, pues aspiraba a un equilibrio de poderes: *"el Ejército, libre,- y el país, como país
y con toda su dignidad representada"*, escribió en su
diario ese mismo día[84]. El Generalísimo en esta ocasión
apoyaba las ideas del Delegado. Finalmente, a pesar de
las discrepancias por haber convocado Martí y Gómez
una Asamblea de Delegados para formar gobierno, Maceo terminó subordinando su criterio al punto de vista
de estos y se declara partidario de enviar cuatro delegados por la provincia de Oriente.

El 18 de mayo de 1895, en su famosa carta inconclusa
a Manuel Mercado, Martí amplió su concepción sobre
cómo debían organizarse las estructuras de poder de la
Revolución:

---

[83] *José Martí, diarios de campaña*. Edición Crítica, Centro de
Estudios Martianos, La Habana, 2007, pp.114-117.
[84] Ibídem, p.116

"La revolución desea plena libertad en el ejército, sin las trabas que antes le opuso una Cámara sin sanción real, o la suspicacia de una juventud celosa de su republicanismo, o los celos, y temores de excesiva prominencia futura, de un caudillo puntilloso o previsor; pero quiere la revolución a la vez sucinta y respetable representación republicana, -la misma alma de humanidad y decoro, llena de anhelo de la dignidad individual, en la representación de la república, que la que empuja y mantiene en la guerra a los revolucionarios"[85].

Con posterioridad, en una carta de Maceo a Gómez, fechada el 16 de junio de 1895, se confirma que la discusión en torno a la formación de una Asamblea había sido uno de los asuntos centrales debatidos en la cita. En esta carta Maceo le recordaba a Gómez cual había sido su posición entonces: *"la última vez que nos vimos usted, Martí y yo, creía un poco prematuro la formación del gobierno, pero hoy lo exige la pujanza de la revolución"*[86].

Otro asunto que salió a relucir en el encuentro fue el disgusto de Maceo con relación a la designación de Flor Crombet al frente de la expedición que lo había traído desde Costa Rica. Martí lo hace explícito también en su diario: *"Lo veo herido - 'lo quiero —me dice- menos de lo que lo quería— por su reducción a Flor en el encargo de la expedición, y gasto de sus dineros"*[87].

Se sabe, por lo escrito por Martí en carta a Carmen Miyares y por Gómez en su diario, que en la jornada del 6 de mayo Maceo los invitó a ambos a visitar su campamento y los presentó a la tropa, para expresarles de

---

[85] Citado por Jorge Ibarra en: *José Martí, dirigente, político e ideólogo*, Centro de Estudios Martianos, La Habana, 2008, p.167.
[86] Citado por Jorge Ibarra en: *José Martí, dirigente, político e ideólogo*, Centro de Estudios Martianos, La Habana, 2008, p.158.
[87] Ibídem, pp.116-117

alguna manera sus disculpas, después de haberlos hecho dormir fuera del campamento el día anterior, producto de su ira pasajera luego de las discusiones de La
Mejorana. "*Y así, como echados, y con ideas tristes, dor-
mimos*" [88], había escrito Martí en su diario. Por su
parte, sobre la visita al campamento de Maceo, anotó
Gómez en su diario el 6 de mayo:

> "...al marchar rumbo hacia Bayamo, confusos y
> abismados por la conducta del general Antonio
> Maceo, tropezamos con una de las avanzadas de
> su campamento de más de dos mil hombres y
> fuerza nos fue entrar. El General se disculpó como
> pudo, nosotros no hicimos caso de las disculpas
> como lo habíamos hecho del desaire y nuestra
> amarga decepción de la víspera quedó curada con
> el entusiasmo y respeto con que fuimos recibidos
> y vitoreados por aquellas tropas"[89].

Mas una pregunta se hace inevitable: ¿qué ocurrió entre Gómez y Maceo en aquella reunión?, ¿qué palabras
intercambiaron? Según el destacado historiador Jorge
Ibarra, quien en su libro *José Martí dirigente, político e
ideólogo,* ha dado en nuestro criterio la versión más objetiva sobre aquel encuentro, realmente Maceo tenía
más motivos para estar irritado con Gómez que con
Martí. A fin de cuentas Gómez había sido el que convocara la formación de una Asamblea de Delegados para
constituir el gobierno de la República en Armas, lo cual
había provocado la oposición resuelta y enérgica de Maceo. Asimismo, Maceo conocía que el Generalísimo había dado todo su apoyo a la decisión del Delegado del
Partido Revolucionario Cubano de ponerlo bajo las ór-

[88] Ibídem, p.117
[89] *Diario de Campaña del Mayor General Máximo Gómez, 1868-1899,* Impreso en los Talleres del Centro Superior Tecnológico Ceiba del Agua, Habana, 1940, p.333.

denes de Flor Crombet, punto más sensible de las discrepancias surgidas entre los jefes revolucionarios en la Mejorana[90].

Al parecer, en aquella entrevista también se debatió sobre la invasión a occidente -el sueño de los generales Gómez y Maceo- y acerca de la distribución de los mandos del ejército. Hay distintas versiones sobre la tesis que sostuvieron ambos jefes en relación con el momento del inicio de la campaña invasora. Parece lo más probable que Gómez le pidiera a Maceo que atrajese sobre sí al enemigo, mientras él se movía a Camagüey y lo levantaba. En cuanto a Martí, dado su empeño de acelerar la marcha de la guerra y acortar cuanto se pudiera el término de la victoria, da la impresión de que estuvo por la tesis de emprender el rumbo hacia occidente inmediatamente después de constituir el gobierno en Camagüey[91].

Todo indica también que se abordó la posible salida de Martí del campo insurrecto. Maceo consideró que era imprescindible la presencia del Apóstol en el exterior para apoyar logísticamente a la Revolución. Se afirma que Martí expresó que no abandonaría la Isla hasta que no presenciara uno o dos combates. Otro testimonio, el de Ramón Garriga, señala que Martí adujo que solo saldría de Cuba después de entrevistarse con Bartolomé Masó y Salvador Cisneros Betancourt[92]. Lo cierto es que el propósito de Martí y así lo refleja en sus escritos de esos días, era llegar hasta el Camagüey a hacer gobierno. Luego vería que sucedería con su destino.

Quizás todo lo que se discutió en el ingenio, y muchas de las interrogantes que persisten pudieran haberse conocido o resuelto, si se hubiera podido tener acceso a las 4 páginas que faltan del diario de campaña de Martí, correspondientes al 6 de mayo. En 1948 el ex coronel del Ejército Libertador, Ramón Garriga, quien como

---

[90] Jorge Ibarra, *José Martí, dirigente, político e ideólogo*, Centro de Estudios Martianos, La Habana, 2008, p.161.
[91] Rolando Rodríguez, *Ob. Cit*, p.43.
[92] Ibídem.

ayudante de Martí había tenido la responsabilidad de proteger el diario, declaró para el *Diario de la Marina* que lo llevaba todo el tiempo en sus alforjas y solo se lo entregaba cuando él iba a realizar sus anotaciones. Por eso lo tenía en su poder durante el combate de Dos Ríos y tras la muerte del Apóstol, se lo entregó a Gómez sin que le faltara un pliego.

Ahora bien, respecto a las desavenencias que en diversas oportunidades se produjeron entre los líderes fundamentales de la Guerra Necesaria, nadie debe sorprenderse, ni pensar que por eso no se retribuían cariño y admiración; solo basta revisar la correspondencia privada de estos líderes para confirmarlo. Además toda diferencia entre ellos quedó siempre reducida ante el compromiso que los unía con Cuba. Pero al mismo tiempo, sostener que no tuvieron fuertes contradicciones es soñar o construir una historia sacralizada, alejada de la realidad. En este caso, habría que destacar las palabras de Rolando Rodríguez, en su libro: *Dos Ríos: A Caballo y Con el Sol en la frente*.

> "Después de todo, casi no se trataba de que ellos hubieran elegido la empresa, sino que la empresa los había elegido a ellos, porque dada su índole descomunal, ciclópea, para ella se necesitaba de leones, y los leones no acarician. Resultaban los tres, el fino, seductor y genial Martí; el vigoroso, enérgico y talentoso Maceo; el áspero, sagaz y empeñoso Gómez, hombres hechos para mandar y para dirigir, cada uno a su forma, y no para ser mandados. Sus relaciones no podían ser, por tanto, fáciles y eso explica sus divergencias. Si ellos hubieran sido de otra forma, posiblemente sus nombres nunca habrían pasado a la historia o habría sido a título de subalternos" [93].

---

[93] Rolando Rodríguez, *Dos Ríos: A Caballo y Con el Sol en la frente,* Editorial de Ciencias Sociales, La Habana, 2001, p.63.

RELACIONES
ESTADOS UNIDOS-CUBA

ELIER RAMÍREZ CAÑEDO

Estados Unidos contra la independencia de Cuba; otro rostro del Bicentenario [94]

Cuba no deja de estar muy vinculada a las celebraciones del bicentenario de la primera independencia de América Latina y el Caribe, pues a pesar de que su primera independencia –profundamente recortada por la intervención de los Estados Unidos en el conflicto hispano-cubano– no llegó hasta finales del siglo XIX, hubo conspiraciones y revueltas en la Isla en todo el período 1808-1826, inspiradas en lo que estaba sucediendo en el resto de la región, pero ellas fueron protagonizadas por elementos ajenos a los plantadores esclavistas, es decir: representantes de las capas medias, intelectuales, campesinos, artesanos y esclavos[95].

La burguesía esclavista cubana, en esos momentos rectora de una transformación esencial en la evolución económica-social de la Isla: la del tránsito de una sociedad criolla a una sociedad de plantación esclavista, que le reportaba mayores riquezas, se convirtió en el valladar fundamental para el retraso de la independencia de la Isla respecto a sus pares de Latinoamérica. A diferencia de lo ocurrido en otras posesiones coloniales de España en América, esta burguesía esclavista insular disfrutó al menos hasta los años treinta del siglo XIX, de franquicias especiales otorgadas por la Corona española para el comercio de sus productos y la entrada de esclavos, así como de otros privilegios que le dieron cierto margen de autonomía.

Ello explica su indisposición a sacrificar tales beneficios –muchos de ellos reclamados por los territorios

---

[94] Publicado en: La Jiribilla, no 575, 7-13 de abril de 2012. Versión revisada y ampliada.
[95] Sergio Guerra Vilaboy, *Historia mínima de América*, La Habana, Editorial Pueblo y Educación, 2003, p.101.

americanos desde los inicios del proceso juntista- a cambio una independencia que consideraban riesgosa para sus intereses creados, con la agravante de reproducir en la Isla una segunda Haití[96].

El "miedo al negro" perturbaba profundamente sus cabezas. Esta problemática ha sido estudiada y divulgada por numerosos historiadores cubanos, sin embargo, es propicio en el marco de la conmemoración bicentenaria, sacar a flote otro tema no menos importante, que influyó también de cierta manera en el retraso de la independencia de la Isla: la firme posición del gobierno de los Estados Unidos contra cualquier intento que desde el exterior pretendiera independizar a la ínsula por la fuerza. A pesar de que la Isla aún no estaba madura para la independencia y de que el reformismo –no el independentismo- era la corriente política más fuerte en esos momentos, la posibilidad de forzar la situación a favor de una independencia impuesta desde fuera se manejó en varias oportunidades y diversos planes en función de ello fueron puestos en ejecución. ¿Qué hubiera sucedido si Simón Bolívar y Guadalupe de Victoria no hubieran tenido que enfrentar un escollo tan poderoso como fue el rechazo del gobierno estadounidense a sus planes de lanzar una expedición conjunta para independizar a Cuba y Puerto Rico? Esta es una pregunta que nos hacemos muchos en la contemporaneidad.

Por tan razón, se hace necesario describir y analizar el papel desempeñado por el gobierno de los Estados Unidos frente a Cuba en años de la primera independencia de América Latina y el Caribe, así como su labor de zapa contra los planes de Simón Bolívar y otros próceres independentistas de Suramérica y México de exten-

---

[96] Para ampliar ver excelente ensayo del historiador cubano Arturo Sorhegui, "La Habana y el proceso de la primera independencia en Hispanoamérica", en: *Repensar la independencia de América Latina desde el Caribe*, La Habana, Editorial de Ciencias Sociales, 2009, pp.269-304

der la llama independentista hasta la Mayor de las Antillas, a pesar del apoyo que algunos cubanos y cubanas había brindado a la causa independentista de las Trece Colonias. Este último aspecto merece una breve atención.

Un auxilio silenciado

Un intencionado silencio y omisión puede encontrarse en los textos históricos de las escuelas norteamericanas sobre la ayuda que dio España, en primer lugar, y Cuba en particular, a la lucha independentista de las Trece Colonias contra la metrópoli inglesa[97]. Aunque también hay que reconocer que por desconocimiento mucha de la bibliografía histórica de Cuba ha carecido de esta hermosa página histórica de solidaridad del pueblo cubano[98].

Un auxilio que estuvo más allá del conflicto y los intereses de las potencias de la época: España y Francia de un lado, Inglaterra del otro. El destacado historiador cubano Eduardo Torres Cuevas ha señalado que *"la asistencia cubana a la independencia norteamericana no se limitó a la participación de las tropas habaneras en un hecho militar, por importante que éste resulte, sino que esa ayuda constituye un componente participativo en todas las esferas del proceso independentista norteamericano"*[99].

---

[97] También se obvia el apoyo de tropas haitianas

[98] La mayoría de los textos históricos utilizados en los distintos niveles de enseñanza de las escuelas cubanas no comprenden esta historia. El Dr. Eduardo Torres Cuevas ha sido uno de sus mayores divulgadores y logró incluir una síntesis de estos pasajes en su libro –en coautoría con el Dr. Oscar Loyola Vega- *Historia de Cuba 1492-1898. Formación y liberación Nacional*, Editorial Pueblo y Educación, La Habana, 2001, t.1, pp.120-124.

[99] Eduardo Torres Cuevas, "Lo que le debe la independencia de Estados Unidos a Cuba. Una ayuda olvidada", en: *En Busca de la Cubanidad*, Editorial de Ciencias Sociales, La Habana, 2006, t.1, p.133.

En los momentos en que se inicia el proceso independentista en las Trece Colonias en 1775, ya existía toda una tradición de relaciones comerciales entre estos territorios y la isla de Cuba. Según Torres Cuevas:

"En la década de 1760-1770, las mieles cubanas encontraban en Rhode Island, 30 destilerías que anualmente producían, sólo para exportar al África, 1,400 bocoyes de ron. A su vez, los traficantes entre las dos regiones traían a Cuba importantes cargamentos de esclavos adquiridos, no pocas veces, con el ron fabricado en Norteamérica con la melaza de los ingenios cubanos; e implementos a bajos precios"[100].

De esta manera, entre la oligarquía habanera y los comerciantes de las Trece Colonias se establecieron estrechos nexos de intercambio comercial. Nexos que defendieron con pujanza ante cada intento de la Corona británica de limitarlos, convirtiéndose dicho conflicto en una de las causas del movimiento independentista. Esto tuvo una expresión política en el hecho de que las principales figuras implicadas en ese intercambio, serían claves en el financiamiento, aprovisionamiento, espionaje y otras formas de apoyo al movimiento independentista de Norteamérica. Fueron sus más célebres exponentes: del lado norteamericano, Robert Morris, traficante negrero; *el cerebro financiero de la guerra de independencia de los Estados Unidos*, como se le llamaba, y por Cuba –aunque de origen español-, el comerciante Juan Miralles, primer representante de España ante los rebeldes. Miralles
Miralles sería uno de los hombres más admirados por George Washington, a tal punto que, por voluntad del propio líder norteamericano, fallecería en su casa en Morristown, Nueva Jersey, el 28 de abril de 1780, atendido por su esposa y médico personal, víctima de una

---

[100] Ibídem, p.155.

mortal enfermedad. Al ocurrir su deceso, Washington ordenó que se le rindieran honores militares y en sus funerales participaron además del futuro primer presidente de los Estados Unidos, La Fayette, Hamilton, Morris y otros importantes líderes norteamericanos y oficiales franceses. *"En este país se le quería universalmente y del mismo modo será lamentada su muerte",* expresó Washington ante la desaparición física de Miralles[101].

Durante la lucha independentista de las colonias inglesas en Norteamérica, Miralles fue un activo agente al servicio del espionaje español[102]. Su ayuda se concretó en la creación, junto a Robert Morris, de una amplia red de abastecimientos de ropa, alimentos, armas y medicinas para las fuerzas independentistas norteamericanas, que tenía en La Habana su epicentro fundamental.

Luego de declarada la guerra entre España y Gran Bretaña, el 23 de junio de 1779, La Habana sería también un núcleo importante de las operaciones militares y el puente ineludible para intensificar la ayuda comercial, financiera y militar a los rebeldes, la cual se canalizaba a través de la Luisiana y por una ruta naviera creada desde 1778 por Miralles y Morris entre La Habana y Filadelfia.

El 27 de agosto de 1779, dos meses después de la declaración de guerra, el general español Bernardo Gálvez avanza sobre las Floridas. Va al frente de un ejército que conforman criollos de Cuba y suma victoria tras victoria. Refuerzan también sus tropas batallones de Pardos y Morenos de La Habana. Un año más tarde, Gálvez pone sitio a Pensacola, el punto más fuerte de

---

[101] bídem, p.169.
[102] La figura de Miralles aún no ha sido suficientemente investigada, como bien afirma Torres Cuevas. Si Herminio Portell Vilá le rinde especiales honores en su obra, *Historia de Cuba. En sus relaciones con los Estados Unidos y España*, t.1, el propio Torres Cuevas lo cataloga como "uno de los más inescrupulosos comerciantes y contrabandistas de La Habana", en: Ob. cit, p.157.

los ingleses en la costa antillana de Norteamérica. La victoria se alcanza gracias al refuerzo recibido de tropas de La Habana conducidas por el general Juan Manuel de Cajigal y Monserrate, que es el primero en entrar a la ciudad. Con el dominio de este enclave se garantizó el control del cauce del río Mississippi y, por lo tanto, la ruta de abastecimientos a los rebeldes que empleaban los barcos peninsulares, franceses, habaneros y norteamericanos. Por su destacada participación en la acción, Cajigal sería el primer cubano en ser nombrado por la Corona española gobernador interino de la Isla, el 29 de mayo de 1781. En la toma de Pensacola y luego durante parte del tiempo en que fungió como Gobernador de la Isla, Cajigal tuvo como ayudante personal al venezolano Francisco de Miranda, quien posteriormente trascendería a la historia como el "Precursor de la Independencia de América Latina".

Pero, sin lugar a dudas, la forma más elocuente en que se expresó la ayuda de la población cubana a la causa independentista de los Estados Unidos se materializó cuando hombres y mujeres acaudalados de La Habana auxiliaron financieramente al general francés, Jean Baptiste de Vimeur, Conde de Rochambeau, y al mismo Washington, quienes se habían quedado sin recursos para sufragar los gastos que implicaban sus planes de asestarle un golpe definitivo a los ingleses en Yorktown. Washington necesitaba alrededor de 1 200 000 libras esterlinas, para poder abastecer y pagar a sus tropas.

Después de fracasar varias gestiones realizadas para la obtención del dinero, el almirante Francois Joseph Paul, conde de Grasse, que había sido enviado con una poderosa flota francesa al Atlántico, ordenó que la fragata *Aigrette* se dirigiera a Cuba para comunicar la urgencia de la necesidad de este financiamiento. De inmediato, se realizó en la Isla una recaudación pública con la colaboración de las autoridades eclesiásticas y gubernamentales, junto a determinados sectores populares.

Varias fuentes aseguran que las damas habaneras entregaron parte de sus joyas. También se refieren a una decisiva participación de Francisco de Miranda en la recogida de los fondos, aunque otros datos lo ponen en duda[103].

En total se reunió la cifra de 1 800 000 pesos de ocho reales, que fueron entregados al joven oficial francés Claudio Enrique de Saint-Simon, el posterior famoso escritor y socialista utópico. Con esta importante suma de dinero se pudo pagar a las tropas independentistas, cubrir gastos de abastecimiento e iniciar el avance contra las fuerzas del general británico Charles Cornwallis en la región virginiana de Yorktown. Después de varios días de combate, las tropas británicas se rindieron y el 31 de octubre de 1781 firmaron la capitulación[104].

Finalmente en 1783 mediante el Tratado de París los ingleses reconocieron la independencia de las Trece Colonias.

Cada vez que se haga referencia al conflicto Estados Unidos-Cuba y se pretenda hacer comprender su origen y su esencia, es necesario hacer alusión a estos pasajes demostrativos de que, mientras Cuba apoyó la independencia de las Trece Colonias, los Estados Unidos olvidaron esta colaboración e inmediatamente se convirtieron en los principales enemigos de la independencia cubana. Mientras Cuba comenzaba su larga historia de solidaridad hacia las causas de la libertad de otros pueblos, Estados Unidos nacía con ínfulas imperiales que atentaban contra la soberanía de otras naciones, especialmente las de América Latina y el Caribe. Cuba sufriría de inmediato los efectos de la política exterior de los Estados Unidos hacia la región. Basados en los hechos históricos, podemos entonces afirmar, no solamente que Cuba nada debe de su independencia a los Estados Unidos, como demostró en magistral ensayo el

---

[103] Véase Ernesto Limia, *Cuba Libre. La Utopía Secuestrada*, Ediciones Boloña, La Habana, 2013, pp.33-41.
[104] Eduardo Torres Cuevas, Ob.Cit, pp.168-169

historiador Emilio Roig de Leuchesering[105], sino todo lo contrario, la independencia de los Estados Unidos es la que debe mucho a los cubanos.

Las ambiciones de Estados Unidos sobre Cuba

Desde fines del siglo XVIII, Cuba estuvo enmarcada dentro de la concepción geopolítica de los Estados Unidos, en la que era percibida como una extensión más del territorio de la emergente nación[106]. Bejamín Franklin, quien sería uno de los padres de la independencia, ya recomendaba a Inglaterra en la época de las Trece Colonias la toma de la isla de Cuba[107]. La posición geográfica de la ínsula, privilegiada en cuanto al acceso a las más importantes vías de comunicación y a las rutas comerciales del Caribe, la calidad de sus puertos y su excelente posición para el establecimiento de puntos defensivos de la región americana que, ya los Estados Unidos consideraban suya, entre otras razones, convirtieron a la Mayor de las Antillas en una fruta apetecida para la nación del norte que, desde su nacimiento, estuvo signada por la psicología expansionista y de grandeza da la mayoría de sus Padres Fundadores. De esta manera, Cuba representaba para la política estadounidense un puente necesario con vista a sus aspiraciones hegemónicas sobre el continente americano.

A inicios del siglo XIX, diversas declaraciones de Thomas Jefferson ilustraban la importancia que en las proyecciones expansionistas estadounidenses tenía Cuba.

---

[105] Emilio Roig de Leuchsenring, *Cuba no debe su independencia a los Estados Unidos*, Ed. La Tertulia, La Habana, 1950.

[106] Esteban Morales, "La política de Estados Unidos contra Cuba y la Crisis de Octubre", en: *Cuba Socialista* #25, 2002, p.3.

[107] Felipe de J. Pérez Cruz: "Para pensar el bicentenario de la primera independencia Latinoamericana y Caribeña", (conferencia) en: *Bicentenario de la primera independencia de América Latina y el Caribe*, Editorial de Ciencias Sociales, La Habana, 2010, p.63.

Además de Cuba, la Florida y México constituían también, por su posición geográfica, el punto de mira de las primeras ambiciones territoriales de los Estados Unidos[108]. Luego de comprarle a Napoleón Bonaparte el inmenso territorio de la Luisiana por 60 millones de francos, se hacía claro que la Florida era la próxima aspiración estadounidense y esta, curiosamente, apuntaba como dedo hacia Cuba.

En noviembre de 1805, Jefferson manifestó a Anthony Merry, ministro británico en Estados Unidos: *"La posesión de la isla de Cuba es necesaria para la defensa de la Luisiana y la Florida porque es la llave del Golfo*[109]. También consideraba que, en caso de guerra con España, a causa de la Florida, los Estados Unidos se apoderarían además de Cuba. Con vistas a este plan, mandó un cónsul a la Isla con la misión de estudiar secretamente su capacidad defensiva[110].

A tal punto llegaron las pretensiones expansionistas de Jefferson en relación con Cuba que, en 1808, envió un mensajero secreto a la Isla, el general Wilkinson, a investigar la posición de los grandes hacendados y terratenientes criollos en torno a la posibilidad de anexión de Cuba. Por igual, su gabinete redactó una resolución para conocimiento de los cubanos y mexicanos en la que se señalaba que los Estados Unidos estaban de acuerdo con la permanencia de Cuba y México en manos españolas, pero si Francia o Inglaterra osaban apoderarse de estos territorios, debían declarar su independencia, y Washington los apoyaría[111].

El 19 de abril de 1809, ya en su condición de ex mandatario, Jefferson escribió a su sucesor James Madison (1809-1817), señalándole su confianza en que el conquistador Napoleón consentiría, sin dificultad, que la Unión

---

[108] Ángela Grau Imperatori, *El sueño irrealizado del Tío Sam*, Casa Editora Abril, La Habana, 1997, (segunda edición), p.8.

[109] Citado por Rolando Rodríguez en: *Cuba: La Forja de una Nación*, Editorial de Ciencias Sociales, La Habana, 2005, (2da edición), t.1, p.43.

[110] Ibídem.

[111] Ibídem, pp.43-44.

recibiera la Florida, y que también admitiría con un poco más de reticencia que los Estados Unidos tomaran posesión de la Mayor de las Antillas. Días después, el 27 de abril, le escribirá de nuevo a Madison para expresarle:

> "Aunque con alguna dificultad, consentirá también (España) en que se agregue a Cuba a nuestra Unión, a fin de que ayudemos a México y las demás provincias. Eso sería un buen precio.
> Entonces yo haría levantar en la parte más remota al sur de la Isla una columna que llevase la inscripción NEC PLUS ULTRA, como para indicar que allí estaría el límite, de donde no podría pasarse, de nuestras adquisiciones en esa dirección. Entonces, sólo tendríamos que incluir el Norte (Canadá) en nuestra Confederación. Lo haríamos, por supuesto, en la primera guerra, y tendríamos un imperio para la libertad como jamás se ha visto otro desde la Creación. Persuadido estoy que nunca ha existido una Constitución tan bien calculada como la nuestra para un imperio en crecimiento que se gobierna a sí mismo (...) Se objetará, si recibimos a Cuba, que no habrá entonces manera de fijar un límite a nuestras adquisiciones. Podemos defender a Cuba sin una marina. Este hecho establece el principio que debe limitar nuestras miras. Nada que requiera una marina para ser defendido debe ser aceptado"[112].

James Madison, sucesor de Jefferson en la presidencia de los Estados Unidos (1809-1817), continuaría la misma política de su antecesor en relación con la Isla: mantenerla en las manos más débiles hasta que llegara la hora oportuna de lanzarse sobre ella. Entretanto, uti-

---

[112] Gregorio Selser, *Enciclopedia de las intervenciones extranjeras en América Latina*, Monimbó e., Dietzenbach, RFA, 1992, p.9.

lizando la vía diplomática, continuó pavimentando el camino hacia la anexión. Ese fue el objetivo de la visita a Cuba del cónsul William Shaler, quien, bajo la encomienda de Madison, prosiguió en las gestiones desarrolladas por Wilkinson con los hacendados y terratenientes esclavistas de la Isla. Entretanto, el jefe naval estadounidense de la costa del Golfo de México propuso un ataque a La Habana, pero Madison rechazó la propuesta, al considerar que la situación interna no era propicia para enfrentar un conflicto con España[113].

Bajo la presidencia de James Monroe (1817-1825) se delineó lo que sería la política exterior de los Estados Unidos hacia Cuba, al menos hasta fines del siglo XIX, y pasaría a la historia como la "teoría de la fruta madura". John Quincy Adams, entonces secretario de Estado del presidente Monroe, fue la figura principal en el diseño de esta política. En instrucciones a Hugo Nelson, representante de los Estados Unidos en Madrid, le expresó entre otras cosas que:

"Los vínculos que unen a los Estados Unidos con Cuba -geográficos, comerciales, políticos, etc.- son tan fuertes que cuando se hecha una mirada hacia el probable rumbo de los acontecimientos en los próximos cincuenta años, es imposible resistir la convicción de que la anexión de Cuba a la República norteamericana será indispensable para la existencia y la integridad de la Unión. Es obvio que no estamos preparados aún para ese acontecimiento y que numerosas y formidables objeciones se presentan a primera vista contra la extensión de nuestros dominios territoriales más allá del mar. Tanto en lo interior como en lo exterior, hay que prever y vencer determinados obstáculos a la única política mediante la cual Cuba puede ser adquirida y conservada. Pero hay leyes de gravitación política como las hay de gravitación física

---

[113] Francisco Pividal, Bolívar: *Pensamiento Precursor del Antimperialismo*, Fondo Cultural Alba, La Habana, 2006 p.71.

y así como una manzana separada de su árbol por la fuerza del viento no puede, aunque quisiera, dejar de caer al suelo, Cuba, rota la artificial conexión que la une a España, separada de esta e incapaz de sostenerse a sí misma, ha de gravitar necesariamente hacia la Unión norteamericana y solo hacia ella. A la Unión misma, por su parte, le será imposible, en virtud de la propia ley, dejar de admitirla en su seno"[114].

Adams estaba convencido de que aún no era el momento de apoderarse de Cuba, pero mientras, era preferible que la Isla permaneciera en las manos débiles de España, a que Inglaterra o Francia posaran sus ambiciones sobre ella[115]. De materializarse esto último, Estados Unidos estaría dispuesto a ir a la guerra.

La Doctrina Monroe

Ante los voraces apetitos de las potencias europeas sobre los territorios americanos, enfrentados a los intereses expansionistas de los Estados Unidos, a fines de 1823, mediante un mensaje al Congreso, el presidente James Monroe proclamó lo que se conocería como la *Doctrina Monroe*:

"El principio con el que están ligados los derechos e intereses de los Estados Unidos es que el conti-

---

[114] Citado por Ángela Grau Imperatori, *Ob. Cit*, pp. 11-12.
[115] Hay que decir que para aquella época Estados Unidos era más débil que España, Inglaterra y Francia. No tenía marina de guerra y no podía competir aún económicamente con estas potencias. Su primera tarea fue la expansión hacia el oeste y el norte de México, al tiempo que esperó activa y pacientemente por el debilitamiento del imperio colonial español. El momento oportuno para apoderarse de Cuba le llegaría a Estados Unidos a fines del siglo XIX.

nente americano, debido a las condiciones de la libertad y la independencia que conquistó y mantiene, no puede ya ser considerado como terreno de una futura colonización por parte de ninguna de las potencias europeas. [...] En la guerra de potencias europeas por asuntos que les concernían nunca hemos tomado parte, ni sería propio de nuestra política el hacerlo. Sólo cuando nuestros derechos son pisoteados o amenazados seriamente tenemos en cuenta las injurias o nos preparamos para nuestra defensa. [...] Para mantener la pureza y las amistosas relaciones existentes entre Estados Unidos y aquellas potencias debemos declarar que estamos obligados a considerar todo intento de su parte para extender su sistema a cualquier nación de este hemisferio, como peligroso para nuestra paz y seguridad. [...] Nuestra política respecto de Europa que fue adoptada en la primera época de las guerras que durante tanto tiempo agitaron a ese sector del globo [...] sigue siendo la misma; es decir, no interferir en los intereses internos de ninguna de sus potencias; considerar al Gobierno de facto como el Gobierno legítimo para nosotros; cultivar relaciones amistosas con él y mantenerlas mediante una política franca, firme y humana, respondiendo en todos los casos a las justas solicitudes de todas las potencias y no aceptando injurias de ninguna. Pero con referencia a esos continentes las circunstancias son claras y eminentemente distintas. Es imposible que las potencias aliadas extiendan su sistema político a cualquier parte de uno y otro continente sin amenazar nuestra paz y seguridad; nadie puede creer que nuestros hermanos sureños, si son abandonados a si mismos, puedan adoptar ese sistema por propia voluntad. Es igualmente imposible, por consiguiente, que nosotros admitamos con indiferencia una intervención de cualquier clase"[116].

A partir de aquel momento la "seguridad" comenzó a constituir un término clave en los discursos de política exterior de los líderes estadounidenses. Podría decirse que comenzaba el largo camino del cinismo que caracterizaría hasta la actualidad la proyección exterior de ese país. La "seguridad nacional" e incluso continental se presentaba como un fin en sí mismo, cuando en realidad sólo cumplía una función utilitaria para encubrir o justificar los verdaderos propósitos hegemónicos que perseguía el gobierno de los Estados Unidos sobre América Latina y el Caribe[117].

Sin embargo, durante los primeros tres años que siguieron a la enunciación de la Doctrina Monroe, los paí-

---

[116] Doctrina Monroe: Fragmentos del séptimo mensaje anual al Congreso de los Estados Unidos del Presidente James Monroe, del 2 de diciembre de 1823 en: http://www.dipublico.com.ar/?p=8679 (Internet)

[117] "..desde el nacimiento de la doctrina Monroe, en 1823, los Estados Unidos al colocar en primer lugar sus aspiraciones hegemónicas, procuran justificarlas tempranamente, apelando a supuestos intereses comunes de seguridad con América Latina, cuyas amenazas provenían de la posible presencia europea. La doctrina de la seguridad nacional norteamericana, aunque no se estructura como tal hasta el siglo XX, bajo los imperativos de la etapa imperialista, en la que se emplazará al comunismo como la "amenaza externa", tiene sus raíces en la temprana ideología monroísta, que será retomada hacia finales del siglo XIX al calor del panamericanismo. Desde aquella época se irá construyendo la concepción de la hegemonía de los Estados Unidos en América Latina mediante la presunta defensa de la "seguridad nacional", configurándose así las visiones sobre "el enemigo exterior": primero serían las metrópolis coloniales...después los países comunistas...más tarde, los Estados y movimientos terroristas. Citado de Jorge Hernández Martínez, La hegemonía estadounidense y la "seguridad nacional" en América Latina: apuntes para una reconstrucción histórica, en: www.uh.cu/ centros/ceseu/BT%20.../IJHHEg05.pdf, (Internet).

ses de la región la invocaron en no menos de cinco oportunidades con el objeto de hacer frente a amenazas reales o aparentes a su independencia e integridad territorial, solo para recibir respuestas negativas o evasivas del gobierno norteamericano[118]. El problema residía en que la Doctrina Monroe había sido creada únicamente para ser interpretada a conveniencia de los Estados Unidos, no por los países de nuestro hemisferio.

La Doctrina Monroe constituyó en realidad la respuesta pública del gobierno estadounidense a la propuesta del ministro de Relaciones Exteriores de Inglaterra, George Canning, de realizar una declaración conjunta angloamericana manifestándose en contra de cualquier intento de la Santa Alianza y Francia por restaurar el absolutismo de España en los territorios hispanoamericanos.

"¿No ha llegado acaso el momento –decía Canning- de que nuestros Gobiernos puedan entenderse recíprocamente, respecto de las colonias españolas? Y si podemos llegar a una inteligencia, ¿no sería útil para nosotros mismos, y beneficioso para el mundo que los principios en que se fundase dicho acuerdo se establecieran con claridad y declararan abiertamente? Para nosotros mismos (los británicos) no hay nada que ocultar. 1ro. Entendemos que es imposible que España recobre sus colonias. 2do Entendemos que el reconocimiento de las mismas como Estados independientes es cuestión de tiempo y de circunstancias. 3ro Estamos dispuestos a no crear ningún obstáculo para que dichas colonias y España lleguen a un acuerdo mediante negociaciones amistosas. 4to No abrigamos la intención de posesionarnos de ninguna parte de dichas colonias. 5to No podemos ver con indiferencia la cesión de cualquier parte

---

[118] Alberto Van Klaveren, *Teoría y Práctica de la política exterior Latinoamericana*, FESCOL, Bogotá. 1983, p.121.

de ellas a cualquier otra potencia. Si estas opiniones o sentimientos son comunes, como firmemente creo que los son, a vuestro Gobierno y al nuestro, ¿por qué hemos de vacilar en confiárnoslos mutuamente el uno al otro y en declararlos a la faz del mundo?[119]

El inteligente juego diplomático de Canning provocó agudos debates en el gabinete estadounidense. Adams comprendió de inmediato el alcance de la proposición de Canning: los Estados Unidos debían renunciar a sus planes expansionistas; especialmente sobre Texas y Cuba, que eran los que estaban sobre el tapete, a cambio de una garantía, por tiempo indefinido, del *statu quo* en el Nuevo Mundo. Pero el secretario de Estado de los Estados Unidos sabía que lo del peligro de nuevas colonizaciones en favor de España de la Santa Alianza y Francia sobre los territorios americanos era una pantalla de los ingleses para frenar a los propios Estados Unidos en sus planes expansionistas. Por tal motivo Adams se opuso con vehemencia a que se accediera a la proposición inglesa[120].

"El objeto de Canning parece haber sido –señaló Adams en sus memorias- obtener alguna garantía pública de los Estados Unidos contra la intervención armada de la Santa Alianza en España y en sus colonias aparentemente; pero en realidad, o de una manera especial, contra las adquisición por los Estados Unidos mismos de cualquier parte de las posesiones españolas de América. (...)No tenemos intención de apoderarnos por la fuerza de las armas de Texas o de Cuba. Pero los habitantes de cualquiera de ellas, o de ambas, pueden hacer

[119] Citado por Ramiro Guerra en: *La expansión territorial de los Estados Unidos*, Editorial de Ciencias Sociales, La Habana, 1973, p.165.
[120] Ramiro Guerra, Ob. Cit, pp.169-170.

uso de derechos que son fundamentales y solicitar su unión con nosotros. Respecto de la Gran Bretaña nunca lo harían, seguramente. Uniéndonos a ésta en la declaración que nos propone, le daríamos una sustancial e inconveniente garantía contra nosotros mismos, sin obtener nada a cambio, realmente. Sin entrar ahora a averiguar la conveniencia de anexarnos a Texas o a Cuba, debemos, por los menos, quedar en libertad para proceder en cualquier emergencia que se presente, y no atarnos a ningún principio que pueda utilizarse contra nosotros mismos después de establecido"[121].

Los argumentos de Adams terminaron por vencer las vacilaciones de Monroe y el secretario de Guerra, John C. Calhoun, luego largos debates del gabinete estadounidense y de consultas a los ex presidentes Jefferson y Madison sobre qué posición debía adoptar el gobierno de Washington respecto a la propuesta inglesa. Calhoun defendía la idea de aceptar la propuesta de Inglaterra debido a su convencimiento de la existencia de un peligro real de que la Santa Alianza restaurara a España en la posesión de sus colonias en América. Adams, sin embargo, no abrigaba ningún temor al respecto, *"creo tanto que la Santa Alianza restaure la dominación española en América como que el Chimborazo se hunda en el océano"*[122], escribía en sus memorias. Finalmente se decidió rechazar las proposiciones de Inglaterra de la manera más inteligente posible y escondiendo los verdaderos móviles de los Estados Unidos. Adams escribió a Canning con un cinismo diplomático insuperable, que convenía con éste en todas sus proposiciones, pero que para hacer la declaración conjunta era indispensable

---

[121] Citado por Ibídem, pp.170-171.
[122] Citado por Ramiro Guerra en: *En el camino de la independencia*, Editorial de Ciencias Sociales, La Habana, 1974, p.46.

que Inglaterra *"reconociera previamente la independencia de las nuevas repúblicas del Nuevo Mundo"*[123]. Podía suceder que Inglaterra, con tal de lograr la solicitada declaración conjunta, aceptara de inmediato reconocer la independencia de las nuevas repúblicas americanas. Por tal razón, el gabinete estadounidense acordó que antes de que dicha comunicación llegara a manos de Canning, el presidente Monroe enviara un mensaje al Congreso manifestándose en contra de cualquier nuevo intento europeo de apoderase de algún territorio del Nuevo Mundo. De esta manera, los Estados Unidos no quedaban comprometidos en nada y garantizaban su futura expansión territorial a costa de los territorios de Nuestra América, cumpliéndose al pie de la letra la recomendación de Adams de que los Estados Unidos debían aprovechar la oportunidad para hacer una declaración por su propia cuenta *"que ate las manos de todas las potencias, Inglaterra inclusive, pero que se las deje libres, entera, absolutamente libres en América, a Estados Unidos"*[124]. Esto se pondría aún más en evidencia, cuando el 26 de octubre de 1825, el gobierno de los Estados Unidos rechazara otra propuesta de Canning, en la que se ofrecía un acuerdo tripartito entre Estados Unidos, Francia e Inglaterra, para establecer un compromiso de garantía a España de su dominio sobre Cuba[125].

Como se ha visto, no había ningún noble principio a favor de la independencia de los pueblos de América Latina y el Caribe en la *Doctrina Monroe*, ni Estados Unidos pretendía realmente convertirse –como proclamaba cínicamente- en defensor de los intereses y derechos de nuestro subcontinente frente las potencias extra regionales, simplemente estaba garantizando para el presente y futuro sus propios intereses hegemónicos.

---

[123] Ibídem, p.52.
[124] Ibídem, p.40.
[125] Ramiro Guerra, *En el camino de la independencia*, Ob.Cit, p.57.

El Congreso de Panamá y la independencia de Cuba

Uno de los proyectos que más oposición generó en los grupos de poder estadounidenses fue el que preparaban en 1825 fuerzas mancomunadas de Simón Bolívar y Guadalupe Victoria -presidente de México- para organizar una expedición con el objetivo de independizar a Cuba y Puerto Rico. El presidente de los Estados Unidos en ese momento, John Quincy Adams (1825-1829), y su secretario de Estado, Henry Clay, estaban convencidos de que la independencia de Cuba y Puerto Rico afectaría los intereses hegemónicos de su nación. Clay expresó al respecto: "Si *Cuba se declarase independiente, el número y la composición de su población hacen improbable que pudieran mantener su independencia. Semejante declaración prematura podría producir una repetición de aquellas terribles escenas de que una isla vecina fue desdichado teatro".* Evidentemente se estaba refiriendo a Haití. *"Este país* –continuó Clay- *prefiere que Cuba y Puerto Rico continúen dependiendo de España. Este gobierno no desea ningún cambio político de la actual situación"* [126].

La administración Adams-Clay de inmediato dio una serie de pasos para evitar los proyectados planes de Colombia y México. Primero, se comunicó por vía diplomática con los gobiernos de México y Colombia para hacerles saber que los Estados Unidos no tolerarían cambio alguno en la situación de Cuba y Puerto Rico. Segundo, intentó convencer a España de que sólo haciendo la paz con sus colonias insurgentes y reconociendo la independencia de México y Colombia se lograría que estas desistieran de sus planes de invadir a Cuba. Tercero, trató de lograr una mediación de potencias extranjeras para que estas influyeran en una decisión de Madrid de reconocer la independencia de los países hispanoamericanos recién liberados. Clay escribió a los ministros de

---

[126] Citado por Philips Foner, *Historia de Cuba y sus relaciones con Estados Unidos*, Editorial de Ciencias Sociales, La Habana, 1973, t.1, p.169.

los Estados Unidos en Rusia, Francia e Inglaterra enviándoles instrucciones de que buscasen apoyo para aquel plan.

Entretanto, el primer ministro enviado a México por los Estados Unidos, Joel R. Poinsett[127], se esforzaba cumpliendo las estrictas instrucciones de su gobierno por evitar que avanzara el proyecto de invasión a Cuba. Utilizó "*los celos mexicanos respecto a Colombia*", e informó a Clay que si estos "*se cultivaban*" seriamente, producirían los resultados que Estados Unidos esperaba. Para ganar tiempo mientras Poinsett continuaba realizando esta labor, el 20 de diciembre de 1825, Clay envió notas idénticas a los gobiernos de México y Colombia pidiendo la suspensión por tiempo limitado de la salida de la expedición hacia Cuba y Puerto Rico.

Ante la fuerte presión diplomática estadounidense, los gobiernos de Bogotá y de México respondieron que no se aceleraría operación alguna de gran magnitud contra las Antillas españolas, hasta que la propuesta fuera sometida al juicio del Congreso Anfictiónico de Panamá, a celebrarse en 1826. Como dijo apenadamente Simón Bolívar a una delegación de revolucionarios cubanos que lo visitó en Caracas: "*No podemos desafiar al gobierno norteamericano, resuelto, en unión del de Inglaterra, a mantener la autoridad de España sobre las Islas de Cuba y Puerto Rico, ...*"[128].

El presidente estadounidense John Quincy Adams (1825-1829) llevó al órgano legislativo de su país la invitación –cursada por Francisco de Paula Santander en contra de los deseos y la voluntad de Bolívar- que había recibido solicitando la participación de los Estados Unidos en el Congreso Anfictiónico de Panamá. El 18 de

---

[127] Considerado como uno de los primeros espías estadounidenses en América Latina y declarado anteriormente en Chile como persona *non grata* por su interferencia en los asuntos internos de ese país cuando se desempeñaba como agente especial de los Estados Unidos.

[128] Ídem, p.174.

marzo de 1826, en su mensaje a los congresistas, destacó la importancia de la presencia de representantes del gobierno estadounidense en el Congreso de Panamá para evitar que prosperara cualquier plan en favor de la independencia de Cuba y Puerto Rico:

> "La invasión de ambas islas por las fuerzas unidas de México y Colombia se halla abiertamente entre los proyectos que se proponen llevar adelante en Panamá los Estados belicosos...De allí que sea necesario mandar allí representantes que velen por los intereses de los Estados Unidos respecto de Cuba y Puerto Rico. La liberación de las islas significaría la liberación de la población negra esclava de las mismas y una gravísima amenaza para los estados del sur. ...todos nuestros esfuerzos se dirigirán a mantener el estado de cosas existente, la tranquilidad de las islas y la paz y seguridad de sus habitantes"[129].

El 26 de marzo de 1825, Henry Clay, al cursar instrucciones a Joel Roberts Poinsett, amplió respecto a las preocupaciones del gobierno de los Estados Unidos sobre la proyectada expedición conjunta de Colombia y México:

> "Caso de que la guerra se prolongue indefinidamente, ¿a qué fin se dedicaran las armas de los nuevos Gobiernos? No es improbable que se vuelvan hacia la conquista de Cuba y Puerto Rico y que, con esa mira, se concierte una operación combinada entre las de Colombia y México. Los Estados Unidos no pueden permanecer indiferentes ante semejante evolución. Su comercio, su paz y su seguridad se hallan demasiado íntimamente relacionados con la fortuna y la suerte de la isla

---

[129] Manuel Medina Castro, *Estados Unidos y América Latina. Siglo XIX*, Editorial Pueblo y Educación, La Habana, 1968, pp.165-166.

de Cuba para que puedan mirar ningún cambio de su condición y de sus relaciones políticas sin profunda alarma y cuidado. No están dispuestos a intervenir en su estado real actual; pero no pueden contemplar con indiferencia ningún cambio que se realice con ese objeto. Por la posición que ocupa, Cuba domina el Golfo de México y el valioso comercio de los Estados Unidos que necesariamente tiene que pasar cerca de sus costas. En poder de España, sus puertos están abiertos, sus cañones silenciosos e inofensivos y su posición garantizada por los mutuos celos e intereses de las potencias marítimas de Europa. Bajo el dominio de cualquiera de esas potencias que no sea España y, sobre todo, bajo el de Gran Bretaña, los Estados Unidos tendrían justa causa de alarma. Tampoco pueden contemplar ellos que ese dominio pase a México o a Colombia sin sentir alguna aprehensión respecto al porvenir. Ninguno de esos dos Estados tiene todavía, ni es posible que la adquieran pronto, la fuerza marítima necesaria para conservar y proteger a Cuba, caso de lograr su conquista. Los Estados Unidos no desean engrandecerse con la adquisición de Cuba. Con todo, si dicha Isla hubiese de ser convertida en dependencia de alguno de los Estados americanos sería imposible dejar de aceptar que la ley de su posición proclama que debe ser agregada a los Estados Unidos. Abundando en esos productos a que el suelo y el clima de México y de Colombia se adaptan mejor, ninguna de ellas puede necesitarla, mientras que si se considera ese aspecto de la cuestión, caso de que los Estados Unidos se prestaran a las indicaciones de interés, Cuba sería para ellos particularmente deseable. Si la población de Cuba fuera capaz de sostener su independencia y se lanzase francamente a hacer una declaración de ella, quizás el interés real de todas las partes sería que poseyese un gobierno propio independiente. Pero entonces sería digno considerar si las potencias del continente americano no harían mejor en garantizar esa independencia contra cualquier ataque europeo dirigido contra su existencia. Sin embargo, lo que el presidente le ordena hacer es acordarle una atención vigilante a cualquier paso relativo a Cuba y averiguar los designios del gobierno de México con relación a ella. Y usted queda autorizado para revelar francamente, si se hiciese necesario en el curso de los acontecimientos, los sentimientos e intereses que se exponen en estas instrucciones y que el pueblo de los Estados Unidos abriga con respecto a esa isla"[130].

Después de meses de debate en el Congreso de los Estados Unidos –en la Cámara la discusión duró cuatro meses, y el Senado, en sesión secreta, trató el asunto en un período más breve- se aprobó finalmente la participación en el Congreso de Panamá. Los representantes de Washington al Congreso Anfictiónico de Panamá serían Richard C. Anderson y John Sergeant, nombrados Enviados Extraordinarios y Ministros Plenipotenciarios de los Estados Unidos cerca del Congreso de Panamá. Ninguno de los dos pudo finalmente participar en los debates del Congreso, pues Anderson falleció camino a Panamá y Sergeant, retrasado, solo logró unirse con los delegados en México, donde formó con Joel R. Poinsett el equipo de negociadores de los Estados Unidos. Ambos enviados del gobierno de Washington habían recibido instrucciones claras de rechazar con vehemencia y fuertes amenazas el proyecto colombo-mexicano de independizar a Cuba y Puerto Rico.

"Entre los asuntos que deben llamar la consideración del Congreso no hay uno que tenga un interés

---

[130] Ibídem, pp. 175-176.

tan poderoso y tan dominante como el que se refiere a Cuba y Puerto Rico, pero en particular al primero. La isla de Cuba, por su posición, por el número y el carácter de su población, y por sus recursos enormes aunque casi desconocidos, es en la actualidad el importante objeto que atrae la atención tanto de Europa como de América. Ninguna potencia, ni aun España misma, tienen un interés más profundo en su suerte futura, cualquiera que fuese, que Estados Unidos. ...no deseamos mudanza alguna en la posesión o condición política de aquella isla,...no podemos ver con indiferencia que pasase de España a otra potencia europea. Tampoco deseamos que se transfiera o anexe a alguno de los nuevos estados americanos. (...)

Las relaciones francas y amistosas que siempre deseamos cultivar con las nuevas Repúblicas, exige que ustedes expongan claramente y sin reserva, que Estados Unidos con la invasión a Cuba tendría demasiado que perder para mirar con indiferencia una guerra de invasión seguida de una manera desoladora, y para ver una raza de habitantes peleando contra la otra, en apoyo de unos principios y con motivos que necesariamente conducirán a los excesos más atroces cuando no a la exterminación de una de las partes: la humanidad de Estados Unidos a favor del más débil, que precisamente sería el que sufriese más, y el imperioso deber de defenderse contra el contagio de ejemplos tan cercanos y peligrosos, le obligaría a toda costa (aun a expensas de la amistad de Colombia y México) a emplear todos los medios necesarios para su seguridad"[131].

---

[131] Germán A. de la Reza, *Documentos sobre el Congreso Anfictiónico de Panamá*, Fundación Biblioteca Ayacucho y Banco Central de Venezuela, 2010, pp.126-132.

Es cierto que la abolición de la esclavitud tendría cierto impacto subversivo para los estados esclavistas sureños de la nación del Norte, pero la raíz del problema estaba en que de triunfar los planes de Bolívar y de Guadalupe de Victoria de independizar a Cuba y Puerto Rico, las ambiciones expansionistas de los Estados Unidos sobre estas islas quedarían frustradas, o al menos se harían bien difíciles de acometer. También existía el temor real en el gobierno de Washington de que Inglaterra se aprovechara de cualquier situación de inestabilidad para imponer su poderío naval y apoderarse de las islas, cuando los Estados Unidos aun no tenían capacidad suficiente para enfrentársele. La anexión de Cuba y Puerto Rico es el verdadero "interés más profundo" del que habla Clay en las instrucciones trasmitidas a Anderson y Sergeant. Claro que, para enmascararlo, orienta bien a sus enviados sobre las justificaciones que deben emplear a la hora de explicar la conducta de los Estados Unidos.

A pesar de que los enviados de Washington no participaron finalmente en las discusiones del Congreso de Panamá, es evidente que el rechazo de los gobiernos de Estados Unidos e Inglaterra –de conocimiento público– frente a cualquier intentona de romper el *status quo* de las islas de Cuba y Puerto Rico influyó negativamente en las decisiones de los delegados de las repúblicas hispanoamericanas en el Congreso de Panamá[132]. A nada se llegó en concreto al respecto en el cónclave, que se desarrolló desde el 22 de junio al 15 de julio de 1826, con la asistencia de delegaciones de Perú, Centroamérica, México y Colombia, así como de Gran Bretaña y Holanda. En definitiva, la oposición de los Estados Unidos e Inglaterra, sumado a los graves problemas internos que enfrentaban y enfrentarían las repúblicas hispanoamericanas, hicieron abortar los hermosos planes

---

[132] Sergio Guerra, *Jugar con fuego. Guerra social y utopía en la independencia de América Latina*, Fondo Editorial Casa de las Américas, La Habana, 2010, p.243.

emancipadores de Bolívar y del gobierno Mexicano respecto a Cuba y Puerto Rico. Esa situación se mantendría durante los años 1827, 1828 y 1829, cada vez que se intentó revivir la empresa redentora.

A tal punto llegó la hostilidad estadounidense a los proyectados planes de independizar a Cuba, que Henry Clay, en carta que le envió al capitán general de la Isla, Francisco Dionisio Vives, ofreció en nombre del presidente Adams todo tipo de ayuda para impedir que Cuba saliese de manos de España mediante el reforzamiento de sus defensas. Vives consultó a Madrid y la respuesta fue que aceptara todo tipo de auxilio excepto el desembarco de tropas.[133]

Años después, el secretario de Estado de los Estados Unidos, Martin Van Buren (1829-1831), en comunicación a su ministro en España, dejaría también constancia escrita sobre cual había sido la posición de su gobierno frente a la independencia de Cuba y Puerto Rico:

"Contemplando con mirada celosa estos últimos restos del poder español en América, estos dos Estados (Colombia y México), unieron en una ocasión sus fuerzas y levantaron su brazo para descargar un golpe, que de haber tenido éxito habría acabado para siempre con la influencia española en esta región del globo, pero este golpe fue detenido principalmente por la oportuna intervención de este gobierno (...) a fin de preservar para su Majestad Católica estas inapreciables porciones de sus posiciones coloniales[134].

A este pasaje bochornoso de la historia de los Estados Unidos se referiría también años más tarde nuestro Apóstol, José Martí, en uno de sus célebres discursos: "Y

[133] Rolando Rodríguez, Ob. Cit, p.74.
[134] Citado por Francisco Pérez Guzmán, en: *Bolívar y la Independencia de Cuba*, Editorial de Ciencias Sociales, La Habana, 2010, p.79.

ya ponía Bolívar el pie en el estribo, cuando un hombre que hablaba inglés, y que venía del Norte con papeles de gobierno, le asió el caballo de la brida y le habló así: "¡Yo soy libre, tú eres libre, pero ese pueblo que ha de ser mío, porque lo quiero para mí, no puede ser libre¡" [135].

Finalmente, la Isla solo pudo lograr la separación de España a fines del siglo XIX. Pero la alegría de los cubanos duró muy poco, pues los Estados Unidos que oportunistamente habían intervenido en el conflicto cubano-español, convirtieron a la Isla en un enclave neocolonial yanqui. El gobierno de Washington continuaría durante todo el siglo XX siendo el principal enemigo de la soberanía de Cuba. ¡Grata manera de agradecer el apoyo que dio la Mayor de las Antillas a la causa independentista de las Trece Colonias¡ La segunda independencia costaría todavía mucho esfuerzo y sangre a los cubanos y llegaría con el alba del 1ro de enero de 1959.

---

[135] Citado por Sergio Guerra en: *América Latina y la independencia de Cuba*, Ediciones Ko´eyú, Caracas, 1999, p.52 (Discurso de José Martí en el Hardman Hall, New York, 30 de noviembre de 1889.

LA SOLUCIÓN AUTONÓMICA EN CUBA PARA FINES DEL SIGLO XIX: UNA BARAJA EN EL JUEGO IMPERIAL ESTADOUNIDENSE. [136]

A fines del siglo XIX se iba distinguiendo ya en el capitalismo estadounidense los rasgos de su etapa imperialista. Durante el período del presidente Grover Cleveland, se había iniciado ya una fusión de grandes capitales que vinculaban estrechamente el industrial y el bancario.

Los Estados Unidos que desde antaño habían deseado apoderarse de la Isla de Cuba y solo aguardaban la coyuntura más propicia para hacerlo, encontraron al fin su momento en los últimos años de la década de los noventa, cuando en la sociedad estadounidense se creó una favorable opinión respecto a la lucha independentista que llevaban a cabo los mambises cubanos y un fuerte rechazo a la política represiva aplicada por Valeriano Weyler, quien fungía como Capitán General. Esta opinión pública era condicionada constantemente por la prensa sensacionalista de aquel país, que en muchas ocasiones exageraba o inventaba historias y mentiras contra España, para ir preparando al pueblo estadounidense y al mundo en relación con los planes expansionistas que tramaba el gobierno de Washington. A la idea imperante en ciertos sectores de poder estadounidense de apoderarse cuanto antes de la mayor de las Antillas, contribuían las continuas victorias del Ejército Libertador, pues temían que la Isla tan apetecida se le fuera de las manos. José Martí había visto bien de cerca

---

[136] Publicado en: La Jiribilla, No 343, diciembre 2007.

esas aspiraciones, por eso pensaba en una guerra "generosa y breve", que no diera tiempo a coronar los planes del naciente imperialismo de absorber al caimán caribeño.

En un primer momento, la posición del gobierno de Estados Unidos con respecto a la autonomía, hacia el año 1896, y expresada por el presidente Grover Cleveland, junto con Richard Olney, su secretario de Estado, consistió en presionar a España para que concediera aquel régimen. Ya desde fines de 1895, en su mensaje al Congreso, Cleveland le había sugerido a España su implantación, aunque en ese momento no se concretó propuesta alguna.

La convicción de que la fórmula autonomista podía dar resultado había sido sugerida a Washington por el hacendado Edwin Atkins y otros, quienes habían estado tratando de convencer a Olney de que los cubanos, que llamaban decentes, aceptarían la implantación de la autonomía (de no ser posible la anexión), y esta conduciría instantáneamente a la paz. Cleveland y Olney comenzaron entonces a presionar suavemente a Madrid de manera oficial y directa para que emprendiera reformas políticas. El cónsul estadounidense en la Isla, Fitzhugh Lee, a pesar de la posición de Cleveland y Olney, sostenía que la autonomía no tenía ninguna oportunidad de triunfo en aquellas circunstancias. Él era el más indicado para saberlo, pues se movía sobre el terreno y tenía relaciones con todas las partes del conflicto. En agosto de 1896 había planteado a Washington que solo había dos soluciones para la situación cubana: la guerra de Estados Unidos con la nación Ibérica o que la metrópoli pactara con los insurrectos su retirada del archipiélago cubano, pero Lee no estaba a favor de una Cuba independiente: deseaba que la Isla pasara a manos estadounidenses.

El presidente estadounidense McKinley, llegado al poder en marzo de 1897, seguiría en primera instancia la misma línea de Cleveland, presionar a España para que aplicara las reformas políticas administrativas con vistas a obtener la pacificación de la Isla, y a la vez sondear su compra. A lo largo de 1897, la administración de McKinley fue aumentando en sus presiones y advertencias, confiando al mismo tiempo en que la política de Cánovas y de Weyler justificaba por sí misma la intervención, con la alegación de fines humanitarios. No tenía nada más que nadar a favor de la corriente. Pero con los liberales españoles en el poder y la posible concesión de la autonomía, la intervención resultaba más difícil de justificar. No es de dudar que el fracaso de la autonomía resultara de este modo un deseo para el buen éxito de la política expansiva del aparentemente desinteresado gobierno de McKinley, intrínsicamente comprometido con los sectores expansionistas del Partido Republicano.

El 23 de septiembre de 1897 el nuevo embajador de Washington en España, Stewart L. Woodford, hizo entrega al gobierno español de una nota oficial, prácticamente un ultimátum, en la que se le exigía entregar en plazo breve una satisfactoria respuesta a las demandas planteadas por la administración de McKinley. Se emplazaba al gobierno español a tomar medidas que permitieran la rápida terminación de la guerra antes del 31 de octubre. En caso contrario, los Estados Unidos se verían obligados a intervenir.

Antes de que se hiciera público el decreto de la autonomía, y a pesar de las apariencias que hacían creer a la prensa española lo contrario, Stewart L. Woodford, estaba convencido de que la autonomía no era para Cuba una solución, si es que con ella continuaba la soberanía española. Pensaba que era ya imposible reparar los errores de la endémica corrupción de la administración colonial española: "La rebelión es la única protesta posible", escribía a McKinley, pareciendo "simpatizar" con la solución independentista. Había que aplicar métodos radicales, quirúrgicos, incluso, porque en el fondo no conseguía encontrar en España a nadie que entendiera la autonomía, de verdad, a la manera anglosajona. Sino que esta era vista únicamente como "una merced que se otorga y se debe ejercer bajo la supervisión española..." Por otra parte, en su opinión España tenía claramente perdida la guerra a medio plazo, porque se hallaba "exhausta financiera y físicamente, en tanto que los cubanos son cada vez más fuertes"[137]

Al mismo tiempo, la administración de Washington había confiado en el fracaso de la autonomía, pues conocía de manera sobrada, mediante las cartas del consulado en la Habana y de otras múltiples fuentes, la actitud de los independentistas frente a la autonomía, por lo que la guerra continuaría y así se volvería válido su pretexto para intervenir. A pesar de esto, el gabinete de Washington acogió de manera aparentemente favorable el anuncio de las reformas que el gobierno de Madrid se proponía llevar a cabo en Cuba. Durante mucho tiempo EE.UU. había exigido a España las reformas y ahora debía aguardar por sus resultados, y si estas, aunque lo creyera muy difícil, llevaban a la pacificación del país, no por eso quedarían descartados en el futuro sus planes de dominar Isla por vía de la anexión o al menos del protectorado. En ese caso esperaba que resultado de la penetración económica estadounidense, más tarde o más temprano, llevara desde la misma Isla a pedir la incorporación a la Unión y una vez más ofrecerían dinero a cambio de su venta.

Así fue como Washington decidió aguardar, aunque con muy poca paciencia, por los resultados de la autonomía. También debía contar conque el mundo no le aceptaría una conducta agresiva, en los momentos en que Madrid hacía esfuerzos para buscar una salida a la guerra, y llevaba adelante las reformas que desde esa capital tanto le habían recomendado. McKinley, en su mensaje al Congreso, el 6 de diciembre de 1897, había planteado que no podía pensarse en intervención cuando España tomaba medidas para restablecer la

---

[137] Antonio Elorza y Elena Hernández Sandoica: *La Guerra de Cuba (1895-1898) Historia política de una derrota colonial*, Alianza Editorial, Madrid, 1998, pp.402-403.

paz, pero no descartaba esta como una posibilidad futura pues el tiempo demostraría si España era capaz de lograr una paz justa, y finalizaba:

"Si posteriormente pareciera ser un deber impuesto por nuestras obligaciones con nosotros mismos, con la civilización y con la humanidad intervenir con la fuerza, será sin falta de nuestra parte y solo porque la necesidad de tal acción será tan clara como para merecer el apoyo y la aprobación del mundo civilizado"[138].

No pasaría mucho tiempo para que el gobierno de Washington comenzara a desacreditar al gobierno autonómico. El principal encargado de cumplimentar esta tarea sería Fitzhugh Lee, el cónsul estadounidense en La Habana, quien hizo un análisis crítico de los estatutos autonómicos para subrayar todo elemento de dependencia de Madrid o del gobernador, y su inferioridad con respecto al de Canadá. En una comunicación del 23 de noviembre de 1897, dirigida al secretario de estado adjunto, William R. Day, el cónsul expresaba que los insurgentes no aceptarían la autonomía y, tanto los propietarios españoles, como estadounidenses, en la Isla preferían la anexión.

El 13 de diciembre en nueva carta a Day, la autonomía era ridiculizada. Además, Lee envió a Washington la versión inglesa de unas "Observaciones concernientes al decreto que establece la autonomía en la Isla de Cuba", en las cuales se destaca la capacidad de control que se reservaba Madrid respecto de las Cámaras insulares, en especial del Consejo de Administración, el Presupuesto y la Deuda, de manera que la autonomía cubana era colocada muy por debajo de la canadiense. Y sobre todo, se le criticaba el mantenimiento de los voluntarios al servicio de la dominación española. En esta

---

[138] Citado por Rolando Rodríguez: *Cuba: la forja de una nación*, Editorial de Ciencias Sociales, 1998, t.2, p.320.

misma línea, Lee informó de los incidentes registrados en la noche del 24 al 25 de diciembre de 1897, contra la autonomía y, sobre todo, de los disturbios de los días 12 y 13 de enero de 1898[139].

Pero ya Lee había planteado que la autonomía podía causar estos motines, pues los voluntarios de La Habana estaban opuestos a la reforma, y en sus bayonetas descansaba precisamente la tranquilidad o no de la ciudad sin que Ramón Blanco pudiera impedir sus acciones, y que en casos de disturbios la bandera de Estados Unidos sería la llamada a calmar la situación y, entonces, podrían anexarse la Mayor de las Antillas sin disparar un tiro.

El cónsul estadounidense lo evaluó, como un síntoma de que la reforma autonómica era un fracaso; cablegrafió a Washington y la escuadra estadounidense fue despachada hacia la isla Dry Tortuga a seis horas del puerto habanero.

Las críticas del cónsul estadounidense, muchas de las cuales eran muy acertadas, llegaron a ser tan fuertes que España pidió a la administración de Washington su retirada de la Isla, lo cual por supuesto no fue aceptado por los EE.UU., que no quería perder al hombre de confianza que se encargaba de desacreditar la autonomía, y de proporcionar así un pretexto para la intervención.

La situación creada por los motines de enero en la capital, ofreció la oportunidad a los EE.UU. Estos, con el pretexto de que peligraba la integridad de sus ciudadanos, enviaron a Cuba el acorazado *Maine*. Resultaba una fórmula para presionar a España. Paralelamente el gobierno de Estados Unidos se preparaba para la guerra con el país ibérico. Desde que se inició el año 98, un evidente movimiento naval se hacía notar por parte de la marina estadounidense. Ante tal peligro el general Blanco se entrevistó con Lee, con la intención de convencerlo de que el gobierno insular era capaz de garantizar el orden y la tranquilidad de la Isla, sin necesidad

---

[139] Marta Bizcarrondo y Antonio Elorza: *Cuba/España. El dilema autonomista 1878-1898*, Editorial Colibrí, Madrid, s/a, p.430.

de que se produjese una intervención de los EE.UU. La situación se le ponía cada vez más difícil al gobierno español, pues Blanco no lograba estabilizar el escenario y los E.U presionaban cada vez más.

En una carta de John Sherman, secretario de Estado, enviada al ministro estadounidense en Madrid, Steward Woodford, este expresaba:

"... las fuerzas insurgentes continúan controlando una gran parte de la región oriental a la vez que hacen demostraciones e incursiones en las partes hacia el occidente sin control substancial (...), en cuanto al efecto de la oferta de autonomía sobre los insurgentes en el campo se tiene que confesar que hasta ahora no se ha obtenido ningún resultado esperanzador. Además de unos pocos sometimientos aislados de jefes insurgentes y sus seguidores no parece haber ninguna disposición por parte de los jefes de la rebelión de aceptar la autonomía como una solución. Por otra parte, la hostilidad del elemento español en Cuba a esta forma o cualquier otra de autonomía es evidente, de modo que la inaugurada reforma se halla entre dos fuegos adversos de la opinión hostil en el campo y la malevolencia insidiosa en los propios centros de gobierno"[140].

La situación se hacía cada vez mas tensa, y con la publicación en uno de los periódicos de la cadena Hearst, el *Journal*, de la carta de Dupuy de Lome a Canalejas, en la que se emitían juicios ofensivos, sobre el presidente McKinley, como el de "politicastro ruin", y poco después con la explosión en la bahía habanera del acorazado *Maine*, esta se hizo volcánica. La explosión provocó la muerte de 266 tripulantes y sirvió de pretexto para incrementar la campaña belicista. La comisión de

---

[140] "Carta de Mr.Sherman a Mr. Woodford", Washingtong, 1 de marzo de 1898, Archivo Personal de Rolando Rodríguez.

investigación estadounidense, sobre la explosión del *Maine,* declaró que había sido una mina submarina, que nadie podía decir quien la colocó. La opinión estadounidense en su conjunto imputó directamente su autoría al quehacer subversivo de los voluntarios, sin dar crédito alguno a la versión oficial española de que se trataba de una explosión interior. La guerra era ya prácticamente inevitable.

McKinley en una entrevista con varios senadores propuso la compra de la Isla a España. De esta forma exploraba cuál sería la actitud del Congreso respecto al tema. Los senadores no estuvieron de acuerdo: para ellos España no tenía más opciones que cederla sin costo alguno, este era el precio que tenía que pagar por la voladura del *Maine.* Mientras tanto ya había comenzado una gran actividad en los arsenales estadounidenses, y el senado, que hasta ahí se había negado a aprobar unos créditos por 10 millones de dólares para erigir fortificaciones y otra suma para crear dos regimientos de artillería, de pronto los votó. A esa altura, la marina había dado órdenes a numerosos buques de guerra de prepararse para el bloqueo de Cuba[141].

Así la situación, el 1ro. de marzo la secretaría de Estado le envío a Woodford una extensa nota, firmada por Sherman, que constituía la plataforma para una intervención. Se daba por fracasada la autonomía y resaltaba que los mambises no la querían, y no plegarían sus banderas mientras que las fuerzas españolas se encontraban prácticamente inactivas. Planteaba el estado deplorable de los reconcentrados y la misérrima situación económica del país, que no permitía mejorar las condiciones de la población. Esta nota reflejaba que el camino de las conversaciones estaba agotado, y que a España solo le quedaba abandonar la Isla.

En un mensaje de Woodford a McKinley, con fecha 17 de marzo de 1898, este expresaba:

"He llegado al fin a creer que la única certidumbre

---

141 Rolando Rodríguez: *Ob.Cit,* t.2, p. 383.

de paz es bajo nuestra bandera y que con valentía
y fe podemos minimizar los peligros de la ocupación estadounidense y asegurar las bendiciones de
la libertad constitucional estadounidense (...) Si
reconocemos la independencia podemos entregar
la isla a una parte de sus habitantes contra el criterio de muchos de sus residentes más educados y
acaudalados. Si aconsejamos a los insurgentes
que acepten la autonomía podemos hacer injusticia a hombres quienes han luchado duro y bien
por la libertad, y pueden no recibir justicia del gobierno insular una vez que este obtenga el control
de la isla. Podemos en cualquiera de los dos casos
solo fomentar condiciones que conducirían a un
continuo desorden. Si tenemos guerra tenemos
que ocupar, y finalmente poseer la isla. Si hoy pudiéramos comprar a un precio razonable la isla
evitaríamos los horrores y el gasto de la guerra...
"142.

Ese mismo día Woodford se entrevistó en Madrid con
Moret, y le propuso la compra de la Isla por 300 millones de dólares. La rotunda negativa española -memo-
rándum del ministro de Estado, Pío Gullón, del 23 de
marzo-, era de esperarse. El gobierno de su Majestad no
podía acceder a la venta de la Isla a los EE.UU, pero
aceptaba poner en manos del gobierno autonómico la
búsqueda de una solución. La confianza, al menos apa-
rente, en el funcionamiento de la autonomía constituía
un motivo de desesperación para Woodford. En medio
de intercambios constantes de mensajes, el día 26, se
telegrafiaba desde Washington a Woodford, en Madrid,
como respuesta al texto de Gullón: "No queremos la
isla", dirá entonces William R. Day, el subsecretario de
Estado; se trataba solamente, afirmaba, de procurar

---

142 "Carta de Woodford a McKinley", Madrid, 17 de marzo de
1898, Archivo Personal de Rolando Rodríguez.

que no estorbara España la mediación en Cuba, por razones humanitarias. El Presidente, se decía en el texto, "no puede contemplar el sufrimiento y la miseria que hay en Cuba sin dejar de horrorizarse"[143].

A fines de marzo de 1898, McKinley, en lo que en la práctica constituía un ultimátum, se dirigió al gobierno español planteando, entre otras cosas, que la sustitución de Weyler por Blanco no había aliviado la situación y la orden de reconcentración prácticamente no había sido eliminada. También reafirmaba que no había esperanza de paz por medio de las armas españolas, y que España era incapaz de vencer a los insurgentes. Por añadidura, enmascaraba los verdaderos objetivos expansionistas de los EE.UU cuando expresaba que no ambicionaban la Isla, que la paz era el fin deseado y ofrecía su oficio de mediador.

En esos días EE.UU. le exigiría a España dictar un armisticio hasta el 1ro. de octubre, la revocación inmediata de la orden de reconcentración, y que si los términos de paz no eran satisfactoriamente establecidos para el 1ro de octubre, el presidente de los EE.UU sería árbitro final entre España y los insurgentes.

El destino ya estaba predeterminado por los EE.UU.: aunque España cediera en sus exigencias, intervendrían de cualquier forma en la guerra. España aceptó la revocación inmediata de la reconcentración aunque únicamente en las provincias occidentales y posteriormente, cuando sus días de guerra con los EE.UU. estaban contados, dictó el armisticio. A cada concesión que hizo España, Washington, añadió una nueva exigencia, lo que demuestra que su propósito no era otro que la intervención en la guerra y la posesión de la Perla de las Antillas.

Así, el 11 de abril de 1898, el mensaje presidencial enviado al Congreso selló la suerte de los acontecimientos. Días después, el 19 de abril de 1898, el Congreso de Estados Unidos aprobó la Resolución Conjunta, sancionada al siguiente día por el presidente McKinley. Ésta

---

[143] Antonio Elorza y Elena Hernández Sandoica: *Ob. Cit*, p.410.

planteaba la suspensión, de inmediato, de las relaciones diplomáticas entre ese país y España. Cinco días después, se declaró formalmente la guerra entre ambas naciones.

Las acciones desarrolladas por Estados Unidos en relación con el régimen autonómico y las fuentes que quedaron para la posteridad, demuestran a las claras que la autonomía representaba para los el gobierno de Washington solo una baraja de juego y un instrumento a emplear en su discurso y propaganda sensacionalista, pues su meta fundamental era la anexión de la Isla de Cuba. Eso es fácil advertirlo, cuando vemos como con insistencia exigen a España la concesión de reformas, pero una vez concedidas, aguardan muy poco para comenzar a desacreditarlas y seguir construyendo sus pretextos para su verdadero fin, la intervención y después la anexión. Al fin de cuentas, tanto España como Cuba, después de un cruento batallar, resultaron ser las perdedoras frente a un tercero ambicioso, que embozadamente se entrometió en la contienda.

LA BATALLA DIPLOMÁTICA Y POLÍTICA
EN TORNO A LA CRISIS DE OCTUBRE.
EL PAPEL DE LA ONU[144]

Sin duda, la llamada *Crisis de los Misiles* o *Crisis de Octubre* es dentro de la confrontación histórica entre Cuba y los Estados Unidos, el incidente más peligroso por el que atravesaron ambos países y el mundo durante el período de la Guerra Fría. Este hecho ha sido ampliamente abordado por la historiografía cubana y extranjera. Sin embargo, en este trabajo, además de ir llevando el hilo de los acontecimientos de aquellos días cargados de tensión, abordaremos un aspecto de la crisis que fue de extraordinaria importancia y que influyó indiscutiblemente en sus derroteros: la batalla diplomática y política y el papel de la Organización de Naciones Unidas (ONU).

Limitada en sus posibilidades de manifestación militar a la toma de algunas medidas que dieran cierta capacidad de respuesta a los planes agresivos de Washington y mantenida al margen del proceso de negociación entre la URSS y los Estados Unidos, el papel protagónico de Cuba durante la crisis de octubre se centró en el terreno político y diplomático.

Es conocido, que para aquel tiempo, los artífices de la agresividad contra la Isla en la política norteamericana estaban deseosos de cobrarse el fiasco de Girón, por lo que ya tenían diseñado un plan –conocido como Plan Mangosta[145]- que contemplaba en su última fase la in-

---

[144] Publicado en *Caliban*, mayo-agosto de 2012
[145] El Plan Mangosta constituyó el programa de guerra encubierta más vasto que hasta entonces había emprendido Estados Unidos para derrocar a un gobierno extranjero.

vasión a Cuba en gran escala para octubre de 1962, utilizando las fuerzas armadas de los Estados Unidos[146].

Este peligro eminente, conocido por las autoridades de la Isla y de la URSS influyó en el paso dado por los soviéticos en mayo de 1962 de proponer la instalación de cohetes nucleares de corto y mediano alcance en Cuba, pero al parecer, los motivos más profundos del premier soviético, Nikita Jruschov, al dar ese paso tan arriesgado, estuvieron relacionados con la intención de disminuir la brecha nuclear existente entre la URSS y Estados Unidos, con amplia ventaja para esta última nación, aspecto que desconocía la máxima dirección de la Isla en aquellos momentos.

El secretario de Defensa de la administración Kennedy, Robert McNamara, reveló en la Conferencia Tripartita sobre la Crisis de Octubre, celebrada en Moscú en enero de 1989, que en el momento que estalla la crisis ellos poseían 5000 ojivas nucleares, mientras los soviéticos apenas contaban con 300, para una correlación aproximada de 17 a 1. En cuanto a los bombarderos B-47 y B-52, la correlación era de casi 10 a 1 favorable a los Estados Unidos. También se afirma que en 1962 el Pentágono poseía 377 cohetes estratégicos −en tierra y mar- y estaba en marcha la construcción de otros 1 000 más avanzados del tipo *Minuteman*, mientras que la URSS el primero de enero de ese año solo contaba con 44 cohetes intercontinentales, 373 de alcance medio y 17 de alcance intermedio[147]. Pero el balance estratégico favorecía también a los estadounidenses en su capaci-

---

[146] Las actividades agresivas contra Cuba después del fracaso de la invasión de Playa Girón estaban comprendidas en el llamado Plan Mangosta, donde se fijó el mes de octubre de 1962 para la realización de la invasión directa, en caso de que fracasara la oleada de actividades de desestabilización que se realizarían en la Isla.

[147] Véase Tomás Diez Acosta, *Octubre de 1962, A un paso del Holocausto*, Editora Política, La Habana, pp.93-94. (Segunda Edición).

dad de realizar un primer golpe nuclear a la URRS, debido a los misiles nucleares que habían desplegado en Turquía e Italia.

Sobre estos emplazamientos tan peligrosos para la URSS le señaló Jruschov a Alexander Alexeev, nombrado embajador en la Isla: *"...tenemos que pagarle con la misma moneda –a los Estados Unidos-, darles a probar su propio remedio, y obligarlos a sentir en su propio cuerpo lo que significa vivir colimados por armas nucleares"* [148]. Evidentemente se estaba refiriendo a la colocación de armas nucleares estratégicas en la isla de Cuba.

La manera en que Jruschov actuó después, al producirse la crisis, cuando sin contar con la dirección cubana negoció con Kennedy la salida de los cohetes nucleares de la Isla, y peor aún, de manera subrepticia negoció esa salida a cambio de la retirada de los misiles nucleares estadounidenses ubicados en Turquía e Italia, dejan mucho que desear sobre las verdaderas o fundamentales motivaciones que tuvo Jruschov a la hora de proponer a los cubanos la instalación de los cohetes en Cuba. ¿Qué tenían que ver los cohetes de Turquía e Italia con la defensa de Cuba? ¿Por qué no exigió se devolviera a la Mayor de las Antillas el usurpado territorio de la Base Naval de Guantánamo, se eliminara el bloqueo económico, u otros aspectos que sí se ajustaban a los intereses de la Isla?

A pesar de que en las concepciones defensivas ya elaboradas para entonces por parte de la máxima dirección cubana, los misiles nucleares no estaban comprendidos, y de la conciencia de los líderes cubanos de que su presencia en el territorio insular podía afectar el prestigio de la Revolución, se aceptó la instalación de los cohetes, a partir de que se cumplía con un principio ineludible de apoyo internacionalista con el Campo Socialista y la URSS en particular, sobre cuya amistad no existía la menor duda, porque la había demostrado muchas veces. Se trataba entonces, de que si la URSS había estado

---

[148] Citado por Tomás Diéz Acosta, Ob.Cit, p.92.

siempre dispuesta a ayudar a Cuba en los momentos más críticos, no se podían esgrimir intereses nacionales estrechos, cuando los que estaban en juego eran los intereses del Campo Socialista como un todo y por supuesto, vistos en un sentido más estratégico, los de la capacidad para defender a Cuba también.

Mucho se perdió en el terreno moral, político y diplomático cuando los soviéticos decidieron que la instalación de los cohetes nucleares en Cuba se hiciera de manera secreta, y solo hacerla pública cuando fuera un hecho consumado, al que Estados Unidos supuestamente tendría que resignarse. El líder de la Revolución Cubana defendió en todo momento que la operación se hiciera pública bajo el respaldo del derecho internacional, pues no había nada ilegal en ello. Aunque mantuvo el criterio de que los soviéticos eran los que debían tomar la decisión final, por consideración a su gran experiencia internacional y militar[149].

Coincidiendo con Fidel, en un interesante testimonio ha señalado Georgi Bolshakov, -quien fuera funcionario de prensa de la embajada soviética en Washington y que actuó en aquel momento como enlace secreto en las comunicaciones entre Kennedy y Jruschov:

"(...) Los norteamericanos habían instalado ya hacía tiempo sus misiles en nuestras narices, en Turquía. No era secreto alguno. Lo sabía el mundo entero, incluida la Unión Soviética. Pero nuestro secretismo intencionado ponía trabas a la diplomacia soviética, pues cada vez que se tocaba el tema de Cuba surgía necesariamente esta interrogante: ¿hay misiles soviéticos en Cuba? El hecho de negarlo fue utilizado de la única manera: mentira. Ello prendía fácilmente en las mentes de la población norteamericana. Cundía la desconfianza hacia nuestra actitud. Quizás por esa ra-

---

[149] Ibídem, p.100.

zón, el presidente Kennedy logró, antes de la planificada invasión a Cuba, asegurarse el apoyo de la Organización de Estados Americanos y de varios países de Europa como Gran Bretaña, la RFA y Francia"[150]

Muy interesante es conocer, para respaldar los sabios criterios que tenía en aquella coyuntura el Comandante en Jefe, Fidel Castro, que Abram Chayes, consejero legal del Departamento de Estado durante la administración Kennedy, declaró posteriormente que su oficina, consultada sobre la legalidad de las instalaciones de los cohetes nucleares, siempre mantuvo que era legal. *"En realidad* –expresó- *nuestro problema legal era que la acción soviética no era ilegal"*. Asimismo, dos de los colaboradores más íntimos de Kennedy, Theodore Sorensen, consejero especial y McGeorge Bundy, Asistente Especial del Presidente para asuntos de Seguridad Nacional, manifestaron que si se hubiera anunciado en septiembre en las Naciones Unidas que, la Unión Soviética defendería a Cuba con proyectiles nucleares, *"hubiera habido una situación totalmente diferente"* (Bundy) y *"ciertamente hubiera sido más difícil para nosotros"* (Sorensen)[151]. Pero finalmente fue fácil para Kennedy presentar el asunto a la opinión pública, haciendo énfasis en lo repentino, secreto y engañoso del despliegue de los cohetes nucleares, "legitimando" con ello las acciones agresivas contra la Isla que se implementarían, así como las adulteraciones y violaciones del derecho internacional que las mismas implicaban.

Otro elemento que dio ventaja política y diplomática a la administración Kennedy fue la errada táctica soviética de responder a todos los ataques sobre el envío de armas a Cuba asegurando que éstas eran de carácter defensivo, cuando para los estadounidenses la cuestión no estaba dada en el propósito de su empleo, sino en su

---

[150] Véase Tomás Diez Acosta, Ob.Cit, pp.136-137.
[151] Citado por Carlos Lechuga en: En el ojo de la Tormenta, Ocean Press, Ciudad de La Habana, 1995, pp.58-59.

capacidad para alcanzar el territorio continental de los Estados Unidos. Por eso, cuando estalló la crisis Kennedy se presentó exitosamente a la opinión pública como un hombre engañado[152].

Sobre este particular ha destacado Fidel:

> "Nosotros nos negamos a entrar en ese juego y las declaraciones públicas que hizo el gobierno y en las declaraciones en Naciones Unidas, siempre dijimos que Cuba consideraba un derecho soberano disponer del tipo de armas que considerara convenientes y nadie tenía derecho a establecer qué tipo de armas podía o no podía tener nuestro país. Nunca entramos en la negación del carácter estratégico de las armas, nunca. No estábamos de acuerdo con ese juego (...)"[153].

En los preludios de la crisis la batalla diplomática y política se fue haciendo cada vez más encarnizada. Cuba condenaba en todos los foros internacionales los planes de agresión militar que se tejían desde Washington contra la Isla, mientras que los Estados Unidos presionaban cada vez más para aislar a la Revolución Cubana y presentarla como un terrible cáncer para el hemisferio, plateando que su régimen marxista-leninista era incompatible con el sistema interamericano y que Cuba era un satélite de la URSS, por lo tanto, un peligro para la seguridad nacional de los Estados Unidos y para todo el continente. Toda esta campaña diplomática del gobierno de los Estados Unidos contra la Revolución Cubana, había devenido ya desde enero de 1962 en la suspensión de Cuba de la Organización de Estados Americanos (OEA), en la VIII Reunión de Consulta de Cancilleres celebrada en Punta del Este, Uruguay.

Entre los días 20 y 21 de septiembre de 1962, en la sede de la Organización de las Naciones Unidas (ONU),

---

[152] Ibídem, p.137.
[153] Citado por Tomás Diéz Acosta, Ob.Cit, p.137.

se produjo un enconado enfrentamiento diplomático entre los Estados Unidos y Cuba, esta última respaldada por la URSS, en el marco de la XVII Asamblea General. El secretario interino de la ONU, el birmano U Thant, sugirió la inclusión del llamado "caso de Cuba" en el orden del día de la reunión, pues la cuestión gravitaba demasiado sobre el panorama internacional, máxime, cuando estaba aún fresca la tinta de un comunicado soviético (11 de septiembre), reiterado posteriormente por Jrushchov, que advertía que una agresión a Cuba significaba la guerra con la URSS. A pesar de que los representantes de los Estados Unidos no eran proclives a que el tema se discutiera en la ONU, pues en su criterio este caso entraba en la jurisdicción de la OEA -donde ellos eran acusadores, fiscales, jueces y jurados-, tuvieron que ceder ante el consenso existente de que fuera tratado el tema.

El representante de los Estados Unidos, Adlai Stevenson, al hacer uso de la palabra en la sección del 20 de septiembre, lanzó todo tipo de improperios contra Cuba, describiendo a la Isla como un grave peligro para la paz de América. La réplica relampagueante del embajador cubano en la ONU, Mario García Inchaústegui, vino luego, planteando que Stevenson era el mismo que otrora había negado en las Naciones Unidas la participación yanqui en la aventura de Playa Girón, al mismo tiempo que denunciaba las agresiones de los Estados Unidos y la invasión a gran escala que se maquinaba en esos días en la Casa Blanca contra la Mayor de las Antillas:

"El presidente de la delegación norteamericana acusa a nuestro gobierno de llevar a cabo una campaña de difamación, vituperación y subversión contra sus vecinos. Estas palabras las pronuncia ante esta augusta asamblea quien desde esta misma tribuna encubrió la agresión de su gobierno contra nuestro pueblo, negando una agresión que días después confesaba el propio presidente de los Estados Unidos.(...) Ahora el presidente de la delegación norteamericana vuelve a sus andadas, y en el instante en que su gobierno, bajo una histeria general guerrerista amenaza a un pequeño, pero valeroso pueblo, viola su espacio aéreo y marítimo, infiltra grupos de sabotaje y envía a sus mercenarios a atacar nuestras costas, este señor delegado de este gobierno acusa a nuestro gobierno de ataques verbales a nuestros vecinos y de subversión"[154].

Al día siguiente, también resonaron las palabras de apoyo a la posición cubana del canciller soviético Andrei Gromyko:

"Los delegados que asisten a la Asamblea General indudablemente han tenido tiempo de darse cuenta de la histeria de guerra creada en torno a Cuba, que aumenta cada día que pasa en los Estados Unidos, y de la campaña de odio contra los cubanos que se observa en los periódicos, la radio y la televisión norteamericana. Se ha llegado al extremo de publicar una lista de pretextos que podían utilizarse para una invasión a Cuba. Esta lista incluye todo lo que existe bajo el sol (...).
¿Pueden las Naciones Unidas reconciliarse con un sistema en que uno de sus miembros declara en alta voz tener el derecho de atacar a otro país que también es miembro de la organización? Y todo esto se hace porque el orden interno de ese país no está de acuerdo con la manera de pensar del Gobierno de Estados Unidos y no es de su gusto. No; estas declaraciones no pueden desatenderse. Esto equivale, verdaderamente a minar los cimientos sobre los cuales pueden descansar las

---

[154] Los fragmentos de esta intervención fueron publicados en *Bohemia*, La Habana, 28 de septiembre de 1962.

Naciones Unidas"[155].

Gromyko terminó su intervención advirtiendo que un ataque contra la Isla desde territorio norteamericano tendría consecuencias funestas contra la paz mundial, ratificando el comunicado soviético del 11 de septiembre de 1962.

Por otro lado, los representantes de Guatemala y Panamá, apoyaron la posición norteamericana, mostrando su servilismo a Washington. El enviado panameño llegó incluso a presentar una iniciativa a la asamblea sugiriendo la creación de un frente unido con participación de las platanocracias de Haití, Santo Domingo, Colombia y Venezuela, para "resistir la amenaza cubana".

El 29 de septiembre, el Consejo de Ministros del Gobierno Revolucionario publicó en la prensa su respuesta a una Resolución Conjunta del Congreso de los Estados Unidos, mediante la cual se concedía al presidente Kennedy la facultad del uso de las armas contra Cuba, si esta extendía sus actividades subversivas o agresivas a cualquier parte del hemisferio y creaba una capacidad militar de apoyo externo que pusiera en peligro la seguridad de los Estados Unidos. La declaración del Gobierno Revolucionario hacía historia de todas las agresiones de los Estados Unidos contra Cuba y desmontaba los falsos ataques de subversión en el hemisferio. También enfatizaba:

"Si el Gobierno de Estados Unidos no albergara intenciones agresivas contra nuestra patria, no le interesaría la cantidad, calidad, o clase de nuestras armas.
"Si Estados Unidos fuese capaz de dar a Cuba garantías efectivas y satisfactorias con respecto a la integridad de nuestro territorio y cesara en sus actividades subversivas y contrarrevolucionarias

---

[155] Ibídem.

contra nuestro pueblo, Cuba no necesitaría fortalecer su defensa, no necesitaría siquiera ejército,
y todos esos recursos que ello implica los inverti-
ríamos gustosamente en el desarrollo económico y
cultural de la nación.

"Cuba ha estado siempre dispuesta a discutir con
el gobierno de Estados Unidos y hacer lo que es-
tuviese de su parte si encontrara en el gobierno de
Estados Unidos una actitud recíproca para disminuir la tirantez y mejorar las relaciones"[156].

Ya a inicios del mes de octubre, Dean Rusk, secretario
de Estado de los Estados Unidos, quiso aprovechar el
marco de la XVII Asamblea de la ONU, para realizar
una reunión a puertas cerradas con sus fieles peones
de América Latina con el objetivo de aumentar el cerco
diplomático y económico a la Isla y preparar el terreno
para una agresión directa. En ese encuentro que se
realizó en Washington, Rusk presentó un memoradum
de 5 puntos:

1- Revisión de las relaciones comerciales entre los
   países Latinoamericanos y Cuba.

2- Medidas para impedir que los buques mercan-
   tes latinoamericanos transporten armas o materiales estratégicos a Cuba.

3- Un llamamiento conjunto a los países miembros de la OTAN para que sus embarcaciones
   no transporten mercancías de ningún género a
   Cuba.

4- Intensificación de las medidas de represión en
   América Latina.

5- Organización de una comisión del caribe para

---

[156] Véase *Noticias de Hoy*, 30 de septiembre de 1962, p.1.

acciones de vigilancia en torno a Cuba.

Participaron en la reunión 16 cancilleres de la región y 3 representantes de menor jerarquía oficial: los de México, Brasil y Argentina. Se planteó en el encuentro que el problema de mayor emergencia era la intromisión chino-soviética en Cuba, pues esto no era más que un ensayo dirigido a convertir a la Isla en base armada para la penetración del comunismo en América y de acción subversiva contra las instituciones democráticas del continente.

Uno de los momentos más álgidos dentro de la controversia diplomática antes del estallido de la crisis, se produjo el 8 de octubre de 1962 cuando el presidente de Cuba, Osvaldo Dorticós Torrado, subió al podio de las Naciones Unidas para acusar una vez más a los Estados Unidos por las agresiones realizadas y por los planes de invasión que se perpetraban en la Casa Blanca contra el archipiélago cubano. En esa ocasión, Dorticós también recalcó con firmeza el derecho de Cuba a armarse como lo estimase necesario para defender su territorio de las agresiones de los Estados Unidos. Reafirmando las ideas contenidas en la declaración del Consejo de Ministros del 29 de septiembre, señaló:

"...el Congreso norteamericano legitima previamente el uso de las armas, la agresión armada a nuestro país, para impedir en nuestro territorio la creación o el uso de una capacidad militar que ponga en peligro la seguridad de los Estados Unidos.

¡Cuba, poniendo en peligro la seguridad de una gran potencia! ¡Cuba, la agredida, Cuba la invadida, llena de pánico a los señores dirigentes de esta gran potencia!

Yo creo que no es necesario subrayar la fuerza de ridículo y el carácter absurdo de esta declaración, ante los señores Delegados. (...) Frente a esto

¿qué tenemos que decir? Diremos, señores delegados, ¡que Cuba sí se ha armado!; ¡tiene el derecho
de armarse y defenderse! Y la pregunta que im-
porta es esta: ¿Por qué Cuba se ha armado? Es
innegable que hubiésemos querido destinar todos
esos recursos humanos y materiales, todas esas
energías que hemos tenido que emplear en el fortalecimiento de nuestra defensa militar, para el
desarrollo de nuestra economía y de nuestra cultura.(...) ¿qué hubiese ocurrido, si no hubiésemos
fortalecido nuestra defensa militar, cuando una
división, armada y entrenada por el gobierno de
Estados Unidos invadió nuestro país por Playa
Girón? (...)Si Estados Unidos fuese capaz de dar
garantías de palabras y garantías en los hechos,
de no realizar agresiones contra nuestro país, de-
claramos aquí solemnemente, que sobrarían
nuestras armas y nuestro ejército, porque queremos la paz y crear en la paz".
"Por otra parte (...), no estamos obligados por
nada a dar cuenta al Congreso norteamericano
respecto a los que hacemos para defender nuestra
integridad territorial. Nos armamos en la forma
que creamos conveniente para defender nuestra
nación, no para agredir a nadie. Y no tenemos –
repito-que rendir cuentas para ello a ninguna potencia, ni algún Congreso extranjero. Seguiremos,
mientras las circunstancias dramáticas lo exijan,
fortaleciendo nuestra defensa militar para defen-
dernos, y no para agredir a nadie. Si nos atacan,
encontrarán la resistencia de nuestras armas, y
también la resistencia de nuestro patriotismo"[157].

Y dirigiéndose a la delegación estadounidense a cuyo
frente estaba el embajador Stevenson, exclamó:

---

[157] Fragmentos publicados en *Bohemia*, La Habana, 12 de octubre de 1962.

"...en esta misma asamblea instamos al señor Presidente de la delegación de los Estados Unidos para que ofrezca aquí garantías cabales de que su gobierno no tiene el propósito de agredir a Cuba. Pero lo instamos a que ofrezca esas garantías no solo de palabra sino sobre todo con los hechos. El gobierno y el pueblo de Cuba están plenamente convencidos de que se hallan bajo la inminencia de una agresión militar del gobierno de los Estados Unidos. Las pruebas sobran. Cuando un país pequeño como el mío de 6 000 000 de habitantes, a 90 millas de los Estados Unidos, se siente realmente amenazado, no tiene por qué rechazar la ayuda espontánea que se le ofrezca, ya venga de la reina Isabel de Inglaterra, del Emperador de Japón, del presidente Kubistchek (del Brasil) o de quien quiera que venga, porque por encima de toda consideración está el derecho irrestricto a la vida que tienen los pueblos. Y nuestro país está absolutamente desamparado en el hemisferio. Esto lo digo henchido de hondo dolor, porque Cuba pertenece a América, porque Cuba es un país esencialmente americano, porque el vientre de Cuba parió a José Martí, que es el único par legítimo que tiene Simón Bolívar en nuestra América..."[158].

Mientras Dorticós hablaba en Naciones Unidas, el Congreso de los Estados Unidos votaba otra ley por la cual se retiraba toda asistencia económica y militar a cualquier país que "vendiera, suministrara, o permitiera que cualquier buque con su registro comerciara con Cuba" mientras estuviera gobernada "por el régimen de Castro"[159].

Los días "luminosos y tristes"

---

[158] Citado por Carlos Lechuga en: Ob. Cit, p.77.
[159] Ibídem, p.78

129

El 14 de octubre de 1962 un avión U-2 de los Estados Unidos, violando el espacio aéreo de Cuba obtuvo las fotografías que mostraban la presencia de cohetes nucleares de alcance medio. Al día siguiente se confirmó la existencia de los cohetes con nuevos vuelos de reconocimiento por aviones U-2 de la fuerza aérea estadounidense. El 16 de octubre de 1962, McGeorge Bundy, asistente especial del Presidente para Asuntos de Seguridad Nacional, informaba a Kennedy sobre la presencia de los misiles en Cuba.

Por aquellos días, fuerzas militares estadounidenses se concentraban en las cercanías de la Isla, bajo el pretexto de la realización de varios ejercicios y maniobras, como el *Unitas III* y el *Sweep Clear*, pero el propio lunes 15 de octubre comenzó el ejercicio Phibrilex 62, uno de los más importantes y peligrosos para el archipiélago cubano. Este se desarrollaría hasta el 30 de octubre con la participación de más de cuarenta buques, veinte mil marinos y cuarenta mil infantes de marina, e incluía la realización del asalto anfibio a la isla de Vieques, en Puerto Rico, convertida a los fines del ejercicio en la ficticia "República de Vieques", para derrocar a un tirano imaginario, Ortsac, que es el apellido Castro deletreado al revés.

No había que hacer gran esfuerzo para interpretar el objetivo de la maniobra. Cuando este ejercicio fue planificado no habían pruebas aún de la existencia de los cohetes de alcance medio en Cuba. Este ejercicio constituía un ensayo de la última fase de la *Operación Mangosta*, prevista para fines del mes de octubre de 1962. De cualquier forma, la maniobra sirvió a los Estados Unidos para encubrir la movilización de las tropas necesarias en la nueva situación.

Después de 6 días de análisis de la situación con un grupo asesor de alto nivel, John F. Kennedy decidió dar a conocer la presencia de los misiles en Cuba y exponer las acciones de repuesta que adoptaría el gobierno norteamericano. Durante todos esos días, después del descubrimiento de los cohetes en Cuba hasta la declaración de Kennedy, quedó en manos del gobierno de los Estados Unidos, como ha dicho Fidel, la iniciativa diplomática, política y militar.

Cuando en las horas de la mañana del 22 de octubre de 1962, se anunció que el presidente Kennedy hablaría a las siete de la tarde para dar a conocer acontecimientos extraordinarios a la población de los Estados Unidos, y al tenerse en cuenta una serie de movimientos militares que se habían detectado en La Florida y en el sur de los Estados Unidos en general, el Comandante en Jefe, Fidel Castro, apreció que este hecho estaba relacionado directamente con Cuba y con la presencia de los cohetes soviéticos. Dadas esas circunstancias, ordenó poner en situación de alerta a las Fuerzas Armadas Cubanas a las 3:50pm, y a las 5:35pm decretó la alarma de combate para toda la nación.

En su declaración, Kennedy informó que en Cuba existían bases de proyectiles ofensivos con capacidad para un ataque nuclear contra el hemisferio, que peligraban el Canal de Panamá, Washington, Cabo Cañaveral, Ciudad México y otras ciudades del sector sureste de los Estados Unidos, Centroamérica y la zona del Caribe, que además, se estaban construyendo bases adicionales que ponían en peligro ciudades del hemisferio occidental, desde puntos tan al norte como la Bahía de Hudson, en Canadá, y tan al sur como Lima, Perú, así como que bombarderos a chorro capaces de transportar armas nucleares estaban siendo desembarcados y armados en Cuba.

También planteaba que Cuba constituía una amenaza a la paz y seguridad de América, en deliberado reto al Pacto de Río de Janeiro, la Resolución Conjunta del Congreso de los Estados Unidos, la Carta de las Naciones Unidas y las propias advertencias públicas del presidente Kennedy a la Unión Soviética formuladas los días 4 y 13 de septiembre.

A partir de esa situación Kennedy da a conocer las

medidas tomadas por su gobierno: primero, se decretaba una cuarentena estricta contra todo equipo militar de ofensiva embarcado con destino a Cuba y que todos los buques de cualquiera clase destinado a la Isla, procedente de cualquier nación o puerto, serían obligados a regresar si se descubría que llevaban armamentos de carácter ofensivo, y que esta cuarentena se extendería si hacía falta a otras clases de cargamentos y transportes, segundo; que continuaría y se incrementaría la estricta vigilancia a Cuba y a su refuerzo militar, y que las fuerzas armadas norteamericanas estuviesen preparadas para cualquier eventualidad, tercero; que sería política de los Estados Unidos considerar a cualquier proyectil nuclear lanzado desde Cuba contra cualquier país del hemisferio occidental, como un ataque de la Unión Soviética contra los Estados Unidos, merecedor de plena respuesta de represalia contra la URSS, cuarto; que se reforzaba la base de Guantánamo y se evacuaba al personal no militar y se ponía en estado de alerta a las unidades militares adicionales, quinto; que se convocaba inmediatamente una reunión de consulta de la OEA para que estudiara esa amenaza contra la seguridad del hemisferio a tenor de los artículos 6 y 8 del tratado de Río de Janeiro, y se advertía de la situación a los aliados de los Estados Unidos en todo el mundo, sexto; que según la Carta de las Naciones Unidas se solicitaría una reunión de emergencia del Consejo de Seguridad para tomar medidas contra la amenaza soviética a la paz en el mundo y que los Estados Unidos pedirían el pronto desmantelamiento y retirada de todos los armamentos de ofensiva que había en Cuba, bajo la supervisión de observadores para que la cuarentena pudiera ser levantada.

Esa misma noche, Adlai Stevenson, embajador de los Estados Unidos en las Naciones Unidas, solicitó una reunión urgente del Consejo de Seguridad presentando un proyecto de resolución que planteaba los siguientes puntos:

a) Inmediato desmantelamiento y retirada de Cuba de todos los proyectiles dirigidos y otras armas ofensivas.

b) Autorización al Secretario General interino para enviar a Cuba un observador de las Naciones Unidas para que garantizara e informara respecto a la aplicación de esa resolución.

c) Terminación de las medidas de cuarentena dirigidas contra los embarques militares a Cuba, una vez que las Naciones Unidas hubiera certificado la aplicación del primer punto.

d) Necesidad de urgente diálogo entre los Estados Unidos y la URSS sobre las medidas tendientes a eliminar la amenaza existente para la seguridad del Hemisferio Occidental y la paz del mundo, y se informara en consecuencia al Consejo de Seguridad.

Kennedy envió además una carta personal a Jruschov mediante un canal de comunicación especial. Con esta carta comenzó la correspondencia secreta entre ambos, que se extendió durante todo el período de la crisis.

Simultáneamente, Cuba y la URSS también dirigieron al Consejo de Seguridad sus quejas sobre las acciones agresivas y violaciones del derecho internacional de los Estados Unidos, y solicitaron una reunión urgente. En la carta del gobierno cubano al Presidente del Consejo de Seguridad Nacional, se señalaba que el bloqueo naval decretado por el gobierno de los Estados Unidos constituía una acción unilateral y un acto de guerra establecido a espaldas de los organismos internacionales[160].

---

[160] Ibídem, p.107.

El 23 de octubre la agencia TASS emitió una declaración del gobierno soviético, en la cual se denunciaba el serio peligro que para la paz significaba el bloqueo naval, calificándolo como un paso en el camino del desencadenamiento de la guerra termonuclear. Además señalaba en una de sus partes:

> "Atropellando desvergonzadamente las normas internacionales de conducta de los estados y los principios de la Carta de la Organización de Naciones Unidas, los Estados Unidos se han adjudicado el derecho, y lo han anunciado, de atacar los barcos de otros estados en alta mar, o sea, dedicarse a la piratería.
>
> Los círculos de poder imperialistas de los Estados Unidos intentan dictar a Cuba la política que ella debe practicar, el orden que debe establecer dentro de su casa y las armas que debe disponer para su defensa.
>
> ¿Quién ha dado derecho a los Estados Unidos a tomar para sí el papel de juez supremo de otros países y otros pueblos?
>
> (...)
>
> Según la Carta de la ONU, todos los países, grandes o pequeños, tienen derecho a edificar su vida según su gusto, a adoptar aquellas medidas que ellos consideren necesarias para garantizar su seguridad, dar respuesta a las fuerzas agresivas que atentan contra su libertad e independencia. El no tener en cuenta esto, significa socavar las mismas bases de la existencia de la ONU, introducir en la práctica internacional las leyes de la jungla, engendrar conflictos y guerras indefinidamente"[161].

Al mismo tiempo, la cancillería soviética entregó al embajador Foy D.Kohler una copia de dicha declaración y un mensaje de Jruschov al presidente Kennedy,

---

[161] Bohemia, 26 de octubre de 1962.

donde reiteraba que los armamentos en Cuba eran defensivos y calificaba las medidas proclamadas el día anterior de insólita injerencia en los asuntos internos de la Isla, así como un acto provocativo contra la Unión Soviética. También Jruschov envío una misiva a Fidel, en la cual calificaba las acciones de Estados Unidos de piratescas, pérfidas y agresivas, informando además que había dado órdenes a los militares soviéticos en la Isla de estar en completa disposición combativa. Esta carta fue interpretada por la dirección cubana como una clara voluntad de la URSS de no ceder ante las amenazas y exigencias de los Estados Unidos[162].

El Consejo de Seguridad de la ONU se reunió el propio 23 de octubre para escuchar los planteamientos de los representantes de las tres naciones involucradas. El representante cubano fue invitado a participar en el debate ya que no era miembro del Consejo de Seguridad.

El primero en hacer uso de la palabra fue el representante norteamericano. Adlai Stevenson pronunció un largo discurso tratando de presentar el bloqueo como una medida de autodefensa. Acusó a Cuba por recibir armas estratégicas en su territorio y a la Unión Soviética por no hacer pública su decisión de enviarlas. Presentó un proyecto que demandaba el desmantelamiento y la retirada inmediata de las armas "ofensivas", el envío de un cuerpo de observadores de la ONU a la Isla y la realización de negociaciones entre los Estados Unidos y la Unión Soviética para eliminar la amenaza presente.

Acto seguido el representante cubano, García Incháustegui, afirmó que la Isla se había visto precisada a armarse ante las agresiones reiteradas de los norteamericanos y negó que las armas de Cuba fueran una amenaza para sus vecinos, pues eran puramente defensivas. Criticó fuertemente a los Estados Unidos por enviar sus barcos y aviones a la Isla para después recurrir a la ONU:

---

[162] Véase Tomás Diéz, Ob.Cit, pp.165-166.

"... los Estados Unidos han hecho una cosa muy curiosa: Han enviado sus barcos a Cuba, han enviado también sus naves aéreas a Cuba y a sus alrededores, y después han consultado a sus aliados y a los organismos internacionales.

De ahora en adelante la guerra a la paz, la terrible guerra nuclear, dependerá de lo que al Servicio de Inteligencia de los Estados Unidos le convenga afirmar.

¡Como si los organismos internacionales y el Consejo de Seguridad no tuvieran una razón de existir!"[163].

Incháustegui también dejó claro los reclamos de Cuba:

"Pedimos al Consejo de Seguridad, en nombre de la Carta, en nombre de la moral internacional, en nombre de los principios del derecho, el inmediato retiro de las fuerzas agresoras de los Estados Unidos alrededor de nuestras costas y la cesación del bloqueo ilegal adoptado unilateralmente por el gobierno de Estados Unidos con desprecio absoluto de la Carta. Pedimos el inmediato retiro de todas las tropas, naves y aeronaves enviadas a nuestras costas, la cesación de las acciones provocativas en Guantánamo y de los ataques piratas organizados por agentes al servicio del gobierno de los Estados Unidos. Pedimos la cesación de todas las medidas intervencionistas del gobierno de los Estados Unidos en los asuntos internos de Cuba, y la cesación de las violaciones de nuestro espacio aéreo y marítimo"[164].

Al concluir su discurso, el representante cubano sentó

---

[163] Fragmentos en *Hoy*, La Habana, 24 de octubre de 1962.
[164] Ibídem.

la posición de principio de la Isla de no dejarse inspeccionar, pues lo primero que había que hacer era inspeccionar las bases norteamericanas de donde salían las invasiones y que no se aceptaría observadores de ningún tipo en asuntos que competían a la jurisdicción interna de Cuba. Ese mismo día Incháustegui presentó a las Naciones Unidas un documento en el que se relacionaban los sabotajes, ataques piratas, atentados terroristas y demás fechorías realizadas ese año contra Cuba, ya fuera con la participación directa o indirecta del gobierno de los Estados Unidos, y solicitó que se distribuyera como un documento oficial de la Asamblea General.

Por su parte, Valerian Zorin, el representante permanente soviético y presidente además en ese momento del Consejo de Seguridad, señaló que los Estados Unidos habían realizado un acto sin precedentes en las relaciones entre países que no estaban en guerra y habían puesto en peligro la navegación de numerosos de estos, violando abiertamente las prerrogativas del Consejo de Seguridad, único que podía autorizar la realización de cualquier clase de actos coercitivos.

Zorin declaró que no entraría en polémicas con Stevenson, porque la declaración de Estados Unidos no era más que una cortina de humo para distraer la atención de las violaciones flagrantes de la carta de las Naciones Unidas. Agregó que confirmaba oficialmente la declaración del gobierno de la URSS de que no había enviado ni estaba enviando armamentos ofensivos a Cuba, que las armas enviadas a Cuba estaban destinadas solamente a fines defensivos, pues la URSS poseía cohetes tan poderosos que no necesitaba buscar territorio alguno fuera de la Unión Soviética para lanzarlos. Al finalizar su intervención, pidió la condena a las acciones emprendidas por los norteamericanos, que los Estados Unidos revocaran su decisión de inspeccionar los buques de otros países en aguas internacionales, que cesara toda interferencia en los asuntos internos de Cuba, y que los tres países establecieran contactos para normalizar la situación y eliminar la amenaza de guerra.

Simultáneamente con los debates en el Consejo de Seguridad del 23 de octubre, 43 países se reunieron extraoficialmente para discutir las medidas agresivas de los Estados Unidos contra Cuba así como la crisis en las relaciones entre los Estados Unidos y la URSS, y llegaron a la conclusión de designar un comité integrado por Ghana, República Árabe Unida (RAU) y Chipre; que debía entrar en contacto con el Secretario General Interino de la ONU, U Thant, para persuadirlo en el sentido de que se hiciera una apelación, lo más auspiciosa posible, a todas las partes interesadas, con el fin de que se abstuvieran de toda acción que pudiese poner en peligro la paz.

Los reunidos, todos ellos países no alineados, entre los que se encontraban representantes de cinco países latinoamericanos: Brasil, Chile, Bolivia, Venezuela y México, plantearon su deseo de que U Thant presentara su apelación a los Estados Unidos, la URSS y Cuba en la reanudación de la sesión urgente del Consejo de Seguridad que se realizaría al día siguiente. Los participantes abogaron por la idea de que U Thant desempeñara un papel mediador entre las tres partes. También propusieron que, en caso de que el Consejo de Seguridad no llegase a aprobar una resolución en ese sentido, se convocara una sesión urgente de la Asamblea General de la ONU, con el fin de buscar una solución.

Asimismo, el propio martes 23 de octubre se reunió el Órgano de Consulta de la OEA, ante la insistencia de los Estados Unidos, de discutir una resolución que respaldara el bloqueo naval a la Isla. Ese mismo día fue aprobada por 17 votos a favor, ninguno en contra y una abstención (Uruguay). La resolución exigía el desmantelamiento inmediato y la retirada de las armas con capacidad ofensiva de Cuba y recomendaba que los estados miembros, basándose en los artículos 6 y 8 del Tratado de Río de Janeiro, tomaran las medidas individuales y colectivas, incluido el uso de la fuerza armada, para evitar que Cuba pudiera continuar amenazando la paz y la seguridad del continente.

En la comparecencia ante la Televisión y la Radio Nacional en la noche de ese día, Fidel refutó cada una de las imputaciones hechas contra Cuba por Kennedy el día anterior. El Primer Ministro cubano dejó claro que no tenía obligación de rendir cuentas al gobierno de los Estados Unidos y que éste no tenía derecho alguno de decidir el tipo de armas que Cuba debía o no tener. También rechazó categóricamente la pretensión estadounidense de inspeccionar el territorio cubano. Sobre como el gobierno de los Estados Unidos –a diferencia de Cuba- estaba haciendo añicos las normas más elementales del derecho internacional con sus medidas unilaterales y agresivas contra la Isla, señaló:

"Habla (Kennedy) de la Carta de las Naciones Unidas; precisamente en el momento en que van a violar la Carta de las Naciones Unidas, invocan la Carta de las Naciones Unidas, cuando nosotros no hemos cometido la menor violación de ninguno de los artículos de la Carta de las Naciones Unidas".

(...)

Hay el hecho siguiente. La medida que toma, ... es una violación inocultable por completo de la ley internacional; ningún Estado puede hacer eso, ningún estado puede parar a los barcos de otro Estado en altamar; ningún Estado puede bloquear a otro Estado. Es como si nosotros ahora mandáramos nuestros barcos, para decir: "no, Estados Unidos no puede mandar tales armas a Guatemala, ni a Venezuela"; que cualquier país pusiera sus barcos de guerra frente a otro país y bloqueara a ese país. Eso está contra toda ley internacional, y está además, contra la moral de las relaciones internacionales, contra el más elemental derecho de los pueblos.

Es decir que es, en primer lugar, una violación flagrante de la ley. Comete dos violaciones: una violación contra nuestra soberanía, por cuanto intenta bloquear nuestro país; y, en segundo lugar, comete una violación contra el derecho de todos los pueblos porque dice "cualquier barco de cualquier país puede ser registrado". ¿Dónde? ¿En aguas norteamericanas? ¡No, en alta mar, es decir, en aguas internacionales¡ Comete una violación contra el derecho de todas las demás naciones no solo contra Cuba"[165].

Al mismo tiempo, Fidel aseveró que Cuba era partidaria del desmantelamiento de todas las bases militares y de la no permanencia de tropas extranjeras en el territorio de otro país. *"Si Estados Unidos –dijo– quiere el desarme, magnífico: vamos a desmantelar todas las bases que haya en todas las partes del mundo. (...) Pero con la política de desarmarnos nosotros frente a los agresores, no estamos de acuerdo"*[166].

Fidel además señaló que ante la nueva situación se podían dar dos alternativas, bloqueo total o agresión directa, y agregó: *"Bloqueo total, lo resistiremos tomando las medidas necesarias, si se presenta el caso, podemos resistir bloqueo total (...) Si hay la otra alternativa, el ataque directo, ¡lo rechazaremos¡*[167].

El Consejo de Seguridad de la ONU se reanudó el 24 de octubre a las nueve de la mañana, el mismo día en que entró en vigor el bloqueo naval impuesto por el gobierno norteamericano a Cuba. En la reunión, U Thant planteó que mediaría en el conflicto a petición de un grupo de gobiernos, por lo que envió un mensaje con textos idénticos a Kennedy y Jruschov, solicitándoles

---

[165] Bohemia, 26 de octubre de 1962.
[166] Ibídem.
[167] Ibídem.

que se abstuvieran de emprender acciones que pudieran agravar la situación y propuso la suspensión voluntaria, por un período de dos a tres semanas de los envíos de armas y de la "cuarentena", con el objetivo de que las partes se reunieran para solucionar la crisis.

De igual forma, U Thant había apelado al gobierno de Cuba, exhortándolo a buscar algún terreno de interés común, como base para una discusión, por la cual se pudiera hallar una salida negociada a la crisis. Señaló que era posible contribuir grandemente a ese fin si la construcción de las instalaciones militares soviéticas en Cuba se suspendía durante el período de negociaciones[168].

Esa noche, en cumplimiento de indicaciones del Departamento de Estado, Stevenson se dirigió a U Thant e intentó que este hiciera una apelación a Jruschov para que mantuviera los barcos soviéticos fuera del área de la "cuarentena"; el diplomático birmano debía hacer la proposición como si fuera iniciativa propia con el objetivo de evitar una confrontación que podría producirse a corto plazo. U Thant estuvo de acuerdo con enviar un mensaje con la proposición a primera hora de la mañana, y hacerlo a nombre suyo. Le plantearía la necesidad de que mantuviera sus barcos alejados para evitar una confrontación, porque pensaba que había la posibilidad de que los norteamericanos estuviesen preparados para discutir las modalidades de una negociación.

En la mañana del 25 de octubre el Secretario General interino de la ONU, U Thant, recibió las respuestas de Jruschov y Kennedy a su mensaje del día anterior. El dirigente soviético dio una respuesta positiva, y aceptó la proposición para tratar de solucionar la crisis. Por su parte, la respuesta norteamericana era ambigua y no contenía ningún compromiso concreto.

El gobierno cubano, a través de su embajador García Incháustegui, reafirmó a U Thant la actitud pacífica de Cuba, pero señaló que Washington no había aportado

---

168 Ibídem, p.173.

ninguna prueba que demostrara que la Isla era una amenaza para el hemisferio occidental y que ésta tenía todo el derecho a defenderse de la agresividad del imperialismo estadounidense.

Poco después, U Thant se dirigía de nuevo a Jruschov y Kennedy. Con el objetivo de evitar un enfrentamiento en el mar pedía al primero mantener los barcos soviéticos fuera del de la zona de intercepción. Al menos por un tiempo limitado que permitiera la realización de las conversaciones para negociar una solución a la crisis. A Kennedy le solicitaba que las fuerzas de los Estados Unidos en el Caribe evitaran un enfrentamiento con los barcos soviéticos, con el objetivo de disminuir el riesgo de cualquier incidente enojoso.

En horas de la tarde de ese día 25 de octubre se efectuó una nueva sesión del Consejo de Seguridad Nacional. El embajador soviético, Valerian Zorin, fue interrumpido en medio de su intervención por Stevenson, quien en tono inquisitivo, le pidió que dijera si en Cuba había o no armas ofensivas. Mientas Zorin se negaba a dar una respuesta directa a ese pregunta, Stevenson introdujo en la sala las ampliaciones de las fotos tomadas por los U-2, en las que se veía claramente los bombarderos y las posiciones de lanzamiento que se construían para los cohetes. El efecto fue devastador y el lance constituyó un fracaso total para la diplomacia soviética.

Ante esas claras evidencias, el representante soviético, respondió señalando que si el presidente Kennedy poseía esas pruebas desde el día 16 de octubre, como había hecho referencia en su discurso del 22 de octubre, ¿por qué no le había dicho nada sobre ese aspecto al ministro de Relaciones Exteriores de la Unión Soviética, Alexei Gromyko, en la prolongada entrevista que sostuvo con él el día 18 del propio mes? Zorin además hizo énfasis en que si el presidente Kennedy verdaderamente no tenía intenciones agresivas y quería defender la paz, ¿por qué se había callado y anunciado un bloqueo cuatro días después, colocando al mundo al borde de la guerra termonuclear? Posteriormente, Zorin mencionó la carta de Jruschov, destacando que ella se exponían claramente las intenciones de la Unión Soviética de buscar una salida negociada a la crisis, rechazando las interpretaciones que había dado Stevenson sobre la posición asumida por la URSS[169].

La sesión del Consejo de Seguridad Nacional terminó con el anuncio de U Thant de que, en la mañana del siguiente día, iniciaría conversaciones con los representantes de Cuba, la Unión Soviética y Estados Unidos, para tratar de buscar una solución a la crisis y se acordó, en espera de esas negociaciones, posponer las discusiones en ese organismo. Realmente, después de esta sesión del 25, no hubo más ninguna otra reunión del Consejo de Seguridad donde se discutiera el tema de la Crisis.

El 26 de octubre U Thant recibió una carta de Jruschov comunicándole que aceptaba su proposición del día 25, por lo que en adelante los barcos soviéticos se mantendrían fuera del área de intercepción, aunque señalaba que esa situación no podría prolongarse.

Sin embargo, las horas que se vivían eran muy tensas, tanto para Cuba y la URSS, como para los Estados Unidos, y llegaron a su punto más álgido cuando el 27 de octubre fue derribado un avión U-2 de la fuerza área estadounidense por cohetes soviéticos, en el momento en que éste violaba el espacio aéreo cubano.

El 27 de octubre Jruschov envía una misiva a Kennedy en la que le propone retirar los cohetes nucleares del archipiélago cubano, si los Estados Unidos retiraban los suyos de Turquía, se comprometían a no invadir Cuba desde su territorio o de otro de sus vecinos y pactaban no inmiscuirse en los asuntos internos de la Isla.

Finalmente, el gobierno estadounidense decidió enviar una carta a Jruschov en respuesta a la recibida el día 26, pues en ella, el gobierno soviético solo ponía como condición para retirar los cohetes de Cuba: que Estados

---

[169] Ibídem, pp.175-176.

Unidos se comprometiera a no invadir la Isla y a impedir que esta acción se perpetrara desde cualquier otro país. De esta manera, Washington ignoró la misiva de Jruschov que había trasmitido Radio Moscú en la mañana del día 27, en la que hacía la propuesta relacionada con la retirada de los cohetes de Turquía. La actuación del gobierno norteamericano consistió en manifestarse como si no hubieran recibido la carta del 27 y esperar la respuesta del líder soviético antes de emprender alguna acción de lamentables consecuencias.

El contenido fundamental de la carta de Kennedy a Jruschov planteaba que la URSS debía retirar los sistemas de armamentos ofensivos de Cuba bajo la inspección de la ONU, y comprometerse, con las debidas garantías, a no introducir en lo sucesivo armamento de esta clase en Cuba. De actuar de esta manera, los Estados Unidos levantarían rápidamente el bloqueo naval y darían garantías de que Cuba no sería invadida. La esencia del mensaje consistía en que si los cohetes no eran retirados inmediatamente de la ínsula, los Estados Unidos se verían obligados a iniciar las acciones combativas a más tardar los días 29 o 30 de octubre.

El encargado de llevar el mensaje al embajador soviético en los Estados Unidos fue Robert Kennedy, hermano del presidente de los Estados Unidos. En la conversación, el embajador de la Unión Soviética insistió reiteradamente en la retirada de los cohetes estadounidenses en Turquía. Finalmente, se acordó que los cohetes norteamericanos en Turquía serían desmantelados tres y cinco meses después de la retirada de los cohetes soviéticos de Cuba, y que ese acuerdo se mantuviera en estricto secreto y no se incluyera en el texto oficial sobre el cese de la crisis.

El 28 de octubre se trasmitió la carta de repuesta de Jrushchov a Kennedy por Radio Moscú. De nuevo el gobierno soviético cometía un error durante la crisis: el texto ya se estaba haciendo público y no había sido concertado con el gobierno cubano. El contenido fundamental de la carta era el siguiente:

"Veo con respeto y confianza la declaración, expuesta en su mensaje del 27 de octubre de 1962, de que no se cometerá un ataque contra Cuba, de que no habrá invasión (...) Entonces los motivos que nos impulsaron a prestar ayuda de ese carácter a Cuba desaparecen. Por eso hemos dado instrucciones a nuestros oficiales (...) de adoptar las medidas correspondientes para que cese la construcción de los mencionados objetivos, para su desmontaje y devolución a la Unión Soviética"[170].

Esta noticia fue recibida con júbilo en Washington, sin embargo, la dirigencia cubana manifestó su inconformidad, pues la garantía de la palabra del presidente norteamericano tenía muy poco valor, como había demostrado la historia de los últimos años. Por eso, en la tarde de aquel domingo el Comandante en Jefe, Fidel Castro, planteó sus conocidos "Cinco Puntos", y manifestó que no existirían las garantías de que hablaba Kennedy, si, además de la eliminación del bloqueo naval que prometía, no se adoptaban las medidas siguientes:

1- Cese del bloqueo económico y de todas las medidas de presiones comerciales y económicas que ejercen los Estados Unidos en todas las partes del mundo contra Cuba.

2- Cese de todas las actividades subversivas, lanzamientos y desembarcos de armas y explosivos por aire y mar, organización de invasiones mercenarias, infiltración de espías y sabotajes, ac-

---

[170] Citado por Rubén G. Jiménez Gómez, Octubre de 1962. *La mayor crisis de la era* nuclear, La Habana, Editorial de Ciencias Sociales, 2003, p. 283.

ciones todas que se llevan a cabo desde el territorio de los Estados Unidos y de algunos países cómplices.

3- Cese de los ataques piratas que se llevan a cabo desde bases existentes en los Estados Unidos y en Puerto Rico.

4- Cese de todas las violaciones del espacio aéreo y naval por aviones y navíos de guerra norteamericanos.

5- Retirada de la base naval de Guantánamo y devolución del territorio cubano ocupado por los Estados Unidos.

Las negociaciones

El lunes 29 de octubre, en Naciones Unidas, la delegación soviética anunció la designación del viceministro de Relaciones Exteriores, Vasilievich Kuznetzov, para encabezar las negociaciones con los Estados Unidos. Por la parte estadounidense participarían Adlai Stevenson y John McCloy, y por Cuba, Carlos Lechuga. Otra noticia dada a conocer ese día fue la aceptación de U Thant a la invitación del Gobierno Revolucionario para que visitara la Isla. Partiría hacia La Habana el martes 30.

En sus conversaciones con la alta dirección del país[171], quedaron delineadas las posturas firmes de Cuba en cuanto al necesario cumplimiento de los cinco puntos decretados por Fidel. Se planteó que no se permitiría ninguna inspección de control en territorio cubano con

---

[171] Por la parte cubana participaron el primer ministro Fidel Castro; el presidente de la República, Osvaldo Dorticós Torrado; el ministro de Relaciones Exteriores, Raúl Roa García, y Carlos Lechuga, quien había sido nombrado representante cubano ante las Naciones Unidas.

pretensiones de verificar la verdadera retirada de los cohetes, pues Cuba no había violado ninguna ley internacional, y que en cambio, los Estados Unidos si lo habían hecho y nadie controlaría el cumplimiento de su palabra de no invadir a Cuba. Al respecto expresó Fidel a U Thant, en la primera entrevista sostenida en la tarde del día 30 de octubre:

"Precisamente nosotros no comprendemos por qué se nos pide eso, porque nosotros no hemos violado ningún derecho, no hemos llevado a cabo agresión absolutamente contra nadie; todos nuestros actos han estado basados en el Derecho Internacional, no hemos hecho absolutamente nada fuera de las normas del Derecho Internacional. En cambio, nosotros hemos sido víctimas, en primer lugar, de un bloqueo, que es un acto ilegal, en segundo lugar, la pretensión de determinar desde otro país qué tenemos nosotros derecho a hacer o no hacer dentro de nuestras fronteras.

Nosotros entendemos que Cuba es un Estado soberano ni más ni menos que cualquier otro de los Estados miembros de las Naciones Unidas, y con todos los atributos que son inherentes a cualquiera de esos estados.

Además, los Estados Unidos han estado violando reiteradamente nuestro espacio aéreo sin ningún derecho, cometiendo un acto de agresión intolerable contra nuestro país. Han pretendido justificarlo con un acuerdo de la OEA, pero ese acuerdo no tiene para nosotros ninguna validez. Nosotros fuimos, incluso, expulsados de la OEA.

Nosotros podemos aceptar cualquier cosa que se ajuste al derecho, que no implique merma en nuestra condición de Estado soberano. Los derechos violados por Estados Unidos no han sido restablecidos, y por medio de la fuerza no aceptamos ninguna imposición.

Entiendo que esto de la inspección es un intento más de humillar a nuestro país. Por lo tanto, no lo aceptamos"[172].

Mas avanzada la conversación diría el Comandante en Jefe: *"...resulta realmente difícil comprender cómo se puede hablar de soluciones inmediatas, independientemente de soluciones futuras, cuando lo que más interesa no es pagar ahora cualquier precio por la paz, sino garantizar la paz de manera definitiva, y no estar pagando todos los días el precio de una paz efímera"*[173].

U Thant coincidió con Fidel respecto a la ilegalidad del bloqueo: *"Mis colegas y yo opinamos, y así se lo hice saber a Estados Unidos, que el bloqueo era ilegal; que ningún Estado puede admitir un bloqueo no ya solo militar, ni siquiera económico. Eso es usar la imposición de la fuerza de una gran potencia contra un país pequeño. También les dije que era ilegal e inadmisible el reconocimiento aéreo que se estaba haciendo sobre Cuba"*[174]. El secretario general interino de la ONU también destacó en la reunión que él estaba buscando una solución a largo plazo del problema, no solo inmediata, porque consideraba que ambas cuestiones estaban unidas.

El 1ro de noviembre Fidel ofreció una comparecencia ante las cámaras y micrófonos de la televisión nacional para informar sobre los resultados de las conversaciones con U Thant. El primer ministro cubano reconoció de forma positiva la labor desempeñada por U Thant, señalando que se trataba de una persona honesta, imparcial, competente, que tenía verdaderos deseos de luchar por encontrar soluciones a los problemas surgidos

---

[172] Conversación efectuada entre el secretario general interino de la ONU, U Thant, y sus acompañantes, con el Primer Ministro del Gobierno Revolucionario, Dr. Fidel Castro, 30 de octubre de 1962. Archivos del Instituto de Historia de Cuba (IHC), Fondo de la Crisis de Octubre.
[173] Ibídem.
[174] Ibídem.

y había inspirado confianza en la dirección cubana. *"Indiscutiblemente* –agregó Fidel- *que es de interés de que las Naciones Unidas constituyan una institución de garantía para los derechos de los pueblos, sobre todo para los derechos de los pueblos pequeños; y en este momento nos parece que las Naciones Unidas están desempeñando bien ese papel"*[175].

_Sin duda, las posiciones y planteamientos de U Thant en torno a la crisis de octubre y las valoraciones positivas que sobre su persona dio la máxima dirección de Cuba, influyeron en que el gobierno de los Estados Unidos evitara luego una discusión amplia en Naciones Unidas sobre la crisis y la participación directa de U Thant en las negociaciones. Poco a poco Washington fue sacando el tema del marco de las Naciones Unidas.

Desde el 31 de octubre, de acuerdo con el compromiso contraído por la URSS, se había iniciado la retirada de los cohetes de alcance medio, sin ningún tipo de obstáculo por parte de Cuba. La actitud cubana y soviética contrastaba con la asumida por Estados Unidos, que mantenía el bloqueo y aumentaba los vuelos rasantes[176]. Por si fuera poco, incorporaba nuevas exigencias para el cese de sus acciones agresivas y se negaba a entrar en negociaciones directas con los cubanos. Las conversaciones se llevaban a cabo entre soviéticos y norteamericanos por una parte; soviéticos y cubanos por otro lado y todos los factores con U Thant[177].

Desde el regreso de U Thant a New York, los negociadores soviéticos y cubanos venían confeccionando un

---

[175] Comparecencia del Comandante Fidel Castro Ruz, Primer Secretario de la Dirección Nacional de las ORI, y Primer Ministro del Gobierno Revolucionario, ante las cámaras y micrófonos de la Televisión Nacional, para explicar al pueblo de Cuba sobre las conversaciones con el Secretario General de la ONU, U Thant, y la situación de la crisis ocasionada por el bloqueo naval impuesto por Estados Unidos. La Habana, 1° de noviembre de 1962, "Año de la Planificación", Obra Revolucionaria No.32, Editora Nacional de Cuba, La Habana, 2 de noviembre de 1962.
[176] Tomás Diéz, Ob. Cit, p.194.
[177] Carlos Lechuga, Ob. Cit, p.200.

proyecto de Protocolo Tripartito para ser sometido al Consejo de Seguridad Nacional por los tres países. En el proyecto quedaban recogidos los intereses de Cuba que habían sido planteados por Fidel en los Cinco Puntos. Además planteaba en su capítulo IV, artículo 12: *"Las partes contratantes acuerdan aceptar el plan sobre la presencia de la ONU en la zona del mar Caribe, por medio del establecimiento de puestos de observación por los representantes de ese organismo con el objeto de lograr el cumplimiento de los objetivos del presente acuerdo"*[178]. Cuba estuvo de acuerdo con este artículo, pues no se trataba de que se hiciese una verificación solamente en su territorio, sino también en el territorio de otros países de la región, pero los Estados Unidos rechazaron la proposición.

_El martes 6 de noviembre, el gobierno de los Estados Unidos, convencido de que se habían desmantelado los cohetes y después de aceptar la propuesta de la URSS de verificación en alta mar de los buques que los transportaban, solicitó oficialmente como solución de la crisis una nueva exigencia, la retirada de los IL-28, convertidos de pronto en armas "ofensivas"[179].

El bloqueo naval y las violaciones al espacio aéreo cubano continuarían todavía por varios días[180], al tiempo que Kennedy amenazaba con tomar nuevas medidas agresivas a partir del 20 de noviembre. Precisamente ese día los soviéticos terminaron cediendo, cuando llegó a la Casa Blanca un mensaje de Jruschov, en el cual se anunciaba que los IL-28 serían retirados en un plazo de 30 días. El presidente estadounidense inmediatamente realizó una conferencia de prensa donde declaró

---

[178] Citado por Ibídem, p.206.
[179] Tomás Diéz, Ob. Cit, p.195.
[180] El 15 de noviembre de 1962, Fidel envió una carta a U Thant en la que advertía que "hasta donde alcanzara el fuego de las armas antiaéreas cubanas, todo avión de guerra que violara la soberanía de Cuba invadiendo su espacio aéreo solo podría hacerlo a riesgo de ser destruido".

que se habían reducido significativamente los peligros con la decisión soviética de retirar las "armas ofensivas" y que habría paz en el Caribe si esas armas se mantenían fuera del hemisferio y si no se usaba a Cuba para exportar los propósitos agresivos del comunismo. Minutos después de la conferencia, el secretario de Defensa, Robert McNamara, anunció que había ordenado a la marina de guerra el cese del bloqueo, comenzado el 24 de octubre. También el 20 de noviembre, la URSS y los demás países socialistas miembros del tratado de Varsovia declararon el paso de sus fuerzas armadas a condiciones normales. En Cuba, dos días después, se tomaron medidas similares[181].

En la tarde del 25 de noviembre, la Dirección Nacional de las Organizaciones Revolucionarias Integradas (ORI) y el Consejo de Ministros de la República de Cuba se reunieron, en sesión conjunta, para tratar los problemas referentes a la solución de la crisis y discutir la respuesta a las palabras del presidente Kennedy del martes 20. Allí se acordó hacer pública una declaración para dar a conocer al pueblo y al mundo la posición del partido y el gobierno cubanos de condena a la violación flagrante del derecho internacional por parte del gobierno de los Estados Unidos. Por su importancia en el marco de la cruenta batalla diplomática y política que libró Cuba en aquellos días, citamos algunos de sus párrafos:

"Las declaraciones del Presidente de los Estados Unidos contienen gérmenes de una política provocadora y agresiva contra nuestro país que debe ser denunciada (...) La posición de fuerza asumida por el gobierno de los Estados Unidos es totalmente contraria a las normas jurídicas internacionales. Encima de los atropellos cometidos contra Cuba y que pusieron al mundo al borde la guerra, evitada en virtud de acuerdos que supo-

---

[181] Tomás Diéz, Ob.Cit, p.200.

nían el compromiso por parte de los Estados Unidos de cancelar su política agresiva y delictiva contra Cuba, se niegan siquiera a dar la seguridad de que no violará, una vez más, la Carta de las Naciones Unidas y la Ley Internacional invadiendo la República de Cuba bajo el pretexto de que nuestro país no ha accedido a la inspección internacional.

"La pretensión del presidente Kennedy carece de fundamento, es un simple pretexto para incumplir su parte del compromiso e insistir en su política de agresión contra Cuba. Como si esto fuera poco, si se permitiera una inspección que diera todas las garantías que se le ocurriera exigir al gobierno de los Estados Unidos, la paz del Caribe está supeditada a: "si no se usa a Cuba para exportar los propósitos agresivos del comunismo". Vale decir que cualquier esfuerzo de los pueblos de América Latina por librarse del yugo imperialista podría servir de pretexto al gobierno de los Estados Unidos para acusar a Cuba, romper la paz y atacar a nuestro país. Garantías más endebles difícilmente se podría concebir.

"-A esto debe agregarse un hecho más que habla de la política guerrerista y prepotente del gobierno de los Estados Unidos. En su última declaración el presidente Kennedy ha reafirmado tácitamente el derecho a sobrevolar el territorio de Cuba por aviones espías que lo fotografían de una punta a otra. También esto constituye una grosera violación del Derecho Internacional.

"-La única garantía efectiva que existe para mantener la legalidad internacional y garantizar que se cumplan las normas del derecho es el acatamiento de todas las naciones a las normas establecidas. En este momento de confrontación aguda de dos concepciones de la sociedad, los Es-

tados Unidos se han atribuido el derecho de romper las normas internacionales vigentes y establecer nuevas fórmulas a su arbitrio. Entendemos
que, en el momentos en que se crea una peligrosa
situación de esta índole y un país decide, por sí y
ante sí, como ha de aplicar el derecho en sus relaciones con otros países del mundo, no queda otra
alternativa que resistir firmemente a sus pretensiones (...). Cuba se verá en la necesidad de defenderse por todos los medios. Se reserva el derecho
de adquirir armas de cualquier tipo para su defensa y dará los pasos que estime pertinentes
para el fortalecimiento de sus seguridad frente a
esa amenaza declarada. Es por eso que después
de conocerse la declaración del presidente Kennedy puede afirmarse que se evitó un conflicto
armado, pero no se ha logrado la paz.

"-El gobierno de los Estados Unidos reclama que
las Naciones Unidas verifiquen en nuestro territorio la retirada de las armas estratégicas. Cuba
reclama que las Naciones Unidas verifiquen en el
territorio de los Estados Unidos, Puerto Rico y demás sitios donde se preparan agresiones contra
Cuba, el desmantelamiento de los campos de entrenamiento de mercenarios, espías, saboteadores
y terroristas; de los centros donde se prepara la
subversión y las bases de donde parten los barcos
piratas contra nuestras costas.

"Y no solo eso, sino que se establezcan medidas de
control efectivo para que estos actos no se repitan
en el futuro, como parte de las garantías que Cuba
reclama.

"Si los Estados Unidos y sus cómplices de agresión
contra Cuba no aceptan esta inspección en sus territorios por las Naciones Unidas, Cuba no aceptará por ningún concepto la inspección en el suyo.

"-Solo mediante recíprocas concesiones y garantías podrá lograrse un acuerdo amplio, digno y
aceptable para todos. Si ese acuerdo se logra,
Cuba no tendrá necesidad de armas estratégicas

para su defensa, el personal técnico-militar forá-
neo para la instrucción de las fuerzas armadas sería reducido al mínimo y se crearían las condiciones necesarias para el desarrollo normal de nuestras relaciones con todos los países de este hemisferio...

"-No creemos en simples promesas de no agresión;
necesitamos hechos. Estos hechos están contenidos en nuestros cinco puntos. En las palabras del
presidente Kennedy tenemos poca fe, como poco
es el temor que nos infunden sus veladas amenazas"[182].

El 26 de noviembre Carlos Lechuga, embajador cubano en Naciones Unidas, visitó a U Thant para expresarle que era muy importante que la ONU no perdiera
el control del proceso de negociaciones, pues ya a esas
alturas los representantes soviéticos y norteamericanos se reunían sin consultar a U Thant, a quien solo se
le informaba después de los acuerdos tomados. Era evidente que el gobierno de los Estados Unidos trataba de
esquivar un debate en el Consejo de Seguridad donde
saldrían a relucir todos sus actos agresivos contra la
Isla y violaciones del derecho internacional y de la
Carta de la ONU. Además era de conocimiento público
que U Thant, quien debía rendir cuentas de las gestiones que como mediador le confió el consejo, había manifestado en La Habana que los dos temas, el de la solución a corto plazo y el de la normalización de las relaciones internacionales en la zona del Caribe, estaban
vinculados, por lo que las acciones subversivas y béli-
cas contra Cuba y el bloqueo económico, también serían
objeto de análisis, como aspectos esenciales de la solución de la crisis a la largo plazo.

Por supuesto, Estados Unidos evitó en todo momento
verse en una posición tan incómoda en Naciones Uni-

---

[182] Citado por Carlos Lechuga en: Ob.Cit, pp.222-225.

das, mucho menos a entrar en un debate con los cubanos. Incluso, en uno de los documentos desclasificados en los Estados Unidos que contiene las sugerencias que McCloy hizo a Kennedy antes de que éste último se reuniera el 29 de noviembre con el Viceprimer Ministro de la URSS, Anastas Mikoyan, se recomendó al Presidente de los Estados Unidos que le expresara al dirigente soviético que si la URSS mantenía la intención de incorporar a los cubanos en la discusión de los arreglos finales, se examinaría la alternativa de interrumpir unilateralmente las negociaciones[183].

El 28 de noviembre el gobierno revolucionario cubano cursó instrucciones a su embajador en la ONU, Carlos Lechuga, previendo una posible discusión en el Consejo de Seguridad de los proyectos independientes de declaración de Estados Unidos y la URSS. Se le orientaba que debía ajustar su conducta al criterio del gobierno cubano expuesto en la Declaración Conjunta del Consejo de Ministros y de la Dirección Nacional de las ORI, firmada por el Primer Ministro Fidel Castro y el Presidente Osvaldo Dorticós, el 25 de noviembre. También que, en caso de no arribarse a un acuerdo conforme a los puntos de vista de Cuba –que era lo más probable-, declarara que no existían garantías para Cuba y fuese agresivo contra la posición norteamericana, denunciando ante la ONU las consecuencias de esa posición (derecho a invadir que se atribuía, derecho a continuar con medidas de presión económica y de guerra paramilitar), llamando la atención al Consejo de Seguridad Nacional sobre el descaro de entrar a discutir el derecho a la invasión, lo cual pugnaba con los principios de la Carta de la ONU.

"Ser enérgico en la intervención –se enfatizaba en las instrucciones- , y anunciar al mundo que no se ha logrado la paz en el Caribe, y que solo se ha evitado, por ahora, la guerra.
El compañero Lechuga debe saber que la posición

---

[183] Carlos Lechuga, Ob. Cit, p.261.

de Cuba ha agotado todas las posibilidades de flexibilidad, y en lo adelante, no da un solo paso atrás en esa posición, que claramente aparece en la Declaración Conjunta de la Dirección Nacional de las ORI y del Consejo de Ministros, que se adjunta"[184].

Al día siguiente, Lechuga volvió a recibir instrucciones desde La Habana, en ellas se le indicaba que si bien estaba excluida una declaración tripartita, tampoco Cuba estaba de acuerdo con el proyecto de declaración de los soviéticos y que la única alternativa era una declaración independiente, con la que al menos Estados Unidos quedaría desenmascarado ante el Consejo de Seguridad Nacional.

El 3 de diciembre, la oficina del Ministro de Relaciones Exteriores, Raúl Roa, envió a Lechuga un mensaje cifrado que era una versión de un memorando enviado por Dorticós a Roa, en el que se subrayaba que Cuba haría una sola declaración de acuerdo con las instrucciones enviadas y que era *"imposible ocultar en el Consejo de Seguridad las discrepancias entre la URSS y Cuba"*, aunque no había que destacarlas expresamente, pero si fijar la posición cubana de que la promesa de no invasión, sin las garantías mínimas contenidas en el proyecto de Protocolo, no constituían una seguridad para la Isla[185].

Las observaciones que nuestro gobierno le hizo a los proyectos de Declaración de los Estados Unidos y la URSS fueron:

1. No se aceptaba como acuerdo válido ninguno que

---

[184] Véase "La acción política y diplomática de Cuba durante la crisis", en: Documento Base para uso de la Delegación Cubana. Conferencia Internacional: "La Crisis de Octubre. Una visión cuarenta años después", 2002, pp.145-156. (Oficina de Asuntos Históricos del Consejo de Estado)
[185] Ibídem.

no incluyera los Cinco Puntos, del 28 de octubre, tal y como aparecía en el proyecto de Protocolo Tripartito, pues la simple promesa de no invasión no era garantía alguna, ya que dejaba libre las manos a los Estados Unidos para proseguir con sus actos de presión, bloqueo económico y acciones subversivas paramilitares contra Cuba.

2. Se coincidía con la URSS al oponerse decididamente a permitir la nueva exigencia de los Estados Unidos sobre el supuesto retiro del "sistema de armas aptas para uso con fines ofensivos", ya que además por su generalidad implicaba armas convencionales.

3. Se consideraba que toda insistencia de los Estados Unidos sobre futuros medios de inspección solo significaba un intento de humillar a Cuba y afectar su soberanía, puesto que ya se habían retirado todas las armas comprometidas entre Kennedy y Kruschov, extendiéndose incluso a los IL-28, y esto había sido verificado en alta mar, como se había acordado entre ambas partes. Además se destacó que para Cuba, toda oferta de no invasión con carácter condicional era ineficaz, pues invadir no era un derecho de los Estados Unidos, sino un delito internacional.

4. Se enfatizó en que no se daría un solo paso atrás en no aceptar verificación sobre la base de la promesa de no invasión. Tampoco se aceptaría ningún tipo de inspección unilateral, solo inspección múltiple que incluyera el territorio de los Estados Unidos.

5. Se rechazó la declaración de los Estados Unidos de reservarse el derecho de hacer uso de otros medios de inspección y control, al constituir ello una vulneración de la soberanía de Cuba.

6. No aceptación como materia de discusión la sola oferta de no invasión, pues la materia de discusión debían ser los Cinco Puntos y lo demás consignado en el proyecto de Protocolo[186].

Una de las discrepancias fundamentales de Cuba con el proyecto de Declaración de la URSS estuvo en la afirmación de que, en todo, el gobierno de la URSS actuaba de acuerdo con el de la República de Cuba, lo cual no era cierto. Además, Cuba discrepaba con la declaración soviética cuando ésta consideraba como compromisos, algunos asuntos a los que nunca los norteamericanos se comprometieron, tales como el respeto a la soberanía de la República de Cuba y la inviolabilidad de sus fronteras, así como la no interferencia en sus asuntos internos[187].

En realidad Kennedy no se comprometió oficialmente a nada. Todo quedó en palabras y letras de correspondencia. Estados Unidos nunca se comprometió a dejar de seguir agrediendo a Cuba de las más disímiles maneras, sino a no invadirla. Cumplió con su compromiso de retirar los cohetes Júpiter de Turquía e Italia, pues sabía que de todas maneras serían retirados a corto plazo por su carácter obsoleto.

En cuanto al proyecto de resolución presentado por la parte norteamericana saltaba a la vista su insistencia en la comprobación por parte de la ONU del retiro de los cohetes y bombarderos bajo la definición general de *"sistemas de armas apta para fines ofensivos"*; así como el condicionamiento de la no invasión a Cuba al criterio ambiguo y fácilmente manipulable de que Cuba no emprendería acción que amenazara la paz y seguridad del Hemisferio Occidental, cual había sido la supuesta justificación de las agresiones de Estados Unidos contra Cuba[188].

---

[186] Ibídem.
[187] Ibídem.
[188] Ibídem.

Finalmente, la crisis se liquidó de manera formal con dos cartas a U Thant, una muy breve firmada conjuntamente por Adlai Stevenson y V. Kuznetsov y otra más extensa del gobierno revolucionario cubano. Ambas con fecha 7 de enero de 1963. Estados Unidos había logrado imposibilitar un amplio debate en las Naciones Unidas. Como en juicio docto señaló Carlos Lechuga:

"Esto también es un hecho que dejó en cierta forma desamparada a Cuba, pues le impidió exponer sus criterios en el seno de la comunidad internacional, en la ONU, que supuestamente estaba actuando de mediadora en el conflicto, y se cerró el camino para continuar la discusión sobre uno de los aspectos fundamentales de la crisis que era lo que se dio en llamar la solución a largo plazo, la búsqueda de una fórmula que diera fin a la política agresiva de los Estados Unidos contra ella, raíz de todo el conflicto"[189].

Nada más entregadas las cartas a U Thant para que éste las trasladara al Presidente del Consejo de Seguridad de la ONU, se reanudaron inmediatamente los planes subversivos de los Estados Unidos contra la Isla

A modo de conclusión

A modo de conclusión podría decirse que la ONU desempeñó un papel importante durante la crisis de octubre, incluso desde antes de su estallido, en tanto se convirtió en escenario de enconada batalla diplomática de Cuba y la URSS frente a los Estados Unidos. También hay que destacar la labor que realizó U Thant, Secretario General Interino de la ONU, en función de lograr una solución definitiva a la crisis. Sin embargo, los Estados Unidos actuaron siempre desde posiciones de fuerza y violaron impunemente la Carta de las Naciones Unidas, práctica que han seguido desempeñando

---

[189] Carlos Lechuga, Ob.Cit, p.138.

hasta la actualidad.

Las Naciones Unidas no tomaron ante estas violaciones medidas de sanción con los Estados Unidos, demostrando que los principios básicos bajo los que se creó esta organización habían quedado en letra muerta desde fecha temprana, producto de la irracionalidad y el irrespeto del imperialismo norteamericano hacia las normas más elementales de comportamiento en las relaciones internacionales, pretendiendo siempre actuar a su libre albedrío y como gendarme del mundo.

Cuba denunció en todo momento esta conducta inadmisible para las Naciones Unidas y mantuvo una posición digna y firme ante la defensa de su soberanía. La posición valiente e intransigente de la dirección cubana al negarse a cualquier tipo de inspección del territorio cubano, al platear los Cinco Puntos e impedir en todo momento que se le presionara, fue lo que salvó el prestigio moral y político de la Revolución en aquella coyuntura. Esto fue así, a pesar de que la URSS tomó decisiones inconsultas con la parte cubana que trajeron como consecuencia que la Isla fuese la más desfavorecida con la solución que se le dio a la crisis.

UN SINGULAR ENCUENTRO: GUEVARA Y GOODWIN EN MONTEVIDEO[190]

Entre el 15 y el 16 de agosto de 1961, tuvo lugar en Punta del Este, Uruguay, la Reunión Extraordinaria del Consejo Interamericano Económico y Social. El Che encabezaba la delegación cubana a la cita, donde el gobierno de los Estados Unidos pretendía finalmente vender a los pueblos latinoamericanos, la llamada "Alianza para el Progreso". Dicha "Alianza" no era otra cosa que un recetario sutil, con el objetivo de evitar la existencia de más *Cubas* en América Latina, "una respuesta constructiva y definitiva al castrismo", en palabras del propio Kennedy[191]. Por la parte estadounidense, integraba la delegación el joven asesor especial para asuntos latinoamericanos del presidente Kennedy, Richard Goodwin.

La entrevista entre el comandante Guevara y Richard Goodwin tuvo lugar en la madrugada del 17 de agosto de 1961, en la residencia de un diplomático brasileño en la ciudad de Montevideo. El encuentro, propiciado por delegados argentinos y brasileños, tuvo un carácter confidencial y privado. Constituía el primer contacto directo de alto nivel entre autoridades de ambos países desde la ruptura de las relaciones en enero de 1961, y el más im-

---

[190] Publicado en La Jiribilla, No 611, 19-25 de enero de 2013.

[191] La Alianza para el Progreso consistió en un programa liberal reformista con el objetivo de modernizar el capitalismo latinoamericano atacando las "condiciones objetivas" que podían ser "aprovechadas por el comunismo" para hacer revoluciones semejantes a las de Cuba. Fue una política inteligente aunque fracasada del presidente Kennedy con planes para transformar en América Latina la agricultura, la educación, el fisco y la salud, al tiempo que se ofrecía una ayuda de veinte mil millones de dólares.

portante por el rango político de sus participantes acontecido durante la administración Kennedy.

La interpretación de Goodwin sobre la entrevista, trasmitida al presidente estadounidense, fue la siguiente:

"Creo que esta conversación unida a otras evidencias que se han ido acumulando, indica que Cuba está pasando por un severa crisis económica; que la Unión Soviética no está preparada para afrontar el gran esfuerzo necesario para ponerlos en camino (un brasileño me dijo "no alimentas al cordero en la boca del león"), y que Cuba desea un entendimiento con los EE.UU. Es bueno recordar que Guevara representa, sin lugar a duda el más dedicado punto de vista comunista del gobierno cubano y que si hay en Cuba lugar para algún espectro de puntos de vistas, debe haber líderes cubanos incluso más ansiosos por un acuerdo con los EE.UU. Esto es solo una especulación, pero creo que es razonable".

"La conversación tuvo lugar en la noche del 17 de agosto a las 2:00am –relató además Goodwin a Kennedy-. Varios miembros de las delegaciones de Brasil y Argentina hicieron esfuerzos –a través de la Conferencia de Punta del Este- para concertar una reunión entre el Che y yo. Esto se hizo obviamente con la aprobación y quizás a instancias de éste. Yo había evitado tal reunión durante la conferencia. El jueves nosotros llegamos a Montevideo y se me invitó para una fiesta de cumpleaños para el delegado local brasileño asignado al área de Libre Comercio. Luego de haber arribado y de estar allí alrededor de una hora, uno de los argentinos presentes (que había estado en la delegación argentina) me informó que ellos habían invitado al Che a la fiesta. Él llegó sobre las 2:00am y le dijo a Edmundo Barbosa da Silva de

Brasil y a Horacio Laretta de Argentina que él tenía algo que decirme. Los cuatro entramos en una
habitación... (El brasileño y el argentino se alter-
naron como intérpretes)"[192].

Asimismo, según el informe preparado por Goodwin, el
Che, después de expresar que Cuba aspiraba a un *modus
vivendi* –no a un imposible entendimiento-, agregó entre
otras cosas que la Isla estaba dispuesta a pagar a través
del comercio por las propiedades estadounidenses expropiadas; que se podía llegar al acuerdo de no hacer ninguna alianza política con el Este -aunque ello no afec-
tara la afinidad natural existente- y analizar las actividades de la Revolución Cubana en otros países, pero que
no se podía discutir ninguna fórmula que significara
desistir de construir el tipo de sociedad que aspiraban
para Cuba[193]. "Guevara dijo que sabía que era difícil negociar estas cosas pero que nosotros podíamos abrir la
discusión de estos temas empezando por los secundarios" [194].

Es una lástima que no contemos con documentos cubanos que contrasten la información desclasificada en los
Estados Unidos. Sobre todo, el hecho de no tener al alcance ningún informe del Che donde se refleje su versión de la entrevista. Sin embargo, un documento hallado en los archivos de Brasil con fecha 18 de agosto de
1961, confirma en buena parte la descripción –no inter-
pretación- de Goodwin de la entrevista. Se trata de un
telegrama del secretario de Asuntos Exteriores de Brasil
al presidente de ese país, donde a partir de una información recibida del embajador brasileño en Uruguay, Barbosa da Silva, se relata la conversación entre el Che

[192] De Richard Goodwin al presidente Kennedy, 22 de agosto de 1961. Tomado de *National Security Archive*: http://www.gwu.edu/~nsarchiv/NSAEBB/NSAEBB269/doc01.pdf (Internet) (Tra ducción del ESTI)
[193] Ibídem.
[194] Ibídem.

Guevara y Richard Goodwin[195].

La noticia del encuentro del Che y Goodwin se esparció rápidamente y el joven asesor del Presidente tuvo que rendir cuentas ante el Senado sobre su conversación con el Ministro de Industrias de Cuba. "Al final –rememoró Goodwin-, esto me costó de todas maneras un problema, casi pierdo mi empleo; el Senado me investigó, porque pensó que yo estaba negociando con el hemisferio occidental, que estaba próximo al comunismo. Esto le costó el puesto al Ministro de Relaciones Exteriores de Argentina"[196].

En efecto, el Ministro de Relaciones Exteriores de Argentina, Adolfo Mujica, se había visto obligado a renunciar por la conmoción que habían causado sus revelaciones y valoraciones de la entrevista Goodwin-Guevara. Mujica había dicho, entre otras cosas, que el encuentro entre Goodwin y el Che, mostraba que el régimen de Fidel Castro procuraba entablar mejores relaciones con los Estados Unidos. Por su parte, el 23 de agosto, el Departamento de Estado de los Estados Unidos resumió en un telegrama circulante a todos los puestos latinoamericanos una declaración lanzada por la Casa Blanca el 22 de agosto en el que señalaba que la conversación de Goodwin y Guevara en Punta del Este, había sido solo un encuentro casual en un cóctel, en el que Goodwin se limitó a escuchar. El envío del telegrama fue autorizado para remarcar a los gobiernos latinoamericanos que no había

---

[195] Véase Telegram from the Secretary of State for External Relations (Arinos) for the Cabinet in Brasilia, 19 August 1961, describing conversation between Che Guevara and Richard Goodwin, Motevideo, 18 August 1961 en: *Conferencia Internacional "La Crisis de Ocubre: una visión política 40 años después".* Conference Briefing Book: Primary Source Documents, Photographs and Chronologies. Volume One. Palacio de las Convenciones, La Habana, Cuba- 11-13 de Octubre 2002.

[196] Video de la Conferencia Internacional sobre la Crisis de Octubre, celebrada en La Habana en el 2002, en el 40 aniversario. Centro de Estudios Hemisféricos y sobre Estados Unidos (CEHSEU)

ningún cambio en la política de los Estados Unidos hacia Cuba.

Solo unos días después del encuentro de Punta del Este, en un documento elaborado por el propio Goodwin, se puso de manifiesto la ira hacia Cuba que aún predominaba en la administración Kennedy debido al fiasco de Girón, así como las pocas intenciones de Washington de analizar cualquier tipo de medida que significara explorar caminos más flexibles en la relación con la Isla. Goodwin no escapaba a ese ambiente. En este documento fechado el 1ro de septiembre, el joven asesor proponía a Kennedy un amplio plan de guerra económica, propagandística y sicológica contra la Revolución Cubana -incluyendo acciones de sabotaje-, así como la creación de una Fuerza de Seguridad del Caribe que apoyara todas las acciones yanquis contra la Mayor de las Antillas. Pero quizás la más interesante y reveladora de sus propuestas fue la siguiente:

"La CIA fue invitada a venir dentro de la semana con un procedimiento encubierto preciso para continuar las conversaciones bajo tierra con el gobierno cubano. El objetivo de este diálogo –explorar la posibilidad de un desmembramiento dentro de la jerarquía del gobierno cubano y estimular dicho desmembramiento– fue exhaustivamente detallado en el último memorándum que le envié. Esto es un esfuerzo para encontrar una técnica operacional" [197].

El *"último memorándum"* al que se refería Goodwin había sido enviado al Presidente el 22 de agosto y en éste aparecía un poco más explicado el objetivo que podía perseguir Estados Unidos en caso de continuar las conversaciones iniciadas con el Che. El documento señalaba

---

[197] Memorándum del Consejero Asistente Especial (Goodwin) al presidente Kennedy, 1ro de septiembre de 1961. Citado por Asdrúbal Pereira Cabrera en: *1961/ Ernesto Che Guevara en Uruguay. Para dar vuelta el mate. Documentos auténticos*, Editora Política, La Habana, 2012, p.153, tomo II.

en su inciso F:

"Procurar alguna manera de continuar bajo cuer-
das el diálogo que el Che comenzó. De este modo
podemos dejar claro que nosotros queremos ayudar a Cuba y lo haríamos si esta rompiera sus ata-
duras con el comunismo y fuera democratizada.
De esta manera podemos empezar a investigar algún fraccionamiento en la cumbre directiva, que
debe existir"[198].

Goodwin reveló en La Habana en el 2002, a raíz de la
Conferencia Internacional por el 40 aniversario de la
Crisis de Octubre, que él regresó con el mensaje del Che
a Washington, "pero no hubo interés en emprender negociaciones con Cuba". En su criterio: "las heridas, las
humillaciones de Bahía de Cochinos eran demasiado
grandes...porque Kennedy había sido humillado, él estaba muy colérico..."[199].

Sobre esta entrevista escribió el destacado investigador
cubano Jacinto Valdés-Dapena:

"En su encuentro con Goodwin, Che Guevara expuso con claridad meridiana los principios de la
política exterior de la Revolución Cubana, el programa del socialismo cubano.
Con un hondo sentido dialéctico el Che analizó las
causas y condiciones que condicionaron el fracaso
de los planes de los Estados Unidos contra Cuba
en 1961 y pronosticó, además, los futuros fracasos
de la política norteamericana hacia Cuba de no
rectificar en sus enfoques.

---

[198] Memorándum del Consejero Asistente Especial (Goodwin) al
presidente Kennedy, 22 de agosto de 1961. Citado por Asdrúbal Pereira Cabrera en: *Ob.Cit*, p.150, tomo II.
[199] Video de la Conferencia Internacional sobre la Crisis de Octubre, celebrada en La Habana en el 2002, en el 40 aniversario,
CEHSEU.

El relato que ofrece Goodwin de este encuentro evidencia que el propósito de la parte norteamericana consistió en escuchar, observar y explorar los criterios y la posición de Cuba.

De haber evaluado objetiva y correctamente los criterios expuestos por el Che, la administración Kennedy hubiera podido adoptar hacia Cuba una política más racional, lógica y apropiada, en lugar de promover la subversión y el terrorismo a través de Mangosta, que se extendería de noviembre de 1961 a noviembre de 1962.

Siendo uno de los ideólogos de la Nueva Frontera, Goodwin, sin embargo, no captó en sus análisis sobre Cuba, la significación del carácter autóctono, legítimo y autónomo del socialismo cubano"[200].

Resulta interesante que, todavía para el año 1962, Goodwin seguía pensando en la conveniencia de darle alguna continuidad a las conversaciones sostenidas con el Che en Punta del Este, con el objetivo de explorar una división en las altas esferas gubernamentales de la Isla, que posibilitara a Washington trabajar sobre ella en función de poner fin al "control soviético en Cuba". El 24 de mayo, Goodwin envió un memorándum al subsecretario de Estado para Asuntos Interamericanos, Edwin M. Martin, donde proponía un "acercamiento a Castro", basándose en las informaciones de inteligencia obtenidas que señalaban una división en el gobierno cubano entre los viejos comunistas respaldados por Moscú por una lado, y Fidel, Raúl y Guevara por el otro[201]. *"Aunque sería ridículo especular que estas relaciones están a punto*

---

[200] Citado por Asdrúbal Pereira Cabrera en: *Ob. Cit*, p.168.
[201] Evidentemente los órganos de inteligencia de los Estados Unidos habían estado dando seguimiento a lo que en Cuba se denominó "sectarismo", consistente sobre todo en favorecer para cargos de dirección a compañeros que habían sido militantes del Partido Socialista Popular, aduciéndose las ventajas de su experiencia política. Ello en detrimento de otras organiza-

de ruptura, siempre he sentido que el final del control soviético en Cuba vendría más (si es que viene del todo) de una división en la alta dirección, que de una revolución popular" [202]. A partir de este análisis, Goodwin sugiere en el documento una "aproximación a Castro" que se fundamentara en las siguientes ideas:

- Estados Unidos simpatiza con los objetivos iniciales declarados por la Revolución –la reforma social y el fin de la dictadura-.

- Sobre las propiedades nacionalizadas se puede llegar a un acuerdo amistoso.

- La preocupación de Estados Unidos ha estado en el control soviético sobre Cuba y nosotros siempre hemos creído que éste va contra los propios deseos de Castro y los propósitos de la Revolución.

- Si Castro puede desengancharse por sí mismo de los comunistas nosotros estaríamos dispuestos a normalizar las relaciones comercia-

---

ciones como el Movimiento 26 de julio y el Directorio Revolucionario 13 de marzo. El 26 de julio de 1962, Fidel, en una comparecencia ante las cámaras de televisión y la radio explicó detalladamente en que consistieron los métodos sectarios utilizados por las Organizaciones Revolucionarias Integradas (ORI) y los graves errores cometidos. Al mismo tiempo el líder de la Revolución anunció que Aníbal Escalante, quien realizaba las labores de organización de las ORI, quedaba separado de sus funciones por haberse convertido en el centro de esa política incorrecta y dañina.

[202] Memorandum From the Deputy Assistant Secretary of State for Inter-American Affairs (Goodwin) to the Assistant Secretary of State for Inter-American Affairs (Martin) Washington, May 24, 1962. Foreing Relations of the United States //Source: Department of State, ARA/CCA Files: Lot 66 D 501, Cuban Project-1962. Top Secret.

les con el gobierno revolucionario y darle participación en los esfuerzos interamericanos, incluyendo la Alianza para el Progreso[203].

Goodwin propuso que se realizara un contacto para trasmitir estas proposiciones al gobierno cubano a través de alguna embajada europea o directamente por medio del embajador cubano en la ONU, García Incháustegui[204]. Todo parece indicar que la propuesta de Goodwin fue desechada, pues no se encuentra en los documentos nada indique lo contrario. Es evidente que el gobierno de los Estados Unidos estaba concentrado en ese momento en dar seguimiento a las operaciones que dieran al trate con el régimen cubano por vías violentas, como parte de la "Operación Mangosta".

De cualquier modo, el diálogo secreto que propuso Goodwin con la máxima dirección de la Isla en 1961 y 1962, estuvo siempre cargado de malevolencia. Era una manera de explorar otro camino para lograr los mismos objetivos de "cambio de régimen". Aspecto que encontraremos nuevamente en los documentos desclasificados estadounidenses del año 1963, cuando la iniciativa de conversar clandestinamente con los líderes cubanos alcanzó una mayor aprobación en los más altos y limitados círculos de poder de los Estados Unidos[205]. No obstante Kennedy, después del fiasco de Girón, en lo menos que estaba pensando era en un diálogo secreto con autoridades cubanas, aunque ese diálogo escondiera puñales afilados y venenosos contra la isla rebelde. Solo después de los sucesos de la Crisis de Octubre, Kennedy comenzaría a repensar de manera menos colérica y vengativa, e incluso mucho más inteligente, la política hacia la Mayor de las Antillas.

---

[203] Ibídem.

[204] Ibídem.

[205] Véase Elier Ramírez Cañedo y Esteban Morales, *De la Confrontación a los Intentos de Normalización. La política de Estados Unidos hacia Cuba*, Editorial Ciencias Sociales, La Habana, 2011.

A 50 años del magnicidio en Dallas. J.F. Kennedy y la Revolución Cubana [206]

El demócrata John F. Kennedy llegó a la presidencia de los Estados Unidos en 1961 arrastrando una herencia maldita en la política hacia Cuba, que lo condujo por el camino de asumir la responsabilidad ante los dos acontecimientos más peligrosos que se recuerda en las relaciones entre ambos países: Girón y la Crisis de Octubre.

Sin embargo, en medio de la campaña electoral, el 6 de octubre de 1960, en un banquete ofrecido por el Partido Demócrata en la ciudad de Cincinnati, Ohio, el joven senador hizo declaraciones que lo distanciaron en alguna medida de la administración anterior y que posiblemente hayan provocado desde ese momento el odio de los poderosos y oscuros enemigos que luego conspiraron contra su vida. Kennedy lanzó fuertes críticas a la derrocada dictadura de Batista y al apoyo que había recibido ésta del gobierno de Eisenhower. Entre otras cosas señaló:

> "Quizás el más desastroso de nuestros errores fue la decisión de encumbrar y darle respaldo a una de las dictaduras más sangrientas y represivas de la larga historia de la represión latinoamericana. Fulgencio Batista asesinó a 20 000 cubanos en siete años, una proporción de la población de Cuba mayor que la de los norteamericanos que

---

[206] Publicado en el blog Dialogar, dialogar, (Internet), noviembre 2013.

murieron en las dos grandes guerras mundiales..."[207].

"Cuba no fue para Kennedy un problema nuevo, ni su punto de vista sobre Fidel Castro era completamente negativo", señaló años después Arthur M. Schlesinger, uno de sus asesores más cercanos.

"A principios de 1960, escribiendo sobre "el salvaje, airado y apasionado curso" de la Revolución cubana en The Strategy of Peace, describió a Castro como "parte de la herencia de Bolívar", parte también de "la frustración de la primera revolución que ganó la guerra contra España, pero que dejó intacto el orden feudal indígena". No dudaba, como dijo más tarde, que "la brutal, sangrienta y despótica dictadura de Fulgencio Batista" había provocado su propia caída; y declaró francamente su simpatía hacia los motivos de la Revolución y hacia sus objetivos. En The Strategy of Peace suscitaba la cuestión de si Castro no habría seguido quizás "un curso más razonable" si los Estados Unidos no hubieran respaldado a Batista "durante tanto tiempo y tan incondicionalmente", y hubiera dado a Castro una acogida más cálida en su viaje a Washington"[208].

Pero yo también siempre me he preguntado que hubiera sido de las relaciones Estados Unidos-Cuba, si en lugar de Eisenhower, hubiera sido Kennedy el presidente de los Estados Unidos al triunfar la Revolución en 1959.

Al cumplirse 50 años del magnicidio de Dallas, me parece importante volver sobre un tópico poco conocido y

---

[207] Citado por Carlos Lechuga en: *Itinerario de una Farsa*, Editorial Pueblo y Educación, Ciudad de La Habana, 1991, pp.127-129.
[208] Arthur M.Schlesinger, *Los Mil Días de Kennedy*, Editorial de Ciencias Sociales, La Habana, 1970, pp.183-184.

divulgado de las relaciones Estados Unidos-Cuba durante la administración Kennedy. A diferencia de temas como la invasión mercenaria por Playa Girón y la Crisis de Octubre, la diplomacia secreta practicada entre ambos países en el año 1963, meses antes de que ocurriera el asesinato del presidente Kennedy, no ha tenido la misma atención de los investigadores, a pesar de que pudiera también ofrecer algunas pistas acerca de los motivos que estuvieron detrás de la conspiración contra la vida del joven presidente demócrata y de que dicha experiencia aporta numerosas lecciones a tomar en cuenta para el presente y el futuro de las relaciones entre Estados Unidos y Cuba[209].

J.F. Kennedy y la idea de la "dulce aproximación" a Cuba

Luego del fracaso de la invasión estadounidense por Playa Girón y de la terrible experiencia de la Crisis de Octubre de 1962, Kennedy, al parecer convencido de que no era inteligente en ese momento intentar cambiar el régimen cubano por la vía militar directa, comenzó a valorar un extenso espectro de tácticas donde quedaran por igual satisfechos los intereses estratégicos de los Estados Unidos. Entre el amplio abanico de opciones que se discutía, el presidente estadounidense aceptó explorar, de manera cautelosa y discreta, un posible *modus vivendi* con la Isla, pero antes necesitaba saber qué concesiones estaba dispuesta a hacer Cuba en caso de lograrse algún tipo de arreglo. Al mismo tiempo, la decisión de la URSS de retirar los cohetes sin contar con los cubanos y el disgusto de la dirección de la Isla con tal

---

[209] Véase también Elier Ramírez, "Una historia poco conocida de las relaciones Estados Unidos-Cuba", *Rebelión*, 25 de noviembre de 2011 y en coautoría con Esteban Morales Domínguez, *"De la confrontación a los intentos de normalización. La política de Estados Unidos hacia Cuba"*. Editorial de Ciencias Sociales, La Habana, 2011.

actitud, parecían mostrarle a Kennedy una brecha entre cubanos y soviéticos que valía la pena explotar. También un posible arreglo con Cuba sintonizaba muy bien con las intenciones de Kennedy de construir una estructura de paz con la URSS en esos momentos.

"En cuanto a Kennedy – escribió Schlesinger-, sus sentimientos experimentaron un cambio cualitativo después de lo de Cuba (la Crisis de Octubre de 1962); un mundo en el que las naciones se amenazasen mutuamente con armas nucleares, le parecía ahora, no precisamente un mundo irracional, sino un mundo intolerable e imposible. Así, Cuba, hizo surgir el sentimiento de que este mundo tenía un interés común en evitar la guerra nuclear, un interés que estaba muy por encima de aquellos intereses nacionales e ideológicos que en algún tiempo pudieron parecer cruciales"[210].

En su célebre discurso en la Universidad Americana en junio de 1963, Kennedy hizo un fuerte llamado a la paz mundial y reexaminó la actitud norteamericana hacia la URSS.

"Ninguna nación en la Historia –dijo- ha sufrido más que la Unión Soviética en el curso de la Segunda Guerra Mundial. Si volviese de nuevo la guerra mundial, todo lo que ambas partes han construido, todo aquello por lo que hemos luchado, quedaría destruido en las primeras veinticuatro horas. Sin embargo, unos y otros estamos acogidos a un peligroso y vicioso círculo, en el que la sospecha de un lado alimenta la sospecha del otro, y las nuevas armas originan otras para contrarrestarlas.
(...)
Si no podemos ahora poner fin a todas nuestras

---

[210] Arthur M.Schlesinger, *Ob. Cit*, p.728.

diferencias, al menos podemos contribuir a mantener la diversidad del mundo. Pues, en último término, el lazo fundamental que nos liga es que todos habitamos este pequeño planeta. Todos nosotros respiramos el mismo aire. Todos acariciamos el futuro de nuestros hijos. Y todos somos mortales"[211].

Pasos como la firma de un tratado con la URSS sobre prohibición de pruebas nucleares, el establecimiento del llamado "teléfono rojo" para la comunicación directa en casos de urgencia entre el Kremlin y la Casa Blanca y el autorizo estadounidense a vender excedentes de su producción de trigo a la Unión Soviética, contribuyeron a establecer un clima de relajación de las tensiones entre las dos grandes potencias adversarias durante el transcurso del año 1963. Por supuesto, todo esto tuvo su impacto en la política norteamericana hacia Cuba.

Las gestiones de James Donovan

Las negociaciones para el regreso a los Estados Unidos de 1 200 mercenarios, encarcelados en Cuba después de la invasión de Girón, habían abierto el primer canal de comunicación entre ambos países desde el rompimiento de las relaciones. James Donovan, abogado de Nueva York, encargado de negociar la liberación de los prisioneros de Bahía de Cochinos como asesor legal del Comité de Familiares[212], se convirtió en el primer trasmisor de la disposición de Fidel —con el que se reunió en varias

---

[211] Citado por Ibídem, pp.734-735.

[212] Donovan coordinó entre agosto y finales de diciembre 1962 —las conversaciones concluyeron el 21 de diciembre- la liberación de los prisioneros de Bahía de Cochinos a cambio de un pago del gobierno de los Estados Unidos de 62 millones de dólares en alimentos y medicinas para niños en seis meses. A principios de 1963 continuó sus viajes a La Habana para lograr la liberación de una veintena de ciudadanos estadounidenses, incluidos 3 operativos de la CIA, encarcelados en Cuba.

oportunidades- de resolver el conflicto bilateral.

¿Mas cómo Donovan había llegado hasta líder de la Revolución Cubana? Hay que decir que el gobierno de los Estados Unidos manejó el asunto de los prisioneros de Bahía de Cochinos de manera muy discreta, evitando en todo momento dar la imagen de que negociaba con el gobierno cubano. Todo debía parecer una gestión privada[213].

Fue a mediados de junio de 1962, que a pedido del fiscal general, Robert Kennedy, el Comité de Familiares de los Prisioneros le solicitó al abogado James Donovan que los representara en las gestiones con el gobierno cubano para liberarlos mediante el pago que los Tribunales Revolucionarios exigían por cada uno de ellos. A finales de agosto de 1962 Donovan viajó a la Isla y sostuvo su primera conversación con el Comandante en Jefe. Las gestiones de Donovan con las autoridades cubanas continuarían hasta diciembre de ese año cuando se llegó al acuerdo definitivo. Solo serían interrumpidas durante el período de la Crisis de Octubre.

Hay que decir que mientras las conversaciones Donovan-Castro tenían lugar, la CIA preparó un plan para que Donovan llevara al líder de la Revolución Cubana un equipo de buceo manipulado por la agencia para atentar contra la vida del dirigente cubano. Los implementos para respirar habían sido contaminados con bacilos de tuberculosis y el traje de inmersión estaba impregnado con los hongos que producen el "Pie de Madura" (maduramicosis), una enfermedad que comienza atacando las extremidades inferiores, aflorando como tumefacciones y fístulas, y penetrando –hasta destruirlos- músculos, tendones y huesos. Como Donovan bajo iniciativa propia ya le había regalado a Fidel un traje de

---

[213] Pero la realidad fue que no menos de 14 organismos federales de los Estados Unidos, incluida la CIA, estuvieron involucrados en el desembolso de los fondos que se emplearon para la adquisición de los productos que se debían entregar a Cuba, a cambio de la liberación de los prisioneros de Bahía de Cochinos.

buceo, el plan fue abandonado[214].

Donovan continuó reuniéndose con Fidel en el año 1963, pero en este caso para gestionar la liberación de varios ciudadanos estadounidenses presos en la Isla. En varias oportunidades el abogado neoyorquino reportó a Washington el deseo de Fidel y de algunos de sus más próximos asesores en mejorar las relaciones con los Estados Unidos.

Kennedy reaccionó con interés ante todos informes de las conversaciones Donovan-Fidel. Incluso, en marzo de 1963, ante la propuesta de uno de sus colaboradores de trasladarle a Fidel por intermedio de Donavan el mensaje de que solo dos cosas eran no negociables: (1) los lazos de Cuba con el bloque chino-soviético y (2) su interferencia en el Hemisferio, asombrosamente el presidente estadounidense indicó que no estaba de acuerdo en convertir esta exigencia del *"(...) rompimiento de los lazos chino-soviéticos"* un punto no negociable. *"No queremos presentarnos ante Castro con una condición que obviamente él no puede cumplir. Debemos comenzar pensando en líneas más flexibles"*, expresó Kennedy[215].

Donovan viajó a Cuba entre el 5 y el 8 de abril, para continuar sus negociaciones con las autoridades cubanas, que tuvieron como resultado la liberación de los agentes norteamericanos. En un memorando enviado a Kennedy sobre estas conversaciones, el director de la CIA expresó que el propósito central de estas conversaciones -más allá de la liberación de los agentes norteamericanos- había sido político y estaba dirigido a sondear la posición de las autoridades cubanas sobre las relaciones con los Estados Unidos. McCone informó además a Kennedy que el ayudante de Fidel Castro, René Vallejo, le había dicho a Donovan que el líder cubano

---

[214] Oscar Pino Santos, *Complot*, Editorial Nuestro Tiempo, S.A., México, p.23.

[215] Tomás Diez Acosta, *Los últimos 12 meses de J.F.Kennedy y la Revolución Cubana*, Editora Política, La Habana, 2011, p.175.

"(...) sabía que las relaciones con Estados Unidos eran necesarias y que quería estas se desarrollaran"[216].

El 10 de abril, Kennedy conversó en privado con McCone acerca del contenido del memorando antes citado. El Presidente expresó gran interés por las conversaciones de Donovan con las autoridades cubanas y formuló varias preguntas "acerca del futuro de Castro en Cuba, con o sin la presencia soviética". McCone declaró que el asunto *"(...) se hallaba en estudio y propuso enviar a Donovan de vuelta a Cuba, el 22 de abril, para asegurar la liberación de los prisioneros y mantener abierto el canal de comunicación"*[217].

Discusión de los posibles cursos de acción con relación a Cuba

El 11 de abril de 1963, Gordon Chase, quien se desempeñaba como asistente de McGeorge Bundy, había señalado en memorándum enviado a este último, que todos estaban preocupados por solucionar el problema cubano, pero que hasta ese momento solo habían tratado de resolverlo a través de *"maldades abiertas y encubiertas de diversa magnitud"*, obviando la otra cara de la moneda: *"atraer suavemente a Castro hacia nosotros"*. Chase expuso a Bundy sus consideraciones de que si la *"dulce aproximación a Cuba"* tenía resultado, los beneficios para los Estados Unidos serían sustanciales.

"Probablemente –sostenía Chase- pudiéramos neutralizar a corto plazo por lo menos dos de nuestras principales preocupaciones en relación con Castro: la reintroducción de los misiles ofensivos y la subversión cubana. A largo plazo, podríamos trabajar en la eliminación de Castro a

---

[216] Ibídem, p.184.
[217] Ibídem.

nuestra conveniencia y desde una posición de ventaja"[218].

Asimismo, Chase planteó a Bundy que los dos obstáculos que se divisaban frente a este posible giro político con relación a Cuba: el rechazo interno de la opinión pública estadounidense y la renuencia de Fidel a dejarse seducir, eran difíciles, pero no imposibles de superar.

De esta manera, hacia abril de 1963, la administración Kennedy analizaba todas las variantes que pudieran resolver el "problema cubano", lo cual se convirtió prácticamente en una obsesión del presidente hasta el fatídico 22 de noviembre de 1963. Junto con las propuestas de espionaje, guerra económica, sabotaje encubierto, presiones diplomáticas y planes de contingencia militar, en los documentos ultrasecretos del Consejo de Seguridad Nacional de los Estados Unidos se incluía la posibilidad de "un desarrollo gradual de cierta forma de arreglo con Castro". En un memorándum sobre "El problema cubano", fechado el 21 de abril, McGeorge Bundy explicó la lógica de este tipo de iniciativa:

"Siempre existe la posibilidad de que Castro u otros que actualmente ocupan altos cargos en el régimen vean alguna ventaja en un viraje gradual de su actual dependencia de Moscú. En términos estrictamente económicos, tanto Estados Unidos como Cuba tienen mucho que ganar con el restablecimiento de las relaciones. Un Castro "Titoísta" no es algo inconcebible, y una revolución diplomática total no sería el suceso más extraordinario del siglo XX"[219].

---

[218] Memorándum de Gordon Chase a Bundy, 11 de abril de 1963, documentos desclasificados, www.gwu.edu/~nsarchiv/, (Internet), (traducción del ESTI)
[219] Peter Kornbluh, "JFK and Castro: The Secret Quest for Accomodation", in: *Cigar Aficionado*, September-October, 1999.

El 30 de abril de 1963, en una reunión del Grupo Permanente, se acordó *"mantener la línea de comunicación con Castro que había abierto el señor Donovan durante las negociaciones de los prisioneros norteamericanos"* [220]. Pero por esa fecha se abriría otro importante canal de comunicación entre ambos gobiernos a través de la periodista Lisa Howard[221]. La bella reportera había sido presentada a Fidel por Donovan en el transcurso del propio mes de abril, quien además le había gestionado una entrevista con el líder cubano para la ABC. La entrevista, de una hora de duración, sería trasmitida en los Estados Unidos el 10 de mayo de 1963 y generaría titulares como: "Castro quiere hablar con Kennedy" y "Castro da indicios de que quiere negociar con Kennedy"[222].

A su regreso a los Estados Unidos, Lisa Howard informó a la CIA el interés del líder de la Revolución Cubana de conversar con la administración Kennedy. El Subdirector de Planes de la CIA, Richard Helms, elaboró un memorándum con la información recopilada de la entrevista para McCone, con copia para el Fiscal General; el asistente especial del Presidente para Asuntos de Seguridad Nacional; y otros altos mandos del aparato de inteligencia. Helms concluyó sus valoraciones de la siguiente manera: "Lisa Howard definitivamente quiere impresionar al gobierno de los Estados Unidos con dos hechos: Castro está preparado para analizar el reacercamiento y ella misma está preparada para debatir el asunto con él si el gobierno de los Estados Unidos se lo

[220] Tomás Diez Acosta, Ob. Cit, p.85.
[221] Lisa Howard fue una de las primeras mujeres en tener su propio programa de televisión en los Estados Unidos. Antes de incursionar en el periodismo había sido actriz. En 1960 realizó la primera gran entrevista al premier soviético Nikita Khruschev, que fue vista en los Estados Unidos. Posteriormente fue contratada por la televisora ABC.
[222] Peter Kornbluh and William M. Leogrande, "Talking with Castro", in: *Cigar Aficionado*, Febrary, 2009.

solicita" [223].

Entretanto, una comunicación enviada a Robert Kennedy el 2 de mayo por instrucciones de McCone, daba testimonio de las preocupaciones que asistían al Director de la CIA ante cualquier iniciativa que significase un acercamiento al régimen cubano. También mostraba su falta de interés y voluntad política para avanzar en ese camino.

"A propósito del informe de Lisa Howard –señalaba el documento-, el Sr. McCone me envió un cable esta mañana, planteando que no puede hacer excesivo énfasis en la importancia del secreto en este asunto y solicitó que yo emprenda todos los pasos apropiados en este sentido para reflejar su visión personal de su sensibilidad. El Sr. McCone percibe que el rumor e inevitables filtraciones con su consecuente publicidad serían lo más perjudicial. Sugiere que no se emprendan pasos activos acerca del tema de la reconciliación en este momento e insta a las más limitadas discusiones en Washington. Que ante estas circunstancias se enfatice, en toda discusión, que se está explorando el camino de la reconciliación como una remota posibilidad y una de las diversas alternativas que implica varios niveles de acción dinámica y positiva" [224].

El inicio de la diplomacia secreta

[223] Memorándum de Richard Helms para McCone, 1 de mayo de 1963, documentos desclasificados, www.gwu.edu/~nsarchiv/, (Internet), (traducción del ESTI)
[224] Memorándum del Teniente General de la CIA, Marshall S.Carter al Fiscal General, Robert Kennedy, 2 de mayo de 1963, documentos desclasificados, Robert Kennedy Papers, http://www.jfklibrary.org/About-Us/News-and-Press/Press-Releases/2012-10-11-RFK-Papers-Relea sed.aspx, (Internet).

No fue hasta el 6 de junio de 1963, que el Grupo Permanente evaluó con amplitud el tema de las conversaciones de James Donovan con Fidel Castro y los demás informes de inteligencia que señalaban el interés de Cuba en mejorar sus relaciones con los Estados Unidos. Información que había estado llegando reiteradamente en 1963 a través de varias fuentes de la CIA. En dicha reunión se valoraron las distintas vías para establecer canales de comunicación con el líder de la Revolución Cubana y el grupo coincidió en que este era un esfuerzo útil[225]. Más habría que esperar al mes de septiembre para que comenzaran a materializarse los contactos[226], y en ello desempeñaría un papel catalizador Lisa Howard.

En septiembre de 1963, Howard le contó a William Attwood[227], funcionario de la administración Kennedy adscrito a la misión de los Estados Unidos en las Naciones Unidas, que Fidel Castro, con el que se había reunido por varias horas durante su visita a La Habana, le había expresado su disposición a establecer algún tipo de comunicación con el gobierno de los Estados Unidos y voluntad de explorar un *modus vivendi*. Coincidentemente, este mismo criterio se lo había trasladado también a Atwood el embajador de Guinea en La Habana, Seydon Diallo. Atwood además había leído el interesante artículo de Howard en el periódico liberal *War/Peace Report*, bajo el título "Castro`s Overture"

---

[225] Peter Kornbluh, Ob.Cit.

[226] Como señala el Dr. Tomás Diez Acosta en su libro *Los últimos 12 meses de J.F.Kennedy y la Revolución Cubana*, quizás la demora en iniciar pasos prácticos de acercamiento a Cuba estuvo vinculada al temor a las "filtraciones de información", más bien a "una acción "gris" de inteligencia ejecutada por los elementos que dentro del gobierno de los Estados Unidos se oponían a cualquier intento de acercamiento a Cuba". Pero la documentación estadounidense también refleja que la CIA se oponía rotundamente a un arreglo con Cuba y el Departamento de Estado mostraba menos entusiasmo en la idea que el propio presidente Kennedy.

[227] Anterior a eso, Attwood había sido editor de la revista *Look* y entrevistado a Fidel Castro en 1959.

(Las insinuaciones de Castro), donde la periodista señalaba que en 8 horas de entrevista con Fidel, éste había sido aún más enfático acerca de su deseo de sostener negociaciones con los Estados Unidos[228]. Como resultado, Atwood y Howard echarían a andar un plan para iniciar conversaciones secretas entre los Estados Unidos y Cuba.

Entusiasmado con la idea de establecer algún tipo de acercamiento entre La Habana y Washington, Atwood conversó el asunto el 12 de septiembre de 1963 con el subsecretario de Estado, Averell Harriman, quien le sugirió que escribiera un memorándum al respecto. Attwood no perdió tiempo y seis días después tenía listo el documento. Este comenzaba diciendo:

> "Este memorándum propone un curso de acción que, de alcanzar resultados positivos, podría eliminar el tema de Cuba de la campaña (presidencial estadounidense) de 1964".
>
> "No propone ofrecer un "trato" a Castro –decía a continuación- , lo que desde un punto de vista político sería más peligroso que no hacer nada, pero sí una investigación discreta sobre la posibilidad de neutralizar a Cuba según nuestros propios intereses...
>
> Ya que no pretendemos derribar el régimen de Castro por la fuerza militar, ¿hay algo que podamos hacer para promover los intereses estadounidenses sin que se nos acuse de contemporizar?
>
> Según diplomáticos neutrales y otros con los que he hablado en las Naciones Unidas y Guinea, existen motivos para creer que a Castro no le agrada su actual dependencia del bloque soviético; que no le agrada ser en realidad un satélite; que el embargo comercial lo daña, aunque no lo suficiente como para hacer peligrar su posición; y que le gustaría tener algún contacto oficial con

---

[228] Peter Kornbluh, *Ob. Cit.*

Estados Unidos y haría mucho por obtener una
normalización de las relaciones con nosotros, aunque la mayoría de su séquito comunista a ultranza, como Che Guevara, no lo acogiera con beneplácito.

Todo esto puede no ser cierto, pero parecería que
tenemos algo que ganar y nada que perder averi-
guando si en realidad Castro desea hablar y qué
concesiones estaría dispuesto a hacer...

Por el momento, lo único que desearía es autoridad para hacer contacto con (Carlos) Lechuga (el
jefe de la misión de Cuba en las Naciones Unidas).
Veremos entonces que ocurre"[229].

Era prácticamente imposible que, bajo esta visión que
refleja el memorándum de Atwood, pudiera llegarse a
algún tipo de arreglo entre los Estados Unidos y Cuba.
La propuesta se reducía a sondear a la Isla, para ver si
ésta estaba dispuesta a realizar una serie de gestos y
concesiones a los Estados Unidos. Al parecer, el funcionario estadounidense olvidaba que los líderes cubanos
ya habían fijado su posición de rechazo a cualquier
forma de negociación que implicara el menoscabo de la
autodeterminación de la Isla. Tampoco es un absurdo
pensar, que la dirección cubana, de percibir la maniobra
de Washington, aprovechara el proceso de diálogo con
vistas a ganar tiempo y preparar al país política y militarmente ante un eventual enfrentamiento militar directo con los yanquis.

De esta manera, la finalidad de los tenues acercamientos a Cuba que iniciarían los Estados Unidos bajo la
anuencia de Kennedy, había quedado perfectamente de-
lineada en el memorándum de Attwood: neutralizar a
Cuba según los intereses de los Estados Unidos, sacán-
dole la mayor cantidad de concesiones posibles. Por su-

[229] Citado por Piero Gleijeses, en: *Misiones en Conflicto. La Habana, Washington y África 1959-1976*, Editorial de Ciencias Sociales, La Habana, 2004, pp. 42-43.

puesto, estas concesiones implicaban que Cuba debía comenzar a satisfacer las exigencias de Washington con relación a: "la evacuación de todo el personal militar del bloque soviético", "el fin de las actividades subversivas de Cuba en América Latina" y "la adopción por parte de Cuba de una política de no alineamiento". De no ser bajo esas condiciones, los Estados Unidos no se arriesgarían a explorar un *modus vivendi* con Cuba.

Attwood mostró el propio 18 de septiembre el memorándum al entonces embajador de los Estados Unidos ante la ONU, Adlai Stevenson, quien se comprometió a discutir el asunto con el Presidente. "Cuando le hablé por primera vez sobre esta iniciativa o aproximación de los cubanos a Adlai Stevenson –recordó Atwood ante una comisión del Senado de los Estados Unidos en 1975-, dijo que le gustaba pero... desafortunadamente la CIA todavía estaba a cargo de Cuba. No obstante, dijo, estaba dispuesto a conversar el asunto con la Casa Blanca" [230].

Al día siguiente, Atwood se reunió de nuevo con Harriman en New York y le entregó el memorándum. El subsecretario de Estado, después de leer el documento, le sugirió a Attwood que lo discutiera también con el Fiscal General, Robert F. Kennedy. Mas ya al día siguiente de este encuentro, Stevenson había obtenido la aprobación del Presidente para que Attwood sostuviera un discreto contacto con el embajador cubano en Naciones Unidas, Carlos Lechuga. Inmediatamente, Attwood habló con Lisa Howard para que le preparara el contacto con Lechuga. En medio del salón de delegados de las Naciones Unidas, Howard se acercó a Lechuga el 23 de septiembre y, según recuerda el propio Lechuga, le dijo que Atwood deseaba hablar con él y que era algo urgente

---

[230] Declaraciones de William Atwood ante el Senado de los Estados Unidos. Comisión de Investigación sobre las operaciones gubernamentales relacionadas con actividades de Inteligencia. Washington DC. Jueves 10 de julio de 1975, www.gwu.edu/~nsarchiv/, (Internet), (Traducción del ESTI)

pues al próximo día debía salir para Washington[231].

El encuentro se produjo en la casa de la periodista en la noche del propio 23 de septiembre, de manera bastante informal y sin que pareciese un acercamiento oficial de los Estados Unidos–como lo había pedido el propio Atwood-, aprovechando una fiesta que la misma preparó y a la cual invitó a Lechuga[232]. De inmediato, el embajador cubano informó a La Habana:

"Tuve la entrevista con William Atwood. Me dijo que había sido autorizado por Stevenson. Se va hoy para Washington a hablar con Kennedy y pedirle autorización para ir a Cuba a hablar con Fidel y explorar las posibilidades de negociaciones si aceptan en Cuba que él de el viaje. Quedamos en que yo no planteaba el asunto formalmente a ustedes hasta que él no tuviera la autorización de Washington pero es obvio que él sabe que yo lo comunicaría inmediatamente. Ese fue mi planteamiento para que en todo momento la iniciativa partiera de ellos, como es en realidad, pero en este negocio diplomático una aprende mucho. Su viaje sería de incógnito. Al igual que yo, en todo momento aclaramos que estábamos hablando de modo personal, pendiente de las instrucciones de ambos gobiernos. Su idea es que la situación entre los dos países es anormal y que alguien en un momento dado, tenía que romper el hielo.

(...)

Dice que Kennedy, en muchas ocasiones y en conversaciones privadas, ha dicho que no sabe cómo cambiar la política hacia Cuba. Reconoce que ni ellos ni nosotros podemos cambiar de política de la noche a la mañana porque es una cuestión de

---

[231] Entrevista realizada a Carlos Lechuga el 3 de octubre del 2008.

[232] Memorándum de William Attwood a Gordon Chase, 8 de noviembre de 1963, www.gwu.edu/~nsarchiv/, (Internet), (Traducción del ESTI).

prestigio y que es difícil, pero algo hay que hacer que por algo hay que empezar. Reconoce que la cuestión política interna es difícil para ellos porque los republicanos los tienen siempre a la defensiva en la cuestión cubana.

(...)

Atwood hablando de Bob Kennedy dice que es un individuo de posturas duras pero que es un político y ve las cosas objetivamente. Dice que lo que quiere es ganar siempre. Esto lo dijo en el sentido de que si considera que la prolongación de la política hacia Cuba le va a dar un resultado negativo a la larga, cambia de posición.

(...)

Atwood me preguntó sobre la posibilidad de que Gobierno cubano permitiera ir a Cuba a explorar posibilidades. Le dije que yo creía que sí, aunque no podía darle ninguna opinión rotunda. Me preguntó que si yo creía que había un 50 por ciento de probabilidad de que sí y un 50 que no. Respondí que esa era la fórmula perfecta de mi respuesta. A preguntas suyas sobre condiciones para negociar manifesté que en ese terreno nada podía adelantarle aunque sí podía exponerle mi criterio muy personal y era que resultaba difícil negociar nada con la situación de presión sobre Cuba; con el embargo, las infiltraciones, los vuelos ilegales, etc, etc, me dijo que la situación era muy compleja y lo entendía, pero que alguien algún día, alguna vez, tenía que iniciar algo y que él creía que aún para escuchar lo que yo acababa de decirle en el orden personal sería fructífero intentar un acercamiento a Cuba"[233].

---

[233] "Del Informe de nuestro representante en la ONU", Ministro de Relaciones Exteriores, Raúl Roa, al Presidente de la República, Osvaldo Dorticós, La Habana, 25 y 26 de septiembre de 1963. (Archivo Central del Minrex).

Años después, el 10 de julio de 1975, ante la Comisión Church del Senado de los Estados Unidos, Atwood recordó su contacto con Lechuga de la siguiente manera:

"...la señorita Howard organizó la recepción para el día 23. Conocí a Lechuga. Dijo que Fidel Castro había tenido la esperanza de haber podido sostener un contacto con el presidente Kennedy en el 61, pero entonces había sucedido lo de Bahía de Cochinos y ya no se pudo. Pero que le había impresionado mucho el discurso pronunciado por el Presidente en junio del 63, en el que se refirió a la diversidad en el mundo. Fue entonces que le dije que ya no era un particular sino un funcionario del gobierno y coincidimos en que la situación era diferente, aunque las circunstancias también eran un poco anómalas. Me dijo que los cubanos estaban muy molestos con la posición del exilio, la posición de la CIA respecto a Cuba, así como la congelación de los activos cubanos" [234].

El próximo paso fue una visita de Atwood a Washington en el mismo mes de septiembre, para reunirse con Robert Kennedy. Atwood puso al tanto al Fiscal General de la iniciativa y éste dejó sentada su posición de que "un viaje de Atwood a Cuba, como había sugerido Lechuga, sería un poco riesgoso, pues de seguro se filtraría y podría parar en una investigación en el Congreso, o algo parecido (...) pero consideraba que valía la pena continuar con el asunto por la vía de la ONU e indicó que hablaría con Averell Hariman y Bundy sobre el tema" [235].

De esta manera, al primer contacto de Atwood y Le-

[234] Declaraciones de William Atwood ante el Senado de los Estados Unidos. Comisión de Investigación sobre las operaciones gubernamentales relacionadas con actividades de Inteligencia. Washington DC. Jueves 10 de julio de 1975, www.gwu.edu/~nsa rchiv/, (Internet), (Traducción del ESTI)
[235] Ibídem.

chuga siguieron otros en el salón de delegados de las Naciones Unidas. En uno de ellos, Atwood le trasmitió a Lechuga que el gobierno de los Estados Unidos, después de evaluar la propuesta, había decidido que no era conveniente que él viajara a Cuba en esas circunstancias debido al peligro de filtración dada su *"condición oficial"*[236], pero que su gobierno estaba en la mejor disposición de reunirse con Fidel o algún emisario suyo en Naciones Unidas. El 28 de octubre, Lechuga le comunicó a Attwood que La Habana no pensaba que enviar a alguien a las Naciones Unidas fuera de utilidad en ese momento, pero que esperaba que pudieran seguir los contactos entre ellos[237]. Desde la Casa Blanca, Gordon Chase, designado por Bundy, se encaraba de darle seguimiento a los contactos de Atwood con los cubanos.

Posteriormente, Lisa Howard ofreció su casa para que Atwood conversara directamente con Fidel Castro por intermedio de su ayudante René Vallejo. También para que a través de ella, Vallejo le trasladara mensajes a Atwood[238].

El 31 de octubre, en una llamada que Vallejo realizó a Lisa Howard, este trasladó el mensaje de que Fidel estaba dispuesto a enviar un avión a México a recoger a un enviado de Washington y conducirlo a un aeropuerto secreto cerca de Varadero, donde tendría una reunión a solas con el líder de la Revolución Cubana. Lisa Howard respondió que dudaba que eso fuera posible y que quizás lo mejor era que él (Vallejo), como vocero personal de Fidel, viajara a Naciones Unidas o a México a reunirse con un representante del gobierno de los Estados Unidos.

Atwood relató en 1975 como la atención que las máximas autoridades del gobierno estadounidense prestaban a sus contactos con Cuba crecía aceleradamente. El 5 de

---

[236] Memorándum de William Attwood a Gordon Chase, 8 de noviembre de 1963, www.gwu.edu/~nsarchiv/, (Internet), (Traducción del ESTI)

[237] Ibídem.

[238] Peter Kornbluh, *Ob. Cit.*

noviembre fue llamado a la Casa Blanca para hablar con Bundy, quien le dijo que "el Presidente estaba más a favor de ejercer presión para una apertura con Cuba que el Departamento de Estado, con la idea de sacarla del redil soviético, borrar quizás lo sucedido en Bahía de Cochinos, y tal vez volver a la normalidad "[239]. Bundy quiso un memorándum cronológico de toda la iniciativa.

El 11 de noviembre, Vallejo se comunicó telefónicamente con Lisa Howard y le reiteró el interés de Fidel de reunirse con algún emisario de los Estados Unidos y que, en ese caso, un avión cubano podía recoger a la persona designada por el gobierno de los Estados Unidos en Key West y trasladarlo a uno de los aeropuertos cercanos a La Habana donde participaría en una reunión con Fidel. Cuando Atwood comunicó esto a Bundy, se le indicó que, por instrucciones del Presidente, primero debía realizarse un contacto de él (Atwood) con Vallejo en Naciones Unidas para saber que tenía en mente Fidel, particularmente si estaba interesado en conversar sobre los puntos señalados por Stevenson en su discurso en Naciones Unidas el día 7 de octubre, considerados inaceptables por los Estados Unidos[240]: la "sumisión de Cuba a la influencia comunista externa", "la campaña cubana dirigida a subvertir al resto del hemisferio" y "el no cumplimiento de las promesas de la Revolución respecto a los derechos constitucionales". Así lo expresó también Bundy en un memorando para dejar constancia: "sin tener indicios de la disposición de ir en esa dirección, es difícil ver qué podríamos lograr con una visita a Cuba" [241].

Attwood trasmitió el 18 de noviembre por vía telefónica

---

[239] Declaraciones de William Atwood ante el Senado de los Estados Unidos. Comisión de Investigación sobre las operaciones gubernamentales relacionadas con actividades de Inteligencia. Washington DC. Jueves 10 de julio de 1975, www.gwu.edu/~nsarchiv/, (Internet), (Traducción del ESTI)

[240] Memorándum para dejar constancia de McGeorge Bundy, 12 de noviembre de 1963, www.gwu.edu/~nsarchiv/, (Internet), (Traducción del ESTI).

[241] Citado por Peter Kornbluh, *Ob. Cit.*

el mensaje a Vallejo, quien le contestó que no era posible
que él viajara en ese momento a New York, pero que en
cambio, se enviarían instrucciones a Lechuga para discutir con él (Attwood) una agenda con vistas a una posterior reunión con Fidel. Al día siguiente, Atwood reportó telefónicamente su conversación a Gordon
Chase[242]. El asistente de Bundy le dijo entonces a Atwood que, luego de recibir la llamada de Lechuga para
fijar una cita en la que se analizaría la agenda, se pusiera rápidamente en contacto con él, pues el Presidente
quería conocer de inmediato el resultado de la conversación para considerar el próximo paso que debía dar la
administración.

Chase, convertido en uno de los mayores defensores del
acercamiento diplomático a Cuba, expuso el 12 de noviembre en memorándum altamente confidencial -solo
para ser leído por Bundy- sus refutaciones frente a varios argumentos contrarios a *la conciliación con Castro*
como:

> "Castro nunca satisfará nuestros requisitos míni-
> mos"; "la conciliación con Castro implica que Es-
> tados Unidos converse con él, y el hecho de que
> Estados Unidos quiera conversar con Castro lo li-
> berará de las serias preocupaciones que actúan a
> nuestro favor"; "la opinión pública estadouni-
> dense no apoyará la conciliación con Castro"; "en
> caso de que nos reconciliásemos con Castro y este
> nos traicionara, nos veríamos en un lamentable
> aprieto (especialmente en términos públicos)" y
> "aun cuando la conciliación con Castro es una al-

[242] Memorándum de William Attwood a Gordon Chase, 22 de
noviembre de 1963, www.gwu.edu/~nsarchiv/, (Internet) (Traducción del ESTI)

ternativa real, ahora no es el momento adecuado"[243].

Este documento es muy importante, pues en él se refleja de manera muy clara, las ideas que se estaban moviendo en el estrecho círculo de colaboradores de Kennedy donde se conocía la iniciativa de aproximación a Cuba. En este memorándum Chase planteaba:

"Nuestra postura, por no decir nuestras palabras, debería trasladar lo siguiente: "Fidel, estamos dispuestos a dejar que los eventos sigan su curso actual. Pretendemos mantener, y cuando sea posible, aumentar nuestra presión en su contra para derrocarlo y estamos más que seguros de que triunfaremos. Además, puede irse olvidando de conseguir "otra Cuba" en el hemisferio. Hemos aprendido nuestra lección y no permitiremos "otra Cuba". Sin embargo, como personas razonables que somos, no vamos por su cabeza ni tampoco disfrutamos con el sufrimiento del pueblo cubano. Usted sabe cuáles son nuestras principales preocupaciones: el vínculo con los soviéticos y la subversión. Si usted cree que está en condiciones de disipar tales preocupaciones, probablemente podamos encontrar una manera de coexistir amigablemente y construir una Cuba próspera. Si cree que no puede hacer frente a nuestras preocupaciones, entonces olvídese del asunto; nosotros no tenemos inconveniente en mantener la situación actual. Al mismo tiempo, puede que le convenga tener en cuenta que si bien siempre nos interesará su parecer sobre el vínculo con los soviéticos y la subversión cubana, obviamente no podemos decirle en estos momentos que siempre esta-

---

[243] Memorándum de Gordon Chase a Bundy, 12 de noviembre de 1963, www.gwu.edu/~nsarchiv/, (Internet) (Traducción del ESTI)

remos dispuestos a negociar con usted en los mismos términos"[244].

Como conclusión, Chase destacó que "un acercamiento discreto con Castro reporta numerosas ventajas. En primer lugar, un acercamiento mostraría claramente a Castro que tiene una alternativa que tal vez no esté seguro existe, es decir, convivir con Estados Unidos según los términos de Estados Unidos. En segundo lugar, aun cuando rechazase nuestra oferta, aprenderíamos mucho"[245].

El magnicidio en Dallas y el fin de la iniciativa de acercamiento.

El 22 de noviembre, se produjo el asesinato de Kennedy en Dallas, coincidentemente el mismo día que el periodista francés, Jean Daniel, bajo el encargo personal de Kennedy, conversaba con Fidel Castro y le trasladaba un mensaje conciliador. Aspecto más conocido de toda esta historia, debido a los testimonios de los propios participantes. Lyndon Baines Johnson, puesto al tanto de los contactos y comunicaciones secretas que se habían estado sosteniendo con Cuba al asumir la presidencia de los Estados Unidos, no mostró interés alguno en continuar esta iniciativa.

Varios autores consideran que el hecho de que Kennedy estuviera secretamente explorando un "arreglo con Castro", tuvo algo que ver con la conspiración para asesinarlo. Y realmente es muy curioso que, en 1963, mientras Donovan negociaba con las autoridades cubanas la liberación de varios agentes estadounidenses presos en Cuba, en el exterior circulaba una denuncia del agente de la CIA Felipe Vidal Santiago, sobre una supuesta negociación entre los Kennedy y el gobierno cubano. Al respecto, escribió Fabián Escalante en su libro *La guerra*

---

[244] Ibídem.
[245] Ibídem.

secreta. 1963: El complot:

"(...) según Vidal, encontrándose en Washington, conoció por medio de Marshall Digss, un abogado conocido y dueño de un prominente bufete, que el Departamento de Estado se encontraba preparando una reunión con Blas Roca, dirigente cubano, en Berlín Oriental, donde se analizarían alternativas de negociación entre los dos gobiernos". En la propia obra señala también Escalante que por ese tiempo: "(...) el conocido terrorista Orlando Bosch Ávila publicó en Nueva Orleáns un panfleto denominado "La tragedia de Cuba", donde acusaba a Kennedy de haber traicionado al exilio y tratar de hacer un pacto con Fidel Castro" [246].

El historiador y ex asesor de Kennedy, Arthur Schlesinger, se encuentra entre los que defienden la hipótesis de que el acercamiento a Cuba en 1963 tuvo algo que ver en la sentencia de muerte del joven presidente. Al respecto dijo:

"Aunque el plan de Atwood se mantuvo en conocimiento de muy pocas personas, parece inconcebible que la CIA no conociera nada de ello. La inteligencia americana tenía a los diplomáticos cubanos de la ONU bajo una incesante vigilancia. Seguía sus movimientos, leía sus cartas, interceptaba sus cables, grababa sus llamadas telefónicas. Se sospechaba que Atwood y Lechuga estaban haciendo algo más que cambiándose recetas de "daiquiri"[247].

Por su parte, William Atwood, en las memorias que pu-

---

[246] Citado por Tomás Diez Acosta, Ob. Cit, p.187.
[247] Carlos Lechuga, *En el ojo de la Tormenta*, SI-Mar SA, Cuba y Ocean Press, Australia, 1995, p.304.

blicó en 1987, también se refirió a que la CIA seguramente averiguó las gestiones que él estaba haciendo y que después esa información llegó a los frustrados veteranos de la invasión de Bahía de Cochinos, que no perdían las esperanza de volver a Cuba apoyados por el ejército de los Estados Unidos y la CIA, por lo que cualquier exploración de Kennedy de un entendimiento con Castro destruía esas aspiraciones[248].

Si bien es cierto que Kennedy no soslayó la posibilidad de explorar un acomodo con Cuba, no renunció en ningún instante a la política agresiva contra la Isla. Realmente la invasión militar directa de tropas estadounidenses era poco recomendable en esos momentos, dado el posible costo de vidas estadounidenses, la repercusión negativa sobre los aliados y la opinión pública mundial –incluyendo la estadounidense-, además de que la Isla había incrementado su capacidad defensiva y el frente interno contrarrevolucionario había sido considerablemente debilitado, pero no era una opción desechada a más largo alcance o como respuesta a algún acontecimiento inesperado que la legitimara tanto a lo interno de la Isla como en el escenario internacional[249].

---

[248] Ibídem, pp.305-306.

[249] El 22 de enero de 1963, durante una reunión del Consejo de Seguridad Nacional, Kennedy había declarado: *"Probablemente llegará el momento en que tengamos que actuar nuevamente contra Cuba. Ese país puede que sea nuestra respuesta en alguna situación futura –en la misma forma en que los rusos han usado Berlín-. Nosotros podemos decidir que Cuba pudiera ser una respuesta más satisfactoria que la respuesta nuclear. Debemos estar preparados aunque esto no ocurra. Debemos estar preparados para dar pasos contra Cuba si eso fuera por nuestro interés nacional. Los planes de Estados Unidos y el ejército, en la dirección de nuestro esfuerzo, deben estar adelantados en los meses venideros teniendo siempre a Cuba en la mente, para estar listos y maniobrar con toda la rapidez posible. Podemos utilizar a Cuba para limitar las acciones de los rusos, lo mismo que ellos han hecho con Berlín para limitar las nuestras".* Citado por Tomás Diez Acosta en: Ob.Cit, p.24

La estrategia de Kennedy en relación con Cuba se centró entonces en jugar todas las cartas posibles que pudieran satisfacer los intereses estadounidenses. De esta manera, se combinaban las acciones terroristas, las tácticas diplomáticas y la formación de un ejército mercenario, para conformar un programa de múltiple vía que presionara al máximo a la Isla, provocando una corrosión progresiva que llevara al régimen, o bien a su derrocamiento, o a negociar con los Estados Unidos en función de sus intereses.

El investigador Fabian Escalante, quien ha investigado durante décadas la política de la administración Kennedy hacia Cuba, hizo la siguiente valoración sobre los tenues acercamientos de los Estados Unidos hacia Cuba en 1963, en una evento celebrado en Nassau, Bahamas:

"Según nuestro análisis, lo que ocurrió fue lo siguiente. Los halcones nunca apoyaron, ellos no entendían esta estrategia; no estaban de acuerdo. Ellos no estaban de acuerdo con nada que no fuera una invasión contra Cuba. Nosotros pensamos que los halcones se sintieron traicionados. Según nuestro análisis, existían dos estrategias que iban a ser aplicadas por los Estados Unidos. Una, la del gobierno. La otra, la de la CIA, los exiliados cubanos y la mafia, e incluso ellos tenían sus propios objetivos independientes con respecto a este tema. En este último grupo se creó la necesidad de asesinar a Kennedy. A ellos les parecía que Kennedy no estaba de acuerdo con una nueva invasión. Ésa es nuestra hipótesis"[250].

Finalmente salta una pregunta recurrente en los estudiosos de este período: ¿se hubiera alcanzado algún tipo

---

[250] Trascripción de las reuniones entre los funcionarios cubanos y los historiadores de JFK, cinta 2 de 8, Hotel Nassau Beach, 7/9 de diciembre de 1995, http://cuban-exile.com/doc_026-050/doc0027.html, (Internet) (Traducción del ESTI)

de entendimiento entre los Estados Unidos y Cuba de no haberse producido el asesinato de Kennedy? Eso es imposible saberlo en la actualidad y significaría adentrarnos en la historia contrafactual, pero sí podemos hacer una valoración sobre el momento en que ocurre el asesinato del presidente estadounidense y las perspectivas que se abrían en la política hacia Cuba. El investigador estadounidense Peter Kornbluh, quien ha estudiado profundamente esta etapa, nos ofreció en entrevista su juicio:

> "Kennedy iba a llegar al mismo punto que Kissinger y Carter. Fidel probablemente no iba a tener la confianza de cortar su relación con la Unión Soviética para obtener una ligera coexistencia con los Estados Unidos. Pero, al mismo tiempo, Kennedy y Khruschev, y yo creo Fidel también, tenían una lección de la Crisis de Octubre. Una lección de que el peligro de la hostilidad podía llevar a la hecatombe mundial. La Unión Soviética estaba apoyando la idea de un acercamiento entre Estados Unidos y Cuba. Los Estados Unidos estaban más abiertos a esto también. Kennedy había dicho que quería una flexibilidad, que no debía fijarse para conversar la precondición de echar a un lado a los soviéticos de Cuba. Él había tomado el asunto en sus propias manos. Fidel mismo estaba muy interesado y aún después de la muerte de Kennedy él estaba aún más interesado en seguir este proceso"[251].

Todo lo expresado por Kornbluh es cierto, pero también el hecho que algunos de los principales asesores de Kennedy, al tanto de la iniciativa, continuaban insistiendo en exigir a la Isla que rompiera sus vínculos con la URSS

---

[251] Entrevista realizada a Peter Kornbluh, 30 de noviembre de 2012.

y abandonara el apoyo a los movimientos revolucionarios en América Latina, antes de poder sentarse a la
mesa de negociaciones. Desde esta posición de fuerza,
era prácticamente imposible que pudiera llegarse a un
modus vivendi con Cuba. La dirección cubana había
reiterado que la soberanía de Cuba, tanto en el plano externo como en el interno, no podía ser objeto de negociación. Por otro lado, los planes de la CIA de asesinar a
Fidel seguían su curso; al igual que las acciones de sabotaje contra la Isla, el bloqueo económico y el aislamiento
diplomático. Al mismo tiempo, algunos de los documentos desclasificados de la administración Kennedy reflejan con toda claridad que la estrategia del acercamiento
discreto a Cuba planteaba explorar si la dirección cubana aceptaría negociar en los términos que satisfacían
los intereses de Washington y, paralelamente, ir desarrollando el más amplio espectro de políticas agresivas
que la obligaran a hacerlo. ¿Se podía tener algún tipo de
esperanza de un entendimiento entre los Estados Unidos y Cuba bajo este enfoque de política?

Como hemos visto, algunos autores consideran que el
asesinato de Kennedy tuvo que ver con una conspiración
de la CIA y la mafia anticubana que, entre otras cosas,
no le perdonaban a Kennedy haber prohibido que tropas
estadounidenses invadieran la Isla; la reducción del control de la CIA sobre las acciones anticubanas; el compromiso con la URSS de no invadir la Isla luego de zanjada
la crisis de octubre de 1962; y que, por si fuera poco, estuviera practicando una diplomacia secreta de acercamiento con los cubanos. De ser cierta esta hipótesis: ¿hubieran permitido la CIA y la mafia anticubana que Kennedy diera pasos más serios para llegar a una normalización de las relaciones con la Isla? ¿Se hubieran quedado de manos cruzadas?

Tampoco se puede desconocer que la relación de Cuba
con la Unión Soviética y su apoyo a los movimientos revolucionarios en América Latina eran en ese momento
los elementos de mayor preocupación en Washington,
pero que en ellos no estribaba, como muchos han pensado y divulgado durante años, la esencia del conflicto.

La voluntad soberana de Cuba y las ansias hegemónicas de los Estados Unidos continuaba siendo la esencia del conflicto bilateral. Los objetivos inmediatos de Estados Unidos con Cuba se concentraban en quebrar su voluntad soberana en materia de política exterior, pero ello no significaba una abdicación a lograr lo mismo en política interna. Al mismo tiempo, Cuba no iba a ceder ante las presiones de los Estados Unidos en ningún aspecto que tuviera que ver con su derecho a la libre autodeterminación, aunque se le ofreciera a cambio una "normalización" de las relaciones. Este es otro argumento de importancia a la hora de sustentar un criterio menos optimista en relación con la posibilidad de un entendimiento entre los Estados Unidos y Cuba durante la administración Kennedy.

El énfasis que la administración Kennedy puso en la política exterior de Cuba no fue más que la expresión coyuntural y la dimensión superficial de los motivos de fondo del conflicto. La historia demostró más tarde, que cuando desaparecieron estos argumentos que presentaban a Cuba como una amenaza a la seguridad nacional de los Estados Unidos, especialmente luego de derrumbarse el campo socialista y en momentos en que la Isla no tenía ni un soldado en el exterior, el conflicto se mantuvo vivo y el gobierno estadounidense no hizo ni el menor intento por llegar a un entendimiento con la Isla. Por el contrario, se agudizó la agresividad hacia Cuba, revelándose nuevamente la verdadera esencia de corte bilateral del conflicto —aunque atravesada por lo multilateral en numerosos períodos históricos- y concentrando entonces el foco de su política en la realidad interna de la Isla. Ello constituye muestra fehaciente de que el objetivo de la política de los Estados Unidos hacia la Cuba revolucionaria siempre ha sido el mismo: "el cambio de régimen", el derrocamiento de un sistema que en sus propias narices ha practicado y aún hoy practica una política interna y externa absolutamente soberana.

FORD, KISSINGER Y
LA NORMALIZACIÓN DE LAS RELACIONES CON CUBA[252]

La agresividad ha sido la línea de continuidad que ha caracterizado la política de Estados Unidos hacia la Revolución Cubana, pero en esa línea se han producido pequeños y esporádicos puntos de inflexión, marcados por la apertura de procesos de normalización de las relaciones entre ambos países.

No se confunda esto con los momentos en que ha existido negociación o diálogo entre ambas partes, pues desde que Washington rompió relaciones con La Habana en enero de 1961, prácticamente todas las administraciones estadounidenses han asistido a la discusión o negociación de aspectos muy puntuales de las relaciones entre ambos países, sin que eso signifique que haya habido intención de normalizar las relaciones con Cuba. Solo durante las administraciones de Gerald Ford (1974-1977) y James Carter (1977-1981) se produjeron intentos de llegar a algún tipo de entendimiento con Cuba. Es conocido que en el período de Carter fue en el que más se pudo avanzar hacia una mejoría de las relaciones entre ambos países pues muchos de los resultados de las conversaciones y negociaciones sostenidas se hicieron públicos, pero en el período de Ford los contactos se manejaron bajo una estricta compartimentación y las conversaciones no derivaron en negociaciones. Por tal razón, mucho de lo acontecido en cuanto a las relaciones Estados Unidos-Cuba en el período de Ford es menos conocido, aunque ya varios de sus protagonistas han ofrecido sus valiosos testimonios.

En estas páginas nos hemos propuesto entonces abordar esa experiencia, sus alcances y limitaciones, así como sus logros y fracasos, trazándonos como objetivo

---

[252] Publicado en: Rebelión, febrero de 2011.

principal demostrar la hipótesis de que el proceso de normalización de las relaciones entre Estados Unidos y Cuba, abierto durante la administración Ford, fracasó no por la indisposición de Cuba, sino porque Estados Unidos adoptó una postura poco constructiva en su acercamiento a Cuba, en la que se mezclaban los asuntos bilaterales con los multilaterales, colocando a la Isla dentro de un enfoque de política exterior determinado por la confrontación este-oeste y trayendo como resultado la implementación de una política de condicionamiento, sustentada en posiciones de fuerza -utilizando el bloqueo económico como palanca de presión-, con la marcada intención de menoscabar la soberanía cubana en política exterior, como precondición a la normalización de las relaciones.

El contexto histórico

Durante la primera mitad de los años setenta, el escenario internacional fue testigo de la disminución del poderío hegemónico de Washington, lo que se vinculó directamente con la crisis de su economía doméstica, la pérdida de competitividad de sus productos frente al resto del mundo capitalista y con toda la estela de cuestionamientos que el desastre norteamericano en Viet Nam venía dejando sobre la opinión en el país y en el exterior. Además, la dirigencia norteamericana tuvo como calvario, en esos convulsos años, la existencia de una paridad estratégica en el terreno militar con la URSS, así como la visible ascendencia política de la potencia comunista en el escenario internacional.

Ante el reconocimiento del poderío estratégico soviético y de las nuevas realidades del escenario internacional, que actuaban en desmedro de los intereses hegemónicos de Washington, el gobierno de Richard Nixon (1969-1974) inició un replanteo de la proyección global de Washington, que después continuaría Gerald Ford y cuyo ideólogo fundamental sería Henry Kissinger (secretario de Estado en ambas administraciones). Kissinger, reconociendo los cambios producidos en la arena internacional se lanzó a reformular la política exterior de los Estados Unidos, basándose en su teoría del equilibrio de poderes, sustentada en la idea de que no podía permitirse que ninguna potencia llegara a sobrepasar los límites de su poder en el escenario internacional, pero que tampoco era recomendable reducir su poderío a niveles insignificantes, pues en su criterio, en cualquiera de las dos alternativas, el único camino seguro era el de la conflagración mundial.

De esta manera, se dio comienzo a una etapa distensiva, aunque reducida a las relaciones entre las más grandes potencias adversarias: EE.UU, URSS, China y, de manera más o menos integral en una sola región: Europa[253]. La línea fundamental que prevalecería en la política norteamericana hacia América Latina [254] y otras regiones bajo su influencia, sería la confrontación tradicional, signada por el propósito norteamericano de conservar el statu quo de estas áreas y así mantenerlas alejadas del "peligro comunista".

La distensión no fue más que un intento desesperado de Washington por recuperar su maltrecho liderazgo, contener al comunismo y lograr el equilibrio global, ya no por la confrontación, sino por medio de la negociación y las sólidas relaciones con los aliados: Europa Occidental y Japón, integrando a las potencias comunistas, URSS y China, en una estructura que sirviera para moderar su comportamiento[255].

A su vez, la concepción estadounidense de la detente

---

[253] Roberto González Gómez, Estados Unidos: Doctrinas de la Guerra Fría 1947-1991, Centro de Estudios Martianos, La Habana, 2003, p.116.
[254] En América Latina, por solo mencionar un ejemplo, el gobierno de Nixon actuó desembozadamente para desestabilizar y finalmente provocar la caída del gobierno de Salvador Allende.
[255] Roberto González Gómez, Ob. cit, p.112.

descansó en la manipulación de la diplomacia triangular Estados Unidos-URSS-China, aprovechando la hostilidad creciente entre los grandes estados socialistas para mejorar las relaciones con cada uno, incentivándolos a la negociación y tratando de utilizarlos para ejercer influencia sobre Vietnam del Norte mientras duró el conflicto en el sudeste asiático[256].

En una Cumbre celebrada en Moscú en el año 1972, las dos superpotencias firmaron la "Declaración sobre principios básicos de las relaciones entre Estados Unidos y la Unión Soviética" que, de hecho, establecía un especie de código de conducta de ambas naciones, comprometiéndolas a prevenir situaciones que causaran tensión en sus relaciones, promover la cooperación, no pretender sacar ventajas unilaterales, reconocer los intereses de seguridad de las partes y contribuir a que todos los países pudieran desarrollarse pacíficamente. La declaración, que abarcaba además la intención de desarrollar los vínculos entre Estados Unidos y la URSS en los planos cultural, científico, económico y comercial, fue el primer documento donde Washington aceptó el concepto socialista de coexistencia pacífica[257].

Fue en ese contexto internacional conocido como distensión y de un escenario muy desfavorable para los Estados Unidos tanto desde el punto de vista interno (manifestaciones contra la guerra de Viet Nam, Watergate, crisis económica, política y moral), como en el externo (pérdida de la guerra en Viet Nam, avance de las fuerzas progresistas en distintas regiones del orbe, disminución marcada del poderío hegemónico de Washington y fortalecimiento de la Revolución Cubana) que empezó a moverse, tanto en el ejecutivo y el legislativo estadounidense, como en importantes sectores de negocios y de la intelectualidad de ese país, la idea de una revisión de la política hacia Cuba. El criterio de flexibilizar la rí-

---

[256] Ibídem, p. 115.
[257] Ibídem, pp.116-117.

gida política de Estados Unidos hacia Cuba iría ganando cada vez más terreno, primero durante el segundo mandato de Nixon –más bien en el Congreso-, luego durante la administración Ford –fundamentalmente bajo la iniciativa de Kissinger- y alcanzaría su más elevada expresión durante la administración Carter.

En el período que comprendió el gobierno de Richard Nixon (1969-1974) surgieron varias iniciativas en el Congreso estadounidense, proponiendo cambios en la política hacia Cuba. Los senadores J.W. Fulbright (Presidente del Comité de Relaciones Exteriores del Senado) y Frank Church, introdujeron en una audiencia del Comité de Relaciones Exteriores del Senado celebrada el 30 de julio de 1971, la Resolución S.J.146, la cual pedía derogar la llamada "Resolución Cubana" de octubre de 1962[258].

También Fulbright, junto al senador Edward Kennedy, introdujo la Resolución S.J.160, que expresaba el deseo del Senado de que el Presidente: "Debería tomar medidas para revisar la política de Estados Unidos hacia Cuba con el objetivo de empezar un proceso que llevara al re-establecimiento de relaciones normales entre los dos países"[259]. Esta resolución pedía además el apoyo norteamericano para que la OEA reexaminara las medidas contra Cuba. Por su parte, el 5 de agosto de 1971, el senador Mathias presentó la Resolución S.J.148, la cual solicitaba también la anulación de la "Resolución Cubana", debido a que, a juicio del senador,

---

[258] Resolución aprobada por el Congreso de los Estados Unidos a inicios de octubre de 1962 que planteaba impedir por cualesquiera medios necesarios, inclusive el uso de las fuerzas armadas, que el régimen cubano extendiera por la fuerza "sus actividades agresivas o subversivas" a cualquier parte del hemisferio. Citado por Barry Sklar en: "El Congreso y la Normalización de Relaciones con Cuba", The Library of Congress, Congresional Research Service, Washington, 1977, p.145.

[259] Citado por Barry Sklar en: "El Congreso y la Normalización de Relaciones con Cuba", The Library of Congress, Congresional Research Service, Washington, 1977, p.145.

autorizaba el uso de fuerzas armadas estadounidenses en Cuba[260].

El 16 de septiembre de 1971, las tres resoluciones mencionadas se discutieron en una Audiencia del Comité de Relaciones Exteriores del Senado. Muchos senadores se manifestaron en contra de la intransigencia que mostraba el Departamento de Estado en relación a Cuba. Mas el tema quedó en breve relegado, pues la mayor parte del Congreso se concentró en el análisis de la posible salida de Estados Unidos de Viet Nam[261].

No obstante, en enero de 1973, un grupo de moderados republicanos elaboraron un documento titulado: "Una Distensión con Cuba", en el que urgían a Nixon considerar la normalización de las relaciones con Cuba[262]. Sin embargo, Nixon se mostró reacio a mejorar las relaciones con la Isla.

La principal pregunta que se hacían muchos congresistas, tanto demócratas como republicanos, era que si Nixon había comenzado una política de acercamiento a China y el proceso de distensión con la URSS, ¿por qué entonces mantener una rígida política hacia Cuba? ¿por qué no negociar con ella?

Por otro lado, se hacía cada vez más imperioso para los Estados Unidos firmar un acuerdo con Cuba que frenara los secuestros de naves aéreas hacia la Isla (80% del total de desvíos se daba en ese sentido). Además, Estados Unidos podía participar en esta negociación sin que implicara un cambio en su política hacia Cuba; "un entendimiento con Cuba sobre secuestros no alteraría el status de nuestras relaciones con el gobierno de Castro"[263], le señaló Kissinger a Nixon el 12 de noviembre

---

[260] Barry Sklar, Ob.Cit, p.146.
[261] Ibídem.
[262] Peter Kornbluh and James G Blight, "Dialogue with Castro: A hidden history", en The New York Review of Books, 6 de Octubre de 1994.
[263] Memorándum de Kissinger a Nixon, 12 de noviembre de 1969, en: www.gwu.edu/~nsarchiv/, (Internet)

de 1969.

El 15 de febrero de 1973, después de muchos meses de negociación[264], los dos países firmaron por intermedio de la embajada Suiza en La Habana un "Memorándum de Entendimiento sobre secuestros aéreos y marítimos y otras ofensas". El artículo 1 de dicho acuerdo señalaba que cualquier persona que cometiera un acto de secuestro de un avión o navío sería devuelto al territorio de origen de dichos medios de transporte para ser juzgado. También, que la parte que recibiera el avión o navío secuestrado tomaría las medidas necesarias para darle continuidad al viaje de los pasajeros y tripulación inocente con todas sus pertenencias. Por su parte, el artículo 2 del memorándum de entendimiento establecía el compromiso de condenar severamente a la persona que, dentro del territorio de una de las partes, conspirara, preparara o promoviera actos de violencia o depredación contra naves aéreas y marítimas de la otra, así como otros tipos de actos agresivos[265].

En los meses de marzo y abril de 1973, el subcomité de Asuntos del Hemisferio Occidental del Comité de Relaciones Exteriores del Senado, celebró audiencias sobre "la política de Estados Unidos hacia Cuba. El presidente del subcomité, Gale McGee, y el presidente del Comité, Fulbright, desafiaron abiertamente la intransigencia de la administración respecto a Cuba, a la luz de la cambiante situación internacional. En la audiencia, el secretario asistente adjunto, Hurwwitch, todavía mantuvo la posición de que la política de Estados Unidos estaba basada en la prohibición de las relaciones impuestas por la OEA, y afirmó que Cuba exportaba la Revolución y tenía estrechos vínculos militares con la Unión Soviética[266].

Mas como para dejar claro de que no habría cambios

---

[264] En realidad el gobierno estadounidense mostró interés en este tema desde finales de 1969.
[265] Véase Memorandum of Understanding on Hijacking of Aircraft and Vessels and Other Offenses, 12 de febrero de 1973, en: www.gwu.edu/ ~nsarchiv/, (Internet)
[266] Barry Sklar, Ob. Cit, p.147.

en la política estadounidense hacia Cuba, en el mes de mayo de 1973 un documento del Buró de Asuntos Públicos del Departamento de Estado de los Estados Unidos destacó lo siguiente: "En cooperación con nuestros vecinos en el hemisferio y de conformidad con las resoluciones de la OEA, continuamos buscando el aislamiento económico y diplomático de Cuba mientras esta siga siendo una amenaza a la paz y la seguridad del hemisferio. Como ha repetido el Presidente Nixon, no vamos a cambiar nuestra política hacia Cuba mientras Cuba continué apoyando la subversión en otros países latinoamericanos y mantenga estrechos vínculos militares con la Unión Soviética".

Y más adelante señalaba: "no hay inconsecuencia entre nuestra política hacia Cuba y nuestra política de mejorar las relaciones con la URSS y la República Popular China. Ambas se han adaptado a las situaciones actuales. Ambas son pragmáticas. La URSS y la República Popular China han dado muestras de querer mejorar las relaciones, mientras que Cuba no mostrado el mismo interés. En momentos en que el mundo ha dejado atrás la animadversión, la política cubana se centra en una actitud antagónica e intervencionista"[267].

Sin embargo, ante las constantes presiones del gobierno argentino, el 18 de abril de 1974 el Departamento de Estado de los Estados Unidos anunció que se otorgarían licencias de exportación, permitiendo a las subsidiarias norteamericanas de la Ford, Chryster y General Motors en Argentina, vender a Cuba unos 11,500 autos y camiones por valor de $150,000,000 de dólares. De manera similar, ante los reclamos del gobierno canadiense, Washington otorgó licencias a las filiales de la Studebarker-Worthington Inc. de Nueva Jersey en Canadá, que negociaron con la Isla una venta

---

[267] Relaciones Cuba-Estados Unidos, Buró de Asuntos Público del Departamento de Estado, GIST, mayo de 1973, en: http://www.latinamericanstudies.org/us-cuba-1902-1997.htm. (Internet, Traducción del ESTI.

de locomotoras calculadas en varios millones de dólares.

Por su parte, de finales de junio a principios de julio de 1974 el director ejecutivo del Comité de Relaciones Exteriores del Senado, Pat M. Holt, visitó Cuba y se entrevistó con Fidel Castro, abriendo el camino a futuras visitas de senadores y representantes[268].

A su regreso a los Estados Unidos, planteó en un informe que el aislamiento de Cuba era un fracaso, e instó a que se levantaran las sanciones económicas impuestas a la Isla, se eliminaran las restricciones a los ciudadanos estadounidenses para viajar a Cuba y se flexibilizaran las limitaciones a los diplomáticos cubanos en Naciones Unidas. Posteriormente, en septiembre de 1974, visitaron Cuba los senadores Jacob Javits (republicano-New York) y Claiborne Pell (demócrata-Rhode Island), quienes también a su regreso recomendaron: el inicio de un proceso hacia la normalización de las relaciones entre ambos países, la flexibilización de las restricciones a los viajes de los diplomáticos cubanos en Naciones Unidas y exhortaron al gobierno estadounidense a que eliminara el carácter multilateral del bloqueo, pues este afectaba también a terceros países. Menos de dos semanas después del regreso de los dos senadores, el gobierno cubano les notificó la excarcelación de cuatro ciudadanos estadounidenses, como un gesto de buena voluntad hacia los congresistas.

La iniciativa Kissinger

Sin embargo, la principal iniciativa en función de una posible flexibilización de la política estadounidense hacia Cuba vendría de Henry Kissinger. Desde mayo de 1974, siendo aún secretario de Estado de Richard Nixon y al parecer sin informar a este último, había iniciado

---

[268] Esta fue la primera reunión entre un dignatario del rango de Holt y Castro desde la ruptura de las relaciones por los Estados Unidos en 1961.

sus movimientos discretos de acercamiento a Cuba[269].
Aprovechando un viaje que realizaría el periodista estadounidense Frank Mankiewicz[270] a Cuba en el mes
de junio de ese año, con el propósito de realizar una entrevista fílmica al Comandante en Jefe Fidel Castro,
Kissinger envió un mensaje verbal para el líder de la
Revolución Cubana en el que, en tono conciliatorio, señalaba que consideraba absurda la política de Estados
Unidos hacia Cuba y que estaba dispuesto a trabajar
para flexibilizarla. Kissinger le pidió también a Mankiewicz que le trasladara a Fidel que la primera gestión
que haría para flexibilizar la política de Estados Unidos
hacia Cuba sería la de autorizar a los turistas estadounidenses la entrada en los Estados Unidos de 50 dólares
en productos cubanos y aseguró la abstención de los Estados Unidos cuando se discutiera en la OEA la eliminación de las sanciones contra Cuba, todo lo cual se materializó posteriormente, tal y como Kissinger había
prometido[271]. Podríamos entonces preguntarnos: ¿Por
qué ese cambio de postura de Kissinger en relación a la
política que su país estaba siguiendo con Cuba?

Está claro que Kissinger no era ningún tonto en materia de política exterior, todo lo contrario, sabía analizar
en su complejidad el escenario internacional y, de
acuerdo a la situación de este, tomar las acciones pertinentes para encaminar la política exterior en el sentido
que favoreciera a los intereses fundamentales de su
país. Para el nuevo diseño de política hacia Cuba, tomaría como base las acciones realizadas por él en la aper-

---

[269] En una entrevista concedida en 1994 a Peter Kornbluh, Kissinger afirmó: "Existe la posibilidad de que yo se lo haya dicho
a Nixon...Ciertamente Nixon tenía otras cosas en mente en
aquellos momentos".
[270] Director de Ventura Associates y ejecutivo de la televisora
NEC Productions. Había sido secretario de prensa de Robert F.
Kennedy.
[271] Nestor García Iturbe, De Ford a Busch, Editora Política, La
Habana, 2008, pp.27-28.

tura diplomática con China, la firma del Tratado de Armas Estratégicas con la Unión Soviética y el inicio de negociaciones con Viet Nam.

En nuestro criterio fueron varios los factores que influyeron en que Kissinger optara por encaminarse hacia un proceso de normalización de las relaciones con Cuba. En primer lugar, se hacía evidente que la política estadounidense encaminada a destruir la Revolución Cubana había sido un verdadero fiasco y la Isla se sentía cada vez más segura económica[272] y militarmente con el respaldo de la URSS; en segundo lugar, la política de aislamiento diplomático a Cuba en el hemisferio – dirigida por Estados Unidos- se mellaba cada vez más[273] y algunos gobiernos como los de Argentina, México, Canadá, entre otros, expresaban reiteradamente su rechazo a las restricciones establecidas a las subsidiarias radicadas en sus países para comerciar con la Isla, pues veían estas prohibiciones como un desafío directo a su soberanía nacional; y en tercer lugar, Estados Unidos había pretendido aislar económica y políticamente a Cuba, pero era Washington en definitiva el que se había aislado y disminuido su capacidad de influencia sobre la Isla. Además Europa Occidental y Japón estaban comerciando y estableciendo relaciones con Cuba, mientras que las corporaciones estadounidenses tenían cerrado el mercado cubano[274].

---

[272] Cuba gozaba de una buena situación económica no solo por el respaldo de la URSS, sino también por los precios que alcanzó en esos momentos el azúcar en el mercado internacional. La posibilidad para Estados Unidos de comerciar directamente con Cuba no era nada despreciable en momentos en que su economía atravesaba una aguda crisis y otros países se les estaban adelantando en los negocios con Cuba.

[273] Entre 1972 y 1973, Perú, Argentina y cuatro países caribeños recién independizados establecieron relaciones diplomáticas con Cuba.

[274] A mediados de enero de 1975, el vicepresidente cubano Carlos Rafael Rodríguez visitó Francia en la primera visita de un dirigente cubano a ese país desde 1959. París concedió a Cuba una línea de crédito de $350 millones para 1975-1976. En mayo, Rodríguez encabezó una delegación a Londres donde

Asimismo, en el plano interno aumentaba la presión del Congreso de los Estados Unidos -tanto republicanos como demócratas- sobre el ejecutivo exigiendo un cambio en la política hacia Cuba, la cual consideraban anacrónica y autodestructiva. No se puede tampoco obviar la influencia de la opinión pública estadounidense, la cual, ante la actitud de su gobierno frente a China y la URSS, había cambiado sus percepciones sobre Cuba. Una encuesta realizada en esos años reflejó que el 71% de la población norteamericana estaba a favor de que Kissinger fuera a La Habana para mejorar las relaciones entre ambos gobiernos[275].

Sobre los problemas que le estaba generando a los Estados Unidos la política hacia Cuba, uno de los principales asistentes de Kissinger le expresaría en un memorándum fechado el 30 de agosto de 1974: "La mayoría de los países en el hemisferio ahora se oponen a las sanciones de la OEA; la constante introducción del tema cubano amenaza con distorsionar el nuevo diálogo; y la aplicación de nuestras sanciones de negativa comercial a terceros países ahora nos cuesta mucho más de lo que le cuesta a Castro. El tema de Cuba también está complicando nuestras relaciones con Canadá y algunos países europeos y asiáticos"[276].

El 13 de septiembre el nuevo presidente de los Estados Unidos, Gerlad Ford (Nixon había renunciado a la presidencia a inicios de agosto de 1974 a raíz del escándalo de Watergate), pidió a Kissinger –ratificado en sus responsabilidades- lo actualizara respecto al diseño de la política estadounidense hacia Cuba. Kissinger entonces

---

concluyó un trato por un enorme crédito de $550 millones. Por su parte Japón se convirtió en el mayor socio comercial no socialista de Cuba.

[275] Barry Sklar, Ob.Cit, pp.146-147.

[276] Memorándum de Stephen Low a Kissinger, "Política hacia Cuba", 30 de agosto de 1974, www.gwu.edu/~nsarchiv/ (Internet, Traducción del ESTI.

expresó: "Hay dos aspectos: el bilateral y la OEA. El Departamento de Estado está preparando un documento con estos lineamientos. Estamos siendo presionados para mejorar las relaciones con Cuba, pero el público estadounidense no debe verlo como que nos lo están imponiendo, por lo que me mantendré firme en la OEA, utilizado a los brasileños. Pero deberíamos empezar con conversaciones de bajo nivel con los cubanos para ver que podemos obtener. Si no lo hacemos, tal vez nos veamos forzados, por mayoría de votos, a pasar de una posición a la otra"[277].

Esperemos a que vea el documento. ¿Qué precio querríamos?, señaló seguidamente el presidente Ford. "Algunas promesas de no subversión. Algunos principios sobre la expropiación de bienes; algunas acciones en política exterior"[278], respondió Kissinger.

También en reunión con el presidente Ford el 21 de septiembre de 1974, Kissinger insistió: "No podemos dejarnos llevar por los acontecimientos y ser devorados por la OEA. Sugiero que en las votaciones de noviembre nos abstengamos y que el resto dé su voto a favor. Debemos obtener algo por cualquier cambio. Debemos establecer algunos contactos con los cubanos. Frank Mankiewicz se ha ofrecido, pero tenemos que negociar directamente"[279].

Kissinger cumplió cabalmente con lo señalado al presidente Ford respecto a los pasos que en lo inmediato

---

[277] Memorándum de la conversación sostenida entre el presidente estadounidense Gerald Ford y el secretario de Estado y asesor para Asuntos de Seguridad Nacional Henry Kissinger el 13 de septiembre de 1974, en:http://www.fordlibrarymuseum.gov/library/guides/Finding%20 Aids/Memoranda_of_Conversations.asp#Ford (Internet), (Traducción del ESTI)

[278] Ibídem.

[279] Memorándum de la conversación sostenida entre el presidente estadounidense Gerald Ford y el secretario de Estado y asesor para Asuntos de Seguridad Nacional Henry Kissinger el 21 de septiembre, en: http://www.fordlibrarymuseum.gov/library/guides/Finding%20Aids/Memoranda_of_Conversations.asp#Ford (Internet, Traducción del ESTI.

daría con Cuba: mantenerse firme en la reunión de la OEA a celebrarse en Quito en el mes de noviembre de ese año en cuanto a un cambio en la política de sanciones a Cuba utilizando a los brasileños y tratar de iniciar conversaciones de bajo nivel con Cuba.

El 29 de septiembre Ford y Kissinger se reunieron con el ministro de Relaciones Exteriores de Brasil, Antonio Francisco Azeredo da Silveira y crearon vínculos estrechos para llevar una estrategia común y colegiada a la reunión de la OEA a celebrarse en Quito[280]. Ambas partes señalaron que no se podía dar la imagen de que se estaba cediendo ante Cuba por lo que votarían en contra ante cualquier iniciativa que planteara la eliminación de las sanciones a Cuba de 1964[281] y cuando más se abstendrían[282].

Paralelamente Kissinger prosiguió con su plan de acercamiento discreto a Cuba. "Tenemos que ser más flexibles o nos aislaremos"[283], le sugirió al presidente Ford. En los primeros días de octubre, Fidel recibió otro mensaje de Kissinger por la misma vía de Mankiewicz. En el mismo, Kissinger hacía propuestas concretas de comenzar conversaciones confidenciales entre ambos países a través de intermediarios y se adelantaban algunos pasos que daría Estados Unidos como muestra de

---

[280] Conversación celebrada el 29 de septiembre de 1974 (Ford, Kissinger, Azeredo da Silveira) en: http://www.fordlibrarymuseum.gov/library /guides/Finding%20Aids/Memoranda_of_Conversations.asp#Ford (Internet), (Traducción del ESTI).

[281] Dichas sanciones impedían a los países miembros decidir su propia política hacia Cuba.

[282] Finalmente en la reunión de Quito solo faltaron dos votos para alcanzar los dos tercios necesarios para levantar las sanciones multilaterales.

[283] Memorándum de la conversación sostenida entre el presidente estadounidense Gerald Ford y el secretario de Estado y asesor para Asuntos de Seguridad Nacional Henry Kissinger el 15 de agosto de 1974, en: http://www.fordlibrarymuseum.gov/library/guides/Finding%20Aids/Memoranda_of_Conversations.asp#Ford (Internet), (Traducción del ESTI)

su interés en avanzar hacia la mejoría de las relaciones bilaterales.

La propuesta de Kissinger se sometió a la consideración del Buró Político del Partido Comunista de Cuba donde se aceptó. El vicepresidente Carlos Rafael Rodríguez fue designado entonces para responder la carta recibida, reflejando la aceptación de Cuba a iniciar las conversaciones y la posición en cuanto a las negociaciones[284].

Se inician las conversaciones secretas

El 7 de enero de 1975 el presidente Ford en conversaciones sostenidas con Kissinger dio luz verde a los contactos con los cubanos. ¿Cuál sería el acuerdo al que podríamos llegar?, preguntó Ford a Kissinger. El secretario de Estado y asesor para asuntos de Seguridad Nacional de inmediato respondió lo siguiente: "No estoy seguro de que usted desee restablecer relaciones antes de las elecciones de 1976. Pienso que debemos pedirles que cierren la boca en la prensa. Han publicado caricaturas con el nombre de Nixon escrito con esvástica. Quizás tengamos que permitir que empresas estadounidenses en terceros países comercien con Cuba. Tendremos que tratar de lograr algo de Cuba –liberación de prisioneros, solución a algunas reclamaciones, apertura de la emigración—algo. (...)"[285].

A continuación la conversación se desarrolló de la siguiente forma:

"Presidente: Si pudiéramos lograr una mejoría en el caso de la emigración y la solución de algunas reclamaciones...

---

[284] Nestor García Iturbe, Diplomacia sin Sombra, Editorial de Ciencias Sociales, La Habana, 2007, p.17.
[285] Memorándum de conversación (Ford, Kissinger), 7 de enero de 1975, en:http://www.fordlibrarymuseum.gov/library/guides/Finding%20 Aids/Memoranda_of_Conversations.asp#Ford (Internet), (Traducción del ESTI)

<u>Kissinger</u>: Quizás una declaración de no intervención. Castro quiere reunirse conmigo. Yo estoy opuesto a ello.

<u>Presidente</u>: Estoy de acuerdo. Hablemos de estas tres cosas.

<u>Kissinger</u>: Esta semana les enviaremos una nota diciéndoles que estamos dispuestos a explorar lo que tienen en mente. (...)"[286].

Fidel recibió en los primeros días de enero de 1975 la nota de Kissinger proponiendo la iniciación de las conversaciones. De esta manera, el 11 de enero de 1975 se efectuó en una cafetería del aeropuerto La Guardia, en la ciudad de New York, el primer encuentro entre las representaciones de ambos gobiernos. Asistieron por la parte estadounidense, Lawrence Eagleburger[287], funcionario del Departamento de Estado y en aquel momento uno de los más cercanos colaboradores de Kissinger y Frank Mankiewicz. Como representantes del gobierno cubano participaron Ramón Sánchez Parodi[288], funcionario del Departamento de América del Comité Central del Partido Comunista de Cuba, y Nestor García Iturbe, consejero en la Misión de Cuba ante las Naciones Unidas.

Según el testimonio de García, el primero en hablar fue Eagleburger, quien señaló que se había reunido el día anterior con Kissinger para discutir los pormenores de la entrevista y que el secretario de Estado había preparado una nota para trasladársela a los representantes cubanos. La nota entregada ratificaba las intenciones de Estados Unidos de explorar las posibilidades de normalizar las relaciones entre ambos países, hacía hincapié en que era necesario que ninguna de las dos partes hiciera nada que pudiera empeorar la situación

---

[286] Ibídem.
[287] Eagleburger asumió el seudónimo de Mr. Henderson.
[288] Parodi había viajado a New York bajo el seudónimo de José Viera.

existente entre ambos países y argumentaba que, a pesar de existir amplias diferencias ideológicas, se podía avanzar en temas concretos que interesaban a ambas partes. "Los Estados Unidos —enfatizaba la nota- pueden y están dispuestos a avanzar en esos temas incluso con naciones socialistas con las que tenemos diferencias ideológicas significativas, como lo demuestra el progreso reciente en nuestras relaciones con la Unión Soviética y la República Popular China".

Asimismo, señalaba que, aunque había una larga lista de asuntos de preocupación para ambas partes, Estados Unidos de manera unilateral daría los siguientes pasos: permitir los viajes de los diplomáticos cubanos acreditados en Naciones Unidas, desde Nueva York a Washington y otorgar visas adicionales de tiempo en tiempo a cubanos para visitar Estados Unidos con motivo de encuentros culturales, científicos, educacionales y otros propósitos similares. La nota terminaba diciendo: "Sería, por tanto, útil para ambas partes identificar y definir los temas que podrían ser discutidos, y en qué orden podríamos mejor discutirlos. Estamos preparados ahora para considerar como pueden marchar adelante las conversaciones sobre estos temas, dónde, a qué nivel y con qué ritmo. Examinaremos cuidadosamente estas sugerencias y responderemos rápidamente y con espíritu de cooperación"[289].

Un documento desclasificado en los Estados Unidos, que contiene un resumen de las conversaciones sostenidas en ese período, señala que los representantes cubanos plantearon que no estaban allí para negociar, sino para escuchar y reportar a La Habana, pero que, como comentario personal, Sánchez Parodi había advertido que el bloqueo era el único obstáculo que impedía el comienzo del proceso de negociaciones para la normalización de las relaciones y que el acuerdo sobre piratería aérea había sido un gesto amistoso de Cuba, al que Estados Unidos no había respondido adecuadamente, por

---

[289] Véase anexo C en: Nestor García Iturbe, Diplomacia sin Sombra, Editorial de Ciencias Sociales, 2007.

ejemplo, restringiendo las actividades terroristas de los cubanos residentes en la Florida. Por su parte, el propio documento señala que Eagleburger expresó que los Estados Unidos estaban listos para mejorar las relaciones con Cuba siempre que se hiciera sobre la base de la reciprocidad. Además, que el ayudante de Kissinger en el Departamento de Estado hizo énfasis en que, aunque los Estados Unidos no pediría que Cuba desistiera de su estructura interna o método de gobierno, consideraba que Cuba debía seguir una política exterior independiente y que no creía que su país podría levantar el embargo a menos que Cuba tomara algunas medidas[290].

Sobre este primer encuentro, García también ha contado que, en la etapa final de la entrevista, Eagleburger, con vistas a evitar que la CIA y el FBI se enteraran de los contactos secretos, propuso un plan de comunicaciones mediante llamadas telefónicas, seudónimos y frases convencionales, para establecer los lugares y las fechas de los próximos contactos, además de poder avisar sobre viajes futuros[291]. Sánchez Parodi y García estuvieron de acuerdo. En realidad, la iniciativa fue dirigida completamente y bajo una estricta compartimentación, por Kissinger. Aparentemente, Ford no fue nunca completamente informado y los contactos no fueron discutidos en el Departamento de Estado ni en el Consejo de Seguridad Nacional[292]. Mucho menos se quiso que el Congreso estadounidense interviniera en la iniciativa.

Pero, ¿cuáles eran los principales puntos en la agenda

---

[290] Resumen de Cuatro Conversaciones entre funcionarios del Gobierno de los Estados Unidos y del Gobierno de Cuba, The Carter Administration. Policy toward Cuba: 1977-1981, (documentos desclasificados, Biblioteca del ISRI) (Traducción del ESTI)

[291] Nestor García Iturbe, Diplomacia sin Sombra, Editorial de Ciencias Sociales, La Habana, 2007, pp.30-31.

[292] Peter Kornbluh and James G Blight, "Dialogue with Castro: A hidden history", en The New York Review of Books, 6 de Octubre de 1994.

de conversación que le interesaban a Estados Unidos discutir con los cubanos? Estos habían quedado claramente recogidos en un memorándum que le envío el subsecretario de Estado para asuntos interamericanos William D. Rogers a Kissinger el 2 de enero de 1975: compensación por las propiedades de firmas estadounidenses intervenidas en Cuba; el pago por la mina de níquel de Nicaro, propiedad estadounidense también nacionalizada; devolución del dinero de rescates por los secuestros de aviones; el pago de bonos atrasados; el pago de la deuda postal cubana; la necesidad de hacer algo respecto al edificio que había sido Embajada de Estados Unidos en Cuba y que estaba muy deteriorado; excarcelación de ciudadanos estadounidenses recluidos en cárceles cubanas; y mejoría respecto a los derechos humanos. Washington también quería que el gobierno de Cuba permitiera a los cubanos residentes en Estados Unidos visitar a sus familiares en la Isla, pusiera fin a su "participación maliciosa" en el tema de Puerto Rico, limitara el apoyo a los "insurgentes terroristas" en América Latina, y se atuviese al principio de que la Isla no constituiría una base de armas ofensivas[293].

A finales del propio mes de enero, Kissinger envió otra nota a Fidel, utilizando nuevamente de intermediario a Mankiewicz. En la misma informaba y argumentaba la decisión de Estados Unidos de permitir a los funcionarios cubanos en Naciones Unidas viajar a Washington. "La reunión del 11 de enero fue útil -continuaba diciendo la nota- y una reunión más de nuestros representantes es ahora apropiado"[294].

Junto al mensaje, Mankiewicz trasladó a Fidel varios mensajes verbales de Kissinger, entre ellos, una propuesta que contemplaba la eliminación del bloqueo paulatinamente, pero por supuesto, con el aditivo de que para que eso fuera posible Cuba debía tener algunos

---

[293] Véase anexo B en Nestor García Iturbe, Diplomacia sin Sombra, Editorial de Ciencias Sociales, La Habana, 2007.

[294] Citado por Peter Kornbluh y James G Blight, "Dialogue with Castro: A hidden history", en: The New York Review of Books, 6 de Octubre de 1994.

gestos positivos hacia los Estados Unidos que justifica-
ran ante el Congreso y la opinión pública el cambio de
política, como por ejemplo permitir que algunas familias cubanas residentes en los Estados Unidos viajaran
a Cuba para visitar a sus familiares[295].

Un mes después del primer contacto entre representativos de ambos países, Estados Unidos otorgó licencia
para comerciar con Cuba a una subsidiaria canadiense
de la empresa estadounidense Litton Busines Equip-
ment, Ltd. Con posterioridad, el 17 de febrero de 1975,
el Departamento de Estado de los Estados Unidos confirmó que se había decidido ampliar el radio de movili-
dad a los diplomáticos cubanos en Naciones Unidas[296].
Siguiendo el rumbo de esos gestos positivos para una
mejoría de las relaciones entre Cuba y Estados Unidos,
el 1 de marzo, Kissinger planteó en un discurso pronunciado en Houston, Texas, que se considerarían cambios
en las relaciones bilaterales con Cuba si la OEA levantaba las sanciones a la Isla, a lo que agregó: "No vemos
virtud en un perpetuo antagonismo entre Estados Unidos y Cuba...hemos tomado algunas medidas simbólicas para demostrar que estamos preparados para movernos en una nueva dirección, si Cuba lo desea"[297].

El 27 de marzo de 1975 el asesor del subsecretario de
Estado para Asuntos Interamericanos, Harry Shlaudeman, señalaba en un extenso informe titulado "La Normalización de las Relaciones con Cuba": "Si alguna ventaja entraña para nosotros el fin del perpetuo antagonismo reside en eliminar a Cuba de las agendas nacional e interamericana –anular el simbolismo de un

[295] Nestor García Iturbe, Diplomacia sin Sombra, Editorial de
Ciencias Sociales, La Habana, 2007, p.33.
[296] La nueva disposición permitió a los cubanos viajar 250 millas
fuera de la ciudad de New York, anteriormente se establecía
solo 25 millas de radio.
[297] Citado por Nestor García Iturbe en: Estados Unidos, de raíz,
Editorial de Ciencias Sociales, La Habana, 2007, pp. 400-401.

asunto intrínsecamente trivial...Nuestro interés es dejar atrás el problema de Cuba, no prolongarlo indefinidamente"[298].

Harry Shlaudeman propuso en este mismo documento enviado a William Rogers un modelo de negociación entre Cuba y Estados Unidos que sugería se restablecieran las relaciones diplomáticas y consulares como parte de un acuerdo inicial que incluía el levantamiento parcial del bloqueo, el compromiso mutuo de no intervención y de la negociación para solucionar el asunto de las reclamaciones por las propiedades nacionalizadas por la Revolución Cubana. La idea de Shlaudeman era que primero se establecieran las relaciones diplomáticas con Cuba y después se negociara las reclamaciones, como se había hecho con la República Popular China y Alemania Oriental. El acuerdo inicial que proponía era el siguiente:

1- "Los Estados Unidos eliminarían todos los controles sobre las subsidiarias y las exportaciones de terceros países.

2- Los Estados Unidos autorizarían, con un carácter limitado, las exportaciones directas, manteniendo en un nivel mínimo las restricciones en las esferas de la tecnología, los materiales estratégicos, el financiamiento de los bancos y la congelación de los activos cubanos que en estos momentos se encuentran en este país.

3- Los Estados Unidos estarían dispuestos a discutir la situación de Guantánamo en algún momento futuro.

4- Cuba accedería a contraer compromisos conjuntos en materia de no intervención e intenciones pacíficas.

---

[298] Memorándum de Harry Shlaudeman a William Rogers, 27 de marzo de 1975, www.gwu.edu/~nsarchiv/ (Internet), (Traducción del ESTI)

5- Cuba estaría de acuerdo en negociar la solución de las reclamaciones;

6- Ambas partes estarían de acuerdo en establecer relaciones diplomáticas y consulares.

A continuación Shlaudeman exponía en el documento enviado a Rogers: "Como parte de las acciones unilaterales, nosotros eliminaríamos los controles sobre los viajes y los cubanos liberarían a los ocho presos que reclaman la ciudadanía estadounidense"[299].

Mas Kissinger se negaría rotundamente a establecer primero las relaciones diplomáticas con Cuba y después negociar la solución a las reclamaciones: "No. Absolutamente no. Ni pensarlo. Ese no es mi estilo de trabajo"[300], le diría Rogers cuando este le mencionó la idea.

Entretanto, continuaban las visitas a Cuba de congresistas estadounidenses y sus pronunciamientos en favor de una mejoría de las relaciones con la Isla. En mayo de 1975, el senador McGovern (demócrata-Dakota del Sur) viajó a Cuba. "En lo que a mí concierne, no hay ninguna duda acerca de que el bloqueo debe ser levantado, yo me doy cuenta de que eso fue unilateralmente decidido por Estados Unidos sobre bases que más bien son dudosas,..."[301], le expresó McGovern a Fidel Castro. En el informe que realizó sobre su visita a la Isla, enfatizó que él coincidía con Fidel en que debía dársele prioridad al levantamiento del embargo para poder resolver otros problemas de las relaciones bilaterales. Asimismo, McGovern reportó en una llamada telefónica a William Rogers, subsecretario de Estado para

---

[299] Ibídem.

[300] Memorándum de Conversación (Kissinger, Eagleburger, Rogers, Gleysteen), 9 de junio de 1975, en: www.gwu.edu/~nsarchiv/ (Internet), (Traducción del ESTI).

[301] Conversación del Comandante en Jefe Fidel Castro Ruz con el senador estadounidense George McGovern, en el Palacio de la Revolución, el 7 de mayo de 1975, Versiones Taquigráficas del Consejo de Estado.

Asuntos Interamericanos, que el primer objetivo de Fidel en ese momento era normalizar las relaciones con Estados Unidos[302].

A continuación, a finales de junio del propio año llegó a Cuba el representante Charles Whalen (republicano-Ohio), quien posteriormente recomendaría a la administración estadounidense desarrollar iniciativas para barrer con el estancamiento que existía en las relaciones entre ambos países. A pesar de las iniciativas tomadas por los congresistas estadounidenses en relación a Cuba, Kissinger actuaba independiente por su lado, pues quería mantener la mayor discreción y control sobre el proceso de acercamiento a Cuba y que el Congreso no se inmiscuyera[303].

Las contradicciones entre el ejecutivo y el Congreso en torno al tema Cuba se hicieron más encrespadas del 8 al 23 de septiembre de 1975, cuando el legislativo celebró audiencias conjuntas ante los Subcomités de Comercio Internacional y de Organismos Internacionales, del Comité de Relaciones Exteriores, sobre la Resolución 6382 de la Cámara para "Enmendar la Ley de Asistencia Extranjera de 1961 con respecto a Cuba y para otros fines". Congresistas como Jonathan B. Bingham, George McGovern y Charles Whalen se manifestaron a favor del levantamiento del bloqueo a Cuba. William D. Rogers al hablar en la audiencia del 11 de junio logró dejar en suspenso las ambiciones del Congreso.

Explicó el proceso que tendría lugar en la OEA y argumentó que de acuerdo con el derecho internacional no era legal levantar el bloqueo, pues Estados Unidos debía respetar las sanciones impuestas por la OEA a Cuba en 1964. También hizo referencia al tema de los dere-

---

[302] Peter Kornbluh and James G Blight, "Dialogue with Castro: A hidden history", en The New York Review of Books, 6 de octubre de 1994.

[303] Incluso Kissinger le trasladó un mensaje verbal a Cuba de que cualquier tipo de negociación entre ambos países se realizara por la vía establecida por él y que no se utilizara para este fin a congresistas que viajaran a La Habana.

chos humanos en Cuba y expresó el deseo del Departamento de Estado de mejorar las relaciones con la Isla. Rogers testificó en contra de la Resolución 6382 de la Cámara, argumentando que era el ejecutivo y no el Congreso el que debía dirigir la iniciativa de acercamiento a Cuba. La intervención de Rogers provocó un debate con el Representante por Ohio, Charles Whalen, que reproducimos a continuación:

"Sr. Whalen: En la página 9-A, usted indica que no apoyará la Resolución 6382 de la Cámara. Entiendo su posición de apoyar tal medida en tanto se mantenga en vigor la sanción de la OEA. ¿Cambiaría usted su posición si dicha sanción es eliminada de la agenda multilateral?

Sr. Rogers: No, no. Creo que sería un error que el Congreso decidiera, de forma unilateral, levantar la prohibición al comercio cubano.

Sr. Whalen: En otras palabras, ¿su argumento es que debe concluirse y acordarse un paquete cohesivo —creo que es la palabra que usted utilizó— completo, antes de que el Congreso tome alguna acción?

Sr. Rogers: Bueno, el Congreso no tiene que tomar ninguna acción. Esencialmente, la rama Ejecutiva tiene la autoridad para levantar la prohibición y permitir las ventas, embarques y exportaciones de Estados Unidos a Cuba y, bajo ciertas condiciones, las importaciones de Cuba a Estados Unidos. Lo que les estamos diciendo es que no nos quiten esa carta de las manos y nos la dejen jugar a nosotros"[304].

---

[304] Véase Christopher A. Swiggum, "La distensión cubano-estadounidense de los años 70 y su fracaso: conflictos y contradicciones en las políticas exteriores de Estados Unidos y Cuba que obstaculizaron el camino hacia la normalización", en: http: // uwho.rso.wisc.edu/Archive/Archive%204%20intro%20pages.pdf , (Internet)

Después de enviar su mensaje a Fidel sugiriendo la realización de otra ronda de conversaciones, Kissinger se dedicó a esperar la respuesta cubana. Por un mal entendido, pues Mankiewicz le había dicho a García que Eagleburger lo llamaría por teléfono para fijar la próxima fecha de las conversaciones, la comunicación no se estableció. Los cubanos esperaban la llamada estadounidense y los estadounidenses esperaban la respuesta cubana. Finalmente Rogers y Eagleburger le insistieron a Kissinger que reanudara los contactos antes que tuviera lugar la reunión de cancilleres de la OEA en San José, Costa Rica, para evitar que el Congreso se les fuera delante en el tema Cuba, y ya que se sabía que las sanciones impuestas a Cuba por la OEA en 1964 iban a ser levantadas en San José, ver que concesión le podían sacar a Cuba antes de que eso sucediera.

Kissinger después de ser convencido expresó:

"Sí es cierto. Es mejor lidiar directamente con Castro. Sean corteses; compórtense como caballeros, no como picapleitos. Que él se dé cuenta.
--Estamos avanzando en una nueva dirección;
--nos gustaría sincronizar;
--la Ciudad de Nueva York bajo el manto de la ONU sería el lugar indicado;
--las medidas serán unilaterales;
--se necesita reciprocidad;
--debemos detenernos hasta lograr alguna reciprocidad"[305].

El 20 de junio de 1975 cumpliendo la orientación de Kissinger se redactó un mensaje para Fidel Castro. Entre otras cosas este señalaba:

"..., consideramos que sería muy útil restablecer

---

[305] Memorándum de Conversación (Kissinger, Eagleburger, Rogers, Gleysteen), 9 de junio de 1975, en: www.gwu.edu/~nsarchiv/ (Internet), (Traducción del ESTI).

antes de la reunión de San José nuestras reuniones bilaterales confidenciales a fin de permitir un mayor intercambio de opiniones de gobierno a gobierno. Esto permitiría a Cuba y a los Estados Unidos, sin detrimento de sus respectivas posiciones en negociaciones ulteriores, sincronizar sus declaraciones y gestos recíprocos, discutir la secuencia recíproca de acontecimientos futuros y entender más claramente los criterios de ambas partes sobre los asuntos pendientes"[306].

El mensaje le fue enviado a Cuba a través de Nestor García Iturbe. Luego de la autorización de Fidel Castro el 9 de julio de 1975 se retomaron las conversaciones secretas entre ambas partes en el Hotel Pierre de Nueva York, con vistas a intercambiar puntos de vista sobre temas que pudieran discutirse como parte del proceso de normalización de las relaciones. En esta ocasión, la representación estadounidense recayó nuevamente en Lawrence S. Eagleburger y William D. Rogers y la cubana en Ramón Sánchez Parodi y Nestor García Iturbe.

Rogers rompió el hielo en las conversaciones señalando que el proceso de discusión debía ser recíproco, que el gobierno de Estados Unidos reconocía los gestos recientes realizados por Cuba y que estaba listo para permitir la celebración de un juego de béisbol entre equipos de ambos países y para apoyar el movimiento que se daría en San José —el levantamiento de las sanciones de la OEA contra Cuba de 1964[307]. Después Rogers tocó nueve puntos en particular que le interesaban al gobierno de los Estados Unidos:

---

[306] Véase anexo F en: Nestor García Iturbe, Diplomacia sin Sombra, Ob. Cit.
[307] Memorandum of Conversation (Eagleburger, Rogers, Parodi, García), july 9, 1975, Pierre Hotel, New York City, documento desclasificado en los Estados Unidos y consultado en la dirección de América del Norte del Ministerio de Relaciones Exteriores de Cuba.

a) *Las reclamaciones por las propiedades nacionalizadas.* Sobre este particular, puntualizó que Estados Unidos estaba en la mejor disposición de analizar realísticamente y con flexibilidad el tema de las compensaciones por las propiedades estadounidenses nacionalizadas y que el gobierno de Washington no insistía en un acuerdo que comprendiera un pago inmediato en efectivo. Que otras discusiones debían también considerar la compensación de los intereses estadounidenses por la nacionalización de la mina de níquel de Nicaro, la deuda postal cubana, la devolución de los pagos de rescate pendientes y el pago de bonos atrasados.

b) *Los fondos cubanos congelados en los bancos estadounidenses.* Sobe este aspecto señaló que la parte estadounidense estaba en la mejor disposición de responder positivamente a las reclamaciones cubanas sobre los fondos congelados en los bancos estadounidenses, pero que estos fondos debían utilizarse principalmente para el pago de reclamaciones, sin excluir la decisión de Cuba de emplearlos con otros fines.

c) *Las subsidiarias estadounidenses en terceros países.* En relación con este punto dijo que su gobierno estaba preparado para apoyar una resolución en San José que permitiera a cada estado establecer las relaciones diplomáticas y comerciales que estimaran pertinentes. Que si esta resolución se aprobaba como esperaban, Estados Unidos eliminaría las prohibiciones de vender bienes manufacturados a Cuba que pesaban sobre las corporaciones estadounidenses en terceros países.

d) *Transporte marítimo desde terceros países.* Expresó que si las sanciones de la OEA eran levantadas Estados Unidos consideraría una renuncia general a la prohibición a la asistencia exterior a los países cuyas embarcaciones abastecían a Cuba.

e) *Prisioneros estadounidenses.* En relación a este punto destacó que Estados Unidos deseaba que los 8 ciudadanos estadounidenses que guardaban prisión en Cuba bajo cargos de "ofensas políticas" fueran liberados.

f) *Ciudadanos estadounidenses.* En este punto se refirió a la posibilidad de considerar la petición de aproximadamente 800 ciudadanos estadounidenses -considerados en la Isla como ciudadanos cubanos- de viajar definitivamente a los Estados Unidos.

g) *Visitas familiares.* Sobre este aspecto expresó la necesidad de considerar los pasos necesarios para aliviar la tensa situación de las familias divididas. Que ambas partes podía acordar 100 visitas semanales en ambas direcciones y que Estados Unidos comenzaría a permitir el viaje de de estudiantes y artistas estadounidenses a Cuba.

h) *Respeto Mutuo.* En este punto dijo que aunque Cuba tenía derecho a tomar medidas para defender su soberanía, durante las discusiones Estados Unidos verificaría que Cuba no fuera una base de operaciones militares ofensivas o de amenazas contra los Estados Unidos. También mencionó el caso de Puerto Rico, planteando que allí había un apropiado camino para que Cuba mostrara su acatamiento a los principios de mutuo respeto hacia otras naciones en el hemisferio.

i) *Prensa.* En este último punto hizo la propuesta de un intercambio de prensa, que permitiera que Prensa Latina se estableciera en

Washington y las agencias de prensa estadounidenses en La Habana[308].

Al terminar Rogers su exposición, tomó la palabra Eagleburger, quien señaló que Estados Unidos consideraba el levantamiento del bloqueo como parte del proceso de normalización de las relaciones entre ambos países y que el problema de las relaciones con Cuba no era el más importante de la política exterior estadounidense, por lo que para resolverlo se requería un balance de acciones por ambas partes.

Con sus palabras se puso de manifiesto que los representantes de Washington utilizaban el bloqueo como mecanismo de presión para extraer concesiones a Cuba, al tiempo que arrogantemente le decían a los cubanos que tenían cosas más importantes que hacer, por lo que Cuba debía aprovechar ese momento y ceder a los intereses de Estados Unidos a cambio del levantamiento del bloqueo y la normalización de las relaciones, pues quizás en lo adelante no tuvieran otra oportunidad para sentarse a debatir y resolver los problemas de las relaciones entre ambos países.

Sánchez Parodi respondió por la parte cubana diciendo que el paso que se daría en San José lo consideraba positivo y que contribuiría al proceso de normalización de las relaciones entre ambos países, pero que eso era solo una solución parcial y no la esencial que radicaba en el bloqueo. Parodi insistió en la idea de que mientras existiera el bloqueo Cuba no podía negociar con los Estados Unidos en igualdad de condiciones, por lo que el gobierno de la Isla solo estaba dispuesto a entablar discusiones sobre la flexibilización de la política de bloqueo, no negociaciones[309].

En cuanto a las reclamaciones, Sánchez Parodi destacó que estas serían discutidas conjuntamente con la reclamación cubana por los daños económicos causados a la Isla por el bloqueo, las agresiones tanto económicas

---

[308] Ibídem.
[309] Ibídem.

como militares y otros daños producidos por la agresividad de Estados Unidos contra Cuba. Respecto a las relaciones comerciales, expresó que para que estas fueran efectivas debía levantarse primero el bloqueo, y que cualquier discusión que se hiciera sin haber dado ese paso era puramente académica y no debía perderse tiempo en eso.

No obstante, destacó como un gesto positivo la modificación de las regulaciones de las subsidiarias estadounidenses en terceros países, para que pudieran comerciar con Cuba y que este podía ser un paso inicial para el levantamiento del bloqueo. En cuanto a los puntos de la liberación de los "presos políticos estadounidenses", de las personas residentes en Cuba que estaban reclamando la ciudadanía estadounidense y la propuesta de iniciar un programa de viajes humanitarios a Cuba por parte de cubanos residentes en los Estados Unidos, Sánchez Parodi expresó que eran puntos que se podían discutir más adelante, aunque aclaró respecto a los llamados "ciudadanos estadounidenses", que habían diferentes puntos de vista legales entre ambos países, pues Cuba no reconocía el concepto de doble ciudadanía.

Al referirse al punto que los representantes estadounidenses llamaron "Respeto Mutuo", Sánchez Parodi enfatizó que quizás la parte estadounidense estaba haciendo alusión a las relaciones cubano-soviéticas, dejando claro que no era intención de Cuba regular las relaciones de Estados Unidos con ningún país, por lo que Estados Unidos no debía intentar regular las de Cuba. En cuanto a las relaciones con América Latina, Sánchez Parodi pidió incluir en una futura agenda de discusión las intervenciones de Estados Unidos en República Dominicana y Chile, para asegurar que lo ocurrido en el pasado no volviera a suceder en el presente. Sobre Puerto Rico, insistió en los vínculos históricos que unían a Cuba y Puerto Rico y que Cuba consideraba que la mayoría del pueblo puertorriqueño quería ser independiente, posición que Cuba apoyaba sin la intención de molestar y crear problemas a los Estados Unidos. Sánchez Parodi cerró su intervención señalando que la parte cubana quería incluir otros puntos a la agenda de discusión como: las actividades de la CIA contra Cuba y la base naval de Guantánamo[310].

Sobre el intercambio de representantes de agencias de prensa, expresó que era algo que podía discutirse en reuniones futuras.

También en la conversación Eagleburger y Rogers insistieron en que Cuba no inmiscuyera al Congreso estadounidense en el proceso de acercamiento que se venía dando entre ambos países, enfatizando que solo se utilizaran para ese fin los canales establecidos con el ejecutivo y con las personas que estaban dirigiéndolo.

Dos semanas después de las conversaciones realizadas, en la conferencia de plenipotenciarios de la OEA celebrada en San José, Costa Rica, Estados Unidos votó, junto a otras 15 naciones, una resolución que permitía a los estados miembros terminar con las sanciones contra Cuba de manera individual si lo deseaban y establecer el tipo de relaciones que estimaran conveniente.

Por su parte, en agosto de 1975, el gobierno cubano devolvió a la Sourthern Airways, dos millones de dólares que habían traído a Cuba los asaltantes de un avión de esa línea aérea. La solicitud hecha por John Sparkman (demócrata-Alabama), Presidente del Comité de Relaciones Exteriores del Senado, había sido trasmitida al gobierno cubano durante la visita de McGovern. Sparkman pediría a la administración Ford que se levantaran las restricciones comerciales a Cuba, en lo referente a medicinas y alimentos.

Doce días después de la decisión del gobierno cubano, un vocero del Departamento de Estado de los Estados Unidos informó sobre el levantamiento de ciertos aspectos del bloqueo contra Cuba: se otorgarían licencias a subsidiarias norteamericanas en terceros países, para

---

[310] Nestor García Iturbe, Diplomacia Sin Sombra, Ob. Cit, pp.59-61.

que efectuaran ventas a Cuba; se eliminaría la negativa de ayuda a naciones que permitían transportar mercancías en sus embarcaciones hacia o desde Cuba; se modificarían las regulaciones que negaban atracar y suministrar combustible a barcos comprometidos en el comercio con Cuba y además, se pediría al Congreso cambiar la legislación que prohibía dar asistencia en alimentos a las naciones que comerciaban con Cuba.

Entretanto, hasta la primavera de 1975, las resoluciones presentadas en el Senado y la Cámara de Representantes de los Estados Unidos concernientes al tema Cuba, se manifestaron en mayor cuantía por un cambio de la política estadounidense hacia Cuba, pero a partir de ese momento las cosas comenzaron a cambiar. El representante Claude Pepper, de Florida, y otros, introdujeron el 17 de abril de 1975 una resolución en la que expresaban que el embargo a Cuba no se debía levantar y que no se debía normalizar las relaciones con este país "mientras estuviera dominado por Castro y el comunismo".

El senador Stone, de la Florida, presentó el mismo día un proyecto de resolución (Resolución S.RES.131) en el cual se oponía al levantamiento de las sanciones contra Cuba y proponía que cualquier cambio en la política estuviera sujeto a la consideración y aprobación del Congreso. Otras resoluciones se refirieron a temas y puntos específicos del conflicto Estados Unidos-Cuba, con la finalidad de presentar las condiciones que se le exigirían a Cuba antes de normalizar las relaciones.

En agosto de 1975, Cuba presentó una resolución en el Comité de los 24 de Naciones Unidas a favor de la independencia de Puerto Rico. Estados Unidos, por los canales informales establecidos por Kissinger, dio a conocer a los cubanos su desacuerdo con esta resolución, afirmando que atentaba contra los pasos que se venían dando hacia la normalización de las relaciones. Por los canales secretos establecidos se intercambiaron criterios sobre el tema, evidenciándose las diferencias de posiciones y la determinación cubana de no variar su histórica postura a pesar de las amenazas estadounidenses de suspender los contactos[311].

La firmeza de la postura de Cuba en cuanto al tema se puso de manifiesto a inicios de septiembre cuando se celebró en La Habana la Conferencia de Solidaridad con Puerto Rico, lo que fue calificado públicamente por Kissinger como una interferencia en los asuntos internos de los Estados Unidos que dañaba las posibilidades de normalizar las relaciones entre ambos países.

A inicios de octubre de 1975 el gobierno cubano recibió por intermedio del joven Kirby Jones, miembro del equipo fílmico de Mankiewicz, un mensaje verbal de Eagleburger que señalaba, entre otras cosas, que Kissinger tenía interés en reunirse con cualquier funcionario que el gobierno cubano designara, que la Casa Blanca había ordenado paralizar, hasta después de las elecciones primarias en la Florida, los pasos que se estaban dando con Cuba y que Ford recibiría muy positivamente para su campaña presidencial cualquier gesto de Cuba en el campo humanitario como el de autorizar la visita de familiares en ambas direcciones. En respuesta, Cuba trasladó su disposición a iniciar el programa de "visitas humanitarias", de forma limitada y selectiva, como un paso inicial sobre el cual podía seguirse trabajando en un futuro[312].

Mas con la llegada de tropas cubanas a Angola en el propio mes de octubre de 1975, respondiendo a la solicitud del Movimiento para la Liberación de Angola (MPLA) –con el que Cuba tenía fuertes lazos de amistad- para hacer frente a la escalada militar de Sudáfrica, Zaire y los movimientos oposicionistas internos, apoyados de forma encubierta por los Estados Unidos, el gobierno estadounidense comenzó a desarrollar una

---

[311] Nestor García Iturbe, De Ford a Busch, Ob.Cit, p.32.
[312] Nestor García Iturbe, Diplomacia sin Sombra, Editorial de Ciencias Sociales, La Habana, 2007, p.67.

gran campaña propagandística contra la presencia cubana en el continente africano. La campaña incluyó también ataques a Cuba por su actividad internacional en apoyo al movimiento independentista de Puerto Rico y al liderazgo desempeñado por Cuba en el voto de Naciones Unidas donde había comparado al sionismo con el racismo. Por otro lado, el año 1976 sería un año de elecciones en los Estados Unidos, por lo que Ford, en su lucha por mantenerse al frente de la Casa Blanca, se vio impulsado a asumir una posición dura hacia Cuba, pues tenía un fuerte rival que vencer dentro del propio Partido Republicano: el archi-reaccionario Ronald Reagan. Ante la presencia de tropas cubanas en África y el impacto negativo que eso podría tener en la campaña electoral en la que Ford aspiraba a ser electo presidente de los Estados Unidos, Kissinger le comentó al presidente Ford: "Creo que vamos a tener que aplastar a Castro" y más adelante destacaría: "Es probable que no podamos hacerlo antes de las elecciones [1976]"[313].

El 12 de enero de 1976, Rogers tuvo un rápido contacto con García Iturbe en el aeropuerto nacional de Washington, en el cual le leyó al representante cubano la posición del gobierno estadounidense. Entre otras cosas, el mensaje señalaba que la autorización cubana de las "visitas humanitarias" de residentes en los Estados Unidos para ver a sus familiares en Cuba era vista por el gobierno de Washington como un gesto positivo y beneficioso. Al respecto, se analizaron algunos detalles de cómo estas se desarrollarían. Sobre la presencia de tropas cubanas en Angola la nota decía: "El envío de tropas de combate cubanas a tomar parte en un conflicto interno entre africanos en Angola es un obstáculo fundamental para cualquier esfuerzo que se pueda realizar, para resolver en estos momentos los problemas básicos entre nosotros"[314].

---

[313] Peter Kornbluh and William M. Leogrande, Ob. Cit.
[314] Citado por Nestor García Iturbe en: Diplomacia sin Sombra, Ob. Cit, p.72.

En relación a este planteamiento García preguntó si Washington requería respuesta, pues precisamente Fidel Castro había sido muy claro sobre el asunto en uno de sus discursos. Rogers contestó que no necesitaba la respuesta, pues ya conocía cual era la posición del gobierno de la Isla.

Se interrumpen abruptamente las conversaciones

El 20 de diciembre de 1975 el presidente Ford sentenció: "La acción del gobierno cubano al enviar fuerzas de combate a Angola, destruye cualquier oportunidad de mejoramiento de relaciones con Estados Unidos"[315]. La decisión de suspender las conversaciones secretas había sido tomada.

La respuesta del líder de la Revolución Cubana, Fidel Castro, se produjo dos días después al pronunciar las palabras de clausura al primer Congreso del Partito Comunista de Cuba:

"Estando celebrándose este Congreso, el Presidente de Estados Unidos declaró que con motivo de nuestra ayuda al hermano pueblo de Angola se cancelaban —más o menos— las perspectivas, o las esperanzas, o las posibilidades de un mejoramiento de relaciones entre Estados Unidos y Cuba.

Es curioso que el presidente de Estados Unidos, el señor Ford, nos amenace con eso. Antes, cuando existían relaciones, las suprimieron, cuando existía cuota azucarera, la suprimieron, cuando existía comercio entre Estados Unidos y Cuba, lo suprimieron, pero ya no les queda nada por suprimir, y ahora suprimen las esperanzas. Esto se pudiera llamar "el embargo de las esperanzas", por parte del Presidente de Estados Unidos. Ha embargado realmente lo que no existe.

[315] Citado por Nestor García Iturbe en: De Ford a Busch, Ob. Cit, p.18.

Ya, con motivo de la Conferencia de Solidaridad con Puerto Rico, se indignaron, y declararon que eso afectaba seriamente las posibilidades de una mejoría de las relaciones. Señores, si para tener relaciones con Estados Unidos y para mejorar las relaciones con Estados Unidos hay que renunciar a la dignidad de este país, hay que renunciar a los principios de este país, ¿cómo se pueden tener relaciones con Estados Unidos?

Por lo visto, en la mentalidad de los dirigentes de Estados Unidos, el precio de una mejoría de las relaciones, o de relaciones comerciales o económicas, es renunciar a los principios de la Revolución. ¡Y nosotros no renunciaremos jamás a nuestra solidaridad con Puerto Rico!

(...)

Ahora ya no es Puerto Rico solo, ahora es también Angola. Siempre, en todo el proceso revolucionario, nosotros hemos llevado a cabo una política de solidaridad con el movimiento revolucionario africano"[316].

Finalmente, el 7 de febrero de 1976 se produjo la última conversación entre representantes de ambos países, nuevamente en el aeropuerto nacional de Washington. En esta ocasión, Lawrence Eagleburger representó a Estados Unidos y Nestor García Iturbe a Cuba. En el encuentro solo se trató el tema de la visita de ciudadanos residentes en Estados Unidos a sus familiares en Cuba (aproximadamente 60 personas semanalmente para estar en Cuba 10 días, preferiblemente casos humanitarios).

Después de rotas las conversaciones secretas, las ofensas y críticas a Cuba y sus principales líderes fueron

[316] Departamento de Versiones Taquigráficas del Consejo de Estado en: http://www.cuba.cu/gobierno/discursos/1975/esp/f221275e.html Internet.

aumentando en la medida que avanzaba el proceso electoral en los Estados Unidos; estas se hicieron tan fuertes que Ford, en las primarias en la Florida celebradas en el mes de marzo, calificó a Fidel como de "bandido internacional" por la intervención en la guerra en Angola.

Kissinger, por su parte, declaró: "Estados Unidos no aceptará ninguna posterior intervención militar cubana en el extranjero...los Estados Unidos no pueden consentir indefinidamente la presencia de fuerzas expedicionarias cubanas en tierras distantes con el propósito de presionar y determinar la evolución política por la fuerza de las armas"[317].

Mientras, en una reunión del Consejo de Seguridad Nacional en la que participaron Ford, Kissinger, el director de la CIA, George Bush y el vicepresidente, Nelson Rockefeller, el secretario de Defensa de los Estados Unidos, Donald Rumsfeld, señalaba que para que el pueblo estadounidense y el Congreso aceptaran cualquier acción militar futura de Estados Unidos contra las tropas cubanas en África el problema debía ser presentado en el contexto de la Unión Soviética, no como un problema cubano-africano. El presidente Ford estuvo de acuerdo: "Yo también lo veo así. La situación táctica se refiere a Cuba, pero en sentido estratégico, tenemos que vincular a los soviéticos y cubanos"[318].

De esta manera, nuevamente al colocar el diseño y la implementación de la política hacia Cuba en el contexto Este-Oeste, se perturbaba cualquier posibilidad de una mejor relación entre Estados Unidos y Cuba. Mientras la política estadounidense hacia Cuba se manejó dentro del contexto del hemisferio —hacia el cual Estados Uni-

---

[317] Citado por Nestor García Iturbe en: Estados Unidos, de raíz, Ob.Cit, pp. 400-401.

[318] Acta de Reunión del Consejo de Seguridad Nacional, 7 de abril de 1976, (Ford, Rockefeller, Rumsfeld Kissinger,Bush),en:Internet:http:// www.fordlibrarymuseum.gov/library/guides/Finding%20Aids/Memoranda_of_Conversations.asp#Ford (Traducción del ESTI)

dos aspiraba dar una mejor imagen- se pudo lograr algún avance, una vez que se desvinculó de este y se insertó en el contexto de la política de Estados Unidos hacia la URSS la normalización o la mejoría de las relaciones se hizo imposible, así ocurriría también durante el período de la administración Carter.

Ya ha sido demostrado por la ciencia histórica, fundamentalmente gracias a los trabajos del acucioso investigador Piero Gleijeses, que la decisión cubana de enviar sus tropas a Angola nada tuvo que ver con Moscú, sino más bien con su política de principios de solidaridad revolucionaria e internacionalismo proletario[319].

Lo cierto es que aunque la decisión fue tomada por Cuba, la presencia de tropas cubanas en Angola y el triunfo del revolucionario MPLA afectaban el llamado "equilibrio de poderes" al que aspiraba Kissinger y sus ambiciones particulares en el continente africano, por lo que Estados Unidos presentó el problema a la opinión pública en el marco del conflicto este-oeste para sobredimensionarlo y ganar así la legitimación necesaria ante cualquier acción militar o de otra índole que se decidiera tomar contra la presencia cubana en Angola.

Sobre los sucesos de Angola Fidel expresó:

"La guerra de Angola fue en realidad la guerra de Kissinger (…) se empeñó en realizar operaciones encubiertas para liquidar al MPLA, a través de los grupos contrarrevolucionarios FNLA y UNITA, con el apoyo de mercenarios blancos, Zaire y África del Sur (…) Aparte de que el FNLA fue apoyado por la CIA desde su fundación, hecho

[319] Véase: Piero Gleijeses, Misiones en Conflicto: La Habana, Washington y África. 1959-1976, Editorial de Ciencias Sociales, Ciudad de la Habana, 2004 (segunda edición), "La causa más bonita": Cuba y África 1975-1988, en: Cuba y África. Historia Común de Lucha y Sangre, Editorial de Ciencias Sociales, La Habana, 2007 y La epopeya cubana. La visión del mundo de Fidel Castro, Editorial de Ciencias Sociales, La Habana, 2009.

que ha sido ya reconocido públicamente, Estados Unidos desde la primavera de 1975 invirtió decenas de millones de dólares en abastecimiento de armas e instructores a los grupos contrarrevolucionarios y escisionistas de Angola.

(…)

La decisión cubana fue absolutamente bajo su responsabilidad. La URSS, que siempre ayudó a los pueblos de las colonias portuguesas en su lucha por la independencia y le brindó a la Angola agredida una ayuda fundamental en equipos militares y colaboró con nuestros esfuerzos cuando el imperialismo nos había cortado prácticamente todas las vías de acceso por aire a África, jamás solicitó el envío de un solo cubano a ese país. La URSS es extraordinariamente respetuosa y cuidadosa en sus relaciones con Cuba. Una decisión de esa naturaleza solo podía tomarla nuestro Partido.

Ford y Kissinger mienten al pueblo norteamericano y a la opinión mundial cuando pretenden responsabilizar a la Unión Soviética con las acciones solidarias de Cuba en Angola"[320].

También sobre las relaciones Estados Unidos-Cuba el líder de la Revolución Cubana destacó:

"Estaríamos dispuestos, incluso, a mantener relaciones normales con los Estados Unidos sobre la base del respeto mutuo y la igualdad soberana, sin renunciar a uno solo de nuestros principios…

(…)

Hemos dicho que no puede haber negociaciones mientras haya bloqueo. Nadie puede negociar con

---

[320] Discurso pronunciado por Fidel Castro Ruz, Presidente de la República de Cuba, en el acto por el XV aniversario de la Victoria de Girón, celebrado en el teatro "Carlos Marx", el 19 de abril de 1976, Departamento de Versiones Taquigráficas del Consejo de Estado en: http:// www.cuba.cu/gobierno/discursos/1976/esp/f190476e.html Internet

un puñal en el pecho. (...) Si el comercio con Estados Unidos pudiera significar, tal vez, algunas
ventajas y un ritmo algo más rápido de desarrollo,
preferimos marchar más despacio pero con la
frente en alto y las banderas de la dignidad absolutamente desplegadas"[321].

Algunas consideraciones finales

Realmente no fue Cuba la que cargó la responsabilidad de que no se continuaran las conversaciones y se
llegara a un modus vivendi entre Estados Unidos y
Cuba durante el mandato presidencial de Gerald Ford.
Y en este caso, nuestros argumentos coinciden plenamente con los del académico Juan Gabriel Tokatlian[322],
quien en un libro publicado en 1984 sobre las relaciones
Estados Unidos-Cuba, expresó de manera brillante:

"...lamentablemente Estados Unidos fue el responsable de introducir un elemento perturbador
en las relaciones entre ambos países: condicionó
las aproximaciones bilaterales a temas y políticas
multilaterales, es decir, multilateralizó lo bilateral y bilateralizó lo multilateral. La participación
cubana en Angola durante 1975 fue interpretada
como un hecho que impedía un entendimiento
constructivo entre Cuba y Estados Unidos. Se

[321] Ibídem.
[322] Vivió en Colombia entre 1981 y 1998, donde estuvo vinculado académicamente a la Universidad Nacional, entre 1995 y
1998, y a la Universidad de los Andes, entre 1982 y 1994. Fue
columnista del diario El Tiempo y colaborador de diversas revistas. Tiene un PhD en relaciones internacionales de The
Johns Hopkins University of Advanced International Studies.
Autor de Hacia una nueva estrategia internacional: el desafío
de Néstor Kirchner y Globalización, narcotráfico y violencia:
siete ensayos sobre Colombia. Director de ciencias políticas y
relaciones internacionales de la Universidad de San Andrés, Argentina.

ubicó este acontecimiento como un factor que inhibía todo acercamiento positivo de las partes. Esto, reiteramos, fue un error lamentable porque colocó el contenido y el sentido del debate bilateral en otra dimensión.

Y la crítica debe caer en Estados Unidos pues no fue Cuba quien esgrimió el argumento de mejorar o no las relaciones de acuerdo a si Estados Unidos apoyaba directamente a los regímenes autoritarios de Haití o Filipinas o armaba encubiertamente a Sudáfrica o intervenía en los conflictos de Medio Oriente"[323].

Otro juicio que nos parece muy acertado en relación a la actitud poco constructiva adoptada por Estados Unidos luego de la entrada de las tropas cubanas a Angola es el que ofreció el ex jefe de la Oficina de Intereses de Washington en La Habana, Wayne Smith:

"Pero el hecho de que Castro no le hubiese dado la espalda al MPLA no representaba una falta de interés en mejorar sus relaciones con los Estados Unidos. De haber sido así, el estímulo brindado por los norteamericanos a las incursiones de las tropas de Zaire y Sudáfrica también hubiese sido un indicio de cinismo de los propósitos del acercamiento de los Estados Unidos hacia Castro. Quizás él así lo pensó, pero optó, en la práctica, por mantener los dos asuntos separados y continuar con el acercamiento, pese al respaldo concedido por los Estados Unidos a las fuerzas que se oponían a los amigos de Castro en Angola"[324].

[323] Juan G. Tokatlian, Introducción, en: Colectivo de Autores, Cuba-Estados Unidos: Dos Enfoques, (edición y compilación de Juan G. Tokatlian), CEREC, Argentina, 1984, pp.16-17.
[324] Wayne S. Smith, "La Relación entre Cuba y los Estados Unidos: Pautas y Opciones", en: Colectivo de Autores, Cuba-Estados Unidos: Dos Enfoques, (edición y compilación de Juan G. Tokatlian), CEREC, Argentina, 1984, p. 38.

Estas valoraciones respaldan nuestro criterio de que realmente no fue Cuba la culpable del fracaso del proceso de normalización de las relaciones durante la administración Ford porque le interesara más su papel en África, que tener relaciones normales con Estados Unidos. A Cuba le interesaba ambas cosas, solo que no las mezclaba. Fue Estados Unidos el que creó ese vínculo dañino importándole más sus posiciones geoestratégicas en el enfrentamiento Este-Oeste, que la normalización de sus relaciones con Cuba. Evidentemente ambos países se veían muy diferentes a sí mismos y al entorno internacional. Sus intereses también eran muy divergentes.

Al retomar la política estadounidense hacia Cuba los rumbos más agresivos, se produjo un incremento de las actividades terroristas contra nuestro país, perpetradas por las distintas organizaciones contrarrevolucionarias que actuaban impunemente desde el territorio de los Estados Unidos, sobre todo, bajo el ala protectora de la CIA. La acción terrorista más pavorosa que sufrió Cuba en ese tiempo se produjo el 6 de octubre de 1976, cuando se hizo estallar un avión de Cubana de Aviación en pleno vuelo, horrendo crimen que costó la vida a 73 personas.

Ramón Sánchez Parodi considera que la entrada de las tropas cubanas en Angola y el apoyo cubano a la independencia de Puerto Rico no fueron el motivo real que condujo a la decisión de Estados Unidos de poner fin a las conversaciones secretas con los cubanos:

"En mi opinión las conversaciones no se rompieron por el tema de la entrada de tropas cubanas a Angola, ni por el tema de Puerto Rico, sino por una razón de campaña electoral. Ford ansiaba ser electo presidente en 1976, pero tenía la fuerte competencia de la derecha dentro del Partido Republicano. Ellos consideraron que el tema Cuba no era recomendable en la campaña y entonces utilizaron el pretexto de lo de Angola y Puerto Rico para romper las conversaciones. ¿Por qué digo esto?, porque ninguno de esos dos temas cambió, al contrario se hizo más fuerte y durante la campaña tanto la gente de Carter como la de Ford nos hicieron llegar mensajes de que una vez terminada la fase electoral comenzarían de nuevo las conversaciones, las negociaciones"[325].

No hemos podido consultar ninguna fuente documental que ratifique esta idea. De existir, explicaría el gesto positivo de Ford hacia Cuba después de ser derrotado en las elecciones de noviembre de 1976, al tomar la decisión de permitir el sobrevuelo de Estados Unidos por aviones de Cubana de Aviación y prohibir continuar con los vuelos espías sobre territorio cubano. De cualquier manera, lo cierto es que Ford y Kissinger coincidieron en ese momento en que había que interrumpir las conversaciones secretas y el proceso de normalización.

Pese a todo lo ocurrido durante la administración Ford, hay que decir que fue la primera vez desde el triunfo de la Revolución Cubana en 1959, que un gobierno norteamericano inició conversaciones secretas con Cuba, en función de preparar el terreno para dirigirse hacia la normalización de las relaciones entre ambos países. Ello no constituyó un hecho fortuito, sino que fue el resultado del impacto que tuvo, en el diseño de la política estadounidense hacia Cuba de esos años, el escenario internacional, la realidad latinoamericana, la dinámica interna norteamericana y la realidad interna cubana. Sin embargo, si bien fue un paso importante la iniciativa tomada por el gobierno estadounidense en relación a Cuba, esta se desarrolló sobre bases irracionales que jamás Cuba podía admitir, como por ejemplo: que Estados Unidos aspirara, a cambio de la normalización, ser juez y árbitro de la política exterior de Cuba.

---

[325] Entrevista realizada a Ramón Sánchez Parodi, 7 de Octubre, 2008.

Por otro lado, Estados Unidos asistió a las conversaciones manteniendo su cruel bloqueo económico, comercial y financiero sobre la Isla, el cual utilizó como instrumento de presión sobre Cuba, para extraer las concesiones afines con sus intereses estratégicos, con lo cual adoptó una postura poco constructiva basada en posiciones de fuerza. El bloqueo contra Cuba había ya sido calificado por los analistas estadounidenses como: *"nuestra única y verdadera carta para la negociación"*[326]. Asimismo, se hizo notoria en algunas de las conversaciones sostenidas, la actitud arrogante y prepotente de Estados Unidos, propia de una potencia imperialista, dando a entender que Cuba debía tener algunos gestos favorables a los intereses de Estados Unidos, para que se pudiera avanzar hacia una negociación de los asuntos básicos, pues Cuba no era una prioridad para la política exterior estadounidense.

---

[326] Memorándum de Harry Shlaudeman a William Rogers, 27 de marzo de 1975, www.gwu.edu/~nsarchiv/ (Internet), (Traducción del ESTI)

CUBA Y ESTADOS UNIDOS, 1979:
LA CRISIS DE LA BRIGADA SOVIÉTICA [327]

Por el nivel de peligrosidad que alcanzaron las tensiones en las relaciones de Estados Unidos y Cuba y, al mismo tiempo, en el escenario internacional, la crisis más conocida y sobre la cual hay una valiosa producción historiográfica es la que se desencadenó en octubre de 1962. Sin embargo, otras crisis menores en las relaciones entre Cuba y Estados Unidos han sido olvidadas o poco trabajadas por los historiadores, quizás porque algunas de ellas fueron realmente "artificiales", es decir, montadas intencionalmente por algunos sectores de poder en Estados Unidos para afectar las relaciones con la Isla, o iniciadas a partir de presupuestos falsos. En la que se conoció como "crisis de la brigada soviética en Cuba" –a la cual nos referimos en este trabajo- hubo de los dos elementos señalados anteriormente.

Dicha "crisis" tuvo lugar durante la administración de James Carter (1977-1981), un presidente demócrata que, al llegar a la Casa Blanca, se propuso trabajar por lograr un cambio en los términos de las relaciones entre Estados Unidos y Cuba. Carter se planteó seriamente intentar "normalizar" las relaciones con Cuba y en ese propósito se lograron algunas cosas relevantes en su primer año de mandato como: los acuerdos pesquero y de límites marítimos, oficinas de intereses en ambos países, levanta-miento de las restricciones de viajes a Cuba para los ciudadanos estadounidenses y los cubano-estadounidenses, intercambios académicos, deportivos y culturales, con-versaciones de numerosas temas entre representativos de ambos gobiernos, entre

[327] Publicado en: *Calibán*, abril-septiembre 2011.

otros avances. Sin embargo, desde el inicio de la administración se visualizaron dos tendencias contrapuestas dentro del legislativo y el ejecutivo estadounidense: una pro-normalización y otra anti-normalización. Por desgracia, esta última fue la que con el transcurso del tiempo fue ganando preponderancia hasta hacerse dominante, sien-do la responsable de montar algunas de las crisis artificiales que se produjeron en las relaciones entre Washington y La Habana durante la administración Carter.

La tendencia anti-normalización logró primero que el proceso de normalización entre ambos países se congelara a partir de la entrada de las tropas cubanas en Etiopía a finales de 1977, y después que las relaciones entre ambos países fueran deteriorándose paulatinamente. Para lograr sus objetivos, los enemigos de la normalización con Cuba -encabezados fundamentalmente por Zbiniew Brzezinski, asesor para Asuntos de Seguridad Nacional, utilizaron numerosos subterfugios como: la alteración de los datos sobre las tropas cubanas en África, la propagación del mito de una Cuba satélite de los soviéticos en política exterior, la exageración del potencial real y los objetivos de las armas soviéticas en Cuba y la influencia sobre el Presidente y los medios de comunicación en los Estados Unidos.

Sin embargo, podemos afirmar, que con la campaña lanzada por los medios propagandísticos estadounidenses en septiembre de 1979, sobre la presencia de una "brigada de combate soviética en Cuba", se dio el vuelco ya total en sentido negativo en las relaciones Estados Unidos-Cuba. Todo comenzó en marzo de 1979, cuando Zbigniew Brzezinski pidió a la comunidad de inteligencia de los Estados Unidos que revisaran la información que tenían sobre tropas militares en Cuba. Como parte de ese estudio, la Agencia de Seguridad Nacional (NSA) elaboró a mitad de julio un informe.

El propio David Newson, subsecretario de Estado de los Estados Unidos durante la administración Carter, relataría posteriormente en su libro *The Soviet Brigade in Cuba*, que la decisión de la NSA, de usar el término "combate" en el informe elabora-do, no estaba sustentada en una evidencia fuerte y comprobada. Ello fue ratificado en el prólogo del propio libro por Stanfield Turner, Director de la CIA durante la ad-ministración Carter, quien además reconoció los serios errores que cometió la comunidad de inteligencia de los Estados Unidos a la hora de manejar la información sobre de la presencia de la "Brigada Soviética" en Cuba, la cual fue trasladada a la Casa Blanca de manera festinada sin antes realizar una evaluación completa de la información con el concurso de otras agencias de inteligencia, lo que hubiera evitado interpretaciones erróneas[328].

La original petición de Brzezinski, solicitando más información de inteligencia sobre la presencia de la "Brigada Soviética" en Cuba, fue el punto de comienzo que desencadenaría en una nueva crisis en las relaciones Estados Unidos-Cuba, pero las actividades desarrolladas por dos miembros del Senado de los Estados Unidos, devino en que la situación impactara en los medios de información de los Estados Unidos y alcanzara un relieve nacional. Los congresistas a los que hacemos referencia fueron: Richard Stone y Frank Church, quienes en su lucha por la reelección para el año 1980 en los estados de la Florida e Idaho respectivamente -mayoritariamente conservadores-, necesitaban seguir una línea dura en los asuntos internacionales, funda-mentalmente para ganar al electorado que no los perdonaba por haber votado a favor de los acuerdos del Canal de Panamá[329].

A mediados de julio de 1979, los análisis de inteligencia de las agencias de Estados Unidos llegaron a la conclusión de que la "Brigada Soviética"-los cubanos se referían a Centro de Instrucción No 12- presente en Cuba

---

[328] David D. Newsom, *The Soviet Brigade in Cuba. A Study in Political Diplomacy*, Georgetown University, 1987, (Foreword), p.X.
[329] Ibídem, pp. 12-15.

tenía carácter diferente a una misión consejera y que estaba integrada por varios miles de individuos que estaban trabajando directamente con las fuerzas armadas de Cuba[330].

De alguna manera, los rumores llegaron a Stone, quien comenzó a presionar a la administración para que se pronunciara al respecto. Sin embargo, el secretario de Defensa, Harold Brown, en su testimonio ante el Comité de Relaciones Exteriores del Senado el 17 de julio, declaró que no había evidencias de que hubiera un incremento sustancial de la presencia soviética en Cuba. El 27 de julio, el secretario de Estado, Vance, hizo la misma aseveración en una carta dirigida al senador Stone, quien seguía presionando con el tema[331].

El 20 de julio los noticieros de ABC informaron que el senador Stone había recibido información sobre la presencia de tropas de combate soviéticas en Cuba. Sin embargo, no fue esta noticia, ni la que dieron otros medios de comunicación sobre la "Brigada Soviética" en Cuba, las que llamaron la más seria atención del Congreso y de la opinión pública, sino la filtración de un compendio altamente secreto de Inteligencia Nacional el 28 de agosto que pasó por las manos de alrededor de 400 destinatarios en el área de Washington. Dicho documento, trasmitía los resultados del descubrimiento de la unidad cubana y se refería a ella como una brigada de combate[332].

El 30 de agosto de 1979, el senador demócrata por Idaho, Frank Church, declaró en una conferencia de prensa, que los servicios de inteligencia habían confirmado la existencia en Cuba de tropas de combate soviéticas e hizo un llamado al presidente Carter para que exigiese su inmediato retiro. La información se la había

---

[330] Ibídem, p.20.
[331] Barry Sklar, El Congreso y la Normalización de Relaciones con Cuba", *The Library of Congress, Congresional Research Service*, Washington, 1977, p.168.
[332] David D.Newson, *Ob.Cit*, pp. 21-22.

proporcionado al Senador el subsecretario de Estado de los Estados Unidos, David Newson, que también le había advertido que no era interés del Departamento de Estado dar a conocer la información a la opinión pública, pues se estaba buscando más información[333].

Asimismo, Cyrus Vance le había trasmitido a Church que dar a conocer esta información a la opinión pública era perjudicial para los intereses de Estados Unidos[334]. Pero como a Church lo único que le preocupaba a esas alturas era su campaña electoral en Idaho, hizo caso omiso a las advertencias de Newson y Vance y en conferencia de prensa dio a conocer la información recibida sobre la presencia de la "Brigada Soviética" en Cuba, exigiendo su inmediata retirada a los soviéticos.

Al día siguiente Hodding Carter, asistente del secretario de Estado de los Estados Unidos para asuntos públicos, ofreció en una conferencia de prensa en la que afirmó categóricamente que la preocupación del gobierno de los Estados Unidos estaba centrada en el hecho de que había en Cuba "tropas de combate soviéticas" y que no se entendía la racionalidad de esa presencia[335].

Significativamente, el lanzamiento de toda esta campaña se hizo coincidir con el inicio de la Sexta Conferencia Cumbre de los Países No Alineados en La Habana. La prensa norteamericana divulgó ampliamente las supuestas "características" y "objetivos" de la "Brigada Soviética". Se planteaba, entre otras cosas, que la "nueva brigada" estaba constituida por dos batallones de infantería motorizada, un batallón de artillería y cuarenta tanques, así como que esta se adicionaba a la fuerza militar de dos mil asesores soviéticos, que habían estado en Cuba durante 17 años. Además, entre

---

[333] Ibídem, p.34.
[334] Wayne Smith, *The Closest of Enemies*, W.W. Norton &Company, New York, 1988, p.185.
[335] Appendix A, Department of State, Daily Press Briefing, Friday, 31 august 1979, en: David Newson, Ob. Cit, p.60.

las elucubraciones de los medios se decía que los objetivos de la brigada eran proteger otras instalaciones soviéticas aún no descubiertas, fortalecer la presencia militar soviética en el área y propiciar su expansión junto a los cubanos en el Caribe y América Central, remplazando a los cubanos que combatían en África y comprobar los límites de la "paciencia" de Carter[336]. La algarabía fue subiendo de tono al paso de los días.

El 4 de septiembre, el presidente Carter recibió un informe de la Comunidad de Inteligencia sobre la presencia de las tropas soviéticas en Cuba y el Consejo de Seguridad Nacional se reunió para analizar la situación. Al día siguiente Cyrus Vance ofreció una conferencia de prensa en la que expresó que la naturaleza combativa de la unidad soviética en Cuba era de seria preocupación para los Estados Unidos[337].

El 7 de septiembre, Carter, en un discurso televisado, anunció que el asunto de la presencia soviética en Cuba era una cosa muy seria e inaceptable y mencionó que Estados Unidos estaba seguro de su habilidad para defenderse a sí mismo y a sus amigos de las agresiones externas que se encontraban en ese momento en el Hemisferio Occidental, en un país que había actuado como sustituto de los soviéticos en otras áreas del mundo como África. También ese mismo día Brzezinski calificó de forma ofensiva y virulenta en una entrevista concedida al Washington Post, que Fidel Castro era un "títere de la Unión Soviética" y que Cuba se encontraba en la situación de un "cliente dependiente de la URSS"[338].

---

[336] Luis Mesa Delmonte, "Administración Carter" en: *De Eisenhower a Reagan*, Editorial de Ciencias Sociales, La Habana, 1987, p. 271.

[337] Appendix B, Press Conference, Secretary of State Cyrus R.Vance, 5 September 1979, en: David Newson, Ob. Cit, p.67.

[338] Citado por la agencia (AFP), 7 de septiembre de 1979, en: Información Cablegráfica del CC-PCC, no 208, 8 de Septiembre de 1979.

A tal punto llegó la exaltación creada, que el Comité de Relaciones Exteriores del Senado decidió suspender la discusión sobre la ratificación del Tratado SALT II y, en lugar de ella, realizar una reunión a puertas cerradas con el jefe de la CIA y el secretario de Estado para recibir un informe detallado sobre la situación de las tropas soviéticas.

En el Congreso se hicieron visibles inmediatamente dos tendencias: una que defendió el criterio de que, para llegar a ratificar el tratado SALT II firmado por Carter y Breznev en junio de 1979, la URSS tenía que retirar antes dicha brigada, y otra, rea-cia a crear ese tipo de vínculo. No obstante, se palpaba ya que la vertiente derechista y conservadora minaba las filas del Congreso. Dentro de ella sobresalió nuevamente el senador demócrata y ferviente anticubano Henry Jakson. En un discurso pronun-ciado ante el pleno del Senado el 11 de septiembre, Jakson acusó a la Casa Blanca de no actuar con más decisión en cuanto al tema de la "Brigada Soviética" en Cuba[339].

El 28 de septiembre, Fidel Castro, en conferencia de prensa ofrecida a un grupo de periodistas norteamericanos y a la prensa internacional acreditada en Cuba, condenó y desenmascaró de forma enérgica la nueva campaña orquestada contra la Isla:

"Eso que ustedes llaman brigada, y que nosotros llamamos centro de instrucción, está en Cuba desde hace 17 años. Esta instalación militar fue creada al final de la Crisis de Octubre de 1962, conforme al espíritu de los acuerdos de octubre de ese año y dentro del statu quo establecido como consecuencia de la Crisis de Octubre.

Este hecho, esta instalación, la conocían y la conocieron todos los presidentes sucesivos que han pasado por los Estados Unidos. Esta instalación

---

[339] Emisora "Voz de los Estados Unidos", 11 de Septiembre de 1979, en: Información Cablegráfica del CC-PCC, no 211, 13 de Septiembre de 1979.

la conocía la CIA,..., y tenía necesariamente que conocerla Carter, (...)

Y yo pienso que la actuación de Carter en relación con este problema ha sido deshonesta, ha sido inmoral y ha estado engañando a la opinión pública mundial y a la opinión pública de los Estados Unidos, (...)

Y entonces ellos manejaron esto asociado a la Sexta Cumbre. Porque se sabe que unos días antes de la Sexta Cumbre en el Departamento de Estado llamaron a Church y le dieron esta información, información de este tipo para que él hablara.

Ahora, no pensaron que esto podía convertirse en un boomerang que podía amena-zar, incluso, los Acuerdos SALT (se refiere al SALT II) y convertirse en un desastre político para la administración Carter. O tal vez pensaron que, como el Acuerdo SALT es muy importante, esto podría servir para hacer exigencias a Cuba y a la Unión Soviética, e infligir una humillación a Cuba, obstaculizar el trabajo de Cuba como dirigente del Movimiento de los No Alineados; y de paso presentar a Carter como hombre enérgico que obtiene una victoria en el terreno internacional"[340].

Pero 10 días antes de la conferencia de prensa ofrecida por el Fidel, la CIA había elaborado un informe que era la muestra palmaria de que se había creado una exaltación innecesaria, pues la "Brigada Soviética" en Cuba no representaba peligro alguno para los Estados Unidos. El informe de la agencia decía entre otras cosas que:

---

[340] *Bohemia,* no 40, 5 de octubre de 1979, pp. 51-57. (Conferencia de prensa ofrecida por Fidel Castro el 28 de septiembre de 1979 a un grupo de periodistas norteamericanos invitados y a la prensa extranjera acreditada en Cuba).

"Una unidad de infantería de combate soviética -
que los soviéticos llaman brigada- ha estado en
Cuba desde, al menos, mediados de la década de
1970. Es posible que la unidad o su precursor hayan estado allí desde principios de la década de
1960 como residuo de la presencia de tropas soviéticas en 1962. (…) La brigada carece de la capacidad de establecer un puente aéreo y marítimo necesario para brindarle un poder de proyección. En
cualquier caso, pensamos que es bastante poco
probable que los soviéticos vean esta misión como
plausible tanto desde el punto de vista militar
como político"[341].

Existía el peligro inminente de la no ratificación por el
Senado del tratado SALT-II y adicionalmente, se había
deteriorado la credibilidad en los medios de comunicación frente a la opinión pública estadounidense, después de las declaraciones hechas en la ONU el 25 de
septiembre, por Gromyko, ministro de Relaciones Exteriores de la URSS, en que se había referido al carácter
artificial de la crisis. Todo ello obligó a Carter a dirigirse nuevamente a la nación y al mundo, el 1ro de octubre, para confirmar lo que desde el inicio de la crisis la
dirección cubana no se había cansado de repetir. Según
el presidente estadounidense, con la "revisión cuidadosa de los datos de inteligencia anteriores" se había
llegado a la conclusión de que la "brigada soviética" "había existido por varios años, probablemente desde mediados de 1970 o posiblemente aún más tiempo". En su
discurso, Carter también observó:

"Esta no es una fuerza muy grande ni tampoco
una fuerza de asalto. No representa una amenaza
directa para nosotros. No tiene capacidad de
transporte aéreo o marítimo. En contraste con la

---

[341] CIA, "Informe actualizado sobre la brigada de infantería soviética en Cuba", 18 de septiembre de 1979, www.foia.cia.gov,
Internet, Traducción del ESTI.

crisis de 1962, no implica una amenaza nuclear contra los Estados Unidos. No obstante, esta "Brigada Soviética" en Cuba es un asunto grave, que contribuye a la tensión en el Caribe y en la región centroamericana"[342].

También expresó que la presencia de la "Brigada Soviética" en Cuba era una manifestación de la dominación de Moscú sobre Cuba[343].

En sus palabras, Carter señaló que tomaría una serie de medidas para contrarrestar el supuesto activismo soviético-cubano en el hemisferio, tales como: aumentar la vigilancia sobre Cuba -con lo que dejaba claro que se reanudarían los vuelos espías sobre Cuba-, asegurar que ninguna unidad soviética en Cuba pudiera ser utilizada como fuerza de combate para amenazar la seguridad de Estados Unidos o de cualquier otra nación del hemisferio; crear una Fuerza Conjunta de Contingencia para el Caribe con su cuartel general en Key West, la Florida; incrementar las maniobras militares en la región, principalmente en Guantánamo; y aumentar la ayuda económica y humanitaria de los Estados Unidos a los países que deseaban "resistir los disturbios sociales y la posible dominación comunista"[344].

No obstante, Carter exhortó al Senado norteamericano a que ratificara el Tratado SALT II, lo que era un poco contradictorio, pues si por un lado ordenaba la aplicación de medidas con un carácter de Guerra Fría, específicamente para la región centroamericana y caribeña, por el otro insistía en la ratificación del SALT II, con lo que se posicionaba en favor de la distensión. Tal

---

[342] Emisora "Voz de los Estados Unidos", 1ro de octubre de 1979, en: Información Cablegráfica del CC-PCC, 2 de octubre de 1979.

[343] Appendix D, Text of televised Remarks by president Carter, September 7, 1979, en: David Newson, Ob. cit, p. 83.

[344] Citado en *Granma*, 2 de Octubre de 1979, Declaraciones de Carter en la TV de EE.UU.

parece que, a esas alturas, los escenarios se le habían complicado tanto a Carter, que no podía ser congruente en sus decisiones y dirección política. Pero algo más podía interpretarse de la actuación de Carter: quería quedar bien con dios y con el diablo con el objetivo de ganar la mayor cantidad de simpatizantes en pos de las elecciones presidenciales que se avecinaban, pues al tiempo que defendía la ratificación del SALT II, le pasaba la mano a los halcones del Congreso y del Pentágono, mostrándose frente a ellos como un firme anticomunista capaz de enarbolar "el gran garrote" de Teodoro Roosevelt.

Como bien señaló el 4 de octubre de 1979 el diario español *Mundo Obrero* en un artículo titulado "La minicrisis del Caribe":

> "¿Quién amenaza a quién? ¿Quién ocupa territorios del otro país? ¿Cuba o los Estados Unidos? El fariseísmo de Carter, enviando su flota a hacer maniobras en la zona del Caribe, es de antología. El desembarcar marines en Guantánamo es, perdónenos la expresión, una chulería cuya única explicación posible es la de echar carnaza a los belicistas del Pentágono para poder salvar así el SALT II..."[345].

Un despacho cablegráfico de ANSA reflejó al día siguiente de la intervención radiotelevisada de Carter que: "el discurso del presidente Carter sobre la cuestión de las tropas soviéticas en Cuba no había mejorado sustancialmente las posibilidades de una rápida ratificación del Tratado SALT, por parte del Senado norteamericano", e hizo mención a las declaraciones de Frank Church, paloma convertida en halcón y presidente de la Comisión de Relaciones Exteriores del Senado, quien había planteado que "las aseguraciones dadas a Carter

---

[345] Diario "Mundo Obrero", España, 4 de Octubre de 1979, en: Información Cablegráfica del CC-PCC, no 233, 9 de Octubre de 1979.

por los soviéticos eran insuficientes" y que el Senado insistiría al Presidente, antes de que el Tratado SALT II fuese aprobado, dar personalmente la garantía, basada en informes de los servicios especializados de que las tropas de combate soviéticas ya no estaban desplegadas en Cuba.

Por esos días, también las agencias de noticias hicieron referencia a las reacciones negativas sobre el discurso de Carter provocadas en los senadores Richard Stone y Howard Baker, el gobernador de California Edmund Brown y el republicano John Connally[346]. Evidentemente, las valoraciones y medidas adoptadas por Carter en torno a la crisis de la "Brigada Soviética", les parecían muy débiles a los partidarios, dentro del establishment estadounidense, de la Guerra Fría.

Incluso un grupo de senadores llegó a proponer que se prohibiera la venta de granos a la Unión Soviética, debido a la existencia de tropas soviéticas en Cuba, pero la idea fue rechazada por el Departamento de Estado de los Estados Unidos[347]. Esa tendencia hegemónica dentro de las filas del legislativo fue la que logró que, al día siguiente del discurso de Carter ante la nación, el Senado adoptara una resolución que señalaba que el SALT II no podía ser ratificado hasta que el Presidente diera seguridad de que las tropas soviéticas en Cuba no tenían un rol combativo[348].

Por su parte, James D. Theberge, director del Instituto para Estudios Políticos y Conflictos, fustigó con crudeza al gobierno de Carter en una disertación frente al Comité Nacional Republicano, al decir que el Presidente carecía de una visión estratégica para proteger y hacer progresar los intereses de Estados Unidos en la Cuenca

---

[346] Agencia (ANSA), 2 de octubre de 1979, en: Información Cablegráfica del CC-PCC, no 228, 3 de octubre de 1979.
[347] Emisora "Voz de Estados Unidos", 4 de octubre de 1979, en: Información Cablegráfica del CC-PCC, 8 de octubre de 1979.
[348] David D.Newson, Ob. Cit, p.49.

del Caribe. Theberge propuso que se adoptaran las siguientes medidas para contrarrestar el "desafío soviético-cubano" en la región centroamericana y caribeña:

- Que Estados Unidos propusiera que la OEA fuera un instrumento de cooperación económica y se explorara la posibilidad de establecer un fondo de desarrollo del Caribe con un capital inicial de 100 millones de dólares.

- Establecimiento de una estación de Radio Cuba Libre, para informar al pueblo cubano sobre las aventuras de Fidel Castro en ultramar, su costo en vidas y sufrimientos a los cubanos, sus efectos en sus niveles de vida y contrarrestar la propaganda cubana contra Estados Unidos.

- Restringir el turismo hacia Cuba sólo a viajes humanitarios y familiares, a fin de reducir los estimados de 150 a 200 millones de dólares de ingresos que Castro espera por concepto de ese turismo.

- Aumentar la vigilancia y fortalecer las actividades de inteligencia en la región del Caribe dirigidas contra Cuba.

- Apoyar a las fuerzas anticastristas, particularmente a las que disputan la supremacía de guerrillas con apoyo cubano.

- Realzar permanentemente la presencia naval de Estados Unidos y las estructuras básicas en la Cuenca del Caribe.

- Demandar la libertad de los presos políticos

en Cuba, incluyendo a las mujeres, que su-
fren condiciones brutales[349].

El furibundo anticubano y senador demócrata por la
Florida, Richard Stone, al parecer nada conforme con la
actitud de Washington en relación con la presencia de
la "Brigada Soviética" en Cuba, lanzó una nueva propaganda malévola para envenenar aún más las relaciones
entre Estados Unidos y Cuba, en este caso, al decir que
Moscú estaba ampliando la base naval de Cienfuegos
para utilizarla como almacén y servicio para sus sub-
marinos atómicos. Mas, en esta ocasión, la administración Carter no se dejó caer en la celada, y Cyrus Vance
negó ante una rueda de prensa que los Esta-dos Unidos
poseyeran indicios que corroboraran la denuncia hecha
por Stone[350].

Como puede verse, la discusión sobre la "Brigada Soviética" continuó en los círculos de poder estadounidenses todo el mes de octubre de 1979. A mediados del propio mes, McGeorge Bundy, quien había sido asesor para
Asuntos de Seguridad Nacional del presidente Kennedy, reveló que esa administración había estado de
acuerdo en 1963 en que la "Brigada Soviética" estuviera
en el mismo lugar en el que permanecía en la actualidad. Un testimonio posterior de Robert McNamara, secretario de Defensa durante la administración Kennedy, ratificó lo declarado por Bundy. Se hacía entonces
evidente que, la tendencia anti-normalización dentro de
la administración Carter, había creado y explotado a su
favor esta crisis artificial en las relaciones cubano-estadounidenses[351].

A partir de ese momento, la política hacia Cuba de la

[349] Directiva Presidencial/NSC-52, 4 de octubre de 1979, *The Carter Administration. Policy toward Cuba: 1977-1981*, (docu-mentos desclasificados, Biblioteca del ISRI) (Traducción del ESTI).
[350] Luis Mesa Delmonte, Ob. Cit, p. 277.
[351] Luis Mesa Delmonte, Ob. Cit, pp. 273-274.

administración Carter se montó sobre esta "crisis" y quedó esbozada en la Directiva presidencial/ NSC-52, elaborada por Brzezinski y firmada por el Presidente el 17 de octubre de 1979. En ella, quedaron delineados cuatro objetivos específicos:

1. Reducir y a la larga sacar a las fuerzas militares cubanas desplegadas en el extranjero;
2. Socavar la ofensiva cubana en pro del liderazgo en el Tercer Mundo;
3. Lograr que Cuba se contuviera respecto a la cuestión de Puerto Rico, y
4. Impedir la intensificación de la presencia soviética en las fuerzas armadas cubanas.

Para lograr esos objetivos, Estados Unidos desarrollaría una estrategia para vincular a los gobiernos latinoamericanos con sus propósitos; aumentaría la presencia militar en el área; elaboraría "programas presupuestarios con miras a proporcionar mayor cantidad de asistencia económica y militar a los gobiernos de la región" que, según el criterio estadounidense, respetaban "los derechos humanos y los valores democráticos"; utilizaría a los países más moderados del Movimiento de Países No Alineados para condenar las conductas de Cuba; y presionaría vigorosamente para impedir que Cuba obtuviera un escaño en el Consejo de Seguridad de las Naciones Unidas o que sirviera de sede para la celebración de la Conferencia de las Naciones Unidas sobre Comercio y el Desarrollo.

En correspondencia con la Directiva presidencial 52, el 5 de octubre se reiniciaron los vuelos espías sobre Cuba y el 17 del mismo mes, 1 800 marinos norteamericanos hicieron un simulacro de asalto desembarcando en Guantánamo con 3 barcos y usando helicópteros y vehículos anfibios. La intención era clara: mandar un mensaje a Cuba y a la URSS, de que Estados Unidos tenía la capacidad militar para actuar en defensa de sus intereses en el Hemisferio Occidental.

Otros pasos dentro de la estrategia militar provocadora norteamericana fueron: la penetración en aguas del Caribe de 25 buques de guerra con fines intimidatorios; la formación de tropas de acción rápida integrada por más de 100 000 soldados; y el establecimiento de 10 aviones supersónicos de ataque A-4 en la base de Key West, que podían llegar a Cuba en solo 10 minutos.

Al hacer un análisis de las raíces de esta crisis artificial creada en torno a Cuba, se puede dilucidar que tuvo varios objetivos e intereses definidos: primero; "la crisis" se hizo coincidir con la celebración en La Habana de la VI Cumbre del Movimiento de Países No Alineados, en la que estaba previsto que Cuba ocupara la presidencia del movimiento. Washington y sus aliados, en una primera etapa, realizaron todo tipo de presiones y campañas para que la Isla no fuera la sede y posteriormente orquestaron todo tipo de cabildeos en numerosos países para impedir que se aprobara el "documento final" propuesto por Cuba, segundo; la campaña trató de crear la imagen de que los procesos revolucionarios en América Central y en el Caribe no eran el resultado de las contradicciones internas y las luchas de clases en esos países, sino que estaban azuzados por las acciones subversivas de Cuba, la cual hacía el trabajo sucio de la URSS en la región. De esta manera, Estados Unidos buscaba pavimentar el camino para una posible participación militar futura más directa en el área. Tercero; los sectores interesados en entorpecer las negociaciones con la Unión Soviética sobre limitación de armamentos estratégicos, detener el proceso de distensión y favorecer el armamentismo, maniobraron rápidamente para vincular la crisis artificial con las negociaciones SALT-II, al tratar de hacer ver que la URSS y Cuba habían dado nuevos pasos en el campo militar, y cuarto; el presidente Carter trató de utilizar la "crisis" para dar la imagen de un presidente fuerte y elevar su prestigio con vistas a la campaña por su reelección, en momentos que su popularidad había disminuido considerablemente.

Al luz de hoy, podemos decir que esta crisis artificial ocurrida en torno a la presencia en la Isla de una brigada soviética de instrucción militar, constituye una experiencia importante a tomar en cuenta en la actualidad, pues en el diseño y la implementación de la política estadounidense hacia Cuba siguen presentes las fuertes contradicciones -tanto en el ejecutivo como en el Congreso- entre los sectores favorables a la mejoría de las relaciones con Cuba y los que la niegan. Estos últimos, a no dudarlo, no perderán oportunidad alguna de montar sus particulares crisis artificiales con tal de torpedear cualquier intento de mejorar las relaciones con la Isla.

A 30 AÑOS DE LA CRISIS MIGRATORIA DEL MARIEL[352]

Desde finales de 1979 hasta inicios de 1980, Estados Unidos continuó implementando su indiscriminada política de estimular las salidas ilegales de Cuba y recibir como héroes a los que cometían ese tipo de acciones, al tiempo que negaba cada vez más las visas a los cubanos que deseaban salir del país legalmente. Washington había recibido supuestamente con "beneplácito" los acuerdos rubricados entre el gobierno cubano y representativos de la comunidad cubana en Estados Unidos, como resultado del diálogo sostenido entre ambas partes en La Habana en noviembre y diciembre de 1978.

Por otro lado, la burocracia del gobierno de los Estados Unidos, a la hora de darles salida y entrada a su país a los presos contrarrevolucionarios liberados, se hacía sentir en toda su expresión. Washington se había comprometido a sacar legalmente del país y trasladar mensualmente hacia su territorio, a 400 de estos reclusos puestos en libertad, pero de enero a julio de 1979, su tope había sido solamente de 60 al mes. Además, el gobierno estadounidense había demostrado su reticencia para recibir en Estados Unidos a los ex reclusos que deseaban emigrar a ese país junto a sus familiares y cuyas listas el gobierno de Cuba había entregado a las autoridades de Washington.

Desde el mes de mayo de 1979, tanto Robert A. Pastor, asistente para América Latina del Consejo de Seguridad Nacional, como Zbinew Brzezinski, asesor para Asuntos de Seguridad Nacional del presidente estadounidense James Carter (1977-1981) habían expresado su

[352] Publicado en: La Jiribilla, no 469, mayo de 2010.

mayúscula preocupación en cuanto a las trabas buro-
cráticas del Departamento de Justicia y el Departamento de Estado de los Estados Unidos, ante la decisión
tomada por Fidel Castro de acelerar la excarcelación de
los presos según lo acordado por el gobierno cubano con
los representativos de la comunidad cubana y con la intención de hacerlo antes de la celebración de la Cumbre
de los No Alineados en La Habana en el mes de agosto
de ese año.

"Hemos pifiado en el asunto de los presos desde el
principio. Hemos permitido que Castro haga que la victoria de Carter parezca un triunfo de Castro y un fracaso de Carter"[353], expresó Pastor a Brzezinski. A su
vez, Brzezinski recomendó a Carter que dirigiera un
mensaje al Departamento de Justicia y al de Estado
instándolos a hacer "más expedito el procesamiento" de
los reclusos excarcelados en la Isla y que se reuniera
con "un pequeño grupo de ex reclusos, líderes de la comunidad cubano-americana, y algunos líderes de organizaciones de derechos humanos" a fin de esclarecer la
intención del gobierno de los Estados Unidos de aceptar
a todos los presos políticos que Fidel tenía intención de
poner en libertad, pues ello le daría la posibilidad de
hacer una pequeña declaración que colocaría a Estados
Unidos en el lado correcto de ese asunto[354]. Sin embargo, la burocracia continuó imponiéndose.

Esta situación fue creando poco a poco una situación
cada vez más cercana a una crisis migratoria entre Estados Unidos y Cuba. En octubre de 1979, las cosas comenzaron a irse de lo normal en la Isla cuando algunos
antisociales secuestraron un barco, el GH-41, y lo for-
zaron a ir a la Florida. Al llegar a su destino, las auto-

---

[353] Memorándum de Robert Pastor a Brzezinski, 4 de mayo de
1979, *The Carter Administration. Policy toward Cuba: 1977-
1981*, (documentos desclasificados, Biblioteca del ISRI) (Traducción del ESTI).
[354] Memorándum de Brzezinski a Carter, *The Carter Administration. Policy toward Cuba: 1977-1981*, (documentos desclasificados, Biblioteca del ISRI) (Traducción del ESTI).

ridades estadounidenses nada hicieron con los secuestradores, más allá de darle asentamiento en el país.
Ninguno de ellos fue condenado o arrestado, y ni siquiera se investigó el hecho[355].

Cuba pasó de inmediato, a través de su Oficina de Intereses en Washington, una nota de protesta al gobierno estadounidense insistiendo en que era necesario
que el gobierno de Estados Unidos reafirmara su intención de hacer cumplir la ley respecto a los secuestros,
pues de otra manera Cuba se vería precisada a reconsi-
derar el acuerdo de Piratería Aérea y Marítima firmado
entre ambos países. La nota cubana no fue respondida
por el gobierno estadounidense. Cuatro secuestros más
se produjeron luego del ocurrido en octubre de 1979.
Dos de ellos fueron altamente peligrosos. El 16 de febrero 16 individuos, casi todos armados, tomaron Lis-
sette, embarcación comercial de Liberia, y la obligaron
a ir a la Florida. Lo mismo hicieron 4 individuos armados con cuchillos y pistolas el 25 de febrero del mismo
año con el bote de pesca Lucero. Nuevamente, ningún
proceso investigativo en torno a los hechos se hizo y ninguno de los secuestradores fue condenado. A todos los
secuestradores se les dio asentamiento en el país. Luego
de cada secuestro ocurrido, se produjo una nota de protesta de Cuba, pero ninguna de ellas fue respondida[356].

Ante esta situación de inminente peligro para la seguridad de Cuba y para la política migratoria legal y re-
gulada, el gobierno de la Isla advirtió en varias oportunidades a Washington que tomara las medidas pertinentes y cambiara su política de estimular la emigración ilegal y de recibir a los secuestradores de embarcaciones como héroes, pues de lo contrario, el gobierno cu-

---

[355] Wayne Smith, *The Closest of Enemies*, W.W. Norton &Com-
pany, New York, 1988, pp. 200-201.
[356] Ibídem, pp. 202-203.

bano se vería obligado a reeditar la experiencia de Camarioca[357]. Mas el gobierno de Washington siguió dilatando sus acciones y sin responder las advertencias cubanas.

También Cuba, con extrema paciencia, venía soportando desde 1979 los hechos irregulares ocurridos en las sedes diplomáticas de Venezuela y Perú, al penetrar en ellas por la fuerza elementos antisociales en busca de un supuesto "asilo político" y ser recibidos como héroes, al tiempo que, paradójicamente, se les negaban las visas cuando las solicitaban normal y pacíficamente.

El 8 de marzo, en la clausura del III Congreso de la Federación de Mujeres Cubana, efectuado en el teatro "Carlos Marx", el máximo líder de la Revolución Cubana advirtió de los peligros que estaba generando el tratamiento estadounidense al tema migratorio:

"Estimulan las salidas ilegales del país, los secuestros de embarcaciones, poco menos que recibiendo como héroes al que secuestre una embarcación. Y se han dado casos, se han dado casos. Nosotros les hemos protestado y le hemos advertido; porque ya la otra vez alguna gente se ahogó en el camino, y nosotros le dijimos: "Nosotros no tenemos la culpa, porque no somos nosotros los que pusimos las restricciones". Les hemos pedido,

---

[357] Luego de la derrota de Playa Girón y los resultados de la Crisis de Octubre se produce la interrupción del flujo migratorio de cubanos hacia los Estados Unidos, con la consecuente acumulación de un potencial sin salida por vía legal. Ya desde esos momentos, la expectativa de emigrar de forma ilegal, con un máximo de seguridad de ser recibido y obtener un trato preferencial en los Estados Unidos, fue un elemento utilizado recurrentemente por Washington para desestabilizar la sociedad cubana con el complemento de una extensa propaganda. Ante tal escenario, se producen los acontecimientos de Camarioca en Octubre de 1965, a partir de que el Gobierno de Cuba autoriza a que los emigrados que pudieran viajar a recoger a sus familiares en la Isla, lo hicieran. Para ese fin, se habilitó el pequeño puerto en la provincia de Matanzas por donde emigraron cerca de 2,700 personas, entre esa fecha y noviembre.

les hemos exigido que tomen medidas y que desalienten ese tipo de actividades, porque ya se sabe todas las consecuencias que esto tiene.

Así empezaron con los secuestros de aviones, y después no había quien para el chorro de aviones norteamericanos aterrizando aquí, secuestrados allá en Estados Unidos; porque, si en todas partes hay locos, allá hay muchos más locos que aquí. Había veces que se reunían tres aviones norteamericanos aquí. Entonces, después, pienso que no tendrán moral ninguna para exigir que nosotros tomemos medidas -como lo estamos haciendo- contra los secuestradores aviones, si ellos no toman medidas contra los secuestradores de barcos. Esperamos, igualmente, que adopten medidas para no estimular las salidas ilegales del país; porque nosotros entonces podríamos también tomar nuestras medidas. Ya una vez lo hicimos; porque no vamos a estar tomando nosotros medidas contra los que pretenden salir ilegalmente del país, y ellos estimulando la salida ilegal del país. Ya una vez nos vimos obligados a tomar medidas en ese sentido. También se lo hemos advertido, porque ya en una ocasión tuvimos que abrir el puerto de Camarioca. Y nos parece una prueba de la falta de madurez del Gobierno de Estados Unidos volver a crear situaciones similares; (...)[358].

La irracional política migratoria estadounidense hacia Cuba y la poca preocupación del gobierno estadounidense en torno a los hechos ocurridos, como se palpó en la no respuesta a las notas de advertencia de la Isla, espolearon a que, el 1ro de abril de 1980, penetrara por la fuerza en la embajada del Perú en La Habana un

---

[358] Discurso pronunciado por Fidel Castro Ruz en la clausura del III encuentro de la Federación de Mujeres Cubanas, efectuado en el Teatro "Carlos Marx", el 8 de Marzo de 1980, en: www.cuba.cu/gobierno/discursos/1980/esp, (Internet), p.20.

grupo de elementos antisociales que habían secuestrado un ómnibus, ocasionando en la arremetida la
muerte al custodio cubano Pedro Ortiz Cabrera. Ello
condujo a una declaración del gobierno cubano el 4 de
abril, en la cual se explicaba que, la actitud de ambas
embajadas, al "acoger en sus sedes a tales violadores de
la inmunidad diplomática en lugar de rechazar semejante práctica"[359], era riesgosa para la propia seguridad
de los funcionarios diplomáticos y estimulaba los actos
de violencia contra otras sedes diplomáticas en Cuba. A
su vez, de forma perentoria la declaración advirtió que
ningún individuo que penetrara por la fuerza en una
embajada extranjera, recibiría salvoconducto para salir
del país. La declaración también hizo énfasis en que en
ninguna ocasión los elementos que habían penetrado
por la fuerza en las embajadas habían estado implicados en problemas políticos, por lo que no tenían necesidad de asilo diplomático[360].

Como consecuencia de los hechos, y ante la tolerancia
del gobierno peruano, el gobierno de Cuba decidió retirar la custodia de dicha sede diplomática. Como era de
esperarse, a las pocas horas el recinto estaba copado en
sus mayores partes por lumpen, delincuentes y vagos.
La campaña mediática estadounidense contra Cuba no
se hizo esperar. El presidente estadounidense Jimmy
Carter lanzó toda una ráfaga de críticas infundadas
contra la Isla y el 14 de abril firmó una autorización
para admitir a 3,500 de los individuos que se encontraban en la embajada del Perú.

Paralelamente a esto, Washington fijó para el 8 de
mayo la realización de ejercicios militares en el Caribe,
bajo el nombre de maniobra "Solid Shield 80", en la que
participarían 20,000 efectivos, 42 buques de guerra y
350 aviones de combate. Como parte de esta maniobra
se pensaba desarrollar un desembarco aéreo y naval en
la Base Naval de Guantánamo de magnitudes conside-
rables. Incluso, aviones B-52 estudiarían el minado de

---

[359] *Granma*, 4 de abril de 1980.
[360] Veáse Ibídem.

mares y puertos cubanos. Además, por esos días Estados Unidos realizó la instalación en Costa Rica y Honduras de varias bases de control electrónico para ejercer una amplia vigilancia aérea en la zona centroamericana.

Asimismo, comenzaron también maniobras turbias en relación con el traslado de los acampados en la embajada del Perú. Mientras que Cuba deseaba que se condujeran directamente a los países que se habían ofrecido para acogerlos, se desarrolló un plan de congregarlos en campamentos de Costa Rica y de allí distribuirlos a otros países. Cuba interpretó este método como una provocación más. En primer lugar, porque no se había contado con Cuba. En segundo lugar, porque era muy obvio lo que había detrás de esta maniobra: al crear campamentos de refugiados en Costa Rica, se prolongaba el "show" y, por lo tanto, se podía seguir explotando la situación propagandísticamente. En tercer lugar, porque Cuba sabía que, en realidad, la inmensa mayoría de los individuos que se encontraban en la embajada del Perú quería trasladarse a los Estados Unidos, pues allí tenían familiares o relaciones.

El 19 de abril de 1980 el pueblo de Ciudad de la Habana desfiló ante la embajada del Perú para mostrar su apoyo a la Revolución y pulverizar la campaña de improperios difundida por los medios masivos del enemigo a 90 millas y sus aliados, que trataba de mostrar que Cuba estaba llena de perseguidos políticos, disidentes e inconformes con el sistema y el gobierno de la Isla[361].

---

[361] Es necesario aclarar que la campaña propagandística a nivel internacional, trató primero de mostrar a los antisociales como "asilados" y después como "refugiados". Ninguna de las dos denominaciones se ajustaba a la realidad y solamente tenían un fin mediático. Según la Convención de Asilo Diplomático de 1954, el asilo político sólo se aplicaba a perseguidos políticos en casos de urgencia. Por otra parte, las diversas resoluciones de Naciones Unidas plantean que los refugiados son las personas que durante la guerra se ven obligadas a abandonar su territorio, el cual es ocupado por el enemigo; o las personas que

Ante la maniobra de crear campamentos de refugiados en Costa Rica para continuar el show mediático contra Cuba y en respuesta a las declaraciones de Carter señalando que Estados Unidos recibiría con los brazos abiertos a los que cubanos que buscaban la libertad, el gobierno cubano decidió abrir el puerto del Mariel para que todos los que desearan abandonar el país y dirigirse a los Estados Unidos, pudieran hacerlo libremente. En este caso, siendo recogidos por familiares o conocidos en ese punto geográfico y luego trasladados vía marítima a territorio estadounidense. La propaganda norteamericana denominó a aquella operación como "la flotilla de la libertad".

Entonces, en una editorial del periódico Granma el 21 de abril de 1980, se hizo pública la decisión del gobierno cubano de que, las embarcaciones que desde los Estados Unidos llegaran a la Isla a recoger a los que deseaban emigrar hacia ese país, no serían detenidas. De este modo, el puerto del Mariel quedó libre a la emigración. Inmediatamente el Departamento de Estado de los Estados Unidos realizó virulentas declaraciones contra esos viajes y amenazó con arrestar, confiscar e imponer multas a embarcaciones y patrones que participaran en la flotilla[362].

Ante el enredo fugaz de la madeja, diversos funcionarios de la Administración Carter se reunieron con representantes de la comunidad cubana en los Estados Unidos para que suspendieran estos viajes y se respetaran las leyes, al tiempo que procedía a una revisión de las leyes de inmigración de los Estados Unidos.

La apertura del Mariel colocó a Washington en una situación sumamente difícil, pues era obvio que la población norteamericana en general no tenía grandes simpatías o deseos de acoger este nuevo influjo de inmigrantes en un momento difícil de su economía.

---

son expulsadas de su país por sus propias autoridades.
[362] Luis Mesa Delmonte, "Administración Carter" en: *De Eisenhower a Reagan*, Editorial de Ciencias Sociales, La Habana, 1987, p.281.

También, porque los inmigrantes legales e ilegales de otros países, particularmente, refugiados haitianos, comenzaron a protestar por la discriminación en contra de ellos. En buena lógica, si se aceptaba un número indeterminado de cubanos que querían ir a vivir a los Estados Unidos, ¿por qué no se aceptaba igualmente un número indeterminado de haitianos que también quería ir a vivir a los Estados Unidos? o ¿por qué no regularizar la situación de los cientos de miles de dominicanos que se encontraban indocumentados en los Estados Unidos en esos momentos, viviendo en azarosas circunstancias? Todo esto tampoco era conveniente a los Estados Unidos cuando existían miles de ciudadanos norteamericanos de los sectores más oprimidos de la población (negros, chicanos, puertorriqueños), que estaban padeciendo los azotes de la situación económica y cuando era visible el deterioro del nivel de vida de grandes sectores de la población, aún los de la clase media[363].

El 1ro de mayo de 1980, se produjo la mayor concentración popular en 21 años de Revolución. En ella, Fidel hizo un análisis de los hechos acontecidos y condenó toda la campaña propagandística urdida contra Cuba por los medios de difusión estadounidenses y la prensa derechista del hemisferio. Además, el líder de la Revolución Cubana dio a conocer que el gobierno norteamericano había decidido suspender las maniobras militares proyectadas en Guantánamo, por lo que el gobierno cubano cancelaba las maniobras especiales que, con el nombre de Girón-XIX, estaban previstas comenzar el 7 de mayo en respuesta a la actitud amenazante de Estados Unidos.

"Pero la marcha del pueblo combatiente va, -exclamó Fidel refiriéndose a la marcha del pueblo cubano frente a la Oficina de Intereses de los Estados Unidos planificada para el 17 de mayo- ...porque la marcha no era sólo contra las maniobras, sino también contra el bloqueo,

---

[363] Lourdes Casal, "Cuba, Abril-Mayo de 1980: La Historia y la Histeria", en Revista *Areíto*, vol. VI, no 23, 1980, pp.18-22.

contra la base Naval de Guantánamo, y contra los vuelos espías de los SR-71, y hay que evitar que los yanquis pretendan sacar como ventaja que el pueblo se desmovilice en medio de la batalla[364]".

En su discurso, Fidel también hizo un análisis detallado del curso que había cogido la política de la administración Carter hacia Cuba:

> "Porque si en los primeros tiempos de esta administración hubo algunos gestos que se podían considerar positivos, más adelante y progresivamente los elementos más reaccionarios, los llamados halcones dentro del gobierno de Estados Unidos iban imponiendo su línea, y esa línea era cada vez más agresiva contra Cuba"[365].

Al día siguiente, se produjo un incidente que empeoró aún más la situación de tensión que existía en las relaciones entre Cuba y los Estados Unidos. Alrededor de 700 individuos, la mayoría ex presos y delincuentes comunes, se congregaron en las afueras de la Oficina de Intereses de Estados Unidos en La Habana para presionar a los norteamericanos a concederles las visas con mayor rapidez para ir a los Estados Unidos. La mayoría de los congregados habían sido citados por la cónsul norteamericana Suzanne Lamanna. Wayne Smith, jefe de la Sección de Intereses de Washington en La Habana, al dirigir unas palabras a la multitud planteó que sólo podrían salir en pequeños grupos y dio a entender que era culpa del gobierno cubano la demora en las salidas.

Las palabras de Smith exaltaron aún más los ánimos de la muchedumbre que comenzó a proferir todo tipo de improperios y consignas peyorativas contra la Revolución Cubana y a manifestarse en forma agresiva frente

---

[364] *Granma*, 3 de mayo de 1980, (Discurso pronunciado por Fidel Castro el 1ro de mayo de 1980).
[365] Ibídem.

a los vecinos del lugar. Todo terminó en un enfrentamiento violento entre estos individuos y los vecinos, estos últimos respaldados por trabajadores del Instituto Cubano de Amistad con los Pueblos (ICAP) que se habían trasladado al lugar y de otras empresas y organismos. Ante la superioridad que alcanzaron rápidamente los representantes revolucionarios del pueblo cubano, funcionarios de la Sección de Intereses abrieron las puertas y penetraron en ella entre 300 y 400 individuos de los iniciadores de la trifulca. Inmediatamente se montó toda una campaña propagandística desde los Estados Unidos tergiversando los hechos ocurridos.

Entre las calumnias lanzadas contra Cuba se decía que bandas castristas habían asaltado a pacíficos ciudadanos que solicitaban visas y que la policía cubana había atacado a los expresos. Todo eso se divulgó, cuando en verdad la historia había sido bien distinta. La intervención de la policía y de otras autoridades cubanas impidió que el incidente tomara otras connotaciones, pues la multitud revolucionaria indignada ante lo ocurrido ya se abalanzaba sobre la sede diplomática de Washington, para tratar de sacar de allí a los individuos provocadores.

El 3 de mayo, en editorial de Granma, se detallaron los hechos ocurridos en la Oficina de Intereses de los Estados Unidos y se responsabilizó de los mismos al gobierno estadounidense. Se argumentaba que constituía "una irresponsabilidad y una locura reunir frente a la sede un número elevado de antisociales" cuando se conocía el estado de ánimo de la población a raíz de lo sucedido en la embajada del Perú, y que era una verdadera provocación las falsas y mentirosas afirmaciones de los funcionarios yanquis que planteaban que el gobierno de Cuba tenía la responsabilidad de que los ex reclusos contrarrevolucionarios no hubieran salido del país.

"Esa es una mentira cínica -continuaba diciendo

la editorial en Granma-. Hace más de un año y medio el Gobierno de Cuba comunicó pública y privadamente al Gobierno de los Estados Unidos que todos los ex reclusos contrarrevolucionarios y sus familiares estaban autorizados a salir del país. Han sido los Estados Unidos los que deliberadamente retrasaron las visas y los viajes de estos elementos, a pesar de sus públicos y solemnes compromisos"[366].

La posición de Cuba se dio también a conocer a la opinión pública:

"El Gobierno de Cuba está incluso dispuesto a enviar a los ex reclusos contrarrevolucionarios y sus familiares vía Mariel hacia los Estados Unidos. Con relación a los que se alojaron en la sede la solución, sin embargo, tendrá que ser ahora discutida y acordada previamente con Cuba. (...) Se ha creado un nuevo problema, porque la Oficina de Intereses de Estados Unidos no tiene derecho a asilar a nadie en su sede[367].

El 6 de mayo, 15 días después de abierto el Mariel el número de inmigrantes cubanos recibidos en Estados Unidos había sobrepasado los 10 000, lo que obligó a Carter decretar el estado de emergencia en distintas zonas de la Florida y autorizar un presupuesto de 10 millones de dólares para la atención de los recién llegados. Unos días antes, el propio Carter había declarado que Estados Unidos continuaría proporcionando el corazón y los brazos abiertos a los que buscan la libertad de la dominación comunista y librarse de las carencias económicas ocasionadas por el gobierno de Fidel Castro.

Ya para el 14 de mayo la cifra de inmigrantes cubanos

---

[366] Granma, 3 de mayo de 1980.
[367] Ibídem.

ascendía a 40 000[368]. Ante esta situación descontrolada para las autoridades norteamericanas, el presidente Carter presentó un programa de cinco puntos que pretendían solucionar el problema. Estos eran:

> Primero: establecer un puente aéreo o marítimo tan pronto el gobierno cubano lo aceptara. Todas las personas serían analizadas antes de salir de Cuba. Tendrían preferencia los "prisioneros políticos", los que tuvieran familiares en Estados Unidos, los que estaban en la embajada peruana y los que habían penetrado en la Sección de Intereses de los Estados Unidos el 2 de mayo.
> Segundo: apertura en Miami de una oficina oficial encargada de censar los nombres de los cubanos que sus familiares norteamericanos deseaban que fueran a los Estados Unidos.
> Tercero: los servicios de guardacostas se encargarían de comunicar a las embarcaciones que viajaban ilegalmente en dirección a Cuba o desde Cuba hacia los Estados Unidos, y los que se encontraban ya en el Mariel, para informarles que debían regresar sin cubanos a los Estados Unidos. Si esta disposición no se obedecía, las embarcaciones se confiscarían, los tripulantes recibirían altas multas y hasta podían ser condenados a prisión.
> Cuarto: se harían gestiones para devolver a todos los "indeseables" que llegaran a Estados Unidos ilegalmente.
> Quinto: se continuarían las consultas con países latinoamericanos para tratar de resolver la situación.

Entretanto, el 17 de mayo se produjo otra gran manifestación popular en toda Cuba condenando el bloqueo de los Estados Unidos a Cuba, la posesión de la Base

---

[368] Nestor García Iturbe, *Estados Unidos de Raíz*, Centro de Estudios Martianos, La Habana, 2007, p.418.

Naval de Guantánamo y la violación del espacio aéreo cubano por aviones espías estadounidenses SR-71.

En respuesta a las medidas delineadas por Carter para solucionar la crisis migratoria, el gobierno cubano condenó el 23 de mayo en el periódico Granma la política selectiva que pretendía aplicar la administración Carter a la hora de trasladar por un puente naval y aéreo a los individuos que desearan emigrar de Cuba hacia los Estados Unidos: "...el gobierno de Estados Unidos quiere "seleccionar", llevarse personal con alguna calificación si es posible, limpios de antecedentes, excepto que sean antecedentes contrarrevolucionarios y dejarnos el resto de los antisociales aquí"[369].

La posición cubana también fue fijada:

> "La cuestión fundamental no es la forma o la ruta en que viajen los antisociales cubanos a los Estados Unidos. La cuestión de fondo es analizar y suprimir las causas que generan a estos elementos y esta emigración cubana a este país.
>
> [...]
>
> ¿Por qué quiere Estados Unidos discutir el modo de emigrar desde Cuba hacia Estados Unidos y no las causas profundas que originan el problema?
>
> Estamos dispuestos a discutir y negociar con Estados Unidos nuestros problemas y relaciones globales, pero no problemas aislados y parciales que sólo interesan a ellos y a su estrategia contra Cuba"[370].

El gobierno de Cuba también hizo énfasis en la nota publicada en Granma en que, a pesar de que Estados Unidos se encontraba en proceso electoral y de que Cuba no estaba en contra de Carter ni a favor de Reagan, eso no iba a influir en la posición de Cuba en relación a la crisis migratoria, con tal de eliminarle un problema a Carter.

---

[369] *Granma*, 23 de mayo de 1980.
[370] Ibídem.

"¿Ayudamos ahora a Carter a resolver como le plazca el problema de Mariel que le ha creado la torpe política anterior de Estados Unidos y los propios residentes en ese país, y el de la Oficina de Intereses provocado por los ex reclusos contrarrevolucionarios considerando solo la situación interna en los Estados Unidos? -decía la Editorial en Granma- ¿Y quién garantiza que Carter gane? ¿Y si Carter gana quién garantiza que se pueda confiar en un cambio de política hacia Cuba?

Por otro lado, aunque quisiéramos, ¿cómo podemos cohonestar que Estados Unidos se arrogue la prerrogativa de conceder el derecho de asilo cuando históricamente se negó a firmar la convención correspondiente? ¿Qué pasa si los demás estados capitalistas occidentales hacen lo mismo?

No sentimos ningún pánico o temor con relación a Reagan o cualquier otro. Hemos luchado ya contra seis presidentes yanquis y ninguno nos atemorizó ni podrá atemorizarnos jamás. Por simples consideraciones internas de Estados Unidos no vamos a plegar nuestras banderas, renunciar a nuestras justas demandas: que cese el bloqueo, cese la base y cesen los vuelos espías, ni hacer concesiones en espera de mayor sensatez o mejores tiempos.

Los pueblos que están dispuestos a luchar y a morir no mendigan derechos[371].

Las conversaciones de junio de 1980

La crisis migratoria del Mariel fue la expresión más elevada de lo contenciosas que se habían vuelto las relaciones Estados Unidos-Cuba, fundamentalmente a partir de 1979. Pero desde 1978, el proceso iniciado por la administración Carter dirigido a intentar restablecer

---

[371] Ibídem.

las relaciones con Cuba estaba condenado al fracaso[372], la crisis migratoria del Mariel solo vino a sepultarlo. A pesar de que las conversaciones entre ambas partes continuaron en 1980, estas se realizaron en medio de un ambiente hostil en las relaciones entre ambos países y de retorno de las tensiones propias de la guerra fría en el orden internacional, que impedían cualquier posibilidad de avance.

Desde la tarde del 17 de junio de 1980 hasta la madrugada del 18 se reunieron en La Habana: Petter Tarnoff (del Departamento de Estado), Robert Pastor (asistente para América Latina del Consejo de Seguridad Nacional), y el ya mencionado Wayne Smith, en representación del gobierno de los Estados Unidos, y José Luis Padrón (Presidente del Instituto Nacional de Turismo), Ricardo Alarcón (viceministro de Relaciones Exteriores) y José Antonio Arbezú Fraga (funcionario del Comité Central del Partido Comunista de Cuba), por la parte cubana.

Las conversaciones fueron tensas desde el comienzo, pues los enviados de Washington insistían en comenzar la agenda de discusión por los puntos que consideraban apremiantes y urgentes: el problema migratorio y la situación de los individuos que se encontraban en la SINA. Por su parte, la representación cubana consideraba esta intención un enfoque unilateral, y abogaba por iniciar el diálogo por los temas que constituían la esencia de los problemas entre ambos países, y no por los puntos que proponía la parte estadounidense, los cuales consideraba secundarios y derivados de otros problemas más profundos. El bloqueo, la base naval de Guantánamo, los vuelos espías, los ejercicios militares estadounidenses y el clima de hostilidad sistemático en el Caribe eran los aspectos globales por los que Cuba consideraba debía comenzarse a debatir.

---

[372] A partir de 1978 la línea más conservadora y negada a una normalización de las relaciones con Cuba, se había impuesto en el ejecutivo y el legislativo estadounidense.

Según ha contado Wayne Smith, la idea inicial de Washington para estas conversaciones era tratar todos los temas que interesaban a ambas partes (issue-by-issue), pero que en el lapso de tiempo de una semana estos objetivos habían sido modificados por el Consejo de Seguridad Nacional, el cual consideró que esa forma de negociar con Cuba era demasiado blanda y por eso Tarnoff y Pastor vinieron a la Isla con la orientación irracional de discutir y resolver solamente los temas que estaban afectando a Estados Unidos[373].

En cuanto al problema migratorio los enviados de Washington comenzaron planteando que los Estados Unidos estaban interesados en llegar a un acuerdo lo más rápido posible que estipulara las salidas ordenadas sobre la base de: 1) un número acordado de personas que fueran reasentadas durante un período determinado (mensual o anual); 2) selección y procesamiento en Cuba de los candidatos de acuerdo a los criterios establecidos; y 3) medios de transporte seguros y confiables para la salida de Cuba[374].

En relación a esa problemática, Padrón hizo una larga exposición sobre los antecedentes y las causas más profundas del problema migratorio existente. El presidente del Instituto Nacional de Turismo cubano señaló como elementos que habían estimulado los flujos migratorios cubanos a los Estados Unidos desde 1959: las medidas económicas tomadas por las distintas administraciones norteamericanas con el objetivo de ahogar económicamente a la Isla, las agresiones de todo tipo contra Cuba, el bloqueo, la campaña propagandística donde se elogiaba al sistema norteamericano y se presentaba a

<hr>

[373] Wayne Smith, Ob. Cit, p.216.
[374] Memorándum de Conversación (Tarnoff, Pastor, Smith, Padrón, Alarcón, Arbezú), 17-18 de junio de 1980, La Habana, *The Carter Administration. Policy toward Cuba: 1977-1981*, (documentos desclasificados, Biblioteca del ISRI) (Traducción del ESTI).

los inmigrantes ilegales cubanos como héroes y patriotas, la historia de actos violentos cometidos por elementos criminales quienes secuestraban embarcaciones y aeronaves con el propósito de llegar a los Estados Unidos y no eran arrestados, acusados o devueltos a Cuba, la atmósfera hostil promovida por los Estados Unidos - los vuelos de reconocimiento, los ejercicios militares, la organización de comandos especiales, la invención de crisis artificiales- y la política contradictoria de establecer cuotas de visas restringidas y al mismo tiempo alentar a los cubanos mediante el uso de los medios de difusión a abandonar el país.

La posición de Cuba estaba clara, se debían eliminar estas causas más profundas que habían provocado la crisis migratoria del Mariel -la que podía reeditarse en cualquier momento- y no proceder a soluciones que se consideraban bálsamos parciales y momentáneos.

Pero los representantes de Estados Unidos tenían juicios muy dispares a los de los cubanos.

"En cuanto al tema específico de la emigración - expresó Peter Tarnoff en las conversaciones-, no lo consideramos como un problema estadounidense. Los Estados Unidos no son responsables de la oleada de sentimientos en Cuba que favorece la salida de decenas de miles de cubanos. Para nosotros, ello constituye un fenómeno económico y político a nivel mundial"[375].

En cuanto a las personas que se encontraban en la SINA, la parte estadounidense reclamaba su traslado a los Estados Unidos, mientras que Cuba consideraba el hecho como un acto ilegal. Así lo hizo saber en las conversaciones Padrón:

"En cuanto a la SINA, al mantener ese gran grupo de cubanos allí, los Estados Unidos están manteniendo una situación ilegal. Los Estados Unidos

---

[375] Ibídem.

no tienen derecho de conceder asilo a esas personas -los Estados Unidos no son signatarios de la
Convención sobre Asilo- por tanto, exigimos que
se entreguen incondicionalmente esas personas
que están siendo retenidas ilegalmente por los Estados Unidos a las autoridades cubanas"[376].

Y más adelante señaló: "Esas personas han recibido
garantías plenas por parte del gobierno cubano de que
se les permitirá regresar a sus hogares sin peligro"[377].Padrón también responsabilizó al gobierno estadounidense por lo ocurrido en la SINA, dado las demoras y trabas a la hora de conceder las visas a los prisioneros contrarrevolucionarios, por haber convocado a
tantos de ellos al mismo tiempo a la Oficina de Intereses cuando "las circunstancias políticas militaban contra ello"[378] luego de lo ocurrido en la embajada del Perú,
y por haber culpado al gobierno cubano de las demoras,
al afirmar que no había respondido aún a la sugerencia
de un puente aéreo. "Además -señaló Padrón- contamos
con pruebas fehacientes de agresión contra el pueblo cubano, que los solicitantes de visas entraron a la Sección
de Intereses y salieron con materiales de la construcción que lanzaron al pueblo cubano reunido allí"[379].
Wayne Smith replicó alegando que la Sección de Intereses no había convocado a las 800 personas, que ellos
habían ido porque se les había dicho que se esperaba la
autorización para comenzar a procesar a un nuevo
grupo dentro de poco, que tanto la funcionaria consular
Suzanne Lamanna como él, le habían trasmitido a la
multitud que se había hablado con el gobierno cubano
acerca de vuelos especiales y que se esperaba respuesta.
Wayne también aseguró que no se le había concedido
asilo a ninguna de las personas que se encontraban en

---

[376] Ibídem.
[377] Ibídem.
[378] Ibídem.
[379] Ibídem.

la Sección de Intereses, sino que simplemente se les había ofrecido "refugio seguro", que era un principio establecido por la ley internacional y que si querían marcharse podían hacerlo luego de coordinarse con las autoridades cubanas[380].

Padrón contra replicó inmediatamente:

> "Tengo la impresión de que se pueden apreciar las causas de este incidente en lo que el propio Wayne dijo. Los funcionarios estadounidenses anunciaron públicamente que la salida de esas personas dependía de si se podía establecer o no un puente aéreo y ello indicaba que las autoridades cubanas eran responsables. Durante todos estos meses hemos estado emitiendo pasaportes y visas de salida para todos y ellos habían estado saliendo en vuelos organizados por el Comité de 75 o a través de vuelos comerciales a terceros países. Todas esas personas se dirigían a los Estados Unidos y sus planes nunca se vieron frustrados por problemas de transporte. Al decir que tenía que existir un puente aéreo para que se expidieran las visas, ustedes hicieron a Cuba responsable por esta situación y fue ello lo que causó la actitud agresiva de algunas personas"[381].

También en estas conversaciones quedaron claramente definidos los puntos que hacían imposible una relación normal entre ambos países. Estados Unidos se aferraba a la idea de que hasta que no existiera un avance de acuerdo a sus intereses en cuanto al activismo cubano en África, América Central y el Caribe, y en el distanciamiento de las posiciones cubanas de las soviéticas, Washington no cedería un ápice en cuanto a los aspectos de las relaciones que interesaban a Cuba, como: el levantamiento del bloqueo, la devolución de la

---

[380] Ibídem.
[381] Ibídem.

Base Naval de Guantánamo, el cese de la hostilidad hacia Cuba, etc. Por su parte, Cuba consideraba este enfoque unilateral, una negociación desde posiciones desiguales y de fuerza que no estaba dispuesta a admitir. Padrón insistió -como lo habían hecho en anteriores conversaciones Carlos Rafael Rodríguez y Fidel Castro- en esa idea:

"Si este proceso realmente significa que es necesario analizar las relaciones de Cuba con otros países, sus opiniones acerca de los avances políticos en África, América Central y el Caribe, si Cuba tendrá que reevaluar sus relaciones con la Unión Soviética, entonces necesariamente tendremos que llegar a la conclusión de que los Estados Unidos consideran que tienen derecho a ser juez y árbitro de nuestra política exterior, de la naturaleza de nuestras relaciones económicas y políticas, y de los vínculos económicos que podemos establecer con otros países. Este es un enfoque unilateral, improductivo e inaceptable. Nunca le hemos pedido a los Estados Unidos que revalúen sus alianzas militares, nunca hemos juzgado sus relaciones con Alemania Occidental, Japón o Gran Bretaña porque consideramos que esos asuntos son una prerrogativa de los países soberanos. Nunca le diríamos a los Estados Unidos que nuestras opiniones y percepciones constituirían elementos esenciales en una solución de problemas puramente bilaterales y no creemos que esto sea un enfoque razonable o constructivo"[382].

Lo cierto es que nada logró negociarse en las conversaciones del 17-18 de junio de 1980, el ambiente estaba signado por la confrontación que otrora había caracterizado las relaciones entre Cuba y Estados Unidos, así

---

[382] Ibídem.

lo había reconocido el propio Peter Tarnoff a inicios de la conversación: "el ambiente en que se desarrollan nuestras relaciones se ha tornado más contencioso, más parecido al que existía en períodos anteriores"[383]. Después de largas horas de discusión Tarnoff, al dar sus impresiones de las conversaciones, declaró: "...me siento muy decepcionado con los resultados de esta ronda de negociaciones"[384].

Tarnoff y Pastor inmediatamente hicieron llegar a Carter un resumen de las conversaciones y de los pasos que, recomendaban, debían darse respecto a Cuba a partir de ese momento. En las primeras líneas de dicho documento expresaron: "Quedó claro para nosotros que si bien estas conversaciones confidenciales han resultado útiles al ayudarnos a comprender los criterios de Cuba sobre una amplia gama de temas, es evidente que hemos llegado a un callejón sin salida en cuanto a la solución de los problemas"[385].

Mas no podía ser de otra manera, pues si la arrogancia de la potencia del Norte se había hecho sentir durante el diálogo, también había resaltado la resistencia y la dignidad de la pequeña isla de Cuba, contraria a condicionar su soberanía en política exterior y sus más defendidos y proclamados principios a un modus vivendi con los Estados Unidos. La esencia de la confrontación histórica entre Estados Unidos y Cuba: hegemonía versus soberanía, siguió prevaleciendo y echando por tierra una posible normalización de las relaciones entre ambos países.

Entretanto, Carter siguió enfrentando una calamitosa situación con el problema de los inmigrantes cubanos. En junio la cifra ascendió a 100 000, distribuyéndose un poco más de la mitad de ellos, mientras que la otra permanecía en distintos lugares de internamiento en la

[383] Ibídem.
[384] Ibídem..
[385] Memorandum de Tarnoff y Pastor a Carter, 17 de junio de 1980, *The Carter Administration. Policy toward Cuba: 1977-1981*, (documentos desclasificados, Biblioteca del ISRI) (Traducción del ESTI).

Florida, provocando disturbios al exigir su procesamiento y distribución. Esto condujo a que Carter aprobara el uso adicional de $10 millones de dólares del Fondo de Emergencia a Refugiados para financiar la asistencia a los cubanos y haitianos llegados a los Estados Unidos[386]. En el mes de octubre la cifra de emigrados cubanos alcanzaría los 125,000[387].

A pesar de las fuertes restricciones establecidas por el gobierno de los Estados Unidos para impedir las salidas de embarcaciones que se dirigían a Cuba para recoger "refugiados", algunas lograban romper el bloqueo de los guardacostas. Ese fue el caso de un misterioso carguero llamado "Blue Fire", o sea, Fuego Azul, del que los guardacostas estadounidenses tenían evidencia se encontraba anclado en el Mariel, para recibir a unos 3 mil cubanos que, se calculaba, debían llegar a Cayo Hueso el 4 de julio, justamente en el momento en que Carter estaría realizando labores de campaña electoral en la Florida.

La presencia de esta embarcación sin bandera en el Mariel fue percibida por los Estados Unidos como una "provocación" de Cuba. Sobre todo, porque en esos momentos le interesaba mucho a la administración Carter frenar definitivamente el éxodo de cubanos hacia Estados Unidos por el Mariel, pues la fatídica situación creada con el arribo desmesurado de inmigrantes cubanos a los Estados Unidos -unida a otras dificultades- estaba actuando en beneficio del republicano Ronald Reagan en la campaña por la presidencia de los Estados Unidos.

La situación llegó a caldearse tanto, que los Estados Unidos movilizaron sus buques de guerra muy cerca de las costas cubanas y analizaron la posibilidad de usar la fuerza para prevenir que el Blue Fire llegara a los Estados Unidos. Entretanto, el secretario de Estado de

[386] Luis Mesa Delmonte, *Ob.Cit*, p.283.
[387] Ibídem.

los Estados Unidos, Edmund Muskie (quien había rem-
plazado a Cyrus Vance, luego que este renunciara por
su desacuerdo con la fallida operación de rescate de los
rehenes estadounidenses en la embajada en Teherán),
envió una carta por medio de Wayne Smith, jefe de la
Sección de Intereses de Washington en La Habana, al
vicepresidente cubano Carlos Rafael Rodríguez, instán-
dolo a evitar la operación del Blue Fire.

Carlos Rafael Rodríguez respondió que debía consultar el asunto, pero que no era intención de Cuba actuar
de manera que Estados Unidos lo interpretara como
una provocación, señalándole a Wayne que regresara a
verlo en la noche para ver si tenía alguna respuesta.
Mas ese mismo día la administración Carter había autorizado un vuelo de reconocimiento de un avión SR-71
estadounidense. Poco después de que Wayne tuviera el
encuentro con Carlos Rafael Rodríguez el SR-71 violó
flagrantemente el espacio aéreo cubano y al romper la
barrera de sonido sobre la Ciudad de la Habana "provocó fuertes detonaciones que casi hicieron saltar de
sus asientos a la gente de la Oficina de Intereses de los
Estados Unidos"[388] y provocó daños materiales en un
área considerable de la ciudad. Ese mismo día, en la noche, Wayne volvió a ver a Carlos Rafael Rodríguez. El
vicepresidente cubano le expresó a Wayne su conster-
nación por el sobrevuelo y que este casi lo había arrui-
nado todo, pero que, a pesar de ello, el Blue Fire no iba
a ser abordado por ningún individuo[389].

Wayne criticó el sobrevuelo en telegrama que envió a
Washington: "¿no habría sido aconsejable suspender el
sobrevuelo por lo menos hasta que escucháramos lo que
tenía que decir Carlos Rafael Rodríguez sobre el tema?"
A su vez, recomendó que: "las unidades de la Marina de
Estados Unidos, que según tengo entendido se encuentran estacionadas ahora cerca de la costa cubana, sean

---

[388] Telegrama de Wayne Smith a Edmund Muskie, julio de
1980, *The Carter Administration. Policy toward Cuba: 1977-
1981*, (documentos desclasificados, Biblioteca del ISRI) (Traducción del ESTI).
[389] Wayne Smith, Ob.Cit, pp.232-233.

retiradas en dirección a Cayo Hueso. Sin duda, ya han sido detectadas por el radar cubano.

Se ha mostrado nuestra decisión. La seriedad con que actuamos, si ese fue el objetivo de enviarlas, ha quedado demostrado. Dejarlas donde están será interpretado por los cubanos como una amenaza flagrante y es muy probable que reaccionen en forma que socavarían cualquier posibilidad de alcanzar nuestros objetivos"[390].

Sin embargo, en el mismo mes de julio, Cuba había adoptado la estrategia de no hacer nada que se pudiese interpretar como una provocación deliberada a los Estados Unidos en los próximos meses y pusiera a la administración Carter en una situación más difícil, en momentos en que la derecha norteamericana encabezada por Reagan, avanzaba con paso firme hacia el dominio de la Casa Blanca. Así, el Mariel seguiría abierto, y los cubanos se reservaban sus opciones, pero Fidel dio instrucciones de que las salidas que ocurriesen no debían manejarse de forma tal que afectaran aún más a la administración Carter. Fue en esos días que dejó de aparecer en el periódico "Granma" la sección "Noticias del Mariel".

Esta posición de la Isla contribuyó a una relativa distensión en momentos en hubo peligro de una confrontación armada entre Cuba y los Estados Unidos. Una vez más Cuba, sin renunciar a sus principios y bajo la sabia dirección de Fidel Castro, supo sortear aquellos momentos tan aciagos y evitar un conflicto armado de funestas consecuencias. Por otro lado, estaba claro para la dirigencia cubana que, a pesar de las múltiples diferencias que entorpecían la normalización de las relaciones entre Cuba y los Estados Unidos y lo contenciosas que se habían vuelto las relaciones entre ambos países,

---

[390] Telegrama de Wayne Smith a Edmund Muskie, julio de 1980, *The Carter Administration. Policy toward Cuba: 1977-1981*, (documentos desclasificados, Biblioteca del ISRI) (Traducción del ESTI).

al menos había existido esa intención inicial en la administración demócrata, y una reelección de Carter era preferible al triunfo de Ronald Reagan, partidario del bloqueo naval a Cuba y de la política más agresiva con la Isla, así como del abandono de la distensión a nivel internacional.

Ese fue el móvil de Cuba el 7 de agosto de 1980 cuando viabilizó la salida de un primer grupo de 80 individuos de los provocadores que habían penetrado en la Oficina de Intereses de los Estados Unidos en La Habana a los cuales se les aseguró que no se les aplicaría sanción alguna. Fue gracias a esa confianza que inspiró el gobierno cubano que empezarían a salir poco a poco de la Oficina de Intereses los individuos que aún permanecían en ella.

Las conversaciones del 12 de septiembre y la solución de la crisis del Mariel.

A inicios de septiembre de 1980, volvió a Cuba, esta vez solo, Petter Tarnoff, quien acompañado de Wayne Smith, se reunió con Fidel en horas tempranas de la mañana del día 12 de ese mes en el Palacio de la Revolución. ¿Por qué no acompañó Pastor a Tarnoff en ese viaje? Según el propio Pastor, como Tarnoff llevaba un corto mensaje conciliador de Carter a Fidel con la petición de que se cerrara el Mariel, Brzezinski sintió que no era necesario que él acompañara nuevamente a Tarnoff en su viaje a Cuba[391]. Sin embargo, para Wayne Smith la causa fue otra:

"El Consejo de Seguridad Nacional había estado fuera de la decisión. Pastor había dejado claro en junio que ellos pensaban que ofrecer una negociación sobre la base de asunto por asunto (issue-by-issue) antes de dar pie al cierre del Mariel era de-

---

[391] Entrevista realizada a Robert Pastor, (vía correo electrónico), 5 de abril de 2009.

masiado blanda. ¿Pero qué era lo que exactamente ahora nosotros estábamos ofreciendo? Cuba cerraría el Mariel y los Estados Unidos estarían listos después para negociar los diversos desacuerdos entre nosotros, incluyendo los principales intereses de los cubanos, sobre la base de asunto por asunto (issue-by-issue)"[392].

En la conversación sostenida Tarnoff entregó al líder de la Revolución Cubana un mensaje íntimo de condolencias de Carter por el asesinato del diplomático cubano Félix García[393]. García había sido baleado en las calles de New York el día anterior en las calles de New York por un individuo al parecer vinculado a la organización terrorista y anticubana Omega 7. A continuación, Tarnoff abordó ampliamente con Fidel Castro los problemas que el tema de los "refugiados cubanos" estaba provocando a lo interno de la sociedad estadounidense y los efectos negativos de esta situación para las aspiraciones de reelección de Carter, sobre todo, en un estado tan decisivo como la Florida. También expresó que en cuanto a la mejora de las relaciones con Cuba la determinación personal de Carter era hacer todo lo que pudiera para invertir la marcha de los últimos 21 años y de los últimos meses". El mensaje de Carter enviado a Fidel rezaba lo siguiente:

---

[392] Entrevista realizada a Wayne Smith, (vía correo electrónico), 19 de junio de 2009.

[393] El 13 de septiembre salió publicada en *Granma* la siguiente nota enviada por el secretario de Estado de los Estados Unidos, Edmund Muskie: "Con profunda pena he recibido la noticia del reprobable asesinato perpetrado esta tarde en la persona de Félix García Rodríguez, miembro de la Misión Cubana en las Naciones Unidas. Hemos expresado nuestras condolencias al gobierno cubano. Todas las Agencias Federales pertinentes, así como el Departamento de Policía de Nueva York, cooperan en la investigación. Esta es una nación de leyes. Condenamos el terrorismo en todas sus formas y estamos obligados a su erradicación".

El enviado de Washington expresó a Fidel que Estados Unidos estaba dispuesto en principio a tratar cualquier cuestión que Cuba estuviera dispuesta a plantear en las discusiones acerca de las relaciones bilaterales y acerca de otros temas de preocupación para ambos gobiernos, pero destacó que el momento no era propicio en particular para entrar en las causas más profundas y arraigadas de los problemas bilaterales, pues exigían mucho tiempo y ningún lado sacaría ningún beneficio al entrar en tales negociaciones en los próximos meses. De esta manera, Tarnoff sugirió un proceso en dos etapas, con ciertas negociaciones y acciones a empezar inmediatamente y otras que estarían diferidas hasta principios del año 1981 cuando se conocieran ya los resultados de las elecciones en los Estados Unidos. Concretamente Tarnoff, en nombre de su gobierno, propuso que Cuba diera los siguientes pasos:

1- Parará el flujo de emigrantes hacia Estados Unidos vía Mariel.

2- Aceptará la devolución de Estados Unidos de personas confirmadas, por funcionarios consulares o de emigración, como deseosas de volver a Cuba.

3- Aceptará la iniciación de negociaciones entre funcionarios de emigración de Cuba y de Estados Unidos, y que tales negociaciones comenzaran de manera reservada, confidencial, en Nueva York, antes de fines de septiembre, en aras de llegar a un acuerdo sobre un programa de salidas ordenadas que podría reglamentar la emigración desde Cuba a Estados Unidos.

4- Como parte de esta negociación en Nueva York, que Cuba consintiera considerar, en principio, el retorno a Cuba de personas que habían llegado a Estados Unidos por el puente marítimo desde el Mariel pero que habían sido halladas inelegibles para entrar a Estados Unidos bajo las leyes y reglamentos existentes en Estados Unidos.

El enviado de Washington, también expresó a Fidel que si Cuba está dispuesta a tomar estas acciones, Estados Unidos inmediatamente tomaría las siguientes decisiones:

1- Comenzaría conversaciones con Cuba sobre la restitución del acuerdo sobre piratería aérea.
2- Empezaría inmediatamente conversaciones con Cuba sobre un acuerdo que permitiría servicio aéreo regular entre Cuba y Estados Unidos.
3- Inmediatamente empezaría una consideración seria de un listado de medicamentos que podrían ser exentos del embargo.

Además de lo ya dicho, Estados Unidos estaría de acuerdo en que no más tarde del primer trimestre del año 1981 se celebraran, entre representantes de Estados Unidos y Cuba, conversaciones de suficiente amplitud como para cubrir todos los aspectos de las relaciones bilaterales y preocupaciones mutuas.

Seguidamente, al intervenir Fidel en el encuentro hizo un amplio análisis de los peligros que representaba para Cuba y para el mundo el triunfo de la plataforma programática del Partido Republicano en las elecciones de noviembre.

Como respuesta a las propuestas de Carter, Fidel hizo énfasis en que no estaba pensando en una negociación en ese momento, sino en proponer una serie de medidas unilaterales relacionadas con los asuntos que le preocupaban a Carter y aceptar los puntos, sobre todo, el cuarto (sobre las conversaciones globales entre Estados Unidos y Cuba para el primer trimestre de 1981), que sería considerado como una promesa. El líder de la Revolución Cubana le hizo saber al enviado de Carter que se reuniría con el Buró Político para intercambiar impresiones y le informaría antes de su partida a los Estados Unidos sobre los pasos que daría Cuba.

La confirmación de las medidas que tomaría Cuba se la dio Fidel a Tarnoff en la noche de ese propio día 12 de septiembre cuando volvieron a reunirse. La primera medida sería la publicación de una declaración en el periódico Granma donde se advertiría categóricamente que de producirse nuevos secuestros de aviones en territorio estadounidense con el objetivo de desviarlos hacia Cuba las autoridades cubanas tomarían medidas penales drásticas contra sus autores o bien serían devueltos al territorio de los Estados Unidos para ser juzgados en ese país. Con esa declaración se pensaba frenar totalmente los secuestros. Como segundo punto, Cuba liberaría a 33 presos estadounidenses, condenados en la Isla por delitos como: tráfico de drogas, secuestros de aviones, actividades contrarrevolucionarias, entre otras actividades penadas por la ley.

Como un tercer paso, el gobierno cubano pararía desde el 25 de septiembre hasta el 4 de noviembre la salida del Mariel, reservándose la potestad de valorar su reapertura o no después de esa fecha. Como cuarto punto, el cual se había conversado ya en la mañana de ese día, Cuba autorizaría la salida del país de un grupo de los individuos que habían penetrado en la Oficina de Intereses de Washington en La Habana, algunos que poseían doble nacionalidad y otros que no estaban en esas categoría pero que habían manifestado su deseo de salir de la Isla al ritmo que Estados Unidos estimara conveniente. Finalmente, como quinto punto Fidel destacó que Cuba seguiría desarrollando gestiones internacionales, como conversaciones con los soviéticos y con los países del Tercer Mundo con la idea de ayudar a evitar problemas que pudieran perjudicar la situación interna en los Estados Unidos, así como algunas gestiones para tratar de influir sobre los iraníes para que liberaran a los rehenes estadounidenses. Estas gestiones serían discretas, concretas, previendo pudieran afectar a la administración de Carter.

Como parte de los pasos que Cuba había decidido dar: el 16 de septiembre salió la nota en Granma advirtiendo que de producirse nuevos secuestros de aviones en Estados Unidos con el objetivo de regresar a Cuba, las autoridades cubanas tomarían medidas penales drásticas o bien los responsables serían devueltos al territorio norteamericano[394], las actividades del Mariel fueron suspendidas el 25 de septiembre y el 13 de octubre de 1980, Ramón Sánchez Parodi, jefe de la Oficina de Intereses de Cuba en Washington, anunció en esa capital que se dejaría en libertad a todos los presos norteamericanos encarcelados en la Isla.

Con todo, la crisis del Mariel no dejó de tener un impacto político nocivo para Carter, pues fue un problema más que, unido al frustrado intento de rescate de los rehenes estadounidenses en su embajada en Irán, los éxitos de los movimientos revolucionarios y progresistas en Centroamérica y el Caribe, las fricciones con los aliados de Europa Occidental que provocó la reacción estadounidense frente a la invasión soviética a Afganistán[395], el descontento de sus aliados por la fallida misión de rescate de los rehenes estadounidenses en Irán, y las dificultades de la economía doméstica norteamericana, cerró el capítulo de Carter en la historia de los Estados Unidos y abrió el de la nueva derecha neoconservadora bajo la presidencia de Ronald Reagan.

Así lo reconocería Carter después de su derrota en las elecciones del 3 de noviembre de 1980 frente al ala más reaccionaria del Partido Republicano que representaba Ronald Reagan:

---

[394] El 18 de septiembre salió otra nota en el periódico Granma señalando que dos secuestradores de un avión estadounidense que habían actuado en la madrugada del 17 de septiembre desviando la nave hacia territorio cubano, serían inmediatamente devueltos a Estados Unidos para que fueran juzgados por las autoridades de ese país.

[395] De hecho, Europa occidental no apoyó la política de sanciones a la URSS y mantuvo fructíferas relaciones económicas y políticas con Moscú.

"El problema de los refugiados nos ha perjudicado fuertemente. No fue solo en la Florida, sino a través del país. Fue un problema candente. Nos hizo lucir impotentes cuando recibimos esos refugiados desde Cuba. Pienso retrospectivamente que manejamos la situación de forma apropiada. Los tomamos, tratamos de restringir el flujo y hacer cumplir la ley norteamericana. Finalmente obtuvimos a través del Congreso alguna recompensa financiera para las comunidades que tenían que soportar la carga financiera. Pero (...) mirando atrás estos últimos seis meses, no veo nada que pudiéramos haber hecho de forma diferente o mejor, pero hubo un costo político a como manejamos esto"[396].

Pero hay otro elemento que contribuyó a la pérdida de Carter en las elecciones de noviembre de 1980: durante sus dos últimos años de gobierno, Carter dio una imagen de falta de liderazgo, de vacilaciones, incoherencias y contradicciones internas que obraron en función de la victoria de Reagan quien logró aglutinar a toda la derecha. Esta derecha además logró articular muy bien sus críticas contra el mandatario demócrata. En lo externo se le criticaba por no concluir con dureza las diferentes crisis como la del Mariel y los rehenes en Irán, así como por no haber evitado que se le fuera de las manos Nicaragua, Granada, Afganistán e Irán, mientras que en lo interno fundamentalmente por el elevado déficit fiscal, el desempleo que alcanzaba al 8 % de la población y la tasa inflacionaria que ascendía al 7,6%.

Sin embargo, hay que decir que el elemento más importante que dio el toque de gracia final a la posibilidad de triunfo de Carter en las elecciones fue su incapacidad para lograr la liberación de los norteamericanos mantenidos como rehenes en Teherán. Hasta el último mo-

---

[396] Citado por Luis Mesa Delmonte, *Ob.Cit*, p.284.

mento la administración Carter estuvo intentando llegar a un acuerdo con el gobierno de Irán, pero su fracaso en este objetivo solo contribuyó a aumentar su descrédito ante los electores. Numerosos analistas y políticos norteamericanos son de la tesis que elementos republicanos montaron contactos paralelos secretos con representantes iraníes para impedir que la administración de Carter pudiese llegar a un acuerdo con Irán para la liberación de los rehenes, socavando así la actuación del gobierno de Estados Unidos[397].

Wayne Smith es del criterio de que si Carter hubiera salido reelecto se hubiera alcanzado la normalización de las relaciones, así nos hizo saber en una entrevista:

"Yo firmemente creo que si Carter hubiera sido reelecto, nosotros hubiéramos alcanzado la normalización de las relaciones con Cuba. El Consejo de Seguridad Nacional había quedado fuera de las decisiones y Carter estaba de acuerdo en que si Fidel cerraba el Mariel, los Estados Unidos comenzarían el tipo de negociación asunto por asunto, que el proceso necesitaba. La atmósfera era conducente a la normalización y no solo del lado de Estados Unidos. Castro también había llegado a la comprensión de que era mucho mejor tratar con Carter que con Reagan y por eso estaba inclinado a moverse en esa dirección"[398].

Pese a la valoración de Smith, consideramos que de haber sido reelecto Carter en las elecciones de noviembre de 1980 no le iba ser nada fácil normalizar las relaciones con Cuba dentro de un entorno internacional tan desfavorable para ello. La Guerra Fría había retornado

---

[397] Esta información no las ofreció Ramón Sánchez Parodi, en entrevista realizada el 7 de octubre de 2008. Parodi coincide con el criterio de estos autores estadounidenses.
[398] Entrevista realizada a Wayne Smith (vía correo electrónico), el 19 de junio de 2009.

CUBA: LA ISLA INSUMISA

vehementemente al escenario internacional y esta desdichadamente enturbiaba la situación interna y en particular las relaciones cubano-estadounidenses. No fue
casual que las intenciones de llegará a algún tipo de entendimiento con Cuba hubieran salido a relucir en momentos en que tenía lugar una relativa distensión entre
la URSS y los Estados Unidos. Así fue durante la administración Kennedy en el año 1963, la administración
Nixon –especialmente en el Congreso-, la administración Ford y la administración Carter.

Mas para 1980 la realidad internacional era bien distinta. Eso explica también que antes de abandonar la
Casa Blanca, Carter dejara recomendado a su sucesor
la amenaza militar a Cuba, a quien a decir verdad no le
hacía falta muchas recomendaciones para seguir los
rumbos más agresivos en relación a la cuestión cubana.
En directiva presidencial del 15 de enero de 1981, referente a las Modificaciones de la Estrategia Nacional de
los Estados Unidos, el aún presidente de los Estados
Unidos señaló:

"La proyección soviética de poder en la región del
Caribe con la asistencia de Cuba en los dos últimos años ha creado otra área de mayor preocupación en materia de seguridad. ..., es necesario lograr silenciosamente una presencia militar más
fuerte en la región mediante cambios graduales
en nuestras actividades de ejercicios militares y
destacando las fuerzas estadounidenses en la
parte sudoriental de los Estados Unidos y sus territorios en la región, lo que será percibido por
Cuba y la Unión Soviética como prueba de nuestra determinación de limitar la influencia soviética y cubana en la región"[399].

---

[399] Directiva Presidencial/NSC-52, 15 de enero de 1981, *The
Carter Administration. Policy toward Cuba: 1977-1981*, (docu-
mentos desclasificados, Biblioteca del ISRI) (Traducción del
ESTI).

Esta cita refleja que pese a la opción de acercamiento diplomática que Carter estaba valorando con Cuba, ello no significaba el abandono de la vía militar para presionar a la Isla y proteger los intereses fundamentales de Estados Unidos en la región. No obstante, la pérdida de Carter en las elecciones solo nos permite especular.

FIDEL, CARTER
Y LAS MISIONES SECRETAS DE PAUL AUSTIN

La administración del demócrata James Carter (1977-1981), fue realmente singular en cuanto a la manera de conformar e implementar la política hacia Cuba. Carter ha sido hasta nuestros días el único presidente estadounidense que expresó por escrito, a través de una directiva presidencial[400], su voluntad de avanzar en un proceso que culminara en la "normalización"[401] de las relaciones con Cuba. En septiembre de 1980, llegaría incluso a trasladar a Fidel Castro, a través de un emisario secreto, su deseo de sostener de manera confidencial un contacto directo antes de que concluyera el año. Durante su mandato se establecieron los más inverosímiles canales extraoficiales de comunicación y se realizaron las más amplias conversaciones secretas entre representantes de ambos países. De aquella experiencia aún sobreviven las secciones de intereses en Washington y La Habana.

Bernando Benes y Carlos Dascal, dos banqueros cubanoamericanos, desempeñaron un rol trascendental

---

[400] Directiva Presidencial/NSC-6, 15 de marzo de 1977, *The Carter Administration. Policy toward Cuba: 1977-1981*, (documentos desclasificados, Biblioteca del ISRI) (Traducción del ESTI).

[401] Entrecomillamos la palabra normalización con toda intención, pues hacemos referencia a lo que Estados Unidos entendió en ese momento que significaba una normalización de las relaciones con Cuba y que siempre traía aparejado que la Isla cediera parte de su soberanía, ya fuera en política interna o externa, a cambio de la "normalización". Pienso que es imposible hablar de una normalización de las relaciones Estados Unidos-Cuba en su acepción más clásica, pues a lo más que se puede aspirar es al establecimiento de un modus vivendi entre adversarios ideológicos o a una relación más civilizada entre contrarios.

como intermediarios entre ambos gobiernos en esos años[402]. Pero no menos relevante en ese sentido fue el papel que desempeñó Paul Austin (1915-1985), amigo personal de Carter y presidente de la compañía Coca Cola (1962-1981).

Por lo interesante que resulta esta historia de las misiones secretas de Paul Austin, nos limitaremos en este texto a su abordaje junto a la contextualización imprescindible, pero la misma solo constituye un pequeño pasaje de una historia mucho más abarcadora que comprende los distintos momentos en que se han producido acercamientos, diálogos y negociaciones entre Estados Unidos y Cuba, desde el propio año 1959, hasta nuestros días. Historia que abordan ampliamente dos libros que acaban de salir a la luz en ambos países: *Back Channel to Cuba. The hidden history of negotiations between Washington and Havana* (The University of North Carolina Press Chapel Hil, 2014), de los investigadores estadounidenses William Leogrande y Peter

---

[402] Benes era Presidente del Consejo Nacional de Salud y vicepresidente ejecutivo del Banco Nacional Continental de Miami. Había tenido un contacto inicial en Panamá, el 23 de agosto de 1977, con dos altos oficiales cubanos del Ministerio del Interior: José Luis Padrón y Antonio de la Guardia. De ahí en adelante, Benes y su compañero de negocios Carlos Dascal -también cubano-estadounidense-, participaron en varias reuniones con Padrón y Tony de la Guardia donde se analizaron varios temas de las relaciones cubano-estadounidenses y de las relaciones entre el gobierno cubano y la comunidad cubana en el exterior. Nassau, Ciudad México, Jamaica y Panamá fueron algunos de los lugares escogidos para los contactos. Los mensajes entre Washington y La Habana se trasladaban por medio del ataché político cubano en Jamaica, Ramón de la Cruz. Benes y Dascal estaban autorizados por el gobierno de los Estados Unidos, la CIA y el FBI, para realizar estos contactos, de los cuales informaban cada detalle. Realmente Benes y Dascal fueron los intermediarios de un canal secreto de comunicación entre los Estados Unidos y Cuba que se implementó a partir de 1978 y que se extendió hasta finales de la administración Carter. También sostuvieron numerosos encuentros con Fidel Castro.

Kornbluh y *De la confrontación a los intentos de normalización. La política de los Estados Unidos hacia Cuba* (Editorial de Ciencias Sociales, 2014) de los analistas cubanos Esteban Morales y el autor de este trabajo.

Primer viaje de Paul Austin a Cuba

Paul Austin, nacido en Georgia en 1915 y graduado en la escuela de leyes de la Universidad de Harvard en 1940, conoció a Carter siendo ya el principal ejecutivo de la multinacional Coca Cola, después de una maratónica carrera de ascenso caracterizada por el éxito. Austin había dado su apoyo personal, profesional y financiero al candidato demócrata durante la campaña presidencial.

Establecidos estos vínculos, Austin viaja a Cuba a inicios de junio de 1977, entusiasmado con la idea de reiniciar los negocios de su empresa en la Isla. La Coca Cola había sido una de las grandes compañías estadounidenses nacionalizadas en 1960.

El día 4 de junio, Austin y su ayudante Ted Circuit, jefe de la compañía para las operaciones en Latinoamérica, fueron recibidos por el Comandante en Jefe, en el Palacio de la Revolución. Al día siguiente, continuaron sus pláticas con el líder cubano durante un viaje que hicieron en avión a la Isla de la Juventud.

En la conversación inicial con Fidel, Austin a título personal señaló que Carter iba a necesitar para poder levantar el bloqueo a la Isla, alguna forma de satisfacer a la opinión pública de los Estados Unidos. Y que el presidente norteamericano le había dicho, que eso podía lograrse con la retirada de las tropas cubanas de África y la liberación de algunos "presos políticos". Fidel le respondió que era cierto que Carter había tomado algunos pasos positivos con respecto a Cuba y que el gobierno cubano tenía eso muy en cuenta, pero que la cuestión de los presos y de los compromisos internacionales de Cuba, eran problemas que atañían a la soberanía de Cuba y por tanto no podían ser negociados. No obstante,

Cuba de manera unilateral, para facilitar la política de Carter con relación a Cuba y como prueba de buena voluntad, había liberado recientemente a diez norteamericanos presos en la Isla y facilitaría la salida de otro grupo.

"Ahora –continuó Fidel-, usted me plantea un problema que es más delicado, el problema del personal militar nuestro, por ejemplo, en Angola.

Yo quiero decirle lo siguiente: nosotros tuvimos un número relativamente elevado de personal militar en Angola. Cuando se acabó la guerra, nosotros empezamos a retirar el personal. Incluso, habíamos reducido más de la mitad del personal. En el período de 10 meses, es decir, desde abril de 1976 a febrero de 1977, nosotros habíamos reducido más de la mitad del personal, en un programa de evacuación de acuerdo con el gobierno angolano.

Claro, eso tenía que hacerse de esa forma. Teníamos que hacerlo de esa forma, dado el hecho real de que en la frontera de Angola están las tropas sudafricanas, y una evacuación total del personal militar de Angola, puede traer el peligro de nuevas agresiones a la República de Angola.

Ahora bien: cuando se produjeron los sucesos en Zaire —yo supongo que usted esté informado de eso—, ellos nos acusaron a nosotros de haber participado en eso[403]. Y yo le digo con absoluta sinceridad que nosotros no tenemos nada que ver con el problema de Zaire: ni entrenamos un hombre, ni entregamos un arma, ni siquiera sabíamos qué iba a ocurrir. Esa gente vivía en la frontera de

---

[403] Fidel se estaba refiriendo a los sucesos de Shaba I, ocurridos en marzo de 1977. Para ampliar véase: Elier Ramírez y Esteban Morales, De la confrontación a los intentos de normalización. La política de los Estados Unidos hacia Cuba (segunda edición ampliada), Editorial de Ciencias Sociales, La Habana, 2014.

Zaire, en extensiones muy grandes, y nosotros no sabíamos ni siquiera cuáles eran los planes de ellos.

Ahora, incluso nosotros éramos partidarios de una mejora de las relaciones entre Zaire y Angola. Angola tiene que reconstruir el país, tiene que desarrollar la economía, y necesita paz. Pero cuando se produjeron aquellos ataques, que fue un problema interno de Zaire, hubo una intervención de Francia, hubo una intervención de Marruecos, y nosotros tuvimos que detener la evacuación del personal nuestro y tomar medidas de aseguramiento de la defensa de Angola.

¿Qué ha sucedido? Nosotros tenemos mucho menos personal del que teníamos durante la guerra.

Hay un segundo problema, que yo espero que usted comprenda y que Carter tiene que comprender también, y es que nosotros tenemos ciertos acuerdos con el gobierno de Angola, y nosotros no podemos unilateralmente violar esos acuerdos. Si hiciéramos eso, no seríamos un gobierno serio, no estaríamos cumpliendo con el espíritu de esos acuerdos.

En realidad, nosotros no estamos en Angola en un espíritu contra los Estados Unidos, ni contra Carter. Yo sé que Carter no tiene responsabilidad en los hechos anteriores. Sabemos que es responsabilidad de Kissinger, que Kissinger propició la intervención en Angola de Zaire y de Sudáfrica.

De modo que nosotros no podríamos negociar, porque no sería honorable para nosotros negociar con relación a nuestro personal militar en Angola, porque perderíamos el respeto y el prestigio. Tengo que decirle con sinceridad que no podemos hacer negociaciones sobre esas bases..."[404].

---

[404] Conversación del Comandante en Jefe, Fidel Castro Ruz, con Paul Austin, presidente de la Coca Cola. Palacio de la Revolución, La Habana, 4 de junio de 1977. Versiones taquigráficas del Consejo de Estado.

Austin preguntó a Fidel si podía hacerle saber sus puntos de vista a Carter. "Sí se lo puedo decir. Privadamente", respondió el Comandante en Jefe.

Solo tres días después de su conversación con Fidel, Austin visitó a Carter en la Casa Blanca para informarle de lo conversado con el líder cubano. "Paul Austin me visita para reportar su visita personal a Castro", señaló Carter en su diario de la Casa Blanca el 8 de junio de 1977. "Él está ansioso por entrar en Cuba con la Coca Cola y quedó favorablemente impresionado con la actitud de Castro hacia mí y con un eventual levantamiento del embargo y el restablecimiento de las relaciones. A menos que Castro esté dispuesto a liberar prisioneros políticos y comenzar su retirada de África, esta posibilidad está bastante distante"[405].

Lamentablemente Carter mantuvo esta posición de condicionamiento en los meses siguientes de 1977 e incluso la reforzó cuando fueron enviados 12,000 efectivos cubanos a Etiopía a petición del gobierno de Mengistu Haile Mariam[406] para enfrentar la invasión somalí a la región del Ogaden, ubicada al este de Etiopía.

El asesor para Asuntos de Seguridad Nacional, Zbinew Brzezinski, indispuesto desde el inicio de la administración Carter a un entendimiento con Cuba, aprovechó el momento de la entrada de las tropas cubanas a Etiopía para hacer dominantes en el ejecutivo estadounidense sus puntos de vistas contrarios a la normalización de las relaciones, desplazando otros enfoques más constructivos y flexibles dentro de la administra-

---

[405] Jimmy Carter, *White House Diary*, Picador. Farrar, Straus and Giroux, New York, 2011, p. 62.

[406] En Etiopía, menos de dos semanas después de la llegada de Carter a la Casa Blanca, la junta militar que en 1974 había derrocado al emperador Haile Selassie, aliado de los Estados Unidos, se había encaminado en un rumbo cada vez más proclive a la izquierda, desalentando las esperanzas estadounidenses de mantener su influencia sobre aquel país.

ción, provenientes fundamentalmente del Departamento de Estado y en especial del secretario de Estado, Cyrus Vance.

Pese a los innumerables desencuentros y obstáculos, el año 1977 terminó con un saldo positivo para las relaciones entre Cuba y los Estados Unidos. Se vivía un momento de relativo deshielo entre Washington y La Habana. Aunque la esencia de la confrontación, hegemonía versus soberanía, permanecía inmutable, al menos se presentaba de una forma diferente, constituyendo un verdadero punto de inflexión en la línea de agresividad que había caracterizado la política norteamericana hacia Cuba desde 1959.

En 1977 se negociaron los problemas menos candentes en las relaciones bilaterales, pero a partir de 1978 el proceso de "normalización" de las relaciones empezaría a congelarse e incluso a retroceder, pues los temas más espinosos de las relaciones entre Cuba y los Estados Unidos no serían resueltos, y en eso tendría gran responsabilidad la Administración norteamericana, al imponerse en su seno la idea de condicionar el avance del proceso de normalización de las relaciones a la "moderación" del activismo internacional de Cuba, allí donde se afectaran los intereses de los Estados Unidos en el marco del conflicto Este-Oeste.

En ello tuvo mucho que ver la preponderancia que ganaron dentro de la Administración Carter los sectores que solo veían la proyección de la política exterior de los Estados Unidos desde el lente de la confrontación con la URSS. De esta manera, como sostiene Robert Pastor, quien fuera asistente para América Latina en el Consejo de Seguridad Nacional: "La ventana para la normalización de las relaciones se había abierto ampliamente y luego cerrado en un solo año: 1977"[407].

No obstante, pese a que se observó un congelamiento

---

[407] Robert A. Pastor, "The Carter-Castro Years. A Unique Opportunity". In Fifty Years of Revolution: Perspectives on Cuba, The United States, and the Word, edited by Soraya M. Castro Mariño and Ronald W. Pruessen. Gainesville: University of Florida Press, 2012, p. 244.

del proceso de "normalización" por parte de la Administración demócrata, el diálogo y la cooperación en determinadas áreas continuó hasta fines de 1980. Todavía en enero de 1978 se dieron algunos pasos positivos para el mejoramiento de las relaciones entre ambos países como fueron: la decisión de Cuba de poner en libertad a algunos de los presos norteamericanos en la Isla y a miles de presos cubanos contrarrevolucionarios [408]; el anuncio del Departamento del Tesoro de los Estados Unidos de que los residentes en el país podían enviar dinero directamente a sus parientes inmediatos en Cuba a razón de hasta 500 dólares trimestralmente y el encuentro celebrado en La Habana entre oficiales de la guardia costera norteamericana y sus homólogos cubanos, con el objetivo de lograr la cooperación en la búsqueda y rescate en aguas internacionales, así como en el enfrentamiento al narcotráfico y el terrorismo.

Asimismo, los intercambios culturales, académicos, científicos y deportivos continuarían hasta los momentos finales de la Administración Carter. De hecho, las conversaciones secretas más extensas y continuadas entre ambos países tuvieron lugar en el año 1978 (New York, Washington, Atlanta, Cuernavaca y La Habana)[409]. En 1979 hubo un impasse retomándose las discusiones en enero, junio y septiembre de 1980, todas celebradas en La Habana.

Segundo viaje

---

[408] El anuncio fue hecho luego de una visita de tres días del más numeroso grupo de legisladores estadounidenses que había visitado Cuba desde 1959 (diez legisladores). Los legisladores encabezados por el demócrata por Wisconsin, Henry Reuss, se entrevistaron con Fidel Castro.

[409] Para ampliar acerca de estas conversaciones véase: Elier Ramírez Cañedo y Esteban Morales, *De la confrontación a los intentos de normalización. La política de los Estados Unidos hacia Cuba* (segunda edición ampliada), Editorial de Ciencias Sociales, La Habana, 2014.

En febrero de 1978, Carter, exasperado con la presencia militar cubana en África y las implicaciones de la misma en la confrontación global con la URSS, aprovechó el nexo establecido por Paul Austin con Fidel y lo envió a La Habana en una importante misión. Lo acompañaría nuevamente su ayudante Ted Circuit. Austin tenía cierta experiencia en este tipo de misiones extraoficiales, pues Carter le había encomendado a inicios de 1977 reunirse con el presidente de Egipto, Anwar Sadat, para sostener amplias e importantes conversaciones.

El 3 de febrero, el presidente estadounidense escribió en su diario: "Paul Austin me visitó. Nosotros lo estamos enviando de manera muy confidencial a una importante misión en Cuba".

Años después, recordando aquel hecho y con el objetivo de publicar su diario, Carter añadió el siguiente comentario:

"Quería que Paul, como un ciudadano privado, explorara con Castro la posibilidad de movernos más rápidamente hacia una reconciliación Estados Unidos-Cuba. Yo había levantado las restricciones a los viajes, pero Cuba estaba todavía militarmente involucrada en varios países africanos. El embargo económico estaba lastimando al pueblo cubano, no a Castro, y allí había una potencial ventaja estratégica en alejar a Cuba de la Unión Soviética"[410].

El 25 de febrero el líder cubano recibió el mensaje de Carter de manos de Paul Austin. El documento decía lo siguiente:

"He pedido al Sr. Paul Austin, quien es un amigo de confianza y asesor, que hable con usted acerca de ciertos asuntos que son de gran importancia

---

[410] Jimmy Carter, *White House Diary*, Picador. Farrar, Straus and Giroux, New York, 2011, pp. 168-169.

para mí y la relación entre nuestros dos países. Como usted conoce, he esperado que sea posible para usted y para mí movernos hacia la plena normalización de las relaciones, y me gustaría ver progresos eliminando los obstáculos que impiden el movimiento hacia delante. (claramente se estaba refiriendo a la necesidad del retiro de las tropas cubanas de África) El Sr. Austin tiene toda mi confianza y está completamente familiarizado con mi forma de pensar. Nadie estaría mejor calificado que él para representarme en esta misión, y le pido trasmita a él cualquier idea que pueda tener"[411].

El líder de la Revolución Cubana respondería cordialmente:

"Con gran aprecio recibí su nota personal. Agradezco mucho el gesto y valoro altamente la forma en que usted decide, a diferencia de anteriores líderes de su país hacer este tipo comunicación constructiva con nosotros. Con el señor Austin sostuve la vez anterior serios y sinceros diálogos que nos permitió profundizar en este complejo y difícil tema de las relaciones entre Estados Unidos y Cuba. Su carácter, seriedad y especial calidad personal facilitaron mucho los cambios de impresiones. Me satisface que haya sido escogido por usted para este mensaje.
Hemos conversado brevemente pero con profundidad, seriedad y honestidad sobre los temas abordados por él. Espero sean de interés para usted

[411] The White House. February 7, 1978. From Carter to Fidel Castro. Documento obsequiado al autor por el investigador estadounidense Peter Kornbluh.

los criterios expuestos"[412].

En sus conversaciones con el Comandante en Jefe, Austin señaló que se había reunido con Carter seis días antes y que, además del Presidente, habían estado presentes Brzezinski y Vance. "Carter tenía dos puntos fundamentales -destacó Austin-. Primero, él quiere sinceramente el restablecimiento de relaciones normales entre las dos naciones, y él está haciendo planes en esa dirección; usted por su parte, ha hecho varios movimientos que usted mencionó en ocasión de mi visita pasada y que yo le trasmití al señor Carter, y él estuvo complacido. Pero ahora el último problema es la intensificación de tropas en África. Aparentemente ha llegado a una cifra, a un punto, en que Carter está profundamente preocupado. Hasta ese punto él llegó en sus comentarios conmigo..." [413].

Austin amplió el mensaje trasmitido señalando que Carter le había dicho que el problema de las presencia militar cubana en África afectaba sus posibilidades de obtener un triunfo en la cuestión de los tratados del Canal de Panamá. Que estaba además siendo muy criticado en su país por la política hacia América Latina, al tiempo que la participación militar cubana en el continente africano había empeorado las cosas. Según Austin, el Presidente norteamericano le había expresado: "Espero que el doctor Castro no me obligue a arrinconarme"[414].

En respuesta, el Comandante en Jefe, explicó al enviado secreto que entendía la difícil situación en que se encontraba Carter, que no había en realidad ninguna

---

[412] Consejo de Estado y del Gobierno. Febrero 26 de 1978. Mensaje de Fidel Castro a James Carter. Documento obsequiado al autor por el investigador estadounidense Peter Konbluh.
[413] Conversación del Comandante en Jefe, Fidel Castro Ruz, con Paul Austin, presidente de la Coca Cola, Palacio de la Revolución, 25 de febrero de 1978. Versiones taquigráficas del Consejo de Estado.
[414] Ibídem.

relación entre el problema de África y el problema de Panamá, que todo había sido una coincidencia, y que Cuba veía como algo muy positivo los acuerdos sobre el Canal de Panamá.

Además, despejando un poco las preocupaciones de Carter con respecto al Cuerno africano, el líder cubano pidió que, de manera confidencial, Austin trasladara a Carter lo siguiente:

"Lo primero: los etíopes lo han declarado públicamente -se refiere a la no intención de penetrar en territorio de Somalia- y se lo han comunicado al gobierno de Estados Unidos a través del subsecretario que viajó a Etiopía, y nosotros sabemos que esa posición de los etíopes es seria, que lo que ellos están diciendo es la verdad, nosotros lo sabemos. Segundo: nosotros sabemos el criterio soviético, y los soviéticos están de acuerdo con esa posición de Etiopía y son contrarios a que se penetre en el territorio somalí. Tercero: nuestras opiniones, que yo se las puedo dividir en tres partes: primero, respetamos y apoyamos la posición de Etiopía en este sentido; segundo, creemos que no se debe pasar al territorio del otro lado de la frontera; tercero, nuestro compromiso con los etíopes se limita a ayudarlos dentro de las fronteras. ¿Está claro? Puedo añadir que no creo que sea necesario cruzar la frontera para resolver el problema militarmente. Ahora, yo digo que esto supone, estos puntos de vista suponen que, una vez rechazada la tropa agresora, Somalia deje en paz a Etiopía y no se convierta en una agresora sistemática de Etiopía, porque de lo contrario Etiopía puede reaccionar de otra forma. (...)
Eso de mi parte se lo puede asegurar a Carter, que yo tengo absoluta seguridad, por los argumentos que les he expuesto, de que no se producirá ninguna violación, no se producirá ningún

ataque a través de la frontera de Somalia; que las fronteras de Somalia serán absolutamente respetadas. Yo creo que eso es una gran concesión por parte de Etiopía; porque casi es como si les dijeran a los norteamericanos cuando se produce Pearl Harbor, cuando se produce la agresión, que le prometieran a Japón no tocar sus fronteras. Desde el punto de vista militar es realmente una cosa excepcional eso. Sin embargo, yo les puedo asegurar que en estas circunstancias las promesas que hizo el gobierno etíope son serias, son fundadas, son absolutamente justas desde el punto de vista político, para no crear ninguna complicación. Y los dos países que lo estamos ayudando, que son la Unión Soviética y Cuba, tenemos el mismo criterio sobre eso. Nuestro compromiso llega hasta la frontera..."[415].

Como iniciativa personal, Austin preguntó a Fidel si no creía que sería una buena idea que él y Carter tuvieran una reunión cumbre. El líder cubano expresó entonces:

"Yo puedo hacer comentarios sobre eso, porque es lo que pienso. Yo creo que no tendría ninguna objeción de mi parte. Cuando se ha planteado este problema, siempre lo he visto desde el punto de vista de Carter, si las circunstancias políticas le permiten a él tener un contacto de este tipo. Pero pienso que por nuestra parte no habría ninguna dificultad. Lo único es que un problema de esta naturaleza yo no debo decidirlo unilateralmente, también tengo que tener en cuenta los criterios de todos los demás compañeros; pero no pienso que haya ninguna dificultad en ese sentido. Desde el punto de vista mío, mi respuesta personal es esa: que nunca habría dificultad. Desde luego, de-

---

[415] Ibídem.

pende del momento, las circunstancias, los factores políticos que le permitan a Carter tener un
contacto de esta naturaleza. Eso yo lo entiendo. Él
no puede decidir cualquier día a cualquier hora
un encuentro sin tomar en cuenta la situación política de Estados Unidos, el momento internacional y estos tipos de problemas. Por eso, si eso no
puede hacerse ahora y hay que esperar un año,
dos o más, no hay problema en eso. Nosotros entendemos perfectamente. Pero si me pregunta mi
posición, por mi parte no tengo objeción, y entiendo que la dirección de nuestro país no tendría
objeción…"[416].

Carter siguió erróneamente tratando de lograr que
Cuba desistiera de su internacionalismo en África o al
menos moderara su actuación a cambio de la "normalización" de las relaciones. En todas las conversaciones
secretadas desarrolladas en 1978 África fue el punto
más álgido de las discusiones y el obstáculo fundamental fijado por el gobierno estadounidense para poder
continuar el avance del proceso de "normalización". En
cambio Cuba, sin mostrarlo como un gesto directo hacia
los Estados Unidos, decidió liberar a miles de presos
contrarrevolucionarios en 1978, lo cual evidenciaba un
deseo de la dirección cubana de reanimar el proceso de
normalización de las relaciones entre ambos países,
congelado a partir de la entrada de tropas cubanas en
Etiopía. "En ese momento –recuerda Robert Pastor- lle-
gué a la conclusión de que Castro vio esta iniciativa
como una manera de tratar de poner las discusiones sobre la normalización de nuevo en marcha. No tenía la
menor intención de negociar el papel de Cuba en África
a cambio de la normalización, pero tal vez pensó que
gestos positivos en los derechos humanos , prioridad de
Carter, serían suficientes . No lo eran ".

---

[416] Ibídem.

Lo cierto es que la administración Carter jamás entendió la perspectiva cubana, en la que el tema del internacionalismo en África y la normalización de las relaciones con los Estados Unidos eran asuntos a manejar independientemente. Estados Unidos, por el contrario, estableció una conexión funesta entre estos, mezclando los aspectos bilaterales con los multilaterales. El asistente para América Latina en el Consejo de Seguridad Nacional, Rober Pastor, fue de los pocos dentro de la administración que entendió que vincular ambos temas en las negociaciones con los cubanos era el "instrumento equivocado". "Kissinger unió las dos cuestiones – la retirada de Cuba de Angola a fin de lograr mejores relaciones con los EE.UU– solo para fracasar en ambas"[417], le advirtió a Brzezinski.

Si el año 1977 había terminado con un balance positivo en cuanto a la mejoría de las relaciones Estados Unidos-Cuba, en el año 1978 la tendencia se había invertido y las esperanzas de que se pudiera continuar avanzando eran casi nulas en ambos lados.

Tercer Viaje

El tercer viaje de Austin a Cuba se produjo en septiembre de 1980, en la etapa de mayores tensiones en las relaciones Estados Unidos-Cuba durante el mandato de Carter. La crisis migratoria del Mariel y los efectos de la misma en el escenario interno de los Estados Unidos, en medio del proceso electoral en el que Carter aspiraba a la reelección presidencial, habían creado un clima poco propicio para cualquier mejoría de las relaciones bilaterales. Las conversaciones secretas sostenidas en-

---

[417] Memorándum de Robert Pastor a Brzezinski, 1 de agosto de 1977, *The Carter Administration. Policy toward Cuba: 1977-1981*, (documentos desclasificados, Biblioteca del ISRI) (Traducción del ESTI).

tre representantes de ambos países en junio de 1980 habían terminado en un desencuentro total[418].

Asimismo, la posibilidad de una mejoría de las relaciones Estados Unidos-Cuba, se hacía harto difícil en medio de la cambiante situación internacional. Para esa fecha el mundo retornaba a un escenario de Guerra Fría.

La invasión soviética a Afganistán en diciembre de 1979, había echado por tierra cualquier posibilidad de salvar la distensión este-oeste, proceso que venía mostrando un deterioro paulatino desde 1978. Las críticas contra la política exterior de Carter eran cada vez más crecientes, y se utilizaban como ejemplos: la presencia militar cubana en África, que consideraban hacía el trabajo sucio de los soviéticos en ese continente[419], el

---

[418] Desde la tarde del 17 hasta la madrugada del 18 de junio de 1980 se reunieron en La Habana: Petter Tarnoff (del Departamento de Estado), Robert Pastor (asistente para América Latina del Consejo de Seguridad Nacional), y el ya mencionado Wayne Smith, en representación del gobierno de los Estados Unidos, y José Luis Padrón (presidente del Instituto Nacional de Turismo), Ricardo Alarcón (viceministro de Relaciones Exteriores) y José Antonio Arbezú Fraga (funcionario del Comité Central del Partido Comunista de Cuba), por la parte cubana.[xix] Las conversaciones fueron tensas desde el comienzo, pues los enviados de Washington insistían en comenzar la agenda de discusión por los puntos que consideraban apremiantes y urgentes: el problema migratorio y la situación de los individuos que se encontraban en la SINA. Por su parte, la representación cubana consideraba esta intención un enfoque unilateral, y abogaba por iniciar el diálogo por los temas que constituían la esencia de los problemas entre ambos países, y no por los puntos que proponía la parte estadounidense, los cuales consideraba secundarios y derivados de otros problemas más profundos. El bloqueo, la base naval de Guantánamo, los vuelos espías, los ejercicios militares estadounidenses y el clima de hostilidad sistemático en el Caribe eran los aspectos globales por los que Cuba consideraba debía comenzar el debate.

[419] En sus profundos trabajos sobre la presencia cubana en el continente africano, Piero Gleijeses ha demostrado -teniendo

triunfo del movimiento de la Nueva Joya en Granada en marzo de 1979 y de la Revolución Sandinista en Nicaragua en julio del propio año, y "la incapacidad de Carter" para hallar una solución definitiva a la crisis de los rehenes estadounidenses en la embajada de Teherán.

Al mismo tiempo, la misión de Austin se produce en un contexto en el que, desde el mes de julio, la máxima dirección de la Isla, conocedora de los peligros que representaba para la paz mundial un triunfo de Ronald Reagan en las elecciones de los Estados Unidos y la aplicación del programa del partido republicano, había adoptado la estrategia de no hacer nada que pudiese interpretarse en los Estados Unidos como una provocación deliberada y pusiera a la administración Carter en una situación aún más crítica frente a sus adversarios internos. Así, el Mariel seguiría abierto, y los cubanos se reservaban sus opciones, pero Fidel dio instrucciones de que las salidas que ocurriesen debían manejarse de forma tal que afectaran lo menos posible a la administración Carter. Fue en esos días que dejó de aparecer en el periódico *Granma* la sección "Noticias del Mariel".

De esta manera el presidente estadounidense, evidentemente frustrado en cuanto a la posibilidad de resolver la crisis del Mariel que tanto le estaba afectado en la campaña electoral, decidió nuevamente utilizar como mensajero secreto al Presidente de la Coca Cola, Paul Austin, y mostrar una posición más flexible hacia la Isla

---

como respaldo una voluminosa documentación sobre el tema que los cubanos enviaron sus tropas a Angola por iniciativa propia y sólo se lo comunicaron después a la Unión Soviética. En el caso de Etiopía, a pesar de que hubo una cooperación estrecha entre los dos gobiernos a lo largo del período que precedió la toma de decisión, los móviles del gobierno cubano para el envío de sus tropas no vinieron de Moscú, sino de la firme convicción de los líderes cubanos en que las medidas sociales y económicas tomadas por la Revolución Etíope eran de las más progresistas que se habían visto en los países subdesarrollados, después del triunfo de la Revolución Cubana, y porque consideraban que la invasión somalí era injustificada y criminal y que había sido alentada por los Estados Unidos

que la mantenida en las conversaciones de junio, en las que los representantes de Estados Unidos había viajado a La Habana con instrucciones de solamente discutir acerca de la crisis migratoria del Mariel, y no de otros temas que eran de interés para Cuba.

Así Austin, después de recibir directamente las instrucciones de Carter[420], viajó a la Isla y el 3 de septiembre sostuvo una reunión privada con el Comandante en Jefe, Fidel Castro Ruz. Acompañaron al líder cubano el vicepresidente Carlos Rafael Rodríguez –se incorporó luego de comenzada la reunión- y la traductora Juanita Vera. Junto a Austin, se encontraba su ayudante Ted Circuit.

En las conversaciones, Austin transmitió a Fidel la disposición del presidente Carter de reunirse directamente con el líder cubano en algún momento próximo antes de la navidad para discutir todos los problemas que estaban afectando las relaciones entre ambos países. El mensaje era muy osado, pues hasta Carter, ningún presidente norteamericano había tenido la valentía política de hacer un planteamiento como ese, mucho menos en medio de un clima de tensiones entre los Estados Unidos y Cuba y en un año electoral. Ninguno de los futuros inquilinos de la Casa Blanca superaría a Carter en ese sentido.

"Cuando el señor Carter me llamó por teléfono hace cuatro o cinco días -explicó Austin a Fidel-, me dijo que quería que yo lo visitara a usted aquí en La Habana para sostener una breve conversación, basada en la idea que Carter tiene, al efecto de que las dos naciones, la vuestra y la suya, deben elaborar una especie de planes a fin de desarrollarse conjuntamente. Ya se están realizando trabajos con vista a ese tipo de desarrollo de relaciones, pero Carter considera que se puede hacer

[420] En la reunión de Carter con Austin, estuvieron presentes también Muskie y Brzezinski.

aún más para el beneficio de ambas naciones. Él me ha pedido que viniera, pues, para esta charla, porque él considera que este tipo de charla informal no debe ser manejada por funcionarios, específicamente, del gobierno. Y para ser más específico, él desea tener contactos con usted en los próximos meses, a su nivel y al nivel de Carter, a fin de ventilar las opiniones de ambos hombres con la intención evidente y manifiesta de continuar progresando juntos en este sentido. Él me dijo que había dos puntos para discusión que se le han ocurrido a él. Uno es la distribución más amplia de medicamentos y el problema tan espinoso del bloqueo. Él comprende que se realizó durante un período de años y que igualmente tomará años deshacer lo hecho; pero considera que en algún punto hay que empezar a eliminarlo, y considera él que en el último período de este año pudiera celebrarse una reunión que se dedicara específicamente a analizar lo que cada uno de los países puede hacer con el objeto de ayudarse mutuamente.

Es decir, Estados Unidos tendría el problema relativo a deshacerse de este bloqueo -a deshacerse del bloqueo, repito. Y él me dijo que consideraba justo preguntarle a usted, o más bien pedirle que adoptara una posición neutral hacia Estados Unidos durante un año electoral. Me dijo que estaba apercibido, de que usted está perfectamente familiarizado con lo que significa un año electoral, es decir que no es momento para que la situación se exacerbe. Evidentemente, él se encuentra en un estado propicio para tratar de conocerle mejor a usted sobre bases de igualdad, con la intención diáfana de mejorar las relaciones entre usted y él, sin dejar que esto caiga en manos de un grupo, de un equipo determinado de funcionarios; sino más bien usted, como representante de vuestro país, y Carter como representante de su país, reunirse y analizar si hay alguna forma de tener unas relaciones más significativas y de mayores vínculos. Y él me habló de esto realizarlo más bien en un futuro inmediato, en un futuro cercano, próximo..."[421].

Mas adelante agregó Austin:

"Pero hay algo más que casi se me olvidaba. Se trata de mi evaluación de la reacción de Carter cuando me dijo: 'Por favor, dígale al Comandante que yo quiero dos programas: uno a corto plazo, que podamos nosotros manejar antes de las Pascuas y otro programa a largo plazo que pueda ser instrumentado al final del próximo año'..."[422].

Fidel respondió que recibía el mensaje con mucho agrado y receptividad, y que por parte de Cuba existía la mejor disposición a trabajar en ese sentido:

"Me alegra mucho, realmente lo que usted me explica sobre la posición del gobierno de los Estados Unidos de mejorar las relaciones con Cuba. A mí me parece absurdo un período tan largo con falta de comunicación. Me parece que es mucho más constructivo, no solo por las relaciones con Cuba, sino con relación a la situación internacional"[423].

El Comandante en Jefe expresó además al enviado de Carter que estaba muy consciente de la situación interna en los Estados Unidos, de la situación internacional y de los peligros que representaba para el mundo la

[421] Conversación del Comandante en Jefe, Fidel Castro Ruz, con Paul Austin, Presidente de la Coca Cola, Palacio de la Revolución, 3 de septiembre de 1980. Versiones taquigráficas del Consejo de Estado.
[422] Ibídem.
[423] Ibídem.

plataforma electoral del Partido Republicano. Y que, por tal motivo, estaba dispuesto a evitar el menor incidente que pudiera crear problemas a Carter.

"Y esa es nuestra disposición de cualquier paso que haya que dar para evitar -dijo Fidel-, a toda costa, cualquier problema, nosotros estamos dispuestos a darlos. Dígaselo a Carter, que no se preocupe por las cuestiones de los secuestros de aviones, que hemos tomado medidas duras. Pero si hay que tomar medidas más duras todavía, las tomamos. De modo que no se preocupe por eso, que pueda afectar a Carter en este período. Quiero también decirle lo siguiente: estoy pensando en alguna fórmula adicional, algunos pasos adicionales, que yo quiero que le comunique a Carter, que pueden ayudar en esta solución. Nosotros tenemos alrededor de 30 norteamericanos presos, algunos de ellos por delitos comunes, tráfico de drogas, otros por delitos contrarrevolucionarios, y yo estoy pensando en el momento oportuno, como una acción unilateral, poner en libertad a los norteamericanos. Yo estoy pensando lo más rápidamente posible. Yo creo que eso puede tener algún efecto. (...)
Entonces yo creo que debemos presentarlo como resultado de una gestión de los representantes norteamericanos en Cuba, para que tenga mejor efecto político y pueda darse como resultado del trabajo de los representantes norteamericanos. (...)
Yo quiero decirle que había estado pensando esto, antes de conocer su visita; pero cuando recibí el mensaje me confirmé más de la conveniencia de realizar este gesto..."[424].

La misión de Austin fue cumplida con éxito y contribuyó a facilitar el camino, para que días después, Peter

---

[424] Ibídem.

Tarnoff, secretario ejecutivo del Departamento de Estado viajara a Cuba, para concretar varios acuerdos con la máxima dirección de la Revolución.

El enviado de Washington expresó a Fidel que Estados Unidos estaba dispuesto en principio a tratar cualquier cuestión que Cuba quisiera plantear en las discusiones acerca de las relaciones bilaterales y acerca de otros temas de preocupación para ambos gobiernos, pero destacó que el momento no era propicio en particular para entrar en las causas más profundas y arraigadas de los problemas bilaterales, pues exigían mucho tiempo y ningún lado sacaría ningún beneficio al entrar en tales negociaciones en los próximos meses. De esta manera, Tarnoff trasladó la propuesta de su gobierno de iniciar un proceso que tendría dos etapas, con ciertas negociaciones y acciones a empezar inmediatamente y otras que estarían diferidas hasta principios del año 1981 cuando se conocieran ya los resultados de las elecciones en los Estados Unidos. Concretamente la administración Carter propuso que Cuba diera los siguientes pasos:

1- Parara el flujo de emigrantes hacia Estados Unidos vía Mariel.

2- Aceptará la devolución de Estados Unidos de personas confirmadas, por funcionarios consulares o de emigración, como deseosas de volver a Cuba.

3- Aceptará la iniciación de negociaciones entre funcionarios de emigración de Cuba y de Estados Unidos, y que tales negociaciones comenzaran de manera reservada, confidencial, en Nueva York, antes de fines de septiembre, en aras de llegar a un acuerdo sobre un programa de salidas ordenadas que podría reglamentar la emigración desde Cuba a Estados Unidos.

4- Como parte de esta negociación en Nueva

York, que Cuba consintiera considerar, en principio, el retorno a Cuba de personas que habían llegado a Estados Unidos por el puente marítimo desde el Mariel pero que habían sido halladas inelegibles para entrar a Estados Unidos bajo las leyes y reglamentos existentes en Estados Unidos[425].

El enviado de Washington, también expresó a Fidel que si Cuba está dispuesta a tomar estas acciones, Estados Unidos inmediatamente tomaría las siguientes decisiones:

1- Comenzaría conversaciones con Cuba sobre la restitución del acuerdo sobre piratería aérea.
2- Empezaría inmediatamente conversaciones con Cuba sobre un acuerdo que permitiría servicio aéreo regular entre Cuba y Estados Unidos.
3- Inmediatamente empezaría una consideración seria de un listado de medicamentos que podrían ser exentos del embargo.

Además de lo ya dicho, Estados Unidos estaría de acuerdo en que no más tarde del primer trimestre del año 1981 se celebraran, entre representantes de Estados Unidos y Cuba, conversaciones de suficiente amplitud como para cubrir todos los aspectos de las relaciones bilaterales y preocupaciones mutuas[426].

---

[425] Conversación del Comandante en Jefe Fidel Castro Ruz, Primer Secretario del Comité Central del Partido Comunista de Cuba y Presidente de los Consejos de Estado y de Ministros, con Peter Tarnoff, del Departamento de Estado de los Estados Unidos, y Wayne Smith, Jefe de la Oficina de Intereses de Washington en La Habana, Palacio de la Revolución, 12 de septiembre de 1980, "Año del Segundo Congreso". (Versiones Taquigráficas del Consejo de Estado).
[426] Ibídem.

Seguidamente, Fidel hizo un amplio análisis de los peligros que representaba para Cuba y para el mundo el triunfo de la plataforma programática del Partido Republicano en las elecciones de noviembre y luego hizo énfasis en que no estaba pensando en una negociación en ese momento, sino en proponer una serie de medidas unilaterales relacionadas con los asuntos que le preocupaban a Carter y aceptar los puntos, sobre todo, el cuarto (sobre las conversaciones globales entre Estados Unidos y Cuba para el primer trimestre de 1981), que sería considerado como una promesa. El líder de la Revolución Cubana le hizo saber al enviado de Carter que se reuniría con el Buró Político para intercambiar impresiones y le informaría antes de su partida a los Estados Unidos sobre los pasos que daría Cuba[427].

La confirmación de las medidas que tomaría Cuba se la dio Fidel a Tarnoff en la noche de ese propio día 12 de septiembre cuando volvieron a reunirse. La primera medida sería la publicación de una declaración en el periódico Granma donde se advertiría categóricamente que de producirse nuevos secuestros de aviones en territorio estadounidense con el objetivo de desviarlos hacia Cuba las autoridades cubanas tomarían medidas penales drásticas contra sus autores o bien serían devueltos al territorio de los Estados Unidos para ser juzgados en ese país.

Con esa declaración se pensaba frenar totalmente los secuestros. Como segundo punto, Cuba liberaría a 33 presos estadounidenses, condenados en la Isla por delitos como: tráfico de drogas, secuestros de aviones, actividades contrarrevolucionarias, entre otras actividades penadas por la ley. Como un tercer paso, el gobierno cubano pararía desde el 25 de septiembre hasta el 4 de noviembre la salida del Mariel, reservándose la potestad de valorar su reapertura o no después de esa fecha. Como cuarto punto, el cual se había conversado ya en la mañana de ese día, Cuba autorizaría la salida del

---

[427] Ibídem.

país de un grupo de los individuos que habían penetrado en la Sección de Intereses de Washington en La Habana, algunos que poseían doble nacionalidad y otros que no estaban en esas categoría pero que habían manifestado su deseo de salir de la Isla al ritmo que Estados Unidos estimara conveniente.

Finalmente, como quinto punto, Fidel destacó que Cuba seguiría desarrollando gestiones internacionales, como conversaciones con los soviéticos y con los países del Tercer Mundo con la idea de ayudar a evitar problemas que pudieran perjudicar la situación interna en los Estados Unidos, así como algunas gestiones para tratar de influir sobre los iraníes para que liberaran a los rehenes estadounidenses. Estas gestiones serían discretas, concretas, previendo pudieran afectar a la administración de Carter[428].

Como parte de los pasos que Cuba había decidido dar: el 16 de septiembre salió la nota en Granma advirtiendo que de producirse nuevos secuestros de aviones en Estados Unidos con el objetivo de regresar a Cuba, las autoridades cubanas tomarían medidas penales drásticas o bien los responsables serían devueltos al territorio norteamericano, las actividades del Mariel fueron suspendidas el 25 de septiembre y el 13 de octubre de 1980, Ramón Sánchez Parodi, jefe de la Sección de Intereses de Cuba en Washington, anunció en esa capital que se dejaría en libertad a todos los presos norteamericanos encarcelados en la Isla.

Pese a todos los pasos dados por Cuba, lamentablemente Carter perdió las elecciones de noviembre y nadie puede descifrar lo que hubiese ocurrido en cuanto a las relaciones Estados Unidos-Cuba de haber salido reelecto, aunque las características del escenario interno en los Estados Unidos y la dinámica del entorno internacional, para finales de 1980, no estimulaban un cambio sustancial[429].

---

[428] Ibídem.
[429] Pero no solo la crisis migratoria del Mariel contribuyó a la

Wayne Smith, quien se desempeñó como jefe de la Sección de Intereses de Washington en La Habana en los dos últimos años del mandato de Carter, es del criterio de que si Carter hubiera salido reelecto se hubiera alcanzado la normalización de las relaciones entre los Estados Unidos y Cuba:

> "Yo firmemente creo que si Carter hubiera sido reelecto, nosotros hubiéramos alcanzado la normalización de las relaciones con Cuba. El Consejo de Seguridad Nacional había quedado fuera de las decisiones y Carter estaba de acuerdo en que si Fidel cerraba el Mariel, los Estados Unidos comenzarían el tipo de negociación asunto por

---

pérdida de Carter en las elecciones de noviembre de 1980: durante sus dos últimos años de gobierno, Carter dio una imagen de falta de liderazgo, de vacilaciones, incoherencias y contradicciones internas que obraron en función de la victoria de Reagan quien logró aglutinar a toda la derecha. Esta derecha además consiguió articular muy bien sus críticas contra el mandatario demócrata. En lo externo se le criticaba por no concluir con dureza las diferentes crisis como la del Mariel y los rehenes en Irán, así como por no haber evitado que se le fuera de las manos Nicaragua, Granada, Afganistán e Irán, mientras que en lo interno fundamentalmente por el llamado *Billy Carter Affair* o *Billygate,* el elevado déficit fiscal, el desempleo que alcanzaba al 8 % de la población y la tasa inflacionaria que ascendía al 7,6%. Sin embargo, hay que decir que el elemento más importante que dio el toque de gracia final a la posibilidad de un triunfo de Carter en las elecciones de 1980 fue su incapacidad para lograr la liberación de los norteamericanos mantenidos como rehenes en Teherán. Hasta el último momento la administración Carter estuvo intentando llegar a un acuerdo con el gobierno de Irán, pero su fracaso en este objetivo solo contribuyó a aumentar su descrédito ante los electores. Numerosos analistas y políticos norteamericanos son de la tesis que elementos republicanos montaron contactos paralelos secretos con representantes iraníes para impedir que la administración de Carter pudiese llegar a un acuerdo con Irán para la liberación de los rehenes, socavando así la actuación del gobierno de los Estados Unidos.

asunto, que el proceso necesitaba. La atmósfera era conducente a la normalización y no solo del lado de Estados Unidos. Castro también había llegado a la comprensión de que era mucho mejor tratar con Carter que con Reagan y por eso estaba inclinado a moverse en esa dirección"[430].

Pese a la valoración de Smith, pienso que de haber sido reelecto Carter en las elecciones de noviembre de 1980 no le iba ser nada fácil normalizar las relaciones con Cuba dentro de un entorno internacional tan desfavorable para ello y con el giro hacia la derecha que se observaba prácticamente en todo el sistema político norteamericano. Las tensiones propias de la Guerra Fría habían retornado vehementemente al escenario internacional y estas, desdichadamente, enturbiaban las relaciones cubano-estadounidenses. No fue casual que las intenciones de de explorar una posible "normalización" de las relaciones con Cuba hubieran salido a relucir en momentos en que tenía lugar una relativa distensión entre la URSS y los Estados Unidos.

Así fue durante la administración Kennedy en el año 1963, la administración Nixon –especialmente en el Congreso-, la administración Ford y la administración Carter. Mas para 1980 la realidad internacional era bien distinta. Eso explica también el por qué Carter, antes de abandonar la Casa Blanca, dejara recomendado a su sucesor la amenaza militar a Cuba; a quien a decir verdad, no le hacía falta muchas recomendaciones para seguir los rumbos más agresivos con relación a la cuestión cubana.

En directiva presidencial del 15 de enero de 1981, referente a las Modificaciones de la Estrategia Nacional de los Estados Unidos, el aún presidente de los Estados Unidos señaló:

"La proyección soviética de poder en la región del

---

[430] Entrevista realizada a Wayne Smith (vía correo electrónico), el 19 de junio de 2009.

Caribe con la asistencia de Cuba en los dos últimos años ha creado otra área de mayor preocupación en materia de seguridad. ..., es necesario lograr silenciosamente una presencia militar más fuerte en la región mediante cambios graduales en nuestras actividades de ejercicios militares y destacando las fuerzas estadounidenses en la parte sudoriental de los Estados Unidos y sus territorios en la región, lo que será percibido por Cuba y la Unión Soviética como prueba de nuestra determinación de limitar la influencia soviética y cubana en la región"[431].

Se hace entonces evidente que, si bien Carter estaba valorando un acercamiento diplomático a Cuba en caso de salir reelecto, este iría acompañado de la amenaza militar a la Isla para proteger los intereses fundamentales de los Estados Unidos en la región. Otro elemento para pensar con poco optimismo en la posibilidad de un entendimiento entre los Estados Unidos y Cuba, pues la manida política estadounidense del garrote y la zanahoria no había dado resultado ninguno con Cuba.

Paul Austin terminaría sus funciones como presidente de la Coca Cola en 1981 y cuatro años después fallecería a la edad de 70 años, llevándose con él un testimonio de extraordinaria valía histórica al haber servido como un intermediario secreto entre James Carter y Fidel Castro, en uno de los momentos en que más posibilidades hubo de avanzar hacia una relación más civilizada entre Estados Unidos y Cuba. Pasados casi 40 años de esta experiencia, documentos muy bien guardados en los archivos estadounidenses y cubanos nos permiten reconstruir esta historia fascinante y necesaria para la coyuntura actual.

---

[431] Directiva Presidencial/NSC-52, 15 de enero de 1981, *The Carter Administration. Policy toward Cuba: 1977-1981*, (documentos desclasificados, Biblioteca del ISRI) (Traducción del ESTI).

EE.UU., CUBA Y
LA NORMALIZACIÓN DE LAS RELACIONES[432]

Muchas han sido las investigaciones realizadas tanto por autores cubanos como extranjeros, que de una forma u otra, han abordado la política de Estados Unidos hacia Cuba a partir de 1959. La mayoría de las incursiones en este tema han tenido como objetivo central el estudio de lo que ha sido una característica permanente en la política estadounidense hacia la Cuba revolucionaria: la agresividad. Sin embargo, por lo general se han soslayado los pequeños y esporádicos puntos de inflexión que se han hecho visibles en esa política y que al mismo tiempo constituye otro ángulo importante del problema: los momentos en que se han producido intentos de normalizar las relaciones con Cuba.

¿Cuáles fueron los móviles y los intereses que estuvieron detrás de esos intentos? ¿Cuáles fueron las coyunturas que los propiciaron? ¿Cuál fue la estrategia negociadora de Washington en esos casos? ¿Cuál fue la agenda de negociación? ¿Sobre qué base Estados Unidos pretendió buscar una normalización de las relaciones con Cuba? ¿Por qué se frustraron esos intentos? Todas esas incógnitas, permanecen hoy sin respuesta para muchos, pues tanto en Cuba como en Estados Unidos son prácticamente inexistentes las investigaciones que se hayan detenido a indagar en este tópico.

No estamos hablando en este caso de las negociaciones o rondas de conversaciones que se han producido entre

---

[432]Versión original publicada en: La Jiribilla, no 487, septiembre de 2010. (Nota aclaratoria: en este trabajo se obvió el período de Kennedy y de Ford como aparecía en el trabajo original, pues fueron ya ampliamente abordados en otros ensayos reproducidos en este libro).

Estados Unidos y Cuba desde que se rompieron las relaciones diplomáticas, pues estas se han desarrollado prácticamente durante todas las administraciones estadounidenses, exceptuando la de George Bush (hijo)[433]. Hasta las administraciones norteamericanas más agresivas con la Isla, no han dudado sentarse a negociar sobre aspectos que han constituido de su interés nacional[434].

Sin embargo, solo nos estamos refiriendo a los momentos en que se ha visualizado la intención de Washington de labrar el camino en función de la normalización de las relaciones con Cuba. Eso solo tuvo lugar durante las administraciones de Gerald Ford (1974-1977) y de Jimmy Carter (1977-1981), pero ambas administraciones tuvieron un antecedente ineludible durante la presidencia de J. F. Kennedy (1961-1963).

En este trabajo se presenta una síntesis del tema lle-

---

[433] "Aunque se conoce poco, desde que el gobierno de Eisenhower rompió relaciones con Cuba el 3 de enero de 1961, todos los presidentes han establecido algún tipo de diálogo con Fidel Castro –con la excepción de George W. Bush- Desde Kennedy a Clinton, gobierno estadounidense tras otro ha negociado acuerdos migratorios, tratados contra el terrorismo, acuerdos de lucha contra el narcotráfico y acuerdos bilaterales de otro tipo. Tras bambalinas, los Estados Unidos y Cuba han recurrido a menudo a la diplomacia clandestina para analizar y resolver crisis, que van desde tensiones en la base militar estadounidense en Guantánamo hasta los planes terroristas contra Cuba". Véase en Peter Kornbluh and William M. Leogrande, "Talking with Castro", en *Cigar Aficionado*, febrero de 2009.

[434] Ejemplo de ello fueron las negociaciones desarrolladas durante la administración Johnson respecto al tema migratorio, las ocurridas bajo el mandato de Nixon y que condujeron a un acuerdo entre ambos países contra secuestros aéreos y marítimos, las que culminaron en el acuerdo migratorio de 1984 durante la administración Reagan, las que, debido a las estremecedoras victorias de los cubanos en suelo africano, tuvo que consentir también Reagan en 1988 para solucionar el conflicto bélico en ese continente, y las celebradas para resolver la crisis migratoria de 1994 durante la administración Clinton.

gando hasta la actualidad, con la intención de demostrar nuestra hipótesis de que la normalización de las relaciones con Cuba, como parte de los objetivos de política exterior de los Estados Unidos, solo estuvo presente durante las administraciones Ford y Carter, y no como interés estratégico, sino más bien como un recurso táctico de Washington para satisfacer otros intereses de mayor prioridad en su política exterior y, a la larga, lograr el mismo objetivo deseado desde 1959: el cambio de régimen en Cuba.

La administración Carter

La administración de James Carter (1977-1981) extendió aún más las conversaciones y los contactos con Cuba que habían tenido lugar durante la administración Ford y avanzó en muchos otros terrenos en función de la normalización de las relaciones. El año 1977 fue el de mayores progresos: se firmaron los acuerdos pesquero y de límites marítimos, se establecieron las oficinas de intereses en ambas capitales, se levantaron las restricciones de viaje a Cuba a los ciudadanos estadounidenses y se establecieron importantes intercambios deportivos, académicos y culturales.

Asimismo, Carter ordenó en la Directiva Presidencial/NSC-6 del 15 de marzo de 1977 que el gobierno de Estados Unidos debía intentar lograr la normalización de relaciones con Cuba, y que para ese fin, debían comenzar conversaciones directas y confidenciales de una manera comedida y cuidadosa con representantes del Gobierno de Cuba[435]. A su modo de ver, en las conversaciones exploratorias, los Estados Unidos debían buscar la promoción de los siguientes intereses[436]:

---

[435] Directiva Presidencial/NSC-6, 15 de marzo de 1977, *The Carter Administration. Policy toward Cuba: 1977-1981*, (documentos desclasificados, Biblioteca del ISRI) (Traducción del ESTI) (Véase anexo 11).

[436] Esta era una agenda de negociación equívoca desde su génesis, pues se mezclaban los temas bilaterales y los multilaterales, entrando con estos últimos en terreno soberano de Cuba,

- Lucha contra el terrorismo;
- Derechos Humanos;
- Contener la intervención foránea de Cuba;
- Compensación por las propiedades estadounidenses expropiadas; y
- Reducción de las relaciones (políticas y militares) de Cuba con la Unión Soviética.

Para esto, Carter determinó la siguiente agenda de conversaciones: fronteras marítimas y pesqueras; acuerdo contra secuestros; situación de los derechos humanos en Cuba (incluida la excarcelación de ciudadanos estadounidenses, derechos de visita, y derechos de emigración); actividades externas de Cuba en Angola y otras partes; actividades de Cuba respecto a Puerto Rico; intercambios deportivos, culturales y científico-técnicos; compensación por las propiedades estadounidenses expropiadas por el Gobierno de Cuba; posibilidad de establecer relaciones comerciales; y establecimiento de una Oficina de Intereses de los Estados Unidos en la embajada de Suiza. Luego de una ronda exploratoria de conversaciones, el Consejo de Seguridad Nacional debía presentar a Carter las recomendaciones sobre la forma en que Estados Unidos debía proceder[437].

Carter dio otro paso importante para las relaciones entre Estados Unidos y Cuba, que rompía de hecho con lo que había sido la política de Estados Unidos hacia Cuba desde 1959, cuando señaló en la propia directiva: "El

---

específicamente en la política exterior de Cuba. Ello fue un ejemplo más de que Estados Unidos nunca ha admitido que Cuba practique una política exterior independiente.

[437] Directiva Presidencial/NSC-6, 15 de marzo de 1977, *The Carter Administration. Policy toward Cuba: 1977-1981*, (documentos desclasificados, Biblioteca del ISRI) (Traducción del ESTI).

Fiscal General deberá tomar todas las providencias necesarias permitidas por la ley para impedir actividades terroristas o toda actividad ilegal iniciada desde el territorio de los Estados Unidos contra Cuba y contra ciudadanos estadounidenses, y apresar y enjuiciar a los autores de esas actividades" [438].

Con esta directiva Carter se convertía en el primer presidente de los Estados Unidos en ordenar el inicio de un proceso de normalización de las relaciones con Cuba. Pero eso no nos puede llevar al error de pensar que la normalización de las relaciones con Cuba era en verdad un interés estratégico para la administración demócrata, pues esta no constituía más que un medio por el cual se pensaba lograr lo mismo que no se había alcanzado a través de la política agresiva.

Pese a los innumerables desencuentros y obstáculos, el año 1977 terminó con un saldo positivo para las relaciones entre Cuba y Estados Unidos. Se vivía un momento de relativo deshielo entre Washington y La Habana. En 1977 se negociaron los problemas menos candentes en las relaciones bilaterales, pero a partir de 1978 el proceso empezaría a congelarse e incluso a retroceder, pues los temas más espinosos de las relaciones entre Cuba y Estados Unidos no serían resueltos, y en eso tendría gran responsabilidad la administración norteamericana, al imponerse en su seno la idea de un condicionamiento del acercamiento a Cuba, dirigido a limitar la política exterior cubana allí donde se afectaran los intereses de los Estados Unidos en el marco del conflicto Este-Oeste[439].

No obstante, todavía en enero de 1978 se dieron algunos pasos positivos para el mejoramiento de las relaciones entre ambos países como lo fueron: la decisión de

---

[438] Ibídem.

[439] Las figuras del ejecutivo partidarias del acercamiento condicionado a Cuba se vieron respaldadas por el cambio a su favor de la composición del Congreso, luego de las elecciones del órgano legislativo en 1978.

Cuba de poner en libertad a algunos de los presos norteamericanos en la Isla[440]; el anuncio del Departamento
del Tesoro estadounidense de que los residentes en el
país podían enviar dinero directamente a sus parientes
inmediatos en Cuba a razón de hasta 500 dólares trimestralmente y el encuentro celebrado en La Habana
entre Oficiales de la guardia costera norteamericana y
sus homólogos cubanos, con el objetivo de lograr la
cooperación en la búsqueda y rescate en aguas internacionales, así como en el enfrentamiento al narcotráfico
y el terrorismo. Asimismo, los intercambios culturales,
académicos, científicos y deportivos continuarían en
1978 y 1979.

Con la entrada de las tropas cubanas en Etiopía a fines de 1977 el proceso de normalización de las relaciones se estancó y paulatinamente las relaciones comenzaron a hacerse más tensas. No obstante, las conversaciones y contactos, así como los intercambios deportivos, académicos y culturales continuaron prácticamente hasta el final del mandato presidencial de Carter. De hecho, las conversaciones secretas más extensas
y continuadas entre ambos países tuvieron lugar en el
año 1978 (New York, Washington, Atlanta, Cuernavaca
y La Habana). En 1979 hubo un impasse retomándose
las conversaciones en enero, junio y septiembre de
1980, todas celebradas en La Habana.

Mas nuevamente la razón fundamental del por qué no
se alcanzó la normalización de las relaciones entre Estados Unidos y Cuba durante la administración Carter,
residió en la no superación de una esencia histórica: la
insistente intención de los Estados Unidos por ser un
actor en la política doméstica y exterior de Cuba y la

---

[440] El anuncio fue hecho luego de una visita de 3 días del más
numeroso grupo de legisladores estadounidenses que había visitado Cuba desde 1959 (10 legisladores). Los legisladores encabezados por el demócrata por Wisconsin, Henry Reuss, se
entrevistaron con Fidel Castro.

voluntad manifiesta de la Isla de pagar el precio necesario por su soberanía. La experiencia de la administración Carter respecto a Cuba, si bien marcó una ruptura con la agresividad característica de la política de Estados Unidos hacia la Isla, fracasó porque no desbordó el marco de la esencia de la confrontación señalada anteriormente, al aspirar que Cuba accediera antes de la normalización de las relaciones al menoscabo de su soberanía en política exterior, utilizando para ello el bloqueo económico, comercial y financiero como carta de negociación. Por supuesto, Cuba no aceptó negociar su soberanía y sus principios, y exigió en todo momento que se le tratara con respeto.

Por su parte , la presencia cubana en África fue el principal nudo gordiano que no pudo romperse para seguir avanzando hacia la normalización de las relaciones, pero la responsabilidad de ello recayó también en la administración Carter, al condicionar el acercamiento bilateral a este tema multilateral ubicado en el terreno de la libre autodeterminación de Cuba en materia de política exterior. Esta exigencia del gobierno de Estados Unidos constituyó realmente un anacronismo. No fue entonces Cuba, como han sostenido algunos autores, la culpable del fracaso de proceso de normalización de las relaciones durante la administración Carter porque le interesó más su papel en África, que la normalización de las relaciones con Estados Unidos, a Cuba le interesaba ambas cosas, solo que no las mezclaba.

Fue Estados Unidos el que creó ese vínculo dañino importándole más sus posiciones geoestratégicas en el enfrentamiento Este-Oeste, que la normalización de sus relaciones con Cuba. Evidentemente ambos países se veían muy diferentes a sí mismos y al entorno internacional. Sus intereses también eran muy divergentes.

Si bien durante la administración Ford hubo bastante consenso dentro de los círculos de poder estadounidenses respecto a considerar el activismo internacional de Cuba como el principal impedimento para normalizar las relaciones, en el período de Carter hubo más criterios contrapuestos, aunque al final la concepción "globalista" en relación a los conflictos internacionales, defendida fundamentalmente por el asesor para Asuntos de Seguridad Nacional, Zbiniew Brzezinski, terminó imponiéndose a la "regionalista" que respaldaba el secretario de Estado, Cyrus Vance, y el personal diplomático más experimentado del Departamento de Estado y que tendía a analizar los problemas internacionales no dentro de la rivalidad este-oeste, sino buscando sus causas endógenas.

De esta manera, la ilusión de que Cuba renunciara a su solidaridad internacional a cambio de la normalización de las relaciones con Estados Unidos, desplazó los enfoques más constructivos dentro de la estructura de gobierno estadounidense a partir de 1978. Incluso, la política de los "derechos humanos", tema que Carter había considerado en 1977 como el fundamental para que se lograse la normalización de las relaciones con Cuba, quedó relegado a un segundo plano.

También hay que decir que la fuerte tendencia anti-normalización en el ejecutivo y el congreso estadounidense terminó haciéndose dominante inmediatamente después de que los soldados cubanos entraran en Etiopía, al tiempo que la tendencia más conciliadora y liberal con respecto a Cuba, visible fundamentalmente en el Departamento de Estado, perdió el protagonismo a partir de esa momento. Las propias crisis fabricadas por Zbiniew Brzezinski, asesor para Asuntos de Seguridad Nacional, la CIA y el Pentágono (Shaba I, Shaba II, MIG 23, "Brigada Soviética", etc.) y el auge de las fuerzas progresistas y revolucionarias en áreas consideradas de intereses vitales para los Estados Unidos, fueron muy bien aprovechadas por estos sectores contrarios a un entendimiento con Cuba, logrando que la política hacia la Isla fuera vista por los lentes de la política hacia la URSS y se desmarcara del inicial diseño de política hacia el hemisferio.

Estos sectores fueron también los responsables de que

se impusiera la idea en la administración Carter, de que Cuba, como condición *sine qua nun* a un *modus vivendi* con Estados Unidos debía dar los siguientes pasos: retirar sus tropas de África, no interferir en ninguna otra región que fuera de interés vital para los Estados Unidos –como fue el caso de Centroamérica y el Caribe en 1979-, renunciar a sus vínculos con la URSS, desistir de su solidaridad con la causa independentista del pueblo puertorriqueño y realizar los pagos pertinentes por las propiedades norteamericanas expropiadas a inicios de la Revolución.

Luego, con el abandono paulatino del proceso de distensión entre Estados Unidos y la URSS a partir de 1979 y el comienzo de una nueva etapa de Guerra Fría, se hacía prácticamente imposible la normalización de las relaciones con Cuba, máxime si la política de Estados Unidos hacia Cuba era conformada a partir de los patrones de la política hacia la Unión Soviética. No fue casual que la idea de la normalización de las relaciones con Cuba o de algún tipo de acomodo con la Isla, sólo se hubiera hecho visible en las etapas de bajas tensiones o relativa distensión entre la URSS y los Estados Unidos, como fue el año 1963, en el período de (1974-1975) y (1977-1978).

De Reagan a Obama

Después de las experiencias de acercamiento entre ambos países vividas durante los mandatos presidenciales de Ford y Carter, nunca más el gobierno de Washington se ha propuesto iniciar un proceso de normalización de las relaciones con Cuba. Ha habido contactos, conversaciones y negociaciones de temas puntuales, pero jamás la intención de normalizar las relaciones con la Isla.

La administración de Ronald Reagan (1981-1989) fue particularmente hostil hacia Cuba. No obstante, hubo varios contactos entre autoridades de ambos países, pero sin interés por parte de los Estados Unidos de mejorar o normalizar las relaciones con Cuba. Estos solo se produjeron cuando el gobierno de Estados Unidos entendió que eran necesarios debido a su interés de resolver algunos asuntos puntuales. De ese período resalta la conversación secreta del vicepresidente del Consejo de Estado de Cuba, Carlos Rafael Rodríguez, con el secretario de Estado de los Estados Unidos, Alexander Haig, celebrada en México, el 23 de noviembre de 1981.

En ella, Haig con cierta suspicacia profirió serias amenazas de una posible confrontación con Cuba si esta no se retiraba de Angola y desistía de "subvertir" la realidad de Nicaragua y El Salvador. Por supuesto, el vicepresidente cubano respondió que Cuba no temía a la confrontación en sí misma, sino a una confrontación derivada de una falsa percepción de Estados Unidos sobre el papel internacional de Cuba. También el dirigente cubano reiteró la posición cubana favorable al diálogo, pero en condiciones de igualdad y respeto mutuo, en el que los principios de Cuba no estaban sujetos a discusión[441].

Meses después, en marzo de 1982, se produjo un encuentro en La Habana entre el embajador del Departamento de Estado de los Estados Unidos, Vernon Walters y el Comandante en Jefe, Fidel Castro Ruz, cuyo objetivo era aparentar el interés de Washington de negociar con Cuba, cuando en realidad no existía tal. También hubo varias rondas de conversaciones sobre el tema migratorio en 1983, 1984 y 1986; y ambos países participaron en las conversaciones cuatripartitas que dieron solución al conflicto en el continente africano en torno a Angola y Namibia.

En la etapa que comprendió el mandato presidencial de George H. Bush (1989-1993), prácticamente no hubo conversaciones entre funcionarios de ambos países, a no

---

[441] Conversación del vicepresidente del Consejo de Estado de Cuba, Carlos Rafael Rodríguez ,con el secretario de Estado de los Estados Unidos, Alexander Haig, celebrada en México el 23 de noviembre de 1981, en: htppp//: wilsoncenter.org/topics/pubs/ACF195.pdf, (Internet).

ser los contactos indirectos relacionados con la aplicación del acuerdo sobre Angola, conversaciones técnicas en materia migratoria y una reunión que sostuvieron el ministro de Relaciones Exteriores de Cuba, Isidoro Malmierca, y el secretario de Estado de los Estados Unidos, James Baker, sobre los planes estadounidenses de invasión contra Iraq, dada la condición de Cuba como miembro no permanente del Consejo de Seguridad de la ONU. Planes que Cuba rechazó rotundamente[442].

Durante el primer mandato de la administración de William Clinton (1993-1996), pese al compromiso anticubano de campaña electoral que el presidente estadounidense había hecho con la Fundación Cubana Americana, se observó una flexibilización de la retórica hostil hacia Cuba y la disposición de la Casa Blanca a debatir algunos temas bilaterales. Sin embargo, tanto durante el primer mandato como en el segundo (1996-2001), la administración Clinton jamás se propuso seriamente normalizar las relaciones con Cuba y estas solo navegaron por momentos de altas y bajas.

La crisis migratoria de agosto de 1994 o "crisis de los balseros", llevó nuevamente a ambos países a la mesa de negociaciones. Clinton y Fidel Castro intercambiaron mensajes por intermedio del escritor colombiano Gabriel García Márquez y el presidente de México, Carlos Salinas de Gortari. Fidel accedió a resolver el tema migratorio, pero dejó claro que era necesario establecer un nexo con futuras negociaciones para resolver otros temas de las relaciones entre Estados Unidos y Cuba que constituían las causas verdaderas de las crisis migratorias entre ambos países. El enlace fue el compromiso verbal de Clinton –trasladado a Fidel Castro por intermedio de Salinas de Gortari- de conversar posteriormente con los cubanos el tema del bloqueo y otros

---

[442] Entrevista realizada a Josefina Vidal Ferreiro, Directora de América del Norte del Ministerio de Relaciones Exteriores de Cuba, el 23 de abril de 2010.

de importancia[443].

El 9 de septiembre de 1994 ambos países firmaron un memorándum contentivo de compromisos de ambas partes para normalizar el flujo migratorio. Meses después, el 2 de mayo de 1995 se alcanzó un nuevo entendimiento sobre la entrada a Estados Unidos de los "balseros" detenidos en la Base Naval de Guantánamo y el compromiso norteamericano de no permitir la inmigración ilegal de cubanos a su territorio. Pese a esto último, Estados Unidos no dejó de aplicar la Ley de Ajuste Cubano, aunque ahora lo hacía bajo la concepción que se denominó: "pies secos, pies mojados".

Es decir, los cubanos que emigraran hacia territorio norteamericano y que se detectaran en alta mar, se devolverían a territorio cubano, pero los que lograran pisar suelo estadounidense, tenían el derecho inmediato de asentarse en Estados Unidos. En el transcurso de esos meses y los siguientes, el compromiso verbal de Clinton de debatir con Cuba otros temas jamás se materializó. Luego del derribo de dos de las avionetas de la organización contrarrevolucionaria "Hermanos al Rescate" el 24 de febrero de 1996, que habían violado flagrantemente el espacio aéreo cubano lanzando material subversivo, precedido de varias provocaciones, un arreglo entre Estados Unidos y Cuba se hizo más inalcanzable[444]. Como represalia a estos hechos, Clinton accedió a ratificar la ley Helms-Burton, que como iniciativa habían impulsado en el Congreso los elementos

---

[443] Véase Carlos Salinas de Gortari, "Una mediación desconocida: El diálogo entre los presidentes de Cuba y Estados Unidos", en: *México. Un Paso Difícil a la Modernidad*, Plaza & Janés Editores, S.A., Barcelona, 2000, pp. 247-263.
[444] Cuba había advertido por varias vías al gobierno de Estados Unidos sobre estos vuelos que violaban el espacio aéreo cubano y sobre los riesgos y problemas que podía provocar. A pesar de todas las advertencias, la provocación se consumo y Cuba se vio obligada, ante el peligro a su seguridad nacional, a derribar las avionetas de la organización "Hermanos al Rescate

vinculados con a la mafia cubano-americana de la Florida.

A la administración de William Clinton, le sucedió la de G. Bush (hijo), que abarcó el periodo 2001-2008, la cual no aportó más que elementos negativos a las relaciones ya tensas entre ambos países[445].

La política que la actual administración estadounidense de Barack Obama está aplicando a Cuba, la considero la más inteligente en sus objetivos pérfidos de siempre, que gobierno estadounidense haya entronizado jamás hacia la Revolución Cubana. Al observar la campaña presidencial de Obama, pensé que como parte de la política de subversión hacia la Isla, que ya se podía entrever de sus planteamientos, había posibilidad de que el bloqueo fuera levantado. Mis pensamientos se derivaban de un documento desclasificado en los Estados Unidos del período de Carter, en el que dos altos funcionarios de ese país le decían al presidente:

"Aunque incluso un levantamiento parcial del embargo es imposible por el momento, debemos reconocer el efecto que podría tener con el tiempo, no sobre las actitudes de Castro sino sobre el entramado de la sociedad cubana. El regreso durante el último año de 100 000 cubanos-americanos para realizar visitas breves puso a Cuba en contacto con el magnetismo económico y cultural de los Estados Unidos y probablemente tuvo un efecto mayor en cuanto a abrir a Cuba que cualquier otra cosa hecha antes por los Estados Unidos. Levantar el embargo y abrir Cuba a las empresas y los contactos estadounidenses no podrían dejar de afectar al régimen de Castro" [446].

---

[445] Esteban Morales Domínguez, "Una hipótesis sobre la estrategia de Obama hacia Cuba", *Espacio Laical*, 4/ 2009.
[446] Memorándum de Peter Tarnoff y Robert Pastor a Carter, 17 de junio de 1980, *The Carter Administration. Policy toward Cuba: 1977-1981*, (documentos desclasificados, Biblioteca del ISRI. Traducción del ESTI.

A sostener ese criterio me llevó también el hecho de que el propio ex presidente Carter ha expresado que la normalización de las relaciones con la Isla puede ser la vía más idónea que conduzca al cambio tan ansiado en Cuba por los grupos de poder estadounidenses. Parecido planteamiento hizo quien fuera durante su gobierno asistente para América Latina del Consejo de Seguridad Nacional, Robert Pastor: "Las relaciones normales entre Washington y La Habana podrían hundir a Cuba"[447].

Hoy día importantes personalidades del gobierno estadounidense defienden la idea de que la normalización de las relaciones con Cuba, que estaría precedida por el levantamiento del bloqueo –piedra angular de la política estadounidense hacia la Isla- es la vía por la que se podría lograr la transición capitalista en Cuba, objetivo que no ha logrado durante más de 50 años la política agresiva contra la Isla. Consideran que Estados Unidos no debe aislarse de Cuba por medio de un bloqueo anacrónico, sino más bien acercarse a ella y establecer con la misma la mayor cantidad de puentes culturales y económicos, así como invadirla con personas, ideas e información; todo lo cual, daría al traste con el régimen cubano.

Es decir proponen beneficiarse del efecto demostrativo de una sociedad rica y poderosa en el entramado social de un país con dificultades económicas y carencias materiales. Realidad que en buena medida es producto de la propia política de agresión económica de los Estados Unidos contra Cuba.

Luego, el destacado intelectual cubano, Esteban Morales Domínguez, me hizo comprender que Obama no levantaría el bloqueo por el momento, que su política sería aún más inteligente y peligrosa a la vez que la que algunos otros astutos líderes estadounidenses están

---

[447] Entrevista realizada a Robert Pastor por Juan O. Tamayo, en: *Posted on Sun*, 25 de octubre de 2009.

proponiendo hace muchos años, ante los constantes fracasos de política de Washington hacia la Isla, pues la
manera de instrumentar el bloqueo contra la Isla sería
una de las fichas predilectas en su juego subversivo contra Cuba. Morales lo ha explicado muy bien su hipótesis
en varios de sus trabajos y conferencias académicas: la
administración Obama divide el bloqueo en dos, en lo
que afecta al ciudadano común lo flexibiliza y da una
buena cara (ejemplo de ello es la flexibilización de las
restricciones a los viajes de los cubanoamericanos a la
Isla para visitar a sus familiares, aumento del envío de
remesas y paquetes y plantea la posibilidad de que los
familiares en Cuba reciban desde Estados Unidos el
pago de internet y teléfonos celulares), mientras en lo
que afecta directamente al gobierno cubano –también
al ciudadano común, pero indirectamente- lo refuerza.

Nótese la cantidad de sanciones que el gobierno de los
Estados Unidos ha aplicado a empresas y bancos de terceros países que comercian y negocian con Cuba desde
que Obama asumió la presidencia. De esta manera, el
gobierno norteamericano pretende crear una división
entre el pueblo cubano y su gobierno y que los ciudadanos cubanos dependan cada vez menos del estado, convirtiéndose en posibles agentes de cambio y de más fácil
influencia subversiva. También el objetivo es poner contra la pared al gobierno de la Isla, dejándolo sin alternativas de resistencia, pues si se levantara el bloqueo,
el gobierno cubano adquiriría inmediatamente más capacidad económica, y está claro que tendría más posibilidad de revertir toda la política de subversión del gobierno estadounidense, al poder dar respuesta a muchas de las carencias y necesidades que sufre nuestro
pueblo como resultado del propio bloqueo.

De esta manera, como bien ha señalado Esteban Morales, Estados Unidos continúa con su política del garrote y la zanahoria: "solo que bajo el liderazgo de un

presidente que es capaz de utilizar de manera más inteligente, tanto la zanahoria como el garrote"[448]. Al mismo tiempo que el bloqueo es utilizado como instrumento subversivo, la administración Obama, repite los errores de sus predecesoras, al utilizar el bloqueo como su principal carta de negociación, presionando a Cuba para que cambie su sistema político interno y lo ajuste a su falso modelo de democracia. Hay que decir que también Obama está cumpliendo con su promesa a la extrema derecha de Miami, cuando aseguró que el bloqueo a la Isla no sería levantado en plena campaña electoral.

Por supuesto, no se puede dejar de señalar, que pese a que la política de la administración Obama es verdaderamente peligrosa para nuestro proyecto socialista, la misma se está desplegando teniendo en contra algunas variables de importancia como: la propia crisis económica que vive hoy el sistema capitalista, el apoyo que Cuba recibe de la comunidad internacional y su prestigio cada vez mayor en ese escenario, los múltiples conflictos armados que hoy está enfrentando el gobierno de los Estados Unidos que hacen que Cuba no esté, por mucho, entre las prioridades de la política exterior de los Estados Unidos, y la propia cultura de la resistencia del pueblo cubano con una muy arraigada conciencia antiimperialista.

Algunas consideraciones finales

Podemos concluir que solo durante las administraciones de Gerald Ford (1974-1977) y de James Carter se abrieron procesos de normalización de las relaciones con Cuba, pues el tenue intento de explorar un *modus vivendi* con Cuba durante el mandato presidencial de J. F. Kennedy (1961-1963) quedó truncado rápidamente

---

[448] Esteban Morales Domínguez, "Una hipótesis sobre la estrategia de Obama hacia Cuba", *Espacio Laical*, 4/ 2009.

con el asesinato del presidente norteamericano en noviembre de 1963.

Debemos destacar que fue la administración Carter la que más avanzó hacia una posible normalización de las relaciones con la Isla, pero como había ocurrido también durante el mandato presidencial de Gerald Ford, solo algunos sectores del gobierno de Carter tenían un interés táctico en normalizar las relaciones con Cuba y este se derivaba del reconocimiento de la consolidación de la Revolución Cubana y del fracaso de la política agresiva contra la Isla, así como de la cambiante situación internacional y de la realidad interna en los Estados Unidos que conspiraban en función de adoptar ese camino[449].

La táctica consistía en ofrecer la normalización de las relaciones a Cuba a cambio de la limitación de su activismo internacional, alejándola paulatinamente de la "órbita soviética", pero desde el punto de vista estratégico el gobierno de los Estados Unidos no renunciaría a lograr la transición capitalista en Cuba. "Sentía entonces, como ahora, que la mejor vía para lograr un cambio en el régimen comunista cubano era el restablecimiento del comercio, las visitas y las relaciones diplomáticas"[450], señaló el ex presidente Carter en una entrevista concedida en el 2004.

Resumiendo, podríamos decir que la idea era normalizar las relaciones con la Isla y, dado que la Revolución Cubana estaba consolidada, socavarla desde dentro a más largo alcance mediante vínculos culturales y económicos cada vez más estrechos con la sociedad norteamericana. Pero la primera tarea era lograr que Cuba limitara su activismo internacional, especialmente en África, y ahí es donde la política norteamericana encontraría su principal escollo. Cuba no ha aceptado jamás la más mínima sombra a su soberanía tanto en política

---

[449] Para ampliar véase Elier Ramírez Cañedo, "La Política de la administración Carter hacia Cuba (1977-1981), *Tesis de Maestría*, Facultad de Filosofía e Historia, 2008.

[450] Entrevista realizada a Carter por Peter Kornbluh y William M. Leogrande, 2004, citada en: "Talking with Castro", en *Cigar Aficionado*, febrero de 2009.

exterior como en política interna.

No descarto que algunas figuras de los distintos gobiernos estadounidenses, que han expresado su deseo de que exista una relación normal con Cuba, lo hayan hecho apartándose de la idea de lograr un cambio de régimen en Cuba por esta vía, pero eso ha sido más la excepción que la regla.

Por su parte, Cuba continúa abierta a una posible normalización de las relaciones con los Estados Unidos, siempre que el proceso de diálogo o negociación se desarrolle sin condicionamientos, bajo el principio de respeto mutuo y sin la menor sombra a la soberanía de la Isla.

Lecciones históricas para Obama

Palabras de presentación del libro *De la confrontación a los intentos de normalización. La política de los Estados Unidos hacia Cuba.* 13 de octubre de 2014, Sala Villena de la UNEAC, de los autores Elier Ramírez Cañedo y Esteban Morales Domínguez.

Nos complace muchísimo poder presentar esta segunda edición ampliada del libro: *De la confrontación a los intentos de "normalización". La política de los Estados Unidos hacia Cuba,* de conjunto con la obra *Back Channel to Cuba. The Hidden History of the Negotiations between Washington and Havana,* de los amigos y reconocidos investigadores estadounidenses William Leogrande y Peter Kornbluh, y teniendo nada más y nada menos de moderador a Ramón Sánchez Parodi, quien fuera uno de los principales protagonistas de la historia que abordan ambos textos, además de ser un profundo conocedor y estudioso de las relaciones Estados Unidos-Cuba. Le reiteramos a Parodi nuestro agradecimiento por haber tenido la gentileza de acompañarnos y además haber escrito para nuestro libro un excelente prólogo.

El hecho de que hoy podamos estar presentando al unísono dos textos sobre una arista tan poco explorada en estudios anteriores sobre el conflicto Estados Unidos-Cuba, con la visión tanto de autores cubanos, como estadounidenses, dice mucho de los estrechos vínculos que han alcanzado nuestros pueblos en materia de intercambio académico y cultural, y de lo que pudiera ser en un futuro, de no existir las regulaciones que hoy lo limitan. Por otro lado, habría que decir que cada vez son más las voces dentro de la academia estadounidense que manifiestan su rechazo a la política de bloqueo y agresión contra Cuba y abogan por una urgente "normalización" de las relaciones entre ambos países. William Leogrande y Peter Kornbluh son una muestra muy elocuente de ello.

El libro que hoy presentamos creció considerablemente en comparación con el publicado en el 2011 por la Editorial de Ciencias Sociales, gracias a los valiosos documentos cubanos a los que pudimos acceder en los últimos años, el examen de numerosas fuentes documentales de los archivos estadounidenses recientemente desclasificados y la realización de nuevas y más extensas entrevistas con actores históricos de ambos países. De esta manera aparecen en el libro nuevos tópicos y pasajes históricos, convertidos en epígrafes y capítulos. Asimismo, tuvimos la oportunidad en esta edición de incrementar los documentos que aparecen como anexos, los que estarán ahora a disposición de otros investigadores y estudiosos del tema.

Quiero advertir que, aunque en el libro se hace mención a los diferentes momentos de negociación entre los Estados Unidos y Cuba, luego de la ruptura de las relaciones diplomáticas en 1961 hasta la actualidad, no se abordan a plenitud todas esas experiencias. Preferimos más bien en este obra concentrarnos en los momentos cumbres de esta diplomacia secreta, de acercamientos y diálogos entre Washington y La Habana, o lo que incluso se llamó por la parte estadounidense: "procesos de normalización de las relaciones", que únicamente tuvieron lugar durante la administraciones de Gerald Ford (1974-1977) y Jimmy Carter (1977-1981), aunque como explicamos en el primer capítulo, en el año 1963, durante la administración Kennedy, hubo ciertos tanteos diplomáticos de acercamiento que aún hoy nos hacen preguntarnos en qué hubiesen terminado de no haber ocurrido el asesinato del presidente demócrata, el 22 de noviembre del propio año en Dallas.

Al ser el período de la administración Carter en el que

más lejos pudo avanzarse en el camino hacia una posible "normalización" de las relaciones, le dedicamos el mayor espacio del libro. Lo ocurrido en esos años en cuanto a conversaciones, negociaciones y gestos de ambos lados, no tenía precedentes, ni pensamos haya sido superado hasta nuestros días. La administración Obama, teniendo incluso un contexto más favorable, ha quedado muy rezagada en comparación con lo que en su momento hizo Carter en cuanto a una posible "normalización" de las relaciones con Cuba. De ahí que esta etapa, en particular, ofrece una serie de lecciones de extraordinaria valía para el presente y el futuro de las relaciones bilaterales. No se trata solo de una cuestión de aportar a la ciencia histórica, sino de que ese aporte pueda tener también algún impacto transformador en nuestra contemporaneidad, que se traduzca en la búsqueda de una solución al ancestral conflicto Estados Unidos-Cuba, que nos mueva, si bien no a una normalización entendida en su forma clásica, al menos a una relación más civilizada o a un modus vivendi entre adversarios ideológicos.

Ahora bien, consideramos que lo más interesante en esta nueva presentación, para no repetirnos, sería en primer lugar fijar nuestros puntos de vistas sobre el porqué del fracaso del proceso de "normalización" de las relaciones durante los mandatos presidenciales de Gerald Ford y Jimmy Carter y luego polemizar un tanto con algunos asertos que en torno al tema se han emitido durante años, fundamentalmente por autores foráneos.

I

Consideramos que la razón fundamental por la cual no se alcanzó la normalización de las relaciones entre Estados Unidos y Cuba durante las administraciones Ford y Carter, residió en la no superación de la esencia histórica de la confrontación entre ambos países: la intención de los Estados Unidos de dominar la política doméstica y exterior de Cuba y la voluntad manifiesta de la Isla, de pagar el precio necesario por su soberanía.

Si bien durante la administración Ford hubo bastante consenso dentro de los círculos de poder estadounidenses respecto a considerar el activismo internacional de Cuba como el principal impedimento para "normalizar" las relaciones, en el período de Carter hubo más criterios contrapuestos, aunque al final la concepción "globalista" con relación a los conflictos internacionales, defendida fundamentalmente por el asesor para asuntos de Seguridad Nacional, Zbiniew Brzezinski, terminó imponiéndose a la "regionalista" que respaldaban el secretario de Estado Cyrus Vance y el personal diplomático más experimentado del Departamento de Estado y que tendía a analizar los problemas internacionales no dentro de la rivalidad este-oeste, sino buscando sus causas endógenas. De esta manera, la ilusión de que Cuba renunciara a su solidaridad internacional a cambio de la "normalización" de las relaciones con Estados Unidos, desplazó los enfoques más constructivos dentro de la estructura de gobierno estadounidense a partir de 1978.

Indudablemente, los cambios acontecidos en el entorno internacional, en la dinámica interna de los Estados Unidos, así como la influencia negativa del sector anti-normalización dentro del ejecutivo y el congreso estadounidense, fueron variables que tuvieron una incidencia importante en que los gobiernos de Ford y Carter terminaran adoptando esta perspectiva de condicionamiento tan poco constructiva.

Las elecciones presidenciales de noviembre de 1976, las cuales Ford aspiraba ganar para mantenerse al frente de la Casa Blanca y la concepción del ejecutivo, especialmente de Kissinger, en relación con la presencia militar cubana en Angola, imposibilitaron que se continuara avanzando en la búsqueda de una posible "normalización" de las relaciones con Cuba.

Por su parte, en el período presidencial de James Carter, la fuerte tendencia anti-normalización en el ejecutivo y el congreso estadounidense terminó haciéndose

dominante inmediatamente después de que los soldados cubanos entraran en Etiopía, al tiempo que la tendencia más conciliadora y liberal con respecto a Cuba,
visible fundamentalmente en el Departamento de Estado, perdió cualquier posibilidad de protagonismo. Las
propias crisis fabricadas por Zbiniew Brzezinski, asesor
para Asuntos de Seguridad Nacional, la CIA y el Pentágono (Shaba I, Shaba II, Mig 23, "Brigada Soviética",
etc.) y el auge de las fuerzas progresistas y revolucionarias en áreas consideradas de intereses vitales para los
Estados Unidos, fueron muy bien aprovechadas por estos sectores contrarios a un entendimiento con Cuba,
logrando que la política hacia la Isla fuera vista a través
del lente de la política hacia la URSS y se desmarcara
del inicial diseño de política hacia el hemisferio.

Estos sectores fueron también los responsables de que
se impusiera la idea en la administración Carter, de que
Cuba, como condición *sine qua num* de un *modus vivendi* con Estados Unidos debía: retirar sus tropas de
África; no interferir en ninguna otra región que fuera
de interés vital para los Estados Unidos –como fue el
caso de Centroamérica y el Caribe en 1979-, renunciar
a sus vínculos con la URSS; desistir de su solidaridad
con la causa independentista del pueblo puertorriqueño; y realizar los pagos pertinentes por las propiedades norteamericanas expropiadas a inicios de la revolución.

Entonces, con el abandono paulatino del proceso de
distensión entre Estados Unidos y la URSS y el comienzo de una nueva etapa de guerra fría, se hacía
prácticamente imposible la "normalización" de las relaciones con Cuba, máxime si la política de Estados Unidos hacia Cuba era conformada a partir de los patrones
de la política hacia la Unión Soviética. No fue casual
que la idea de la "normalización" de las relaciones o de
algún tipo de acomodo con la Isla, sólo se hubieran hecho visibles en las etapas de bajas tensiones o relativa
distensión entre la URSS y los Estados Unidos, como
fueron el año 1963 y los períodos 1974-1975 y 1977-
1978.

II

Nuestro libro confronta con dos ideas fundamentales que hemos leído o escuchado en diversas oportunidades. La primera de ellas es la que sostiene que a Cuba en verdad no le interesaba normalizar las relaciones con los Estados Unidos, pues cuando se estaba avanzando hacia una nueva relación en la etapa de Ford, apareció lo de la presencia militar cubana en Angola y luego cuando Carter, se repitió la historia al enviar tropas a Etiopía. Es decir, que no se alcanzó la normalización, pues a Fidel le interesó más en aquel momento el papel de Cuba en África, que la normalización de las relaciones con los Estados Unidos. La segunda y la más alejada aún de la verdad histórica es la que ubica al líder de la Revolución Cubana como el gran obstáculo que ha impedido una relación normal entre ambos países.

El primero de los enfoques señalados, desvirtúa los hechos, desconoce la estrategia cubana en política exterior de aquellos años y los móviles de su liderazgo histórico. Cuando profundizamos un poco, de inmediato comprendemos que Fidel jamás vinculó ambos temas. Él manejaba el proceso de normalización de las relaciones con los Estados Unidos y el internacionalismo de Cuba en África como cuestiones independientes. Ambas de extraordinaria importancia estratégica para Cuba. Fueron los Estados Unidos los que establecieron esa conexión funesta. Wayne Smith, quien fuera jefe de la sección de intereses de los Estados Unidos en La Habana durante los dos últimos años del mandato de Carter, lo ha dicho magistralmente:

"Pero el hecho de que Castro no le hubiese dado la espalda al MPLA no representaba una falta de interés en mejorar sus relaciones con los Estados Unidos. De haber sido así, el estímulo brindado por los norteamericanos a las incursiones de las tropas de Zaire y Sudáfrica también hubiese sido un indicio de cinismo de los propósitos del acercamiento de los Estados Unidos hacia Castro. Quizás él así lo pensó, pero optó, en la práctica, por mantener los dos asuntos separados y continuar con el acercamiento, pese al respaldo concedido por los Estados Unidos a las fuerzas que se oponían a los amigos de Castro en Angola"[451].

Al respecto también señaló hace muchos años el destacado intelectual argentino Juan Gabriel Tokatlian:

"..., lamentablemente Estados Unidos fue el responsable de introducir un elemento perturbador en las relaciones entre ambos países: condicionó las aproximaciones bilaterales a temas y políticas multilaterales, es decir, multilateralizó lo bilateral y bilateralizó lo multilateral. La participación cubana en Angola durante 1975 fue interpretada como un hecho que impedía un entendimiento constructivo entre Cuba y Estados Unidos. Se ubicó este acontecimiento como un factor que inhibía todo acercamiento positivo de las partes. Esto, reiteramos, fue un error lamentable porque colocó el contenido y el sentido del debate bilateral en otra dimensión.

Y la crítica debe caer en Estados Unidos pues no fue Cuba quien esgrimió el argumento de mejorar o no las relaciones de acuerdo a si Estados Unidos apoyaba directamente a los regímenes autoritarios de Haití o Filipinas o armaba encubiertamente a Sudáfrica o intervenía en los conflictos de Medio Oriente"[452].

---

[451] Wayne S. Smith, "La relación entre Cuba y los Estados Unidos: pautas y opciones", en: Colectivo de autores, Cuba-Estados Unidos: dos enfoques (edición y compilación de Juan G.Tokatlian), CEREC, Argentina, 1984, p.38.

[452] Juan G. Tokatlian, Introducción, en: Colectivo de autores, Cuba-Estados Unidos: dos enfoques (edición y compilación de Juan G.Tokatlian), CEREC, Argentina, 1984, pp.16-17.

Sin embargo, lo más interesante para nosotros fue encontrarnos que Robert Pastor, quien era asistente para América Latina del Consejo de Seguridad Nacional en la época de Carter, comprendió lo fallido de la estrategia estadounidense a la hora de negociar con Cuba y vincular la normalización de las relaciones a la retirada de las tropas cubanas de África y advirtió con gran visión de la perspectiva cubana que ello haría fracasar el proceso de normalización. El 1ro de agosto de 1977, Pastor le escribió a Brzezisnki:

"Hemos considerado el aumento de las actividades de Cuba en África como una señal de interés decreciente por parte de Cuba respecto del mejoramiento de las relaciones con los EE.UU, y Kissinger unió las dos cuestiones –la retirada de Cuba de Angola a fin de lograr mejores relaciones con los EE.UU– solo para fracasar en ambas. Existe una relación entre las dos cuestiones, pero se trata de una relación <u>inversa.</u> Mientras Cuba intenta normalizar relaciones con las principales potencias capitalistas del mundo, Castro también experimenta una necesidad sicológica igualmente fuerte de reafirmar sus credenciales revolucionarias internacionales. No afectaremos el deseo de Castro de influir en los acontecimientos en África tratando de adormecer o detener el proceso de normalización; este es el instrumento equivocado y no tendrá otro efecto que no sea detener el proceso de normalización y descartar la posibilidad de acumulación de influencia suficiente sobre Cuba por parte de los EE.UU, que a la larga pudiera incidir en la toma de decisiones de Castro"[453].

---

[453] Memorándum de Robert Pastor a Brzezinski, 1ro de agosto de 1977, The Carter Administration. Policy toward Cuba: 1977-

En entrevista que pudimos hacer a Pastor, pocos años antes de su lamentable fallecimiento, este nos dijo: "Mi memorándum no persuadió al gabinete, ni al Presidente. En nuestras conversaciones en Cuernavaca y La Habana, yo seguí la política del gobierno de los Estados Unidos más que la que yo había propuesto. Como nosotros aprendimos, mi análisis era correcto"[454].

En cuanto al segundo criterio, que en acto de injusticia histórica coloca en los hombros de Fidel la responsabilidad del no entendimiento entre ambos países, el libro que hoy presentamos demuestra todo lo contrario. En primer lugar, habría que decir que Estados Unidos y Cuba no han tenido jamás una relación normal, no la tuvieron en el siglo XIX, tampoco en el XX. La esencia de la confrontación –mucho más antigua que Fidel, hegemonía versus soberanía, viene arrastrándose por siglos. Por otro lado, si ha habido en estos últimos más de 50 años alguien interesado en avanzar hacia un *modus vivendi*, ha sido Fidel Castro. Cuando se revisa la documentación cubana del período es sorprendente la cantidad de tiempo que el Comandante en Jefe dedicó durante años a recibir y conversar con congresistas y personalidades de la política norteamericana. Si Fidel no hubiera creído que era importante este tipo de encuentros para buscar un mejor entendimiento entre ambos países, no hubiera invertido en ellos ni un minuto de su preciado y limitado tiempo.

Empleando la diplomacia secreta Fidel fue el gestor de numerosas iniciativas de acercamiento entre ambos países. Así lo reafirman los documentos de ambos lados que hemos podido consultar.

A través del abogado James Donovan, quien negoció con Fidel la liberación de los mercenarios presos a raíz de la invasión de 1961, la periodista Lisa Howard y

---

1981, (documentos desclasificados, biblioteca del ISRI, traducción del ESTI.

[454] Entrevista realizada a Robert Pastor (vía correo electrónico), 5 de abril de 2009.

otras vías, el líder de la Revolución hizo llegar al gobierno de Kennedy una y otra vez su disposición de conversar en busca de un entendimiento. En agosto de
1961 Ernesto Che Guevara trasladó una rama de olivo
al gobierno estadounidense en un encuentro que sostuvo en Montevideo con el asesor especial de Kennedy
para asuntos latinoamericanos, Richard Goodwin. Es
imposible pensar que el Che actuara por su cuenta y no
de común acuerdo con el líder cubano. Fidel además envió un mensaje verbal al ya presidente Lyndon Jonhn-
son a través de la periodista Lisa Howard en 1964, que
entre otras cosas decía:

> Dígale al Presidente (y no puedo subrayar esto
> con demasiada fuerza) que espero seriamente que
> Cuba y los Estados Unidos puedan sentarse en su
> momento en una atmósfera de buena voluntad y
> de mutuo respeto a negociar nuestras diferencias.
> Creo que no existen áreas polémicas entre noso-
> tros que no puedan discutirse y solucionarse en
> un ambiente de comprensión mutua. Pero pri-
> mero, por supuesto, es necesario analizar nues-
> tras diferencias. Ahora, considero que esta hosti-
> lidad entre Cuba y los Estados Unidos es tanto in-
> natural como innecesaria y puede ser elimi-
> nada"[455].

Hasta a un furibundo adversario de la Revolución Cubana como Richard Nixon tendió la mano Fidel de manera confidencial. Los documentos desclasificados en
los Estados Unidos muestran que el 11 de marzo de
1969 el embajador suizo en La Habana, Alfred Fischli,
luego de haber tenido una entrevista con Fidel, en un
encuentro que sostuvo con el secretario de Estado de los

---

[455] "Del primer ministro Fidel Castro al presidente Lyndon
B.Johnson, mensaje verbal entregado a la señorita Lisa Howard
de la ABC News, el 12 de febrero de 1964, en La Habana,
Cuba", www.gwu.edu/-nsarchiv/ (Traducción del ESTI)

Estados Unidos, William P. Rogers, trasladó a este un mensaje no escrito del primer ministro cubano en el que expresaba su voluntad negociadora[456].

Durante la administración Carter fueron muchas las acciones de Fidel que mostraron su disposición de mejorar las relaciones con los Estados Unidos. En el año 1978, aunque sin mostrarlo como un gesto directo hacia los Estados Unidos, se liberaron en Cuba miles de presos contrarrevolucionarios, lo cual evidenciaba un deseo de la dirección cubana de reanimar el proceso de normalización de las relaciones entre ambos países, congelado a partir de la entrada de tropas cubanas en Etiopía.

> "En ese momento –recuerda Robert Pastor-, llegué a la conclusión de que Castro vio esta iniciativa como una manera de tratar de poner las discusiones sobre la normalización de nuevo en marcha. No tenía la menor intención de negociar el papel de Cuba en África a cambio de la normalización, pero tal vez pensó que gestos positivos en los derechos humanos, prioridad de Carter, serían suficientes. No lo eran"[457].

En el año 1977 Carter había señalado que la clave para avanzar hacia una normalización de las relaciones con Cuba eran los derechos humanos, pero en 1978 evidentemente este tema había quedado desplazado frente al de la presencia militar cubana en África, y las implicaciones de la misma en el marco del enfrentamiento Este-Oeste. Podríamos mencionar muchísimos más

[456] Tomás Diez Acosta, Informe Final del Proyecto: La confrontación EE.UU-Cuba en el primer mandato de Richard Nixon (1969-1972), Instituto de Historia de Cuba, La Habana, 2014, p.50 (inédito)

[457] Robert Pastor, "The Carter-Castro Years. A Unique Opportunity", in: Fifty Years of Revolution. Perspectives on Cuba, The United States and the Word, Edited by Soraya Castro Mariño and Ronald W. Prussen, University Press of Florida, Miami, 2012, p.246.

ejemplos que aparecen en el libro. Lo cierto es que la postura de Fidel ha sido siempre la de estar en la mejor disposición al diálogo y la negociación con nuestro vecino del Norte. Sin embargo, siempre ha insistido, con sobrada razón y teniendo como respaldo el derecho internacional y un conocimiento profundo de la Historia de Cuba, que este diálogo o negociación sea en condiciones de igualdad y de respeto mutuo, y no persiga que Cuba ceda ni un milímetro de su soberanía o abjure a alguno de sus principios. Esta es hoy la misma postura –aunque con estilo propio- del general-presidente Raúl Castro, así lo ha reafirmado en innumerables discursos e intervenciones públicas.

III

Mientras la "normalización" de las relaciones sea entendida por los Estados Unidos desde la dominación, será imposible dar un salto histórico que permita a nuestras naciones establecer una relación más civilizada. En la medida que los intereses de seguridad imperial de la clase dominante en los Estados Unidos continúen prevaleciendo por encima de los legítimos intereses de seguridad nacional del pueblo norteamericano en el diseño y la implementación de la política hacia Cuba, será quimérico pensar en la posibilidad de un entendimiento que perdure en el tiempo. Lo paradójico es que Cuba representa una garantía para los Estados Unidos en temas de seguridad como: el narcotráfico, la migración, el tráfico de personas, el terrorismo, el enfrentamiento a catástrofes naturales, entre otros.

Temas, algunos de los cuales generan a Washington continuos diferendos con otros países a los que considera sus socios en la región. Avanzar en todas aquellas áreas en que pueda haber un interés común, realmente nacional, es la mejor vía por romper la inercia del desencuentro y una cultura política que se remonta a los años en que fue diseñada la llamada "política de la fruta madura".

Obama tiene en estos dos libros que hoy unimos numerosas lecciones y a la vez un consenso interno y externo que jamás ha tenido presidente estadounidense alguno para hacer historia, dejando atrás una política que cada día se vuelve más absurda y obsoleta. El próximo 28 de octubre, en la Asamblea General de la ONU, cuando el mundo vote nuevamente contra el bloqueo económico, comercial y financiero impuesto a Cuba, se pondrá nuevamente de manifiesto.

Sabemos que el bloqueo no puede ser levantado de un día para otro y que el legislativo estadounidense tiene buena parte de las prerrogativas al respecto, pero el presidente Obama podría usar sus facultades ejecutivas y como un primer paso hacia un giro de política, retirar a Cuba de la lista de países terroristas y liberar a los antiterroristas cubanos Gerardo Hernández, Ramón Labañino y Antonio Guerrero de su injusto encierro. Estas medidas, además de que estimularían la búsqueda de una salida humanitaria al caso del señor Alan Gross, como ha señalado en reiteradas ocasiones el gobierno cubano, despejarían el camino y crearían un clima más propicio para conversar y negociar sobre otras cuestiones más complejas.

POLÍTICA DE ESTADOS UNIDOS HACIA CUBA: TENDENCIAS ACTUALES

Aunque todavía veo lejano el día en que los EE.UU. levanten el bloqueo económico, comercial y financiero a Cuba —piedra angular de su política hacia la Isla— y se produzca una "normalización" de las relaciones entre ambos países, considero que nuestro país debe prepararse con prontitud para ese escenario, pues nuestra propia historia nos ha obligado a poseer más experiencia y capacidad para responder a las políticas agresivas de los EE.UU., que a una política que se proponga lograr los mismos objetivos por vías del acercamiento y el intercambio cultural, económico y político entre ambas sociedades, sin ningún tipo de restricción.

No es difícil advertir que ese es ya un camino inexorable, y que en un futuro, la batalla de los EE.UU. contra Cuba será en el terreno ideológico y cultural — entendiendo la cultura en su concepto más amplio, especialmente en lo que se refiere a las costumbres, los valores, los modos de vida y las mentalidades—, más que en el económico. Sobre este tema expresó en 1992 nuestro Comandante en Jefe, Fidel Castro Ruz:

"Tal vez nosotros estamos más preparados incluso, porque hemos aprendido a hacerlo durante más de 30 años, para enfrentar una política de agresión, que para enfrentar una política de paz; pero no le tememos a una política de paz. Por una cuestión de principio no nos opondríamos a una política de paz, o a una política de coexistencia pacífica entre EE.UU. y nosotros; y no tendríamos ese temor, o no sería correcto, o no tendríamos derecho a rechazar una política de paz porque pudiera resultar más eficaz como instrumento para la influencia de EE.UU y para tratar de neutralizar la Revolución, para tratar de debilitarla y para tratar de erradicar las ideas revolucionaras en Cuba"[458].

Cuando digo que debemos prepararnos con celeridad para una coyuntura hipotética como esa, es porque cada día se observa más a lo interno de la sociedad estadounidense un consenso mayoritario sobre la necesidad de un cambio profundo —aunque no siempre de esencias— en la política de los EE.UU. hacia Cuba, pues todos los instrumentos utilizados por más de 50 años no han dado los resultados esperados, sino todo lo contrario, han resultado contraproducentes, y en la actualidad, afectan los propios intereses nacionales de los EE.UU. Sobre todo en su aspiración de reconstruir una nueva relación con América Latina y el Caribe, donde Cuba tiene un reconocimiento y presencia indudable. Prueba de ello es que hoy ocupa la presidencia pro tempore de la Comunidad de Estados Latinoamericanos y Caribeños (CELAC), algo imposible de soñar años atrás.

También muchos de los gobiernos latinoamericanos y caribeños han manifestado que no puede haber otra Cumbre de las Américas sin la presencia de la Isla, entre ellos algunos de los principales socios de los EE.UU. en la región, como es el caso de Colombia. En un interesante ensayo, el investigador estadounidense William Leogrande, explica que, si por años muchos países de la región no ponían en riesgo sus relaciones bilaterales con Washington por el tema Cuba —haciendo que los EE.UU. consideraran sus críticas más simbólicas que sustantivas—, ahora se observa que la frustración de Latinoamérica con la política de los EE.UU. hacia Cuba

[458] Tomás Borge, *Un grano de maíz. Entrevista concedida por Fidel Castro a Tomás Borge,* Fundación Editorial el perro y la rana, Caracas, 2011, pp.144-145.

—unido a otros temas—, sí constituye un verdadero problema para las relaciones de Washington con el hemisferio[459].

Asimismo, han crecido a lo interno de los EE.UU. los reclamos de diversos tanques pensantes, del gremio agrícola, agroindustrial y petrolero, del sector de los viajes, la Cámara de Comercio, líderes religiosos, miembros del Congreso y de la sociedad civil en general a favor de la flexibilización de las regulaciones al comercio y la eliminación de las prohibiciones a los viajes. Ex presidentes de los EE.UU. como

Jimmy Carter y William Clinton se han manifestado contra el bloqueo[460]. Pero es que hasta Barack Obama, antes de ser presidente, exactamente en el año 2004, se pronunció contra el bloqueo a Cuba, expresando que no había logrado elevar los niveles de vida, que había apretado a los inocentes y que era hora de reconocer que esa

---

[459] 2 William Leogrande, Fresh Start for a Stale Policy: "Can Obama break the stalemate in US-Cuba relations?", ponencia presentada en la Conferencia.
internacional, Proyecciones, tendencias y perspectivas de las relaciones Cuba- Estados Unidos en el contexto del mandato presidencial 2013-2017, 17-18 de diciembre de 2012, La Habana, Cuba, pp.17-18.

[460] El 17 de abril de 2010, el ex presidente Bill Clinton, en un intercambio con la prensa durante una conferencia en la Universidad de Miami expresó que el "embargo" a Cuba no ha funcionado y que él era partidario de levantar las restricciones a Cuba. También, en una entrevista concedida al historiador Taylor Branch, para escribir un libro sobre sus años en la Casa Blanca, el ex presidente estadounidense expresó que el bloqueo contra Cuba es "un tonto y fallido acto de proxenetismo". Carter también se ha manifestado en contra de la política de bloqueo en varias oportunidades. En septiembre de 2012, en la reunión anual del Banco de Desarrollo de América Latina, se pronunció a favor de levantar el bloqueo, argumentando que daña al pueblo cubano y resta credibilidad a los Estados Unidos. También dijo que estaba a favor de la normalización de las relaciones con Cuba.

política en particular había fracasado[461]. Claro, no es lo mismo decir eso desde fuera de la Casa Blanca que una vez en ella, cuando tiene que enfrentarse a toda la maquinaria del sistema y a poderosos intereses. Numerosas encuestas realizadas en los últimos años también reflejan que el mayor por ciento de la sociedad estadounidense está a favor del levantamiento del bloqueo a Cuba y del establecimiento de relaciones diplomáticas plenas con la Isla[462].

Téngase en cuenta que la política de bloqueo entra en contradicción con importantes principios y valores de la sociedad norteamericana, como es el liberalismo, tanto en el plano económico como en el político.

Y es que en la actualidad dentro de los propios círculos de poder de Washington muchos coinciden en el criterio de que, en su política agresiva contra Cuba, los EE.UU. lo único que han logrado es que su capacidad de influir en los destinos de la Isla sea cada vez más limitada; que sus empresas y hombres de negocios pierdan significativas oportunidades en el mercado cubano frente a otros competidores externos; y que lejos de aislar a Cuba de América Latina y del mundo, resulta que hoy es EE.UU. el que ha quedado aislado en su política, creándole cada vez mayores desencuentros diplomáticos, no solo con los países del área, sino también con algunos de sus principales aliados en el resto del mundo.

---

[461] Reflexiones de Fidel Castro, "Obama y el bloqueo", en: htpp//www. ain.cu/2009/abril/ 21cvrefexiones.htm

[462] El 15 de abril del 2010, Insider Advantage realizó una encuesta entre 401 estadounidenses de todo el país, que arrojó que el 58% de los entrevistados abogaba por el restablecimiento de las relaciones diplomáticas entre Cuba y los Estados Unidos. En el 2011, una encuesta de la Universidad Internacional de la Florida señalaba que si en 1997 el mantenimiento del bloqueo tenía un 78% de respaldo en la comunidad cubana en el sur de la Florida, en el 2011 había disminuido este respaldo hasta el 56%, mientras un 57% apoyaba los viajes sin restricciones de todos los ciudadanos estadounidenses a Cuba y un 66% el de los cubanoamericanos. El 6 de febrero de 2012 un sondeo de la firma encuestadora Angus Reid Public Opinion reflejó que el 51% de los norteamericanos se oponían al bloqueo.

Año tras año, EE.UU. sufre su mayor derrota diplomática en Naciones Unidas, cuando prácticamente todos los países del orbe votan la resolución que condena el bloqueo a Cuba. En el estrato militar de la gran potencia también se han alzado voces señalando que Cuba no constituye un peligro para la seguridad nacional de los EE.UU. y que, por el contrario, mantener el bloqueo y las acciones de subversión contra la Isla, puede resultar peligroso para la seguridad nacional de ese país en el terreno migratorio, debido al descontento y las privaciones materiales que provoca esa política agresiva en el entramado social cubano, al tiempo que dificulta una mayor colaboración con las autoridades cubanas en el enfrentamiento al narcotráfico, los desastres naturales, el terrorismo y el tráfico de personas.

En febrero de 2013, un informe del *Cuban Study Group,* organización que se reconoce como ONG, integrada por empresarios, intelectuales y activistas políticos cubanoamericanos, que se identifican con una "línea más moderada" en la relación con Cuba, señalaba: "La codificación del embargo de EE.UU. contra Cuba no ha logrado cumplir con los objetivos establecidos en la Ley Helms-Burton de lograr un cambio de régimen y la restauración de la democracia en Cuba. El continuar ignorando esta verdad evidente no sólo es contraproducente para los intereses de los EE.UU., sino que es también cada vez más perjudicial para la sociedad civil cubana, incluyendo más de 400 000 cuentapropistas privados, ya que coloca la carga de estas sanciones directamente sobre sus hombros"[463].

Puede verse en este análisis un desacuerdo total con la política de bloqueo y con las leyes que regula este, sin que por ello sus recomendaciones entren en contradic-

---

[463] Cuba Study Group, "Restablecimiento de la Autoridad Ejecutiva sobre la Política de los Estados Unidos hacia Cuba", febrero 2013, en:http://www.cubastudygroup.org/index.cfm/restoring-executive-authority-over- u-s-policy-toward-cuba, (Internet)

ción con los propósitos históricos de los distintos gobiernos estadounidenses del "cambio de régimen" en Cuba. Su esperanza en este caso para una transición hacia el capitalismo en Cuba está en el auge del sector privado, frente al cual el bloqueo se convierte en un poderoso obstáculo, por lo que recomiendan su eliminación.

La idea de que, el levantamiento del bloqueo y el establecimiento de los más variados y estrechos vínculos económicos, políticos y culturales entre la sociedad cubana y la estadounidense —con algunos componentes del llamado carril II de la Ley Toricelli—, es lo que verdaderamente puede llevar al "cambio de régimen" en Cuba, no es algo surgido en el contexto actual.

En la década del 70 este juicio se hizo también notorio dentro de algunos círculos de poder de los EE.UU., fundamentalmente en el período presidencial de Jimmy Carter (1977-1981). "Sentía entonces, como ahora, que la mejor vía para lograr un cambio en el régimen comunista cubano era el restablecimiento del comercio, las visitas y las relaciones diplomáticas"[464], señaló el ex presidente demócrata, en una entrevista concedida en el 2004 a los investigadores estadounidenses Peter Kornbluh y William Leogrande.

El 17 de junio de 1980, Robert Pastor, asistente para América Latina del Consejo de Seguridad Nacional, y Peter Tarnoff, secretario ejecutivo del Departamento de Estado, quienes participaron en varias conversaciones con las autoridades cubanas y con el propio Fidel Castro, escribieron a Carter: "Aunque incluso un levantamiento parcial del embargo es imposible por el momento, debemos reconocer el efecto que podría tener con el tiempo, no sobre las actitudes de Castro sino sobre el entramado de la sociedad cubana. El regreso durante el último año de 100,000 cubano-americanos para realizar visitas breves puso a Cuba en contacto con el magne-

---

[464] Entrevista realizada a Carter por Peter Kornbluh y William M. Leogrande, 2004, citada en: "Talking with Castro", en Cigar Aficionado, febrero de 2009.

tismo económico y cultural de los EE.UU. y probablemente tuvo un efecto mayor en cuanto a abrir a Cuba que cualquier otra cosa hecha antes por los EE.UU. Levantar el embargo y abrir Cuba a las empresas y los contactos estadounidenses no podrían dejar de afectar al régimen de Castro"[465].

El propio Robert Pastor declararía en una entrevista en el 2009: "Las relaciones normales entre Washington y La Habana podrían hundir a Cuba"[466].

Resulta oportuno aclarar aquí que Carter, aunque ha sido hasta hoy el único presidente de los EE.UU. en ordenar por directiva presidencial el intento de una normalización de las relaciones con Cuba y el que más avanzó en ese camino[467], no

renunció en ningún momento al "cambio de régimen". La diferencia de Carter —también se vio en el período de Gerald Ford— es que invirtió el orden de la ecuación en la estrategia hacia Cuba: limitación del activismo internacional de Cuba -distanciamiento paulatino de la "órbita soviética"- normalización de las relaciones - cambio de régimen, mientras el resto de las administraciones pusieron el "cambio de régimen" como condición primaria antes de producirse una normalización plena de las relaciones diplomáticas con la Isla[468].

Fue también durante la etapa de Carter, después de creadas las Oficinas de Intereses en ambas capitales,

---

[465] Memorándum de Peter Tarnoff y Robert Pastor a Carter, 17 de junio de 1980, The Carter Administration. Policy toward Cuba: 1977-1981, (documentos desclasificados, Biblioteca del ISRI) (Traducción del ESTI).

[466] Entrevista realizada a Robert Pastor por Juan O. Tamayo, en: Posted on Sun, 25 de octubre de 2009.

[467] Véase Elier Ramírez Cañedo y Esteban Morales Domínguez, De la confrontación a los intentos de normalización. La política de los Estados Unidos hacia Cuba, Editorial de Ciencias Sociales, La Habana, 2011, anexo 12, p.325.

[468] Véase Elier Ramírez Cañedo y Esteban Morales Domínguez, Ob. Cit.

que su sección en La Habana comenzó una intensa labor subversiva en la Isla[469]. Ya entre 1978-1979 se registraban acciones de reclutamiento de contrarrevolucionarios por parte de los funcionarios de la SINA con el objetivo de fomentar la oposición interna[470].

Tanto fue así que en 1987 fueron denunciados por los medios de difusión de Cuba las actividades de varios oficiales de la CIA
nombrados durante la etapa de Carter que estaban realizando actividades subversivas y de espionaje en nuestro país, con fachadas de diplomáticos, en abierta violación de la Convención de Viena sobre Relaciones Diplomáticas[471]. La SINA ha continuado esas actividades

---

[469] Carter ha sido el presidente de los Estados Unidos de mejor comportamiento ético en cuanto a Cuba y el único que ha visitado la Isla en dos ocasiones después de abandonar la Casa Blanca. Sus pronunciamientos contra el bloqueo y por la liberación de los Cinco antiterroristas cubanos presos en cárceles estadounidenses, han sido muy positivos, pero es un hombre que cree profundamente en el sistema capitalista y ese modelo es que le gustaría ver en Cuba. Mucho más, si como expresó en su diario publicado en el 2011, considera erróneamente al régimen existente en nuestro país como una "dictadura". Véase: Jimmy Carter, White House Diary, Picador. Farrar, Straus and Giroux, New York, 2011, p.94.

[470] Desde los primeros momentos de la creación de la SINA en 1977 y hasta 1979, sus oficiales CIA comenzaron a trabajar sobre un grupo de reclusos contrarrevolucionarios, quienes habían sido liberados por el gobierno cubano. Estos reclusos fueron reclutados para la búsqueda de información y caracterización de personas de interés, así como la elaboración de documentos con el objetivo de enviarlos a la comisión de Derechos Humanos de las Naciones Unidas, entre otras tareas de subversión interna.

[471] Entre julio y agosto de 1987, la televisión cubana reveló estos hechos con la presentación de la serie "La guerra de la CIA contra Cuba", en la que se evidenciaba las actividades de un grupo de oficiales de la CIA acreditados como diplomáticos en la Oficina de Intereses, puestos al descubierto por los Órganos de la Seguridad del Estado y por el testimonio personal de 27 agentes que, tanto en Cuba como en el exterior, trabajaban

hasta el día de hoy y de manera más desvergonzada.

Como hemos dicho, desde ciertos enfoques de los tanques pensantes estadounidenses, la política de aislamiento político y de bloqueo económico es contraproducente, en tanto limita la capacidad de influencia mediante los denominados "instrumentos blandos". Una interpretación de este tipo afirmaba en los años 90: "Los activos más poderosos de los EE.UU. para influir en el resto del mundo son su filosofía y las instituciones libres, las ideas del gobierno limitado y la libre empresa (...) Estos factores aseguran la influencia de la Nación, con independencia del número y lugar de despliegue de sus soldados. Los EE.UU. pueden mejor influir en otros medios privados —el comercio, la cultura, la literatura, los viajes y cosas como esas"[472].

Ya que no es mi intención ser absoluto, y está claro que los EE.UU. no funcionan en la conformación de su política exterior como un actor racional único, habría que decir que no todos los que se pronuncian por un cambio en la política hacia Cuba, dentro de los círculos de poder de los EE.UU., lo hacen pensando en el "cambio de régimen". Una corriente minoritaria está de acuerdo con aceptar la Isla socialista a 90 millas de sus costas, aunque el socialismo no les guste para nada. También es cierto que todo lo proveniente de los EE.UU. no debe ser visto como propiamente subversivo, pues esa mentalidad puede afectar las relaciones con ese sector minoritario y honesto, que aspira realmente a un entendimiento con Cuba. Aunque me parece ingenuo pensar que detrás de cada medida tomada por la

---

para la CIA. De los 27 casos de agentes cubanos de juego operativo que en 1987 se sacaron a la luz pública, 16 (55%) fueron reclutados entre los años 1977-1981.

[472] Citado por Luis René Fernández Tabío, "El conflicto Estados Unidos-Cuba", en: http://www.contextolatinoamericano.com/artículos/el-conflicto-estados-unidoscuba-50-anos-del-triunfo-de- la-revolucion-cubana/. (Internet)

administración Obama en relación con Cuba no hay estrategia articulada.

De cualquier manera, como ha hecho Cuba hasta hoy, la política es no cerrarse a los intercambios y acercamientos con la sociedad estadounidense, pues como ya se ha demostrado en múltiples ocasiones, estos también pueden ser aprovechados con inteligencia por Cuba para hacer avanzar sus intereses. Las visitas de la comunidad y los intercambios académicos, culturales, deportivos y científicos, deben verse como pasos positivos —aunque no suficientes—, e incluso estimularse, pero sin dejar de criticar y desnudar el uso que la administración Obama quiere hacer de ellos en su estrategia contra Cuba.

Mas surge entonces una pregunta lógica: ¿por qué Barack Obama, al acceder a la Casa Blanca en el 2009, no siguió la estrategia del levantamiento del bloqueo y la normalización de las relaciones, cuando parecía ser la más inteligente para los propósitos norteamericanos, y contaba además con un amplio capital político de respaldo para hacerlo?

Mi hipótesis es que Obama y sus asesores tomaron en cuenta por encima de todo la variable interna de Cuba. Consideraron que las vulnerabilidades económicas, políticas y sociales que presentaba Cuba y la no presencia de Fidel Castro en la presidencia del país, ofrecían cierta oportunidad para acabar de lograr el objetivo perseguido por todas las administraciones anteriores con relación a la Isla. También pueden haber manejado la llamada idea de la "evolución biológica": "si hemos luchado con tanta determinación contra el régimen de Castro durante 50 años, qué nos cuesta esperar entonces unos pocos años más, a que Fidel y Raúl no estén en el poder y negociamos entonces con los que vengan detrás, supuestamente más dóciles a llevar adelante la 'transición hacia la democracia'".

Este aserto puede haber tomado mayor peso debido a la difícil situación tanto en el plano interno como externo que enfrentó Obama al arribar a la presidencia. Situación que hacía que el tema Cuba no fuera de una prioridad tal que llevara al presidente a gastar capital político —el cual iba a necesitar para otros temas de mayor urgencia— en una lucha por hacer cambios más significativos en la política hacia Cuba, que lo hubieran llevado a enfrentarse a los congresistas de extrema derecha de la comunidad cubana en los EE.UU.

De esta manera, Obama y sus asesores escogieron en ese momento el camino que pensaron era más inteligente en sus objetivos por destruir la Revolución cubana en un lapso de tiempo más reducido, utilizando el bloqueo como herramienta para ejercer presión política sobre Cuba. También, haciendo un análisis del contexto de la realidad interna de los EE.UU., del entorno internacional y de la dinámica interna de la sociedad cubana en el 2009, es lógico pensar que hayan preferido seguir la "ley del menor esfuerzo", buscando maximizar los resultados en la política hacia Cuba, al menor costo posible.

El profesor Esteban Morales ha explicado de manera brillante la estrategia adoptada por la administración Obama, la cual considero aún se mantiene. En su trabajo "Una hipótesis sobre la estrategia de Obama hacia Cuba", Morales explica cómo el presidente demócrata divide el bloqueo en dos: por un lado, flexibiliza aquellas medidas que afectan directamente al ciudadano común, con la intención de contribuir a ir borrando la imagen negativa que del imperialismo estadounidense tiene la mayoría de la población cubana[473]; por otro, mantiene intactas e incluso aumenta la aplicación y control de todas las regulaciones del bloqueo que afectan al gobierno cubano, dificultándole a este la capacidad de respuestas

---

[473] Ese ha sido el objetivo abierto –no encubierto- de la flexibilización de las restricciones de los viajes de los cubanoamericanos a la Isla para visitar a sus familiares, del aumento del envío de remesas y paquetes y la autorización del envío de equipos de comunicaciones y de ciertos servicios de Internet. También de la flexibilización de los viajes a inicios del 2011, con motivo de intercambios académicos, culturales y religiosos.

efectivas a la política subversiva de los EE.UU[474].

De ahí que, la administración Obama ha sido mucho más agresiva que la de Bush en la persecución y las sanciones a aquellas empresas y bancos que comercian o hacen transacciones financieras con Cuba, burlando las regulaciones del bloqueo.

Tampoco ha hecho nada por levantar la prohibición de los viajes de placer a los ciudadanos norteamericanos. Como ha advertido Esteban Morales, lo que afecta al Gobierno cubano también afecta a sus ciudadanos, pero esta afectación es indirecta y pasa por múltiples mediaciones.

Así, la administración Obama pretende establecer una cuña divisoria entre pueblo y gobierno, fabricando la imagen de que aplica políticas diferentes en cada caso. El investigador cubano Alfredo Prieto lo ve de la siguiente manera:

> "¿Bombardear la isla? Sí, pero con *jeans* y *Mc Donald´s,* es una formulación frecuente en el discurso político y mediático norteamericano, sobre todo en las huestes demócratas (los republicanos suelen ser más musculosos). La permanencia del bloqueo comercial lo hace por lo pronto imposible, pero en su lugar se acude a viajes, remesas y contactos con la finalidad de subvertir al enemigo en el entendido de que el choque con los "valores norteamericanos" —democracia, libre empresa, tecnología e información— minarán su estabilidad en tiempos de crisis y acelerarán su derrumbe"[475].

Ello se aplica perfectamente a las palabras de Hilary Clinton el 13 de enero de 2009, durante la audiencia en el Congreso para confirmarla al frente de la secretaría de Estado:

---

[474] Esteban Morales, "Una hipótesis sobre la Estrategia de Obama hacia Cuba", en: http://espaciolaical.org/contens/20/49 53.pdf

[475] Alfredo Prieto, "El camino de los guerreros: Obama y Cuba", Espacio Laical, 4/2010, p.32.

"El presidente electo tiene intención de suprimir las restricciones para viajes familiares y las remesas. Él considera, y yo entiendo que es lo más inteligente, que los "cubanoamericanos", son los mejores embajadores de la democracia, la libertad y la economía de la libre empresa. En la medida que ellos puedan viajar a Cuba para ver a sus familiares, ejercerán una influencia en relación con los fracasos del régimen de Castro, la represión, la negación de las libertades políticas, los prisioneros políticos y todas las acciones desafortunadas que se han realizado para reprimir al pueblo cubano".

Como cada administración impone algún sello en la política hacia Cuba, la actual se ha caracterizado por la instrumentalización que ha hecho del bloqueo —jugando hábilmente con la vieja política del garrote y la zanahoria—, así como los nuevos componentes de su labor subversiva, haciendo énfasis en el uso de las nuevas tecnologías y en el trabajo dirigido a determinados sectores de la sociedad cubana: jóvenes, negros, homosexuales, religiosos, blogueros, mujeres, cuentapropistas, intelectuales y artistas, y el provecho que intenta sacar de temas que son debatidos hoy en nuestra sociedad como la racialidad, el género, el uso de Internet, la diversidad sexual y la participación comunitaria, insertando mensajes subversivos y fomentando la división. También se ha distinguido por el ofrecimiento —con financiamiento del gobierno estadounidense— de becas de "liderazgo" y "cambio político" a jóvenes cubanos, bajo la obligatoria condición de su regreso a Cuba para servir de agentes del cambio, aunque este programa es global y no está dirigido solo a Cuba.

Las medidas tomadas por Obama sobre los viajes, las remesas, los paquetes y los servicios de telecomunicaciones, si bien pueden calificarse de positivas para una mejor relación entre ambos países, no constituyen en su esencia una rectificación de una política agresiva, sino más bien parte de la estrategia subversiva de la administración Obama contra Cuba a través de los "métodos blandos" o del "soft power". No es una estrategia encubierta, sino declarada abiertamente, quizá también por la necesidad de justificarla ante los ojos de los sectores de extrema derecha y del llamado "exilio histórico". Ello se puede demostrar con solo citar varias declaraciones de Obama y de otras autoridades, instituciones y tanques pensantes de los EE.UU. En ellas se pueden encontrar ideas como: "hacer que la gente dependa cada vez menos del gobierno", "los cubanoamericanos serán nuestros principales embajadores de la libertad", "necesidad de crear agentes de cambio", "romper el bloqueo informativo", "apoyar la sociedad civil en Cuba", entre otras. El 8 de agosto de 2011, el presidente Obama fue muy claro en ese sentido cuando señaló en un encuentro con la prensa hispana en la Casa Blanca, que su política hacia Cuba tenía el apoyo de los cubanoamericanos y "beneficia al pueblo cubano, no al régimen"[476].

Al mismo tiempo que el bloqueo es manejado de forma más inteligente para que cumpla con los fines subversivos propuestos, la administración Obama repite el mismo error de los gobiernos estadounidenses anteriores, al utilizar el bloqueo como su principal carta de negociación, presionando a Cuba para que cambie su sistema político interno y lo ajuste al "modelo de democracia estadounidense". Está demostrado históricamente que la dirección de la Revolución cubana no actúa bajo presiones externas y que, sin embargo, siempre ha estado abierta al diálogo respetuoso y en igualdad de condiciones, sin la menor sombra a la soberanía de la Isla. Obama no debiera renunciar a las lecciones que le ofrecen los últimos 50 años de las relaciones

---

[476] Cronología de las relaciones bilaterales Cuba-Estados Unidos en el 2011, MINREX.

EE.UU.-Cuba[477].

Sin embargo, la Revolución cubana, bajo la guía de Raúl Castro, a pesar de la difícil coyuntura por la que aún atraviesa y los innumerables problemas a resolver, ha ido saliendo adelante más rápido de lo que quizá muchos imaginaron. A pesar de que la administración Obama ha sido muy osada en el manejo de la realidad cubana, ya se puede vislumbrar que en menos de cuatro años, Obama pasará a ser el onceno presidente de los EE.UU. en fracasar en su política de "cambio de régimen" hacia la Isla.

Por otra parte, los pretextos para mantener esa absurda política son cada día menos creíbles, por mucho que el gobierno norteamericano se esfuerce en promoverlos a través de sus campañas mediáticas. Mantener a Cuba en la lista de países terroristas es algo en lo que estoy seguro, ni el mismo Obama cree. Cuba ha dado pasos importantes por su propia voluntad y sin contar para nada con los EE.UU., haciendo gala de su soberanía y capacidad de construir un socialismo mejor, próspero y sustentable.

En el 2010 fueron liberados por Cuba más de 300 prisioneros contrarrevolucionarios después de una negociación con la Iglesia Católica; la actualización del modelo económico avanza sin prisa, pero sin pausa; miles de cubanos laboran hoy en el sector cuentapropista; se han eliminado numerosas prohibiciones absurdas; la reforma migratoria fue profunda y flexible en beneficio de todos los cubanos que viven dentro y fuera de la Isla; el servicio de Internet crece y la perspectiva es que su oferta llegue a las casas de todos los cubanos.

Muchos de estos temas fueron planteados por Obama a inicios de su mandato como necesarios para avanzar con resolución hacia un nuevo comienzo con Cuba. Sin embargo, eso no ha sucedido y mientras siguen apareciendo nuevos pretextos. Durante buena parte del

---

[477] Véase Elier Ramírez Cañedo, Lecciones históricas para el gobierno de Obama, en: La Jiribilla.

2011y el 2012, las relaciones entre EE.UU. y Cuba estuvieron estancadas, pues el gobierno estadounidense planteó que no podía avanzar hacia una mejor relación con Cuba mientras el ciudadano norteamericano Alan Gross estuviera preso en la Isla. Gross fue detenido a finales del 2009, cuando cumplía misiones de la USAID —tapadera de la CIA— violando algunas leyes cubanas, por lo que fue condenado a 15 años de cárcel.

Las autoridades cubanas han declarado en varias oportunidades su disposición a encontrarle una solución humanitaria al caso de Gross, siempre que de manera recíproca se analice la situación de los antiterroristas y héroes cubanos Fernando González, Antonio Guerrero, Ramón Labañino y Gerardo Hernández, que llevan ya más de 15 años presos injustamente en los EE.UU. El gobierno norteamericano se ha negado a aceptar este ofrecimiento. Tampoco ha respondido la propuesta de agenda cubana, con los temas que serían claves para nuestro país en un proceso de diálogo serio con los EE.UU[478].21 Además de la liberación de los antiterroristas cubanos, presos en cárceles estadounidenses, la agenda comprende los siguientes temas:

Levantamiento del bloqueo económico, comercial y financiero.
Exclusión de Cuba de la lista de Estados patrocinadores del terrorismo.

---

[478] Esta agenda fue presentada por primera vez al gobierno de los Estados Unidos el 14 de julio de 2009. El 13 de noviembre de 2012, en la Asamblea General de las Naciones Unidas, el Ministro de Relaciones Exteriores de Cuba, Bruno Rodríguez Parrilla, volvió a reiterar esta agenda al gobierno de los Estados Unidos. Asimismo, ofreció a Washington "negociar acuerdos de cooperación en áreas del mayor interés mutuo, como el enfrentamiento al narcotráfico, al terrorismo, al tráfico de personas y para la completa regularización de las relaciones migratorias, así como para la prevención y la mitigación de desastres naturales y la protección del medio ambiente y de los mares comunes, y "retomar las conversaciones, unilateralmente suspendidas por la contraparte, sobre temas migratorios y para el restablecimiento del correo postal".

Abrogación de la Ley de Ajuste Cubano y la política de "pies secos - pies mojados".
Devolución del territorio ocupado por la Base Naval de Guantánamo.
Fin de la agresión radial y televisiva contra Cuba.
Cese del financiamiento a la contrarrevolución y a la subversión interna.
Compensación a Cuba por los daños del bloqueo y las agresiones
Restitución de los fondos congelados robados.

Por todas las razones antes expuestas, se puede concluir que hasta ahora, pese a las expectativas que se crearon con su arribo a la Casa Blanca, la administración Obama ha quedado por detrás de lo que en su momento hizo la administración Carter con relación a una mejoría de las relaciones con Cuba.

Entretanto, Cuba sigue mostrando su interés y disposición —como se ha evidenciado en numerosos discursos del General de Ejército, Raúl Castro Ruz— a sentarse en la mesa de conversaciones con los EE.UU., sin condicionamientos y sobre la base de los principios de igualdad, reciprocidad, no injerencia en los asuntos internos y el más absoluto respeto a la independencia y la soberanía. En mi opinión, esa es la línea más correcta, pues si bien no podemos aspirar a que el gobierno de los EE.UU. renuncie a sus propósitos y aspiraciones con relación al destino de Cuba —eso sería como pedirle peras al olmo—, al menos sí podemos abogar por un escenario en el que se abandonen los instrumentos de la agresividad clásica que ha caracterizado la política de los EE.UU. hacia Cuba y se avance hacia un modus vivendi entre adversarios ideológicos.

La designación de John Kerry como secretario de Estado, y de Chuck Hagel como secretario de Defensa, ambos partidarios de una política más edulcorada hacia Cuba, ha despertado ciertas esperanzas de que en este segundo período presidencial de Obama, puedan tomarse algunas nuevas medidas y gestos que representen una mejoría de las relaciones entre ambos países. No dudo que así sea —ya se han visto ligeras señales— , pero en mi criterio no habrá cambios sustanciales en el diseño de política que esta administración ha seguido con Cuba. Ojalá me equivoque.

Es difícil pronosticar qué sucederá cuando la nueva administración, sea demócrata o republicana, arribe a la Casa Blanca en enero del 2017, pero la tendencia que se observa es que el bloqueo económico contra Cuba dejará en algún momento de ser el instrumento principal de la política de los EE.UU. hacia Cuba. La rapidez de su levantamiento responderá principalmente a la fortaleza interna que vaya mostrando la Isla en la medida que avance la actualización de su modelo económico y social. Aunque también de que se mantenga la presión de los países de América Latina y el Caribe sobre los EE.UU., exigiéndole cambios reales en la política hacia la Isla. Esta presión está demostrando que puede dejar de ser simbólica y pasar a ser decisiva.

ELIER RAMÍREZ CAÑEDO

Reseñas

ELIER RAMÍREZ CAÑEDO

PALABRAS DE PRESENTACIÓN DEL LIBRO:
DOS RÍOS: A CABALLO Y CON EL SOL EN LA FRENTE
DE ROLANDO RODRÍGUEZ

Sábado del libro, 17 de mayo de 2014

Dos Ríos: a caballo y con el sol en la frente, del destacado historiador Rolando Rodríguez, consta ya, con esta que hoy presentamos, de tres ediciones. Sin embargo, está última de la *Editorial Capiro*, se distingue además de por su hermoso diseño exterior e interior, por integrar en el cuerpo del texto como capítulo VI, otro pequeño libro del autor que había sido publicado en el año 2001 por la editorial Sed de Belleza, de Santa Clara, bajo el título *Martí: los documentos de Dos Ríos*.

Por lo tanto, esta nueva edición que hoy presentamos, resulta mucho más completa que las anteriores, ya que el discurso histórico se complementa con una serie de apuntes y cartas que el Apóstol llevaba en sus bolsillos en el momento de su caída en Dos Ríos el 19 de mayo de 1895[479] y que fueron hallados en una de las pesquisas del también premio Nacional de Ciencias Sociales y de Historia, en el Archivo del Instituto de Historia y Cultura Militar, de Madrid.

---

[479] Los documentos son los siguientes: Carta de Carmen Miyares a Manuel Mantilla fechada el 17 de febrero de 1895, Carta de María Mantilla Miyares a su hermano Manuel Mantilla fechada el 18 de febrero de 1895, Carta de Carmen Mantilla a Martí fechada el 18 de febrero de 1895, Carta de María Mantilla a Martí fechada el 18 de febrero de 1895, Carta de Carmen Miyares a Martí del 17 o 18 de febrero de 1895, Nota de Clemencia Gómez a Martí, Carta de Bartolomé Masó a Martí con fecha 28 de marzo de 1895, Comunicación de José Maceo a Martí y Gómez fechada el 3 de mayo de 1895. Detrás de cada carta aparecen apuntes de Martí, que como recursos nemotécnicos realizaba para después pasarlo a su Diario de Campaña.

En *Dos Ríos: a caballo y con el sol en la frente*, Rodríguez aborda diversos aspectos relacionados con la caída en combate del Apóstol, el 19 de mayo de 1895, obteniendo como resultado el estudio más profundo escrito hasta la fecha sobre el trágico acontecimiento histórico. Este libro ocupa además un lugar de privilegio en toda su trayectoria intelectual, pues como él mismo ha relatado, fue muy emocionante el momento en que descubrió que había tropezado con documentos que constituían verdaderos tesoros para la Historia de Cuba. Esa emoción, convertida en pasión investigativa, se palpa a lo largo de las páginas del libro, sin que ello afecte en lo más mínimo su rigurosidad científica.

Luego de haber encontrado algunos de los papeles que llevaba el Apóstol en sus bolsillos en el momento de su caída, Rolando Rodríguez halló otros valiosos documentos como: el reconocimiento médico del cadáver de nuestro Héroe Nacional realizado el 23 de mayo de 1895 por el médico cubano Pablo Aurelio de Valencia y Forns, otros relacionados con el entierro del Maestro en Santiago de Cuba y los expedientes correspondientes a los combates de Dos Ríos el 19 de mayo de 1895 –entre ellos el informe del coronel español José Ximénez de Sandoval- y de los días 23 a 26 de ese mes, cuando el General Quintín Banderas trató de rescatar el cadáver de Martí.

Dos Ríos: a caballo y con el sol en la frente, es una obra que expira por sí sola un magnetismo singular a todo el que se acerque a ella, especialmente a los amantes de la historia de Cuba y de la vida del Apóstol. Entre las virtudes de este libro, hay que destacar que logra una compresión más acabada de los acontecimientos de Dos Ríos, al ofrecer toda la ruta martiana previa a la catástrofe, es decir, desde que José Martí comenzó a preparar la Guerra Necesaria hasta el 19 de mayo de 1895. Luego aparecen también importantes momentos relacionados con el traslado y el entierro del cadáver en el cementerio de Santa Ifigenia. Al final, se presentan detalles de la exhumación y el examen de los restos en

1907. Asimismo, los croquis de los combates de Dos Ríos realizados por el coronel español Ximénez de Sandoval, que aparecen como anexos y que permanecían inéditos hasta la publicación de la primera edición de este libro, ilustran sobremanera los pormenores del combate. Estos anexos se han convertido ya en material de obligatoria consulta para numerosos investigadores, escritores y cineastas, interesados en el acontecimiento. Hay que decir que este libro y sus documentos fueron una fuente imprescindible, para la realización del excelente documental de Roly Peña: *Dos Ríos: El Enigma*, trasmitido por nuestra televisión en varias oportunidades.

Las contradicciones de los principales líderes (Martí, Maceo y Gómez) en torno a la organización del poder durante el transcurso de la guerra independentista, de cómo se resolvería la vieja disputa entre el poder civil y el militar, que tanto daño le había hecho a la causa cubana del 68, son algunos de los pasajes fundamentales que podemos hallar en el libro. Martí era partidario del equilibrio de poderes, *"el Ejército, libre,- y el país, como país y con toda su dignidad representada"*, los veteranos generales Gómez y Maceo, tenían sus visiones particulares derivadas de sus experiencias pasadas de una cámara civil desbordada hacia los campamentos militares. Aunque en el momento en que se celebra la famosa reunión de La Mejorana, el 5 de mayo de 1895, ya Gómez compartía los criterios de Martí y había convocado una Asamblea de Delegados para formar gobierno. Maceo aspiraba a una junta de los generales con mando, por sus representantes, y una Secretaría General.

"Sería pueril negar las divergencias y conflictos – señala Rodríguez desde sus propias palabras iniciales-: los hubo. Las cabezas más descollantes de la revolución cubana, no siempre estuvieron de acuerdo en la manera de cómo organizar la institucionalidad de la revolución. Pero, ¿acaso eso demerita en algo su condición de patriotas excelsos, sin tacha? Solo una cabeza preciosista, que no

conciba la vida como vida, sino como celestial utopía, puede pensar que donde hay hombres en acción y de acción, de pensamiento y experiencia,
todo convergerá hacia la más pura armonía, se en-
carrilará dentro de una total identidad de criterios"[480].

Pero más adelante, refiriéndose al mismo tema, sentencia:

"Para estos hombres, a la hora de Cuba no había
telarañas que no pudieran apartase, pruritos que
impidieran darse el abrazo que significase la victoria. En eso residía su grandeza también. Eran
caracteres indomables, recios, esforzados, y, si no
fuera así, no hubieran estado donde estaban ni
hubieran podido dirigir a quienes dirigían. Después de todo, casi no se trataba de que ellos hubieran elegido la empresa emprendida, sino que
la empresa los había elegido a ellos, porque dada
su índole descomunal, ciclópea, para ella se necesitaba leones, y los leones no acarician. Resultaban los tres, el fino, seductor y genial Martí; el vigoroso, enérgico y talentoso Maceo; el áspero, sagaz y empeñoso Gómez, hombres hechos para
mandar y dirigir, cada uno a su forma, y no para
ser mandados. Sus relaciones no podían ser, por
tanto, fáciles y eso explica sus divergencias. Si
ellos hubieran sido de otra forma, posiblemente
sus nombres nunca habrían pasado a la historia o
habría sido a título de subalternos"[481].

El mayor aporte de este texto que hoy presentamos,
además de su valor para la ciencia histórica y de aclaración de numerosos enigmas que existían en torno a la

---

[480] Rolando Rodríguez, *Dos Ríos: a caballo y con el sol en la
frente*, Editorial Capiro, Santa Clara, 2013, pp.10-11.
[481] Ibídem, p.61-62.

caída en combate de José Martí en Dos Ríos, es que el autor aprovecha para desbancar toda una serie de mitos, adulteraciones y entelequias que a lo largo de la historia se han ido tejiendo en torno a la muerte de Martí. Rodríguez fustiga con argumentos inobjetables la tesis del suicidio, en su consideración la más malévola de todas, dado su intención de "debilitar el mensaje martiano y convertir su muerte en la caída de un lírico, de un ser flojo, que no pudo soportar las vicisitudes del combate político y, en un arrebato hijo de la frustración se lanzó sobre los fusiles enemigos para hacerse matar"[482]. Para ello, entre otros documentos, se vale de la carta de Martí a su amigo Manuel Mercado escrita el día antes de su caída cuando dice: "cuanto he hecho hasta hoy y haré", señalando el carácter de futuridad de la expresión. También destaca el hecho de que Martí convidó al joven Angel de la Guardia a que lo acompañara en el momento que se lanzó sobre la avanzada del enemigo que lo hirió mortalmente ese trágico 19 de mayo de 1895. "Para un hombre de su ética –arguye Rodríguez-, hubiera sido injusto arriesgar la vida del joven –casi un niño-, en un destino que, en todo caso, debía ser únicamente suyo"[483]

No tengo la menor duda de que *Dos Ríos: a caballo y con el sol en la frente*, constituye uno de los aportes más trascendentales a la literatura histórica cubana y que al abordar una figura tan sensible y especial para todos los cubanos como José Martí y un acontecimiento que marcó para siempre la historia de Cuba, se convierte en una obra de obligada referencia. La documentación hallada por Rodríguez y su correcta utilización y plasmación en este texto, nos permite acercarnos un poco más a la verdadera historia sobre la caída el Apóstol en Dos Ríos, así como a los acontecimientos anteriores y posteriores que tuvieron que ver con tan fatídico hecho histórico. No obstante, aun quedan incógnitas que quizás otros historiadores logren responder a partir de nuevas

---

[482] Ibídem, p.12.
[483] Ibídem, p.81.

revelaciones documentales. Por ejemplo, hay una que confieso, nos hemos hecho en repetidas oportunidades el autor de este libro y quien les habla: ¿por qué Martí estaba vestido como para una boda, al decir de Eusebio Leal en el documental de Roly Peña, en el momento de su caída? Ya sabemos que no se dirigía a la costa para salir del país como sostienen algunos autores, y Rolando Rodríguez se encarga también de desmentir en *Dos Ríos: a caballo y con el sol en la frente,* pero ello le confiere aún más misterio al asunto. Quizás la respuesta sea más sencilla de lo que imaginamos. Entonces, creo que la mejor forma que tengo para terminar estas palabras, es incitando a continuar investigando sobre el tema que aborda este maravilloso libro, que creo fue también uno de los principales propósitos de Rolando Rodríguez.

¡Muchas Gracias¡

UNA HISTORIA CON PERSPECTIVA DE FUTURO

Si hay algún período de nuestra historia que tiene mucho que decirnos a los cubanos de hoy, sobre todo a los más jóvenes, es el que comprende desde el 1ro de enero de 1899 al 20 de mayo de 1902, o también conocido en la historiografía como la primera ocupación. Fue Cuba, en ese tiempo, la probeta donde Washington ensayó los nuevos mecanismos de dominación del imperialismo moderno. No tuvieron otra salida los más conspicuos dirigentes de la nación norteña que romperse los sesos e inventar una fórmula que dejara a Cuba apresada en las garras yanquis, sin que esto significase la absorción total de la apetecida Isla y sin que se hiciera muy evidente a los ojos de la opinión pública doméstica, cubana e internacional.

La Resolución Conjunta, la pujanza tangible del ideal independentista en los cubanos, el temor a enfrentar dos escenarios bélicos al mismo tiempo: Filipinas y Cuba, y el rechazo de fuertes sectores económicos en los Estados Unidos a la anexión de la Isla, fueron los factores fundamentales que compulsaron al imperialismo estadounidense a seguir este disimulado camino. Tal fue el fardo en el que se embozaron las intenciones hegemónicas de los Estados Unidos sobre Cuba, que muchos de los que habían luchado con denuedo en la manigua, entre ellos el Generalísimo Máximo Gómez, al constituirse oficialmente la república neocolonial el 20 de mayo de 1902, pensaron que entonces si habían llegado a la soñada y peleada por 30 años independencia absoluta de la mayor de las Antillas, cuando en verdad la soberanía de Cuba, a través del engendro jurídico de la enmienda Platt, había quedado limitada bajo la tutela yanqui.

Claro, que el vacío ideológico creado por la pérdida lamentable y temprana de José Martí y Antonio Maceo, quienes poseían una claridad meridiana en cuanto a las pretensiones del vecino del norte, y las divisiones y conflictos entre las fuerzas independentistas cubanas, espoleadas por los Estados Unidos, habían coadyuvado a ese sombrío desenlace.

De toda esta historia, versa el libro: Cuba: las Máscaras y las Sombras. La Primera Ocupación (Editorial Ciencias Sociales, 2007), otro aporte extraordinario a la historiografía cubana de Rolando Rodríguez, ya con una importante obra precedente, y quien comenzó este 2008 con una buena y merecida noticia, al confirmársele su condición de Premio Nacional de Ciencias Sociales. En el transcurso de sus páginas, respaldadas por una inmensa documentación de los National Archives y de la sección de manuscritos de la Biblioteca del Congreso de Washington, Rolando, con un discurso singular y seductor, nos revela el papel maquiavélico que desempeñaron figuras como John R. Brooke, Leonard Wood, Orville Hitchcock Platt, Robert Porter, Elihu Root y William McKinley, en su componenda por escamotear el triunfo independentista a los cubanos y dejar la Isla bajo el yugo estadounidense, aunque esclarece las diferentes maneras en que pensaron hacerlo cada uno de ellas.

El análisis pormenorizado de las administraciones de Brooke y Wood durante el período de ocupación, es otro de los méritos de la obra. Rolando deja claro, además, que el verdadero artífice de la Enmienda Platt fue Elihu Root, Secretario de Guerra del gobierno de William McKinley, y que con ella no hizo falta instaurar ningún protectorado para dominar la Isla, "porque Estados Unidos había logrado sus propios métodos de gobernar, sin tener que copiárselos a Gran Bretaña"[484].

Asimismo, Rolando, quien no gusta de santificar la historia, sino no más bien humanizarla, sin tapujo alguno relata los errores y las contradicciones de los cubanos

---

[484] Rolando Rodríguez, *Cuba: las Máscaras y las Sombras. La primera ocupación*, Editorial de Ciencias Sociales, La Habana, 2007, p.490, t.1.

en esas horas confusas -sobre todo entre Máximo Gómez y la Asamblea del Cerro- que contribuyeron a las furtivas y ambiciosas intenciones de los Estados Unidos. Además, no escatima Rolando fustigar, desde las primeras páginas del libro, con elementos incontrastables sustentados en una amplísima documentación, la actitud servil a los Estados Unidos y ponzoñaza para la causa independentista de personajes como Tomás Estrada Palma, Julio Sanguily y Gonzalo de Quesada.

La arremetida de los grupos económicos estadounidense hacia los principales renglones económicos del país, los fulgurantes, contradictorios y abigarrados debates de la Asamblea Constituyente, las discusiones en torno a la Enmienda Platt y el proceso agónico de su aprobación, las presiones y artimañas de los Estados Unidos sobre los constituyentes dirigidas a lograr la imposición de la coyunda, son los aspectos que, junto a los señalados anteriormente, y bajo la sagaz pluma de Rolando, hacen insoslayable la lectura de *Cuba: Las Máscaras y las Sombras. La Primera Ocupación.*

Por otra parte, esta investigación de Rolando Rodríguez se distingue, para darle aún más valor, por la rica polémica historiográfica, e incursiona en ella desde las primeras páginas del libro cuando defiende la idea de que a partir del 1ro de enero de 1899 hasta el 20 de mayo de 1902, lo que se produjo en la Isla fue una ocupación estadounidense y no la continuación de la intervención como sostienen otras aportaciones históricas. Asimismo, Rolando Rodríguez manifiesta su desacuerdo a que se le llame burguesía esclavista a la clase de hacendados y terratenientes de la plantación esclavista del siglo XIX y protectorado a la forma adoptada por el imperialismo en Cuba hasta 1933.

Con esta valiosa obra, Rolando ha dejado poco terreno a los que hoy, como deshonroso modus vivendi, se dedican ha desmontar, tergiversar y hasta inventar nuestra historia nacional. Ellos, por razones lógicas, buscan los temas, figuras y períodos menos trabajados por nuestra historiografía para manipularlos y construirlos a su antojo. Todo forma parte de una inmensa maquinaria humana y material diseñada por el imperialismo en su guerra cultural contra Cuba dentro de la cual, la historia, es un blanco de suma importancia. Sin lugar a dudas, con este extraordinario aporte historiográfico de Rolando Rodríguez, el período de ocupación no les servirá de mucho a estos "ideólogos" a sueldo para acometer su entelequia malévola.

La obra de Rolando pone al desnudo, que el período de ocupación fue la primera gran farsa del imperialismo estadounidense en América Latina, así como la materialización del sueño de algunos de sus más egregios padres fundadores, que siempre vieron a Cuba dentro de la concepción geopolítica de su futura expansión hacia el sur. Más, al no lograr su añoranza centenaria de anexarse a la Isla, el naciente imperio del Norte se las ingenió para limitar su soberanía y teledirigir a Cuba en función de sus intereses políticos y económicos. La imposición de la enmienda Platt, bajo la amenaza perentoria a los cubanos de ocupación permanente, fue la solución perfecta diseñada por el listo abogado y Secretario de Guerra de los Estados Unidos Elihu Root, para violar flagrantemente la Resolución Conjunta devenida ley de los Estados Unidos y que planteaba que Cuba era y de derecho debía ser libre e independiente. Paradójicamente, Estados Unidos en lo menos que pensaba era en conceder la soberanía a Cuba.

Por otro lado, esta investigación del doctor Rolando Rodríguez da muchas luces para entender y demostrar que Cuba no solo no debe su independencia a los Estados Unidos, como demostró en un excelente libro Emilio Roig de Leuchesering[485], en contundente respuesta a los ofuscados, embusteros y cándidos que lo proclaman, sino también que Estados Unidos debe a Cuba la independencia que le arrebató por 60 años, pasando sobre

---

[485] Emilio Roig de Leuchesering, *Cuba No debe su independencia a los Estados Unidos*, Ediciones La Tertulia, La Habana, 1960 (tercera ed.)

la sangre de miles de cubanos que habían caído en una lucha redentora de 30 años y expoliando sus riquezas a diestra y siniestra.

Aún hoy, después de 50 años de conquistada la verdadera libertad de Cuba, Estados Unidos se empeña en hacer retornar la Isla a los indignos años republicanos, pues en las cabezas de los gobernantes de esa nación, perdura la vetusta idea de inicios del siglo XIX de que Cuba no puede tener una política interna y externa propia, pues además de su pequeña extensión geográfica, está enclavada en el área de influencia de la potencia estadounidense. Ahí precisamente reside la naturaleza del conflicto Estados Unidos-Cuba, y que ha sido una constante desde la centuria decimonónica hasta la actualidad: hegemonía versus soberanía.

"Quienes no conocen su historia están condenadas a repetirla", dijo Santayana. Sin dudas, después de la lectura de este libro de Rolando Rodríguez, estaremos mejor dotados para no cometer las pifias del pasado, máxime, cuando a pesar de los años que han transcurrido y de que nuestro pueblo es ducho en el enfrentamiento al enemigo a 90 millas, la política de Estados Unidos hacia Cuba -en su pérfida intención de pulverizar la libertad que coronamos el 1ro de enero de 1959- sigue ideando máscaras y sombras con las cuales presentarse a nuestros ojos, con el apoyo mendaz de los continuadores de Estrada Palma y Gonzalo de Quesada.

Pero algo más dilucida perfectamente *Cuba: Las Máscaras y las Sombras. La primera ocupación*, de Rolando Rodríguez: frente a las pretensiones de Estados Unidos sobre Cuba, solo es posible para los cubanos salir airosos bajo una inquebrantable unidad. Revísese las páginas que abordan las divergencias entre Máximo Gómez y la Asamblea del Cerro que, no fueron las únicas del período dentro de las fuerzas independentistas, y se comprenderá el calado de esta idea.

A las generaciones más jóvenes les tocará vivir cuando ya no estén presentes físicamente los líderes históricos de nuestra Revolución, por eso, el estudio del período en que la Isla fue ocupada por los Estados Unidos -bajo la ausencia de José Martí y Antonio Maceo y en medio de máscaras y sombras que impedían ver con claridad el futuro de Cuba- es de mayúscula necesidad para los lozanos que tenemos la honrosa responsabilidad de mantener nuestra independencia y darle continuidad al proceso revolucionario. Este oportuno libro de Rolando Rodríguez constituye un referente imprescindible de consulta.

REPÚBLICA DE CORCHO:
LECTURA MUY RECOMENDABLE

República de corcho —en dos tomos de unas 700 páginas cada uno— es la más reciente aportación historiográfica de Rolando Rodríguez. Publicada por Ciencias Sociales, indudablemente se trata, hasta la fecha, de la investigación más profunda y documentada escrita sobre el período de 1902 a 1913.

La obra es reflejo del rigor científico del autor, ducho en hacer uso óptimo de la inmensidad de documentos con los cuales trabaja a la hora de adentrarse en una investigación histórica. En este caso, es de destacar la cantidad de documentos primarios extraídos de los archivos de Washington que utilizó y que dotan a la obra de un valor inusitado, en tanto contribuyen a sacar a flote algunas cuestiones totalmente desconocidas para la ciencia histórica cubana y a revalorizar algunos análisis vertidos por los historiadores de la Isla que han trabajado ese período. También, es encomiable el número de otras fuentes que Rodríguez consultó para la elaboración de esta obra.

Desde una visión totalizadora de la historia —poco habitual en nuestros estudios históricos contemporáneos—, el autor satisface su aspiración de simultanear la extensa información que domina con el análisis oportuno del historiador marxista. La economía; las luchas obreras; la vida cotidiana; los conflictos políticos; las mentalidades; el intervencionismo yanki; los problemas sociales; las contradicciones clasistas; la formulación de todo el aparato hegemónico de la neocolonia y su desafío desde la sociedad civil son, a grandes rasgos, algunos de los temas medulares que se tratan en *República de corcho.*

El libro incursiona en los primeros cinco capítulos en el gobierno de Estrada Palma, desmontándose toda una serie de falacias como la del supuesto "gobernante honrado" propaladas por algunos biógrafos. En sus páginas queda al desnudo que Tomasito, también hizo de las suyas con el erario público. Muestra de ello fueron los 300,000 pesos que le entregó a Steinhart, cónsul general de Estados Unidos, pues cuando se trataba de ganar el apoyo de los "americanos", Estrada Palma era también capaz de meter la mano.

Su *guataconería* con el Norte llegó a niveles tan inverosímiles que cuando la hija del presidente Roosevelt se casó, pidió al Congreso cubano nada menos que un crédito de 25,000 pesos para comprarle un collar de perlas de regalo de bodas. Sin embargo, cuando se trataba de invertir dinero en el beneficio de Cuba y de su pueblo, era realmente un "cicatero". Vergonzoso fue el tratamiento que les dio durante su gobierno a los veteranos de la independencia. Muy conocido es el hecho de que al general Quintín Bandera prácticamente lo condenó a morir de hambre junto a su familia —teniendo para él solamente un puesto de basurero— y que durante la guerrita de agosto de 1906 ordenó su asesinato.

Por si fuera poco, en *República de corcho* se evidencia que, lejos de rodearse de los hombres más ilustres de la independencia, Estrada Palma premió a los que habían combatido este ideal o se habían montado interesadamente en el carro de la Revolución cuando la sabían irreversible, pensando en apoderarse de ella y así mellar su radicalidad. El primer gabinete de Tomasito estuvo integrado prácticamente por autonomistas reciclados.

Del capítulo VI al X se aborda la segunda ocupación (1906-1909). Brota de las páginas de estos capítulos una de las etapas más vergonzosas de la historia de Cuba. Los cubanos tuvieron que soportar nuevamente la bota yanki pisando su tierra y que se colocara en la máxima dirección del país, por un corto tiempo, a William H. Taft, secretario de Guerra de Estados Unidos; luego al "mastodóntico" Charles C. Magoon.

Para colmo, además de la afrenta a la soberanía y la dignidad de Cuba que constituía la ocupación, no fue poco lo que el gobierno de Magoon enseñó a los cubanos en materia de mal gobierno. Durante su mandato la corrupción llegó a niveles elevados y se introdujo el cáncer de las botellas.

Los últimos nueve capítulos del libro, que comprenden en su totalidad el segundo tomo, abordan el período del gobierno de José Miguel Gómez. Estos resultan muy atrayentes, quizás por la intensidad de los acontecimientos políticos que hubo en esa etapa, y porque a diferencia del gobierno de Estrada Palma —como demuestra Rodríguez—, este se distinguió por enfrentarse a los *yankis* y hacerles las cosas todo lo difícil que pudo, aunque sin pasar de los límites permisibles. Mucho influyó en ese sentido el distinguido patriota Manuel Sanguily, llamado a ser secretario de Estado del gobierno del Tiburón.

Otra de las tesis defendidas por el autor y, en mi opinión validada en sus páginas a través de numerosos datos y análisis, es el intento de esta administración de incentivar en Cuba el desarrollo frustrado de una burguesía nacional. Estos fueron elementos positivos de este gobierno, pero quedaron disminuidos ante la corrupción, los negocios sucios, las botellas, el tráfico de influencia, los fraudes electorales, los males sociales, la introducción de los juegos de azar y la represión sangrienta al alzamiento del Partido Independiente de Color en 1912, entre otros.

Algunos de los mayores aportes de esta obra, tanto en información como en análisis novedosos, se concentran en los capítulos dedicados al problema del alzamiento del Partido Independiente de Color en 1912. Más de 200 páginas son dedicadas a analizar este acontecimiento trágico de nuestra historia, en el que perdieron la vida miles de cubanos, fundamentalmente negros y mulatos.

República de corcho es continuación cronológica y analítica de obras anteriores del autor como: *Cuba: La forja de una nación y Cuba: las máscaras y las sombras.* Obras como estas siguen siendo imprescindibles para nuestra ciencia histórica y nuestro combate ideológico frente al imperialismo.

ELIER RAMÍREZ CAÑEDO

CAYO CONFITES:
LA HISTORIA DE UNA AVENTURA DESVENTURADA

Me satisface muchísimo referirme a un texto recientemente presentado en la Feria Internacional del Libro
de La Habana y que estoy convencido será leído con mucho interés, especialmente por cubanos y dominicanos.
Se trata de *La Expedición de Cayo Confites* (Editorial
Oriente, 2012), la más reciente contribución historiográfica del colega y gran amigo, Dr. Humberto Vásquez
García. El autor de esta monografía es sin duda uno de
los investigadores más avezados en el período 1935-
1952 de la Historia de Cuba. Quienquiera que haya
leído sus obras anteriores, sobre todo, *El Gobierno de la
Kubanidad*, premio de la crítica científico-técnica en el
2005, coincidirá conmigo en esta valoración[486].
Tuve la dicha, incluso antes de conocer a Humberto,
de leer un excelente ensayo de su autoría publicado en
la Revista Cuba Socialista, bajo el título: *"Entre dos revoluciones: un capítulo pendiente de nuestra historia
republicana"*, que me reafirmó con la madurez de su
análisis, la idea que tenía de que este período de nuestra historia, era de vital importancia trabajarlo en profundidad, ante la escasez de bibliografía existente sobre
el mismo y las mistificaciones que desde fuera, e incluso
también en alguna medida en nuestro país, se estaban
haciendo de los gobiernos de esta etapa. Como bien señala Humberto en este trabajo:

"No es casual, ..., que historiadores, politólogos y

---

[486] También ha publicado *Historia, aventuras y leyendas del bri-
llante del Capitolio*, Ediciones Boloña, La Habana, 2006 y *De
Chapultepec a la OEA. Apogeo y Crisis del Panamericanismo*,
Editorial de Ciencias Sociales, La Habana, 2001.

plumíferos al servicio del imperio magnifiquen las bondades de esos regímenes –libre empresa, pluripartidismo y libertad de prensa burguesa- obviando o, peor aún, reconociendo en parte la demagogia y la corrupción que los caracterizaron y hasta algunos de los numerosos actos infames que cometieron. No lo es tampoco que traten de reivindicar a dichos gobiernos –con el explícito o sutil mensaje de que si no todo tiempo pasado fue mejor, al menos ese si lo fue- y a las figuras que los encabezaron"[487].

Tengo que decir, que gracias a los aportes de Vázquez, junto al de otros investigadores, se ha logrado desbancar muchos de los mitos de esta etapa que Fernando Martínez Heredia denomina *Segunda República Burguesa Neocolonial* [488], debido fundamentalmente a la reformulación de todo el sistema hegemónico que se produjo en la Isla tras la revolución del 30. Ello no significa que se dejen de reconocer los aciertos que pudieron haber tenido estos gobiernos. No obstante, esta etapa de nuestra historia continúa demandando nuevas miradas y aproximaciones de nuestros historiadores. Lo mismo puede decirse de la que comprende la Revolución en el Poder, de 1959 en adelante. Recordemos que de nuestros vacíos historiográficos se aprovechan muy bien los enemigos del proceso revolucionario cubano para construir una historia falseada y manipuladora, dirigida primordialmente a confundir a las generaciones que no vivieron la época.

La Expedición de Cayo Confites constituye la primera aproximación historiográfica en la Revolución dedicada

---

[487] Véase Humberto Vázquez García, "Entre Dos Revoluciones: Un capítulo pendiente de nuestra historia republicana", *Revista Cuba Socialista*, #47, abril-junio de 2008.
[488] Véase Fernando Martínez Heredia, "Nacionalizando la nación. Reformulación de la hegemonía en la segunda república cubana", en: *Andando en la Historia*, Instituto Cubano de Investigación Cultural Juan Marinello y Ruth Casa Editorial, La Habana, 2009, pp.157-191.

íntegramente al tema del malogrado intento de insurrección contra Trujillo del año 1947. Anteriormente solo se habían publicado algunos ensayos, artículos y testimonios, todos los cuales fueron consultados por el autor en la profunda investigación que precedió la redacción de la obra.

Asimismo, cualquier lector experimentado podrá percatarse por lo voluminoso del libro, de la cantidad de información que se aporta en este texto sobre tan interesante pasaje histórico, digno de una película o novela. Más de 400 páginas son dedicadas apenas a tres meses del año 1947, tiempo en el que se planeó, desarrolló y produjo el fiasco del plan para derribar al dictador Trujillo. Muy acertado me pareció además que se incorporara al final del libro varios acápites relacionados con el destino que corrieron las armas y algunos de los principales hombres implicados en el movimiento anti-trujillista.

La expedición de Cayo Confites, como bien sostiene Humberto, es la historia de una aventura desventurada. Con un discurso atractivo, en el que la descripción y el análisis riguroso se dan de la mano, Humberto nos demuestra como los hermosos sentimientos de solidaridad del pueblo cubano con la causa de sus hermanos dominicanos, que aspiraban liberarse de una satrapía tan sangrienta como la de Trujillo, fueron utilizados vilmente por figuras pertenecientes o vinculadas estrechamente al gobierno de Grau, como el corrupto ministro de Educación, José Manuel Alemán, Manolo Castro, Rolando Masferrer, entre otros, para satisfacer sus intereses personales y ambiciones de poder. En cambio, resalta en el libro el papel que en toda esta trama desempeñaron dos hombres que luego escribirían hermosas páginas de la historia latinoamericana y caribeña, un dominicano y un cubano.

Por supuesto que me refiero a Juan Bosch y Fidel Castro. Ellos, junto a otros miles de alistados en la operación, fundamentalmente cubanos y dominicanos, sufrieron durante prácticamente tres meses del año 1947, en Cayo Confites, al norte de Camagüey, la escasez de agua y alimentos, la falta de higiene y el castigo de la naturaleza más agresiva, y finalmente fueron traicionados por Grau y los miembros de su gobierno que estaban implicados en la organización de la expedición. Fidel y tres expedicionarios más evitaron ser capturados, pero la mayoría de los enrolados en esta aventura fueron apresados y humillados por las fuerzas del régimen cubano. Juan Bosch arriesgó su vida en una huelga de hambre demandando la liberación de todos sus compañeros.

Más yo no voy a contar toda la historia de los preparativos y los desafíos que enfrentaron durante varios meses los integrantes de la fuerza expedicionaria, tampoco me referiré al papel que desempeñó el gobierno cubano y el de los Estados Unidos, así como la reacción de los poderes de Trujillo, todo eso se aborda de manera prolija en el libro. Me parece más interesante resaltar, como otro de los grandes aportes de la obra, el análisis del autor acerca de los factores que contribuyeron al fracaso de aquella aventura. Después de exponer las distintas versiones publicadas sobre las causas de la derrota de aquella expedición, Vázquez señala las que él considera, desempeñaron un papel determinante:

1- *Las denuncias de Trujillo.* Queda muy bien explicado en el libro la intensa y efectiva campaña diplomática y propagandística desarrollada por el gobierno de Chapitas, lo cual contribuyó a movilizar a Washington en contra de la expedición, utilizando todo el marco legal establecido por el Sistema Interamericano. Hay que decir que Trujillo tuvo éxito también al darle a la expedición que se preparaba en Cuba el manto de una conspiración comunista, lo que en medio de la intensa Guerra Fría que se libraba en aquellos tiempos, fue un factor que lo ayudó a ganarse el favor de los norteamericanos. En este sentido habría que añadir que Trujillo no necesitó tanto de su aparatoso sistema de inteligencia, pues los propios organizadores de la expedición lo auxiliaron al manejar todas las cuestiones relacionadas con el movimiento revolucionario con muy poca discreción, llegando a convertirse en un asunto de *vox populi*. Fidel advirtió y criticó sobre este crucial error desde el inicio.

2- *La traición del general Pérez Dámera*. Se habla en la obra de la posibilidad de que el jefe del ejército cubano haya recibido dinero de parte de Trujillo. Esto se maneja a nivel de hipótesis, pues realmente no existen pruebas definitivas, pero los movimientos de Pérez Dámera y su actitud en todo momento negativa con respecto a la expedición hacen pensar con mucha fuerza en su traición. Sobre todo, debido a su entrevista con Trujillo en 1949 a espaldas del presidente Carlos Prío.

3- *Las presiones del Gobierno de los Estados Unidos*. En el libro queda demostrado, como los Estados Unidos en un primer momento toleran la venta de armamentos, barcos y aviones al movimiento antitrujillista, y luego, cuando los planes de invasión estaban más avanzados, se opusieron radicalmente a su materialización, dándole apoyo moral y material al dictador dominicano.

4- *El abandono del movimiento por el presidente Grau San Martín*. Como bien sostiene el autor *"Grau cedió a las presiones del Gobierno yanqui y terminó sofocándolo como éste le había exigido"*[489]. En este sentido es sorprendente la

---

[489] Humberto Vázquez García, *La Expedición de Cayo Confites*, Editorial Oriente, Santiago de Cuba, 2012, p.384.

manera tan maquiavélica, carente de consideración de cualquier principio moral o de una conducta al menos consecuente, en la que se manifestó el presidente Grau, dando muestras de que la política cubana era un verdadero relajo en aquellos años.

5- *Los problemas internos.* Coincido con el autor en su consideración de que este elemento referido a las contradicciones internas que se produjeron en las fuerzas expedicionarias, no fueron determinantes en el fracaso de la expedición.

6- *La conducta de Masferrer.* Vázquez expone que el inexplicable y confuso comportamiento de Masferrer pocas horas antes de que se produjera la debacle final de todo el movimiento contra Trujillo, lo señalan como culpable de la liquidación del último reducto expedicionario.

Solo me resta señalar que no todas las incógnitas sobre los acontecimientos y la actuación de algunas de las figuras implicadas en la expedición de Cayo Confites, quedan aclaradas plenamente en esta obra, pero el trabajo realizado por Humberto nos ha adelantado muchísimo en ese camino. Creo que el autor verá cumplimentado otro de los objetivos que se propuso al escribir este trabajo: estimular a otros que continúen la investigación y logren esclarecer muchas de las zonas oscuras que aún existen en torno al tema. Así, no me queda la menor duda de que este libro de Humberto Vásquez, como el anterior que realizara sobre el gobierno de Grau, pasará a engrosar la lista de nuestras joyas historiográficas de imprescindible consulta.

UNA LECTURA IMPRESCINDIBLE:
50 AÑOS DE OPERACIONES ENCUBIERTAS EN EE.UU.

El libro que hoy presentamos de la editorial *Pathfinder*, bajo el título: 50 años de operaciones encubiertas en EE.UU, fue publicado por primera vez en inglés en la revista marxista New International, y al año siguiente en español en una especie de breve folleto. Esta nueva edición mantiene como principal trabajo el escrito por Larry Seigle, con el mismo título del volumen, pero incorpora un prefacio de Steve Clark, uno de los principales líderes actuales del Partido Socialista de los Trabajadores en los EE.UU. y el artículo "La guerra imperialista y la clase trabajadora", que no es más que las palabras introductorias que Farell Dobbs escribió en 1949 a la tercera edición de otra importante obra: El socialismo en el banquillo de los acusados, de James P. Cannon. De esta manera, el libro termina incitando a la lectura imprescindible de otro.

Cannon y Dobbs, fueron dos dirigentes del Partido Socialista de los Trabajadores que, junto a otros 16 compañeros de lucha, resultaron acusados, condenados y llevados a prisión en 1941, bajo cargos federales de "conspiración", en lo que se conoció como "caso fabricado de Minneapolis". Fue la primera vez que se aplicó la Ley Smith, conocida popularmente como "Ley Mordaza", promulgada por el presidente Franklin D. Roosevelt en 1940, con el objetivo de silenciar a la vanguardia sindical y el movimiento obrero que se oponía a la entrada de los EE.UU. en la Segunda Guerra Mundial. El socialismo en el banquillo de los acusados es el testimonio completo que James P. Cannon —en ese momento como secretario nacional del Partido Socialista de los Trabajadores— dio desde el estrado de un tribunal federal en

Minneapolis en el transcurso de tres días de noviembre de 1941. Testimonio que se convirtió en una denuncia política y en programa comunista para la vanguardia combativa de la clase trabajadora.

Como bien señala Clark en su introducción a 50 años de operaciones encubiertas en EE.UU, los hechos que se describen y analizan en este libro constituyen un hito histórico: "Una organización comunista estaba entablando una demanda contra el gobierno capitalista, en vez de verse obligada a defenderse y a defender a sus miembros contra un caso fabricado por policías y fiscales. Los trabajadores comunistas —junto con otros sindicalistas, agricultores y partidarios de los derechos civiles— eran los demandantes, y las agencias y funcionarios del gobierno eran los acusados. Y no al revés"[490].

Asimismo, en el artículo de Larry Seigle se reconstruye todo el proceso que condujo a que en 1973, el Partido Socialista de los Trabajadores (PST) y la Alianza de la Juventud Socialista (AJS), dos organizaciones comunistas en los EE.UU. llevaran a corte al Buró Federal de Investigaciones (FBI), al Servicio de Inmigración y Naturalización (SIN) y a otras agencias policiacas, por los años de espionaje, hostigamiento, y las campañas guiadas a desorganizar e interrumpir sus actividades. Después de muchos años de lucha legal y, sobre todo, de lucha política, el 25 de agosto de 1986, el juez federal Thomas Griesa emitió su fallo contra el FBI y a favor del PST. El fallo incluyó la decisión de prohibir el acceso a las agencias gubernamentales a usar cualquier información en los 10 millones de páginas que el FBI acumuló ilegalmente para hostigar a los miembros del PST y de la AJS.

Si bien constituyó algo muy inusual en la historia de los EE.UU., el hecho de que estas organizaciones comunistas hubiesen logrado sentar en el banquillo de los acusados al gobierno, más aún lo fue que resultaran

---

[490] Larry Seigle, Farrell Dobbs y Steve Clark, 50 años de operaciones encubiertas en los Estados Unidos, Ed. Pathfinder, Canadá, 2014, p.8

vencedoras después de muchos años de intenso bregar. Los que piensen que la razón de esta victoria estuvo en la lucha legal, se equivocan, pues el triunfo fue el resultado de una aguda lucha política entre las clases en conflicto.

Una mayor comprensión de este desenlace, lo brinda el trabajo de Seigle, al remontarse a los orígenes de la guerra del FBI y otras agencias gubernamentales contra los derechos democráticos de los ciudadanos estadounidenses, en los años del gobierno de Franklin D. Roosevelt. Nos explica cómo ese tipo de prácticas comenzaron en vísperas de la Segunda Guerra Mundial y no como sostienen algunos autores durante el auge del macarthismo en los años 50 o cuando la lucha por los derechos civiles alcanzó su mayor madurez en los 60.

Se describe cómo la administración Roosevelt aprovechó el marco de la segunda guerra mundial y la lucha contra el fascismo para darle rienda suelta al FBI —encarnado en la figura de Edgar Hoover— y arremeter contra los derechos democráticos y constitucionales de sus propios ciudadanos. Los grupos sindicalistas, los afronorteamericanos, los activistas que luchaban contra la guerra y por la emancipación de la mujer y las organizaciones comunistas como el PST y la AJS, fueron los primeros y principales objetivos.

Bajo el precepto de "seguridad nacional", todo era permisible, el mismo recurso lingüístico que empleaban en política exterior para agredir, invadir y subvertir procesos revolucionarios en otros países. Al discurso de la necesaria unidad nacional para enfrentar el avance del fascismo, se sumó el Partido Comunista de los Estados Unidos. El mismo que luego, cuando la URSS firmó con Alemania el conocido pacto de no agresión, rompería su alianza con la administración Roosevelt. La única explicación para entender esta posición es que su brújula estaba orientada hacia y por la URSS, mal del que padecieron también otros de los partidos comunistas en

América Latina después de la muerte de Lenin y el ascenso de Stalin al poder en la Unión Soviética.

Las organizaciones e individuos que entendían que EE.UU. tenía que luchar contra el fascismo exterior, pero también contra el interior que segregaba, discriminaba y vejaba a los negros, chicanos y japoneses, eran acusados de divisionistas, encarcelados y reprimidos, pues según el gobierno todos los esfuerzos debían concentrarse en ese momento en ganar la guerra y en mantener la unidad nacional. Los independentistas puertorriqueños, como también nos muestra el libro que presentamos, sufrieron una intensa persecución del FBI en esos años.

El artículo de Seigle se detiene en el período macarthista, en los años 50, cuando los miembros y simpatizantes del partido comunista se convirtieron en las principales víctimas de la cacería de brujas del gobierno estadounidense.

Queda enjuiciado el programa secreto de contrainteligencia y contrainsurgencia del FBI conocido como *Cointelpro,* abreviatura de *Counterrintelligence Program*, aprobado en 1956 por el presidente Eisenhower en una reunión del Consejo de Seguridad Nacional. Este programa estuvo dirigido a socavar y destruir cualquier tipo de disenso a lo interno de la sociedad estadounidense, utilizando métodos sucios y anticonstitucionales, como falsas pruebas, trampas y la infiltración de agentes y provocadores. No solo se trató de espiar y obtener información sobre los grupos pro derechos civiles y antibelicistas y sus principales líderes, sino de desacreditarlos, desmoralizarlos, ponerlos a enfrentarse entre sí, e incluso, en algunos casos, eliminarlos físicamente.

Los principales objetivos de este programa fueron nuevamente los miembros del Partido Comunista, del Partido Socialista de los Trabajadores, del Partido Panteras Negras, otros grupos y partidos defensores de los derechos civiles, antibelicistas y religiosos, así como líderes de la talla de Angela Davis, Marthin Luther King, Malcom X, Mumia Abu Jamal, entre otros. Este programa estuvo aplicándose durante toda la década del

60 e inicios de los 70.

Hoy se conoce sobre este programa secreto gracias a los que podemos llamar los antecesores de Edward Snowden en los años 70: un grupo de ocho jóvenes pacifistas que penetraron las oficinas del FBI en Media, Pensilvania, el 8 de marzo de 1971, sustrajeron de manera clandestina cientos de documentos y comenzaron a enviarlos a varios periódicos estadounidenses identificándose como "Comisión Ciudadana para Investigar al FBI". Entre la lista de documentos revelados había una carta con la que los agentes del FBI habían querido chantajear al reverendo Martin Luther King Jr, al que amenazaban con denunciar sus aventuras extramatrimoniales si no se suicidaba[491].

Aunque por medios oficiales se afirma que el programa Cointelpro fue descontinuado después de todos los escándalos salidos a raíz de Watergate y las audiencias del Church Committe en 1975[492], según el investigador cubano Eliades Acosta: "existen numerosas evidencias y documentadas denuncias que indican su permanencia y expansión bajo otra cobertura, otras denominaciones, y quizás, con técnicas y procedimientos mucho más sofisticados"[493].

Luego, los atentados del 11 de septiembre del 2001, brindaron un pretexto ideal a la administración Busch para un nuevo impulso y expansión de este tipo de técnicas y procedimientos, a través del Acta Patriótica, la

---

[491] Mark Mazzetti, "Emergen de las sombras los Snowden de los años 70 que denunciaron al FBI", 8 de enero de 2014, Cubadebate. (Internet)

[492] El Comité Church es el término común en referencia a Comité Selecto del Senado de los Estados Unidos para el Estudio de las Operaciones Gubernamentales Respecto a las Actividades de Inteligencia, un comité de Senado de EE.UU. presidido por el senador Frank Church en 1975.

[493] Eliades Acosta Matos, Imperialismo del siglo XXI: Las Guerras Culturales, CasaEditora Abril, Ciudad de La Habana, 2009, p.261.

legalización de la tortura, los golpes preventivos y asesinatos selectivos.

Muchas personas hoy en el mundo se muestran totalmente sorprendidas con la revelaciones hechas por el ex contratista de la Agencia de Seguridad Nacional (NSA) Edward Snowden sobre el sistema de vigilancia y espionaje mundial practicado por el gobierno de los EE.UU. no solo contra lo que consideran sus enemigos, sino también contra algunos de sus aliados y sus propios ciudadanos, violando tanto las leyes internacionales, como la constitución del país. Sin embargo, el Comandante en Jefe, Fidel Castro, había estado denunciando durante 20 años este proceder[494] y libros tan necesarios como el que hoy presentamos, demuestran que la vigilancia ilegal y sistemática para obtener información — aunque no tan sofisticada como la de hoy— en función de propósitos oscuros, no constituye un fenómeno nuevo, sino que ha sido una práctica constante de los gobiernos norteamericanos.

50 años de operaciones encubiertas en EE.UU., aporta también —especialmente a los lectores cubanos— una importante experiencia a tener en cuenta en la lucha de nuestro pueblo por la liberación de los antiterroristas cubanos que aún cumplen injustas condenas en los EE.UU. La disputa del PSP y de la AJS contra el gobierno estadounidense y sus fuerzas policíacas solo fue posible ganarla a través de una intensa movilización política. Los Cinco son presos políticos, por lo tanto, si bien la batalla legal es indispensable, lo que sacará definitivamente a nuestros héroes de prisión será la campaña política que sepamos llevar adelante, y conquistar, en ese caso, el sentimiento, la solidaridad y el acompañamiento del pueblo norteamericano. El próximo 27 de febrero, saldrá Fernando González de prisión, pero aún permanecerán en las mazmorras: Antonio Gue-

---

[494] Iroel Sánchez, "Fidel Castro denunció espionaje de EE.UU. mucho antes que Snowden", 4 de noviembre de 2013, blog La pupila Insomne. (Internet)

rrero, Ramón Labañino y Gerardo Hernández. Este último corre incluso peligro de morir en cautiverio si no logramos vencer en esta causa.

El caso de Los Cinco, al igual que el de Minneapolis en 1941, fue un caso fabricado por el gobierno norteamericano, con participación sobresaliente del FBI. Fueron acusados de espionaje y además, en el caso de Gerardo Hernández, de conspiración para cometer asesinato. Sin embargo, en mayo del 2001 la propia Fiscalía solicitó que se retirara la acusación formulada contra Gerardo, reconociendo que no podía sustentarla y en el 2009 la Corte de Apelaciones decidió revocar las sentencias impuestas por el cargo de "conspiración para cometer espionaje", porque 14 jueces habían determinado por unanimidad que, en este caso, no había nada que afectase la seguridad nacional de los EE.UU., ni prueba alguna de espionaje[495]. Pero el gobierno estadounidense evitó nuevamente que se hiciera justicia y que estos acontecimientos se convirtieran en noticia.

Lo más perverso de toda esta historia es el hecho de que el gobierno norteamericano trató de vender una imagen de los Cinco como la de unos criminales que querían destruir esa nación, y al mismo tiempo, protegió a los verdaderos terroristas que actuaban en su territorio, de cuyos movimientos y planes tenían toda la información, buena parte de ella ofrecida por el propio gobierno cubano, poniendo en riesgo así no solo la vida de los cubanos, sino la de los propios ciudadanos estadounidenses.

El único "delito" de los Cinco consistió en haber penetrado las organizaciones que desde los EE.UU. practicaban el terrorismo contra Cuba. Terrorismo que ha costado al pueblo cubano 3478 fallecidos y 2099 incapacitados.

Algo que se divulga insuficientemente es que ese terrorismo contra la mayor de las Antillas también ha

---

[495] Ricardo Alarcón de Quesada, "La disciplina mediática y el caso de los Cinco", La Jiribilla, no 630, 1ro al 7 de junio de 2013.

provocado dolor y daños materiales más allá de nuestras fronteras. No pocas son las vidas que se han perdido de ciudadanos de otros países, como los seis marinos franceses que murieron cuando el brutal sabotaje al vapor La Coubre en marzo de 1960, los 11 guyaneses y cinco norcoreanos fallecidos cuando la voladura en pleno vuelo del avión de Cubana en Barbados, en octubre de 1976, o Fabio Di Celmo, el joven turista italiano víctima de un acto terrorista contra Cuba, al explotar una bomba que ordenó poner Luis Posada Carriles en el Hotel Copacabana, en La Habana. La lista es mucho más amplia y las secuelas de dolor y sufrimiento de los seres queridos, incalculables. También por investigaciones realizadas se conoce que el territorio estadounidense fue el más afectado por el terrorismo de origen cubano en los años 70, como parte de lo que se denominó la "guerra por los caminos del mundo".

Por estas razones sostengo que los cinco cubanos no solo son héroes de Cuba, son héroes del mundo, pues no solo hicieron grandes sacrificios por proteger la vida de los ciudadanos cubanos, sino de personas de cualquier nacionalidad, incluyendo a los estadounidenses. Mientras más personas conozcan esta verdad irrebatible, los barrotes de esas prisiones serán definitivamente destrozados. Como ha dicho Gerardo Hernández: solo "un jurado de "millones" les hará justicia.

Los Cinco, fueron acusados de "conspiración", cuando la verdadera conspiración vino del gobierno estadounidense para someterlos a los más crueles e inhumanos castigos. La corte de Apelaciones de Atlanta en agosto de 2005, había decidido anular el juicio amañado que tuvo lugar en Miami, considerando el realizado como una crasa violación a los principios constitucionales de los EE.UU., pero las presiones del gobierno lograron a la larga una retractación. Ahora además sabemos, aunque los consorcios mediáticos que dominan la información se han encargado de silenciarlo, que parte de esta conspiración gubernamental consistió en el pago a la prensa local miamense y a otros periodistas reclutados, utilizando ilegalmente fondos del presupuesto federal, para desatar contra los cubanos toda una campaña sensacionalista, que influyera en la decisión del jurado.

Quisiera terminar mis palabras agradeciendo a la editorial Pathfinder, por toda la labor que han hecho de divulgación de la causa de los Cinco, rompiendo poco a poco los muros de silencio que se han levantado en torno al caso y abriéndole paso a la verdad en todo el mundo, pero en especial en el seno de la sociedad estadounidense.

A PROPÓSITO DEL LIBRO
AMÉRICA LATINA EN TIEMPOS DE BICENTENARIO

"La historia de América, de los incas acá,
ha de enseñarse al dedillo,
aunque no se enseñe la de los
arcontes de Grecia.
Nuestra Grecia es preferible
a la Grecia que no es nuestra.
Nos es más necesaria".
(José Martí, *Nuestra América*, 1891)

El libro *América Latina en tiempos de Bicentenario*, de un prestigioso colectivo de autores[496], coordinado por el Dr. Felipe de Jesús Pérez Cruz, es la segunda entrega editorial[497] −y con satisfacción sabemos no la última- de la Cátedra "Bicentenario de la primera independencia de América Latina y el Caribe", fundada en La Habana en el 2008.

Integrada por destacados académicos e intelectuales cubanos y de otros países del subcontinente, la Cátedra persigue el objetivo fundamental de ofrecer una mirada auténtica y revolucionaria a doscientos años de lucha emancipadora en América Latina y el Caribe. Ello, a

---

[496] Autores: Dr.Sc. Raúl Izquierdo Canosa, Dr.Sc. Luis Suárez Salazar, Dr. Jorge Hernández Martínez, Dra. Vera Lucia Vieira, Dra. Eugenia Cecília Gomez Castañeda, Dr. Alberto Ivern, MSc.Emilia Brito Valdés, Dra. Juana Rosales García, MSc. Daniel Felipe Fernández Díaz, MSc. Alina Ayala Quiñones, MSc. Lorenzo Pablo Camejo Ramos, Dr. Emil Albert Sobottka; Msc. Isabel Soto Mayedo, Lic. Tamara Liberman, Lic. Lourdes María Regueiro Bello. Coordinador: Dr. Felipe de J. Pérez Cruz.

[497] La primera entrega fue el libro de Felipe de J. Pérez Cruz y Luis Suárez Salazar, *Bicentenario de la primera independencia de América Latina y el Caribe*, Editorial de Ciencias Sociales, La Habana, 2009.

contracorriente de las lecturas desmovilizadoras, omisas y tergiversadas que las oligarquías regionales y las antiguas metrópolis pretenden vender a nuestros pueblos, reduciendo la conmemoración bicentenaria a declaraciones vacías y jolgorios enajenantes. Ante la cruenta lucha cultural en la que vivimos inmersos, donde la historia es campo de batalla fundamental, el libro *América Latina en tiempos de Bicentenario"*, constituye, sin lugar a dudas, otro resultado encomiable de la Cátedra en su esfuerzo liberador.

En un trabajo publicado anteriormente, el Dr. Felipe Pérez explicaba como se había tratado de reducir la celebración del Bicentenario a un marco cronológico conveniente a los que aún hoy persisten en dominarnos económica, política y culturalmente y silenciar las verdades históricas más incómodas para ellos[498].

El marco temporal que se quería recordar se limitaba al período 1808-1824, obviando los trascendentales antecedentes de rebeldía de nuestros pueblos originarios frente a la conquista y la colonización y, sobre todo, desconociendo a la primera revolución independentista de nuestra región acontecida en Haití, en el período 1790-1804. Asimismo, concluir las celebraciones en 1824, significaba admitir que nuestra independencia absoluta se alcanzó en ese año, luego de que fuerzas patriotas dirigidas por Antonio José de Sucre infringieran una derrota decisiva a la monarquía española en los campos de Ayacucho. De ahí que la Cátedra se refiera con toda intencionalidad a la "Primera Independencia de América Latina y el Caribe", dejando claro que aún hoy estamos luchando por la segunda y definitiva independencia y que "Bolívar tiene que hacer en América todavía".

Seguramente, el Apóstol de la independencia de Cuba,

---

[498] Véase conferencia de Felipe De J. Pérez Cruz, "Para pensar el bicentenario de la primera independencia Latinoamericana y Caribeña", en: *Bicentenario de la primera independencia de América Latina y el Caribe*, Ob. Cit, pp.51-61.

José Martí, de quien asumimos la expresión, no se imaginó nunca que, en pleno siglo XXI, los latinoamericanos y caribeños aún estaríamos enfrascados en esa porfía emancipadora. Abandonarla sería aceptar sumisamente la existencia aún de 14 enclaves coloniales en el Caribe, que Puerto Rico siga siendo colonia de Estados Unidos y las Islas Malvinas continúen bajo el dominio del imperio inglés.

El marco cronológico a que se quería limitar la recordación del bicentenario, dejaba fuera -evidentemente por considerarlos asuntos muy subversivos- la más intensa labor unitaria desplegada por el Libertador, Simón Bolívar, en el período 1825-1830, así como la historia de intrigas y deslealtades que contra el proyecto bolivariano concitaron los poderes oligárquicos locales, y las apetencias foráneas –de Gran Bretaña y los Estados Unidos en particular- que hicieron fracasar la propuesta del Congreso Anfictiónico de Panamá, impusieron la fragmentación regional y el desmembramiento de la Gran Colombia y desestimularon el interés de los patriotas sudamericanos y mexicanos por liberar a Cuba y Puerto Rico[499].

Obviaba los profundos recortes que sufrieron las soberanías de los territorios americanos recién independizados del colonialismo español; las luchas independentistas de Cuba y Puerto Rico en la segunda mitad del siglo XIX y el pensamiento de Martí, continuador y enriquecedor de los ideales bolivarianos, pero también omitía las revoluciones y rebeldías populares del siglo XX y la bicentenaria actitud expansionista, injerencista e intervencionista del gobierno de los Estados Unidos sobre los pueblos de Nuestra América, así como las luchas, problemas y desafíos actuales de nuestra región. En este último aspecto es que la obra, *América Latina en tiempos de Bicentenario*, hace su mayor contribución, dada la urgencia de exponer la verdadera historia de América Latina y el Caribe en su etapa más reciente, pues ella ha sido tan manipulada como la pasada, con toda

---

[499] Ibídem.

la fuerza que caracteriza los poderes mediáticos de hoy.

El libro *América Latina en tiempos de Bicentenario* comienza a satisfacer de manera muy oportuna una de las necesidades que ha identificado la propia Cátedra en su plataforma histórico-política, cuando señala:

"El Bicentenario Latinoamericano también constituye una oportunidad para evaluar la más reciente contemporaneidad, desde la trascendencia y perspectivas que nacen en los paradigmas fundacionales de la región. Para abrirnos al interesante panorama de la Latinoamérica y el Caribe de hoy, a sus nuevos movimientos liberadores, a quienes gestan actualmente formas diversas y novedosas de concebir y ejercer la política de modo protagónico, sobre las bases de relaciones solidarias, con clara conciencia de la necesidad de proteger la naturaleza y su armonía, con la auto sustentabilidad y el desarrollo de las sociedades, a garantizar el pleno despliegue humanista de la diversidad cultural, étnica y genérica, la justicia social, la democracia participativa con derechos realmente ejercidos por todos y todas. Cinco decenios de Revolución socialista en Cuba, enriquece y reta al pensamiento y la acción emancipatoria continental, y fija nuevas metas en la perspectiva anticapitalista y revolucionaria de un socialismo posible en este siglo XXI"[500].

América Latina en tiempos de Bicentenario no es un libro exclusivamente de historia, aunque hay mucho de esta disciplina. La sociología, la ciencia política, la filosofía, las relaciones internacionales, la economía y la historia se complementan entre sí, para ofrecer un excelente enfoque multidisciplinario que constituye otra

---

[500] Colectivo de autores, *América Latina en tiempos de Bicentenario*, Editorial de Ciencias Sociales, La Habana, 2011, p.8.

de las mayores virtudes de esta nueva propuesta editorial.

Sería abrumador y poco sabio de mi parte tratar de brindar una exposición de cada uno de los 14 textos que integran este libro. El trabajo de desmenuzar cada una de sus cuartillas se lo dejo a los lectores. El debate acerca del socialismo del siglo XXI; la identidad latinoamericana; la contraofensiva actual del imperialismo estadounidense contra los avances revolucionarios y progresistas en la región; el movimiento zapatista; la historia y las perspectivas del Frente Amplio Uruguayo; los movimientos sociales y los liderazgos participativos en Argentina; las políticas sociales y la persistencia de la desigualdad durante el gobierno de Lula Da Silva en Brasil; el golpe de estado en Honduras; la política exterior de los Estados Unidos hacia América Latina; la dimensión ideológica y hegemónica en las relaciones Estados Unidos-América Latina; la Alianza Bolivariana para los Pueblos de Nuestra América-Tratado de Comercio entre los Pueblos (ALBA-TCP) como proyecto de integración y los cambios y desafíos de la Revolución Cubana en la actualidad; son los tópicos generales en los que incursiona el libro.

Es imposible que en un solo texto se pueda recoger todo el escenario actual de la realidad latinoamericana y caribeña en sus relaciones con el mundo, por eso dependemos de futuras entregas, pero con *América Latina en Tiempos de Bicentenario*, se ha comenzado con mucho acierto a desbrozar ese camino enriquecedor e independentista. Recuérdese que aunque el éxito ideológico del neoliberalismo y de la historiografía burguesa en buena parte de los países de la región se ha ido quebrando paulatinamente, quizás a una velocidad que no imaginábamos, aún es mucho el terreno por andar.

Lo que no pudo lograrse en los años 60 con las guerrillas revolucionarias, lo consiguió el propio capitalismo neoliberal, duro y salvaje, que cobró un auge inusitado en los años 80 y 90 en América Latina y el Caribe. El movimiento de los indignados que estamos viendo hoy en Europa y en los propios Estados Unidos, como resultado de los efectos nefastos del modelo neoliberal, irrumpió desde la década de los 90 de la pasada centuria en nuestra región, expresado en el auge y la resistencia de los movimientos sociales, así como de las rebeliones populares contra el neoliberalismo. Algunos ejemplos de ello fueron: las revueltas de los zapatistas en 1994 contrarias a la firma del Tratado de Libre Comercio entre Estados Unidos, Canadá y México; la aparición de los piqueteros argentinos; el Movimiento Sin Tierra (MST) en Brasil; los indígenas cocaleros en Bolivia; el movimiento indígena en Ecuador; los estallidos sociales producidos en Ecuador en el 2000 y en Argentina en el 2001 que dieron al traste con los gobiernos neoliberales de Jamil Mahuad y Fernando de la Rúa.

Muy desacertados y apresurados fueron los enfoques de algunos académicos que valoraron la realidad latinoamericana tras el derrumbe del campo socialista. Uno de ellos, el politólogo mexicano Jorge Castañeda, llegó a decir: "La guerra fría ha terminado y el bloque socialista se derrumbó. Los Estados Unidos y el capitalismo triunfaron. Y quizás en ninguna parte ese triunfo se antoja ten claro y contundente como en América Latina"[501].

Las victorias electorales de Hugo Chávez en Venezuela en 1998, de Nestor Kirchner en Argentina en el 2003, de Evo Morales en Bolivia en el 2005, de Daniel Ortega en Nicaragua y Rafael Correa en Ecuador en el 2006, fueron también un resultado de la presión y voluntad popular por llevar al poder a gobiernos que se apartaran del llamado *Consenso de Washington*. Los efectos negativos de las prácticas neoliberales reforzaron la idea de la integración latinoamericana como única alternativa posible para superar la difícil situación económica, política y social, así como para enfrentar la hegemonía estadounidense en la región.

---

[501] Jorge Castañeda, *La utopía desarmada*, Editorial Joaquín Mortiz, México, 1993, p.3.

El entierro del Área de Libre Comercio de las Américas (ALCA) en Mar del Plata –Argentina- en noviembre del 2005, instrumento neoliberal que trató de imponer el gobierno de los Estados Unidos a los países de nuestro hemisferio durante la celebración de la Cumbre de las Américas, era apenas el comienzo del escenario que hoy estamos percibiendo en la región; diferente y esperanzador, pero no por eso irreversible y carente de innumerables escollos y desafíos.

El éxito o el fracaso de la actual contraofensiva plutocrática-imperialista del gobierno de los Estados Unidos contra Nuestra "Mayúscula América", como bien señala el Dr. Luis Suárez Salazar en uno de los trabajos que aparecen en el libro, dependerá en buena medida:

"de las multifacéticas luchas sociales, culturales y de clases, nacionales e internacionales, que se están desplegando o que se desplegarán en diferentes países de América Latina y el Caribe. Y, en particular, de la creación de las condiciones subjetivas-objetivas en la organización y la acción de todos aquellos sujetos sociales y políticos interesados en producir modificaciones sustantivas en el depredador, inhumano, genocida, estructuralmente violento, antidemocrático, patriarcal, racista, así como social, económica y culturalmente excluyente capitalismo subdesarrollante y dependiente instalado en este continente".[502]

También definirá su victoria o derrota el rumbo que tome la recién fundada Comunidad de Estados Latinoamericanos y Caribeños (CELAC); el futuro del socialismo del siglo XXI; la sostenibilidad y desarrollo del proyecto integracionista ALBA-TCP y el porvenir de la transición socialista que se desarrolla en Cuba. Como se percatarán los lectores, algunos de estos temas son

---

[502] Véase Luis Suárez Salazar, Contraofensiva plutocrática-imperialista contra nuestra "Mayúscula América", en: *América Latina en tiempos de Bicentenario*, Ob. Cit, p.118.

ampliamente analizados en el libro.

Sin lugar a dudas, una de las más intensas y difíciles tareas que debemos librar los latinoamericanos y caribeños sigue estando en el terreno de las ideas, en el campo de la cultura. Podríamos decir hoy lo mismo que destacó José Martí en su magistral ensayo *Nuestra América*: "Estos tiempos no son para acostarse con el pañuelo a la cabeza, sino con las armas de almohada, como los varones de Juan Castellanos: las armas del juicio, que vencen a las otras. Trincheras de ideas valen más que trincheras de piedra"[503].

En esa contienda de pensamiento, *América Latina en Tiempos de Bicentenario* será siempre una obra bienvenida.

---

[503] José Martí, "Nuestra América", en: *Obras Completas*, Editorial de Ciencias Sociales, La Habana, 1975, tomo 6, p.15.

UN LIBRO IMPRESCINDIBLE
EN LA HORA ACTUAL DE CUBA

Ser, parecer, tener, me resulta un libro muy familiar, al igual que su autor, el destacado y versátil intelectual cubano, Enrique Ubieta. Digo versátil, porque a Ubieta es muy difícil encasillarlo solo como filósofo, periodista o bloguero. Nadie mejor que él para definirse: "he sido profesor universitario, académico, funcionario cultural, periodista y un poco aventurero. Y no renuncio a ser todas esas cosas a la vez. Martí, el Che y don Quijote, son mis tres personajes de cabecera. Aún me invitan como ponente a congresos internacionales de Filosofía y siento que mi forma de pensar está definitivamente marcada por esa profesión. Pero mi vida es y será la Revolución"[504].

Soy un ávido seguidor y en ocasiones hasta colaborador del blog que ha dado vida a este libro, La Isla desconocida. Título que, como explica el autor en las palabras introductorias, tuvo como inspiración un cuento de Saramago. Según Ubieta, esta historia del renombrado escritor, le permitió entender que él vivía en una Isla que navegaba buscándose a sí misma. Y es que para Ubieta, el socialismo no es un lugar de llegada, sino más bien un punto de partida, una búsqueda constante del horizonte anticapitalista.

Ser, parecer, tener, como también advierte el autor en su exordio, es una especie de caleidoscopio: viñetas, artículos, crónicas, ensayos breves, intercambios epistolares y entrevistas. Todos textos publicados en su blog y otros sitios digitales, así como en la revista impresa La Calle del Medio, desde 2001 hasta 2013. Si a Ubieta le preocupaba que el libro mostrara algo de dispersión,

---

[504] Enrique Ubieta, Ser, parecer, tener. Debates en y por la Isla Desconocida, Casa Editora Abril, La Habana, 2014, p.452.

debo decirle que puede estar tranquilo en ese sentido, pues desde el comienzo de la lectura, se observa claramente una organicidad, y las ideas repetidas no parecen tales al usarse en distintos contextos. Ojalá que en este caso la repetición sirva para fijar ideas tan subversivamente revolucionarias en las mentes de los lectores cubanos y foráneos.

Celebro mucho, además, que esta obra se haya publicado en nuestro país, pues es una manera de lograr que muchos de los trabajos que solo han leído los que tienen acceso a Internet o a un correo electrónico, lleguen a miles de cubanos que no tienen todavía esta posibilidad. Creo sinceramente que mucho de lo que hoy se está publicando en la "Blogosfera Cubana" supera con creces, tanto en calidad discursiva, diversidad, actualidad, e importancia ideológica y cultural, lo que podemos encontrar en nuestra prensa escrita.

Se puede estar de acuerdo o no con algún criterio de Ubieta, pero lo cierto es que sus textos son medulares para el debate que está ocurriendo hoy en nuestro país. Este libro, al igual que el anterior del autor, Cuba: ¿revolución o reforma?[505], es declaradamente polémico. Su autor es un polemista por excelencia. Cree en ella como una manera de defender y poner a circular el pensamiento crítico. Ubieta no teme a los duelos en el terreno de las ideas. Si algo lo caracteriza, es su audacia, valentía y honestidad intelectual. No disfraza para nada sus criterios. Creo que en ese sentido el capítulo titulado: "Diálogo, debate y confrontación", resultará quizá el más atractivo para los lectores. En él se recogen una serie de polémicas del autor con intelectuales cubanos tan prestigiosos como Guillermo Rodríguez Rivera y Víctor Fowler, así como su participación en otros debates y confrontaciones con escritores cubanos que viven en el exterior, en este último caso, adversarios del sistema socialista cubano, o como los ha denominado

---

[505] Enrique Ubieta, Cuba: ¿revolución o reforma?, Casa Editora Abril, La Habana, 2012.

Ubieta en alguno de sus trabajos: "oficialistas del sistema capitalista".

El post "Ser o tener, ¿cuál es tu prioridad?", puede considerarse la médula espinal de todo el libro. En él está sintetizada la visión del mundo del autor, y su concepción sobre. el socialismo y el capitalismo. Para aquellos que quieran buscar una explicación sencilla y en pocas palabras de lo que define y confronta a ambos sistemas económico-sociales, y se les dificulte entender la explicación teórica que ofrecen los clásicos del marxismo, este texto será un referente fundamental. Cuando se publicó por primera vez en el blog *La Isla desconocida*, me motivé a escribir lo siguiente:

"Las personas debieran valorarse recíprocamente por la utilidad de la virtud. El ser siempre por encima del tener. Los objetos fetiches no pueden definir a los seres humanos, pues ellos valen por sí mismos, por sus valores y actitudes ante la vida. Después de satisfechas las necesidades básicas del ser humano, la preocupación de éste por lo material debiera estar concentrada fundamentalmente en cómo lo material puede contribuir en algún sentido a su crecimiento espiritual y el de los demás. Estoy pensando en este caso, en aquellos objetos que facilitan al ser humano el acceso al conocimiento y otros que permiten el buen desempeño de sus profesiones y oficios.

Cuando se conoce a alguien, la primera pregunta no debiera ser tan frívola como ¿qué tiene?, sino ¿cómo es?, ¿qué hace?, ¿cuáles son sus valores? Hay personas que materialmente poseen mucho y sin embargo, como seres humanos son espiritualmente muy pobres. Necesitan ostentar lo que tienen para valer ante los demás, pero solo los que comparten esa mísera concepción del sentido de la vida los acompañan en tanta superficialidad. Tanto unos como otros, se convierten en esclavos de las cosas. Nunca llegan a satisfacer sus necesi-

dades crecientes de tener y por lo general terminan siendo personas infelices. Los objetos mol-
dean el sentido de sus vidas, cuando simplemente
debieran ser medios para mejorar su existencia,
no el fin de la existencia misma. Algunos, incluso,
llegan a apartarse totalmente de esa idea martiana que dice: «la pobreza pasa: lo que no pasa es
la deshonra que con pretexto de la pobreza suelen
echar los hombres sobre sí».
El capitalismo ha tenido éxito al trabajar no en
función de satisfacer las necesidades de la gente,
sino en fabricar continuamente estas necesidades
a partir de nuevos objetos. No crea mercancías,
sino sueños esclavizantes. El socialismo, por el
contrario, debe trabajar incansablemente por lograr que los ciudadanos tengan a partir de lo que
son, «a cada cual según su trabajo, de cada cual
según su capacidad», pero buscando siempre la
creación de un hombre que, por encima de todo,
encuentre el sentido de su vida en el SER y que
en ese SER esté también su reconocimiento social"[506].

Quiero llamar la atención sobre otro trabajo que me
parece esencial: "El capitalismo sí es el enemigo". En
este post Ubieta pulveriza una idea que escuchamos con
mucha frecuencia: "el capitalismo tiene cosas buenas y
cosas malas al igual que el socialismo, y entonces de lo
que se trata es de unir las cosas buenas de ambos sistemas para buscar la sociedad perfecta". Al respecto señala el autor: "El capitalismo no son «cosas», como zapatos bonitos o luces de neón, son relaciones depreda-
doras de producción. Su esencia es el mercado, la producción de mercancías. Y para esa obsesión existe un

[506] Elier Ramírez Cañedo, Ser o Tener, en: blog Dialogar, dialogar, 20 de julio de 2013,https://dialogardialogar.wordpress.com/
2013/07/20/ser -o-tener/

complemento: el consumismo. La cultura del tener"[507].

Pienso que entender esto es vital. Se necesita de «ojos judiciales» para ver más allá de la vitrina capitalista, para preguntarse y responder ante los cómo y los porqués. Sin embargo, hay que reconocer que el capitalismo ha tenido mucho éxito en su empresa de socializar los sueños, en lograr dominar, incluso, el sentido común de millones de personas en nuestro planeta. Ir a contracorriente resultará siempre harto difícil, pero no hacerlo constituiría un suicidio.

La esencia del socialismo va a ser siempre irreconciliable con la del capitalismo. El socialismo coloca al ser humano en el centro del proyecto, el capitalismo al mercado, al capital. No se puede avanzar hacia el socialismo, sin negar la lógica intrínseca del capitalismo. De lo contrario, podemos terminar siendo sus víctimas. Ello tampoco nos puede llevar al error de satanizar al mercado, de lo que se trata, como bien ha dicho el presidente de Ecuador, Rafael Correa, es de distinguir entre sociedades con mercado y sociedades de mercado. El mercado es anterior al origen del capitalismo.

Esto se relaciona también con otro asunto que se debate hoy en Cuba, en medio de las transformaciones económicas y sociales en curso, con todos sus efectos ideológicos y culturales, y que Ubieta lo aborda en un "post" que aparece también en el libro bajo el título: "Sobre la riqueza y la pobreza, una vez más". Algunos coterráneos, entre ellos reconocidos intelectuales, conceptualizan la riqueza y la pobreza de la misma manera en el socialismo, que en el capitalismo. Señalan que una sociedad de ricos en Cuba, por solo el hecho de ser ricos, permitirá de manera mecánica la sostenibilidad y sustentabilidad del socialismo y que en el camino hacia esa sociedad los factores ideológicos y culturales son secundarios. Ese aserto lo considero totalmente errado. Si bien el idealismo voluntarista no será nunca la solución para los problemas del socialismo cubano, tampoco lo

---

[507] Enrique Ubieta, Ser, parecer, tener. Debates en y por la Isla Desconocida, Casa Editora Abril, La Habana, 2014, p.168.

será el pragmatismo economicista. De lo que se trata es de lograr una propuesta totalizadora.

El capitalismo, para lograr que las posibilidades de enriquecerse sean ilimitadas, necesita generar al mismo tiempo desarrollo y subdesarrollo; requiere que, para que algunos puedan acceder a todos los bienes posibles, otros carezcan hasta de las más elementales condiciones de vida. El socialismo, como sistema, no puede ser enemigo de la riqueza, cuando ésta es el resultado del sudor y el trabajo honrado, pero sí del lucro insaciable a través de la explotación de otros, a costa de la miseria de otros. A su vez, la mejora de las condiciones de vida de los seres humanos debe ir acompañada del fomento de una cultura nueva, diferente y superior a la del capitalismo, alejada del consumismo —no el consumo— que genera el egoísmo y la explotación de unos hombres por otros.

Nuestro principal enemigo es la pobreza, pero también la ignorancia, la colonización mental y la enajenación:

"Nada habríamos adelantado los revolucionarios cubanos —ha dicho Abel Prieto— si algún día, derrotado el bloqueo, salimos de la crisis, y alcanzamos cierta "abundancia" económica para descubrir entonces que se nos ha vaciado el alma: que tenemos hombres y mujeres "prósperos" y embrutecidos por ese "bullicio" zoológico que vio Martí en el modelo yanqui; hombres y mujeres sin cultura, sin coherencia ni densidad espiritual, sin memoria ni Patria"[508].

En los últimos tiempos he visto que se recurre mucho a la frase de Martí, extraída de su ensayo "Maestros

---

[508] Abel Prieto, La Cigarra y la Hormiga: un remake al final del milenio, en: Fundar es nuestra tarea. 6 intervenciones sobre política cultural, Ediciones Sed de Belleza, Santa Clara, 2012, p.57.

ambulantes", cuando dice: "Pero, en lo común de la naturaleza, se necesita ser próspero para ser bueno"[509]. Es cierto que esta frase ayuda a concientizar la necesidad que tenemos de levantar nuestra economía, cuestión de vida o muerte para nosotros, pero debe ir acompañada de una reflexión más profunda sobre qué tipo de "prosperidad" defendía Martí en ese trabajo, ¿se trataba, acaso, de una prosperidad entendida solamente en el plano de lo material? Es obvio que no. "La felicidad existe sobre la tierra —señala el Apóstol—; y se le conquista con el ejercicio prudente de la razón, el conocimiento de la armonía del universo, y la práctica constante de la generosidad. El que la busque en otra parte, no la hallará: que después de haber gustado todas las copas de la vida, sólo en ésas se encuentra sabor"[510]. También es hoy imperioso dotar de sentido y contenido la expresión: "por un socialismo próspero y sustentable".

Hay que tener muy claro, o de lo contrario perderemos nuestra hoja de ruta, que las connotaciones de los conceptos "prosperidad", "desarrollo", "progreso", no son la misma cosa para el capitalismo que para el socialismo. La crítica martiana a la "prosperidad" capitalista que conoció en los años en que vivió en los EE.UU. está también presente en muchos de sus escritos. Con apenas 18 años sentenció:

"Los norteamericanos posponen a la utilidad el sentimiento.-Nosotros posponemos al sentimiento la utilidad (...)
Las leyes americanas han dado al Norte alto grado de prosperidad, y lo han elevado también al más alto grado de corrupción. Lo han metalificado[511] para hacerlo próspero. ¡Maldita sea la

[509] José Martí, Maestros Ambulantes, La América, Nueva York, mayo de 1884. Reproducido en Obras completas. Volumen VIII. La Habana: Editorial Nacional de Cuba, 1963.
[510] Ibídem.
[511] Término que utiliza Martí haciendo alusión a la mercantilización.

prosperidad a tanta costa¡"[512]

En otro de sus trabajos expresó: "si este amor de riqueza no está moderado y dignificado por el ardiente amor de los placeres intelectuales, —si la benevolencia hacia los hombres, la pasión por cuanto es grande, la devoción por todo lo que signifique sacrificio y gloria, no alcanza desenvolvimiento parejo al de la fervorosa y absorbente pasión del dinero, ¿a dónde irán?, ¿dónde encontrarán suficiente razón para excusar esta difícil carga de vida, y sentir alivio a su aflicción?[513].

Asimismo, en septiembre de 1890, Federico Engels escribía a Joseph Bloch lo siguiente: "Según la concepción materialista de la historia el factor que en última instancia determina la historia es la producción y la reproducción de la vida real. Ni Marx ni yo hemos afirmado nunca más que esto. Si alguien lo tergiversa diciendo que el factor económico es el único determinante, convertiría aquella tesis en una frase vacua, abstracta, absurda.

La situación económica es la base, pero diversos factores de la superestructura que sobre ella se levanta —las formas políticas de la lucha de clases y sus resultados, las constituciones que, después de ganada una batalla, redacta la clase triunfante, etc., las formas jurídicas, e incluso los reflejos de todas esas luchas reales en el cerebro de los participantes, las teorías políticas, jurídicas filosóficas, las ideas religiosas y el desarrollo ulterior de éstas hasta convertirlas en un sistema de dogmas— ejercen también su influencia sobre el curso de las luchas históricas y determinan, predominantemente en muchos casos, su forma"[514].

---

[512] Cuaderno de apuntes, no.1, Obras Completas t.21 pp.15-16
[513] Impresiones sobre Estados Unidos de América. Por un español recién llegado. (I), Obras Completas, t.19, p.107.
[514] Citado por Rolando Rodríguez, Una apuesta por el marxismo, en: Raíces en el Tiempo, Editorial de Ciencias Sociales, La Habana, 2009, pp.425-426.

Estas ideas de Martí y de Engels, entroncan muy bien con el pensamiento del Che, quien en una de las tantas reuniones del Ministerio de Industrias en 1963, dijo: "El socialismo económico sin la moral comunista no me interesa, luchamos contra la miseria, pero al mismo tiempo luchamos contra la alienación (...) Si el comunismo descuida los hechos de conciencia puede ser un método de repartición, pero deja de ser una moral revolucionaria".

Muchos de estos juicios martianos, *guevarianos* y marxistas están en el trasfondo de lo que Ubieta quiere trasmitir en los trabajos recogidos en su nuevo libro. Por eso, con gran lucidez señala: "Pero creo que la guerra es esencialmente cultural, entre dos modelos de vida (hablo incluso en el sentido más personal, individual). Debemos exhibirlo todo, eso creo, y debemos discutirlo todo. Sin ser dogmáticos, y sin miedo a parecerlo, porque eso nos llevaría a ocultar o despreciar importantes verdades supuestamente conocidas. Sin ser tecosos, repetitivos, esquemáticos, sin despreciar los pequeños (grandes) placeres de la vida y la necesidad del confort, tenemos que ser activos defensores de los resortes morales y participativos. La guerra es mente a mente. Persona a persona"[515].

Solo me resta terminar estas líneas agradeciendo a Enrique Ubieta por este regalo que nos hace con *Ser, parecer, tener* y por su siempre espíritu quijotesco.

---

[515] Enrique Ubieta, Ser, parecer, tener. Debates en y por la Isla Desconocida, Casa Editora Abril, La Habana, 2014, p.91.

ELIER RAMÍREZ CAÑEDO

POLÉMICAS

ELIER RAMÍREZ CAÑEDO

PROVOCACIÓN Y POLÉMICA

Palabras para presentación de libro:
El autonomismo en las horas cruciales de la nación cubana, realizada el 21 de enero de 2009 en el Hotel Inglaterra.

Como no suelo eludir las polémicas, sino afrontarlas, no para imponer mi criterio, sino para incorporar una valoración más, no dudé un segundo, cuando pensaba en qué iba a decir en la presentación de esta obra, referirme a lo que considero el núcleo más polémico del autonomismo cubano y que responde a una pregunta que se han hecho muchos: ¿fue el autonomismo cubano decimonónico una corriente política nacional o antinacional?

Primeramente, tengo que decir que durante la realización de esta investigación tanto Carlos, como yo, con los consejos sabios de Rolando Rodríguez, principal inspirador y cómplice de esta obra, tratamos en todo momento de desprendernos, hasta donde pudiéramos, de los subjetivismos que pudieran alejarnos de la verdadera historia del autonomismo cubano, así como de su papel frente a la nación cubana, en las horas cruciales de su formación y delimitación.

Tratamos que la consulta de la mayor cantidad de fuentes nos acercara lo más posible a la verdad. No seleccionamos ni forzamos ninguna de ellas para que respondieran a una valoración preconcebida nuestra sobre el autonomismo, sino que estábamos conscientes de que nuestras hipótesis iniciales podían cambiar con el avance de la investigación. Nuestros móviles no fueron otros que la reconstrucción de un pasado poco conocido y abordado por nuestra historiografía y, a la vez, tergiversado y manipulado políticamente por nuestros enemigos de siempre.

El destacado investigador e intelectual cubano Esteban Morales me ha dicho en varias oportunidades una frase que ha quedado como una máxima en mi memoria y que guía en alguna medida mi trabajo: "Ningún tema de nuestra realidad debe ser soslayado. Los temas de nuestra realidad no se regalan, pues los temas que regalamos terminan virándose contra nosotros".

Eso es lo que ha ocurrido en cierta forma con la historia del autonomismo cubano. Al constituir un tema prácticamente virgen en nuestra historiografía, al menos hasta el año 1997, cuando la Editorial de Ciencias Sociales publicó el libro de la Doctora Mildred de la Torre *El autonomismo en Cuba: 1878-1898*, ha sido terreno fértil para los escritores oficiales de los enemigos de nuestro proceso, dedicados hoy al desmontaje de nuestro pasado, manera muy sutil y, a la vez, miserable de atacar nuestro presente.

Una cosa es tratar de hacer un análisis lo más objetivo posible sobre el autonomismo cubano del siglo XIX y otra es intentar endilgarle el papel que jamás tuvo en la historia cubana, empresa que han asumido algunos individuos, que prefiero no nombrar en esta ocasión, para no seguirle dando fama como enemigos de Cuba y de esta manera contribuyendo a que sus bolsillos sigan abultándose con dinero sucio.

Es cierto que los autonomistas hicieron notables aportes en la literatura cubana, en el arte de la oratoria, en el derecho, en la filosofía, en el periodismo y en la crítica estética. Es inobjetable que su labor política contribuyó en el período de 1878-1895 al desarrollo de la conciencia cubana, a través de su constante denuncia cívica de los errores del coloniaje.

Es verdad que sus filas no fueron para nada homogéneas, pues en ellas estuvieron juntos, en determinadas coyunturas, patriotas y enemigos de Cuba. Es innegable que esa historia está aún por escribirse. Pero en mi opinión, la idea de que el autonomismo, ya conformada su base legal después de 1878, era una opción nacional no se sustenta más que con argumentos baldíos.

El autonomismo, como última expresión del reformismo cubano del siglo XIX, es un fenómeno que hay que estudiar y analizar en su evolución histórica. Nosotros no catalogamos el ideal autonomista anterior a la Guerra de los Diez Años como antinacional, pues en esos momentos la nación cubana estaba prácticamente en ciernes. Sin embargo, para valorar el papel del autonomismo a partir de 1878 hay que puntualizar los principales elementos que la Guerra de los Diez Años aportó al proceso de formación de la nación cubana:

1- La gesta del 68 constituyó el crisol de la Nación Cubana, dejando muy bien delimitados sus nuevos contornos. Nación que encontró su basamento jurídico en Guáimaro y fue reconocida no solo por muchos cubanos, sino también por varios gobiernos latinoamericanos.

2- El independentismo del 68, al imbricarse indisolublemente con el abolicionismo, logró superar la barrera de la esclavitud, incorporando nuevas relaciones sociales entre los grupos étnicos que componían la población insular, única manera de lograr el tránsito nacionalidad-nación, y con ello la posesión de una identidad en sí.

3- La epopeya del 68 creó una grieta espiritual insalvable entre Cuba y España y la ideología mambisa devino autoconciencia de las masas oprimidas por el sistema colonial y baluarte de la identidad nacional.

4- El independentismo de 1868 constituyó un hecho cultural que sintetizó el nivel alcanzado por la cultura cubana. Cultura que, sin negar las influencias asumidas e integradas a su contenido, reveló autoctonía y autenticidad.

5- Durante la contienda liberadora se fortaleció un elemento muy importante para el proceso de formación nacional: el orgullo nacional.

Luego de valorar y entender todos estos elementos, es fácil percatarse de que la defensa de la autonomía a partir de 1878, con la principal aspiración de convertir a Cuba en una región especial dentro de los marcos de la soberanía de España, era una solución además de inoperante, extemporánea.

Ya se hacía evidente que España estaba dispuesta al holocausto del pueblo cubano antes de posibilitar un cambio de régimen. Por añadidura, la autonomía representaba a esas alturas una involución para la nación cubana, a pesar de que sus principales exponentes se proclamaron los defensores por antonomasia de la evolución. Como bien señalara José Martí:

> "...dábase el caso singular de que los que proclamaban el dogma político de la evolución eran meros retrógrados, que mantenían para un pueblo formado en la revolución las soluciones imaginadas antes de ella, y que los que en silencio respetuoso les permitían el pleno ensayo de su sistema inútil, eran, aunque acusados de enemigos de la evolución, los verdaderos revolucionarios".

Pero la razón fundamental que convierte al autonomismo en una solución antinacional no estuvo tanto en su cosmovisión teórica, sino en su praxis política. Si el independentismo era la única corriente política del siglo XIX capaz de convertir la nacionalidad en nación e insertar la Isla en la modernidad con personalidad propia, en el anti-independentismo practicado por el autonomismo residió entonces la mayor negación a la nación cubana. Todas las fuentes de la época y lo escrito hasta el momento sobre el tema da cuenta de que los autonomistas que se mantuvieron consecuentes en su bandera política hasta "el último hombre y la última peseta que vino de España", prestaron los servicios más innobles a las autoridades españolas con tal de extirpar de raíz el ideal independentista, incluso al abominable Valeriano

Weyler.

El mayor error de su conducta residió precisamente en esto, con lo que clavaron un puñal a sus verdaderos progenitores: los independentistas, pues la legalidad que disfrutaron a partir de 1878 no fue más que un resultado de la propia batalla que habían dado los mambises al colonialismo español, la cual había costado la muerte de cientos de los más valiosos hijos de Cuba. Fue esta lid, y no otra, la que condujo a que España no le quedara más remedio que introducir algunos pequeños cambios en su sistema de dominación insular. "Ellos deben su existencia política al Partido Independiente y se sostienen a nuestro calor... ¿Qué sería del Partido Autonomista si no existiera el nuestro?", expresó con claridad meridiana Antonio Maceo, en carta enviada a José Antonio Rodríguez el 1ro. de noviembre de 1886.

Otro factor que colocó a los autonomistas en contra de la nación cubana, estuvo en la posición mayoritariamente racista y discriminatoria que asumieron con un porcentaje elevado de la población cubana: negros, mulatos y chinos. Esto fue así, a pesar de que en muchas ocasiones se presentaron como defensores de los derechos de estos sectores, no con otra intención que la de ganar votos y simpatizantes en unas elecciones que siempre tenían las de perder, pues las autoridades españolas en la Isla garantizaban que hasta los muertos votaran con tal de que triunfaran los integristas.

La región especial que los autonomistas soñaban dentro de los moldes coloniales de España, no debía incluir a estos sectores a los que consideraban inferiores y un atraso para el país. La solución entonces para la mayoría de los autonomistas era la inmigración blanca, preferentemente peninsular. Ellos, los blancos aristócratas, se consideraban los brahmanes de Cuba. Es cierto que dentro de las filas independentistas también hubo racismo, no podía ser de otra manera en una sociedad como aquella marcada por el fantasma de la esclavitud, pero el proyecto independentista comprendió desde un inicio, además de la abolición de la esclavitud, la inclusión de esos sectores por siglos preteridos, única manera de lograr la nación cubana.

Pero, ¿por qué el autonomismo se ha prestado a tan diversas y encontradas lecturas, sobre todo, en lo que respecta a su posición en relación con la nación cubana? En mi opinión, hay tres razones fundamentales: primero, que dentro de las filas autonomistas se pueden encontrar posiciones e intereses muy disímiles, lo cual complica la posibilidad de dar una valoración definitiva de su papel, pues hay que tomar en cuenta todos los matices; segundo, que el autonomismo fue una corriente política que no quería la independencia de Cuba, pero tampoco que las cosas permanecieran iguales, sino que la Metrópoli hiciera los cambios pertinentes que dieran satisfacción a los intereses locales de la Isla, cosa que de hecho era imposible dado los intereses creados; y tercero que es innegable que en los autonomistas hubo ciertos grados de cubanía, visibles sobre todo en algunos aspectos de su labor política y cultural, aunque no se hallaban fuera de los límites de la soberanía   española.

Es decir, no se sentían completamente españoles, pero tampoco completamente cubanos, sino más bien hispano-cubanos o españoles americanos. Defendían su diversidad insular, pero sin romper el vínculo nacional con España.

Sin embargo, el problema es que los autonomistas no evolucionaron junto a la nación cubana, sino que quedaron atrapados en el nacionalismo anterior a la guerra del 68, para después de ella pasar a defender un nacionalismo conservador y moderado. Mas el error fundamental de los autonomistas fue apoyar abiertamente a la Metrópoli que los vejaba, en contra del nacionalismo radical, único que podía alcanzar la constitución definitiva del estado nacional cubano, actitud que los convirtió definitivamente en antinacionales.

Esperamos que los lectores hallen respuestas a sus interrogantes sobre el autonomismo cubano del siglo XIX en la obra que hoy presentamos y, que esta sea, al mismo tiempo, una provocación a seguir profundizando en este tema que aún tiene mucho que decirnos. Pretendemos, sobre todo, que este libro llegue a manos de los jóvenes, pues no hay hoy mejor espada y escudo para defender nuestra patria, que es nuestra Historia.

Muchas Gracias.

RAFAEL ROJAS: EL VERDADERO MAÑOSO

Una vez más, los ya conocidos enemigos de la Revolución Cubana, entregados en cuerpo y alma a una de las empresas más denigrantes en las que se han visto envueltos: el desmontaje de la historia de la patria que los vio nacer, en función de los intereses de una potencia extranjera y sus aliados, han caído en el descrédito, demostrando la poca seriedad de su trabajo "intelectual".

En este caso, ese papel ha correspondido nuevamente a Rafael Rojas, que al parecer ha logrado su proyecto malévolo de convertirse en el abanderado de esa causa. Solo que sus torpezas históricas, envueltas en un ampuloso lenguaje en el que la verdad y la mentira se entrecruzan para crear confusión, no convencen a nadie que tenga un poco de conocimiento de la historia de Cuba. Por otro lado, basta echar una ojeada a las fuentes primarias consultadas por Rojas en sus trabajos, para darse cuenta de que estas prácticamente no son utilizadas, de ahí sus sesgados y maniqueos análisis. Al parecer, Rojas no necesita de las fuentes históricas que sobreviven a una época, pues su interés no es precisamente acercarse lo más posible a la verdad histórica, sino complacer a los que le pagan por sus trabajos.

Mas entrando en materia. El 11 de febrero de 2009, Rojas publicó un trabajo titulado: "Las mañas del oficialismo", en El Nuevo Herald de Miami. Su objetivo: arremeter contra las opiniones de Rolando Rodríguez, Carlos Joane Rosario y mías con respecto al autonomismo, vertidas en la presentación del libro: El autonomismo en las horas cruciales de la Nación Cubana. Una vez más, Rojas utiliza el término de "oficial", para referirse a las producciones historiográficas de las Isla.

Esto con el colmo de no haber leído aún el libro elaborado por Rosario y por mí y tergiversando las palabras de presentación de los autores y su prologuista Rodríguez. De hecho, este libro viene a incorporar nuevas visones a las disímiles ya existentes en la historiografía cubana sobre al autonomismo, como bien puede verse en el capítulo V titulado: "La polémica autonomista", donde, entre otros aspectos, se hace un análisis profundo de cómo ha sido abordado el tema en la historiografía cubana desde los años republicanos hasta la actualidad. Un análisis pormenorizado de Rojas de la historiografía cubana de los últimos 10 años referida a la problemática y del libro que, insistimos, aún no ha leído, podría demostrarle que de lo menos que puede catalogarse a esa producción historiográfica es de oficialista, porque precisamente lo que predomina en ella es la diversidad de criterios y pluralidad de análisis.

En su nueva aportación para El Nueva Herald, dice Rojas:

> "En cuanto a mi trabajo, Rodríguez reitera un infundio ya referido por Elier Ramírez en otro número de La Jiribilla: que yo confundo a Alfredo Zayas con Francisco de Zayas y a Rafael Fernández de Castro con el general José Fernández de Castro"[516].

Me tomo el trabajo de poner textualmente, a disposición de los lectores, la pifia cometida por Rojas en su artículo en la revista Encuentro –pagada por la CIA[517]- que le señalé en mi trabajo publicado en la La Jiribilla: "... la trayectoria de muchos autonomistas (se refiere a después de 1902) no sería precisamente "conservadora",

---

[516] Rafael Rojas, "Las mañas del oficialismo", en el *Nuevo Herald*, 11 de febrero de 2009.
[517] Véase "Por donde le entra la plata a Encuentro", *El Duende*, 12 de enero de 2009, *Internet*: http://canariasinsurgente.typepad.com/almacen/2009/01/el-duende-por-donde-le-entra-la-plata-a-encuentro.html

Zayas y Fernandez de Castro votaron contra la Enmienda Platt en el Congreso Constituyente de 1901"[518]. Su equivocación es evidente. Por eso escribí en mi trabajo en La Jiribilla:

"Puede ser que su dislate haya versado en confundir a los ex autonomistas, Francisco de Zayas y Rafael Fernández de Castro con Alfredo Zayas y el general José Fernández de Castro, los dos primeros no participaron en la Constituyente de 1901. En caso de haber estado refiriéndose a los dos últimos habría que aclararle a Rojas que, Alfredo Zayas militó un tiempo en el autonomismo, pero durante la guerra del 95 se había pasado al independentismo, y que José Fernández de Castro, General del Ejército Libertador, siempre perteneció a las filas separatistas"[519].

Rojas se refiere a mi señalamiento y el de Rodríguez como infundio, sin embargo, demostrando quien es el verdadero mañoso, en su libro Motivos de Anteo. Patria y nación en la historia intelectual de Cuba, Rojas rectificó el error que se le había señalado, en esta ocasión escribió con más cuidado las mismas líneas utilizadas anteriormente en su artículo para Encuentro:

"...la trayectoria de algunos ex-autonomistas no sería precisamente "conservadora", Alfredo Zayas y Eudaldo Tamayo votaron contra la Enmienda Platt en el Congreso Constituyente de 1901"[520].

---

[518] Rafael Rojas, "Un libro que faltaba", en *Intenet*, arch 1. cubaencuentro.com/pdfs/21-22/ 21 re 247.pdf.

[519] Elier Ramírez, "Dardos venenosos contra la Historia de Cuba", *La Jiribilla*, núm.321, 30 de junio-6 de julio, 2007.

[520] Rafael Rojas, *Motivos de Anteo. Patria y nación en la historia intelectual de Cuba*, Editorial Colibrí, Madrid, (s.a), p.106

¿Por qué ahora se refiera a ex autonomistas y no autonomistas? ¿Por qué ahora si pone Alfredo Zayas y no solo el apellido de Zayas? ¿Dónde está ahora Fernández de Castro? Creo que está muy claro. Pese a ello, Rojas cayó más adelante en el mismo libro en el error –como bien se percató inmediatamente Rolando Rodríguez al leer Motivos de Anteo- al catalogar nuevamente al General independentista José Fernández de Castro como defensor de la autonomía: "...muchos partidarios del autonomismo, sobre todo en las provincias orientales, se sumaron en 1895 a la causa de la independencia: José Miró Argenter, Manuel Estrada Castillo, Benjamin Tamayo, José Fernández de Castro y hasta el hacendado azucarero Emilio Terry...[521]". Para más, su desliz es aún mayor, pues Terry no era de la región oriental sino del centro, específicamente de Cienfuegos.

Por otro lado, Rojas señala que Rodríguez, Rosario y yo no citamos su libro Motivos de Anteo, Patria y nación en la historia intelectual de Cuba, como en cualquier debate civilizado, evidentemente, su treta consistió en remitir a los lectores a esa obra donde el error cometido por él anteriormente aparece parcialmente rectificado. En cualquier debate civilizado, Rojas lo que debía habernos dado las gracias tanto a Rodríguez como a mí, por señalarle ese dislate y no proceder con engañifas para niños.

Pese a todo lo señalado, eso no es lo más importante que se debate, el núcleo duro de la polémica se encuentra en si fue o no el autonomismo una corriente nacional. Evidentemente para Rojas si lo fue. Rosario y yo no estamos de acuerdo con esa visión y así lo expresamos en nuestro libro. Solo que a diferencia de Rojas que, solo consultó algunos de las obras de Montoro y Giberga[522], llegamos a esa conclusión luego de un trabajo de investigación en el que consultamos los fondos Montoro, de

---

[521] Ibídem, p.104
[522] Véase Rafael Rojas, *Motivos de Anteo. Patria y nación en la historia intelectual de Cuba*, Editorial Colibrí, Madrid, (s.a.).

la Biblioteca Nacional de Cuba, varios fondos del Archivo Nacional de Cuba y la prensa autonomista El Triunfo, El País y el Nuevo País.

También Rojas señala en su trabajo que su intención nunca ha sido presentar a los autonomistas como "los únicos representantes verdaderos de la nacionalidad cubana", sin embargo, cualquiera que lea su libro José Martí: La invención de Cuba, podrá arribar a esta conclusión. En esa obra, como puede deducirse fácilmente de su título, Rojas defiende la hipótesis de que Martí inventó una nación cívico-republicana, una tradición, un imaginario articulado por la epopeya de la Guerra de los Diez Años, que devino en la desactivación del mensaje aristocrático de los patricios blancos.

Así el Apóstol, según Rojas, a través de sus discursos frente al auditorio cubano de la emigración y sus escritos en Patria, fue "creando los mitos, los héroes, pero también las efemérides patrióticas, el ceremonial cívico y hasta los símbolos nacionales y los emblemas políticos de su República[523]". En su criterio, Martí inventó una nación moderna que contemplaba la comunidad negra dentro del espacio nacional y donde solo se exaltaban las virtudes morales del pueblo cubano, pero una nación que no tenía nada que ver con la que existía en la práctica y que se sustentaba en el imaginario de la aristocracia blanca, en donde era discriminado el negro criollo.

Está claro que, para Rojas, la real nacionalidad cubana estaba representada por los autonomistas y que lo que Martí exaltaba era una nacionalidad inventada. "Un breve recorrido por la historia de Cuba —señala Rojas- convencería a cualquiera de que ese pueblo martiano no ha existido, no existe y, probablemente, jamás existirá"[524]. La entelequia de Rojas, se desvanece con una solo pregunta: ¿Cómo es posible que Martí, que se

---

[523] Rafael Rojas, *José Martí: La invención de Cuba*, Editorial Colibrí, Madrid, 2000, pp. 132-133.
[524] Ibídem, pp. 134-135.

hallaba en la emigración, lograra convertirse en la figura cimera de una Revolución que la masa cubana en
mayoría seguiría a partir del 24 de febrero de 1895,
como los propios autonomistas de la Junta Central reconocieron en sus reuniones y que, los aristócratas autonomistas, que estuvieron durante 16 años defendiendo la vía evolutiva solo lograron ganar parcialmente simpatías en las masas cubanas? No hay dudas
de que los que defendieron el autonomismo, luego de la
Guerra de los Diez Años, eran, los que a decir verdad,
defendían una nación inventada.

Otro análisis equívoco de Rojas en su nuevo trabajo
para El Nuevo Herald es que, al parecer, el considera –
sin haberse leído nuestro libro- que Rosario y yo nega-
mos el papel del autonomismo en el proceso de construcción de la nación cubana, cuando no es así, solo que,
para nosotros, este elemento no significa que el autonomismo fuera una vía por la cual se podía alcanzar la
definitiva constitución de la nación cubana:

"...a pesar del fuerte combate anti-emancipador
que en esos años (1878-1895) desplegaron los autonomistas, no puede negarse que también, en ese
período, favorecieron de manera inconsciente, en
menor medida que el independentismo y sobre
todo a través de algunas de sus proyecciones políticas y culturales, el complejo proceso de formación de la nación y la nacionalidad cubana en el
siglo XIX, ya que este no fue patrimonio exclusivo
de una figura, generación o corriente política de-
terminada. Su candidez en cuanto a las consecuencias de su actuar es diáfana, pues para su
época era casi imposible que comprendieran o pre-
vieran, que a través de algunos aspectos de su labor política y cultural, estaban contribuyendo, sin
quererlo, a la formación de una nacionalidad y
una nación que ellos mismos negaban y a la que

jamás aspiraron"[525].

Ese proceso de conformación de la nacionalidad y la nación cubana, no podía tener otro epílogo que la independencia de la Isla y la integración de todos sus componentes étnicos, única manera en que podía existir la nación cubana como realización palpable. Precisamente, la causa fundamental del carácter antinacional del autonomismo radicó en la pertinaz negación que mostraron a la reafirmación de estos dos elementos.

Es cierto que los autonomistas hicieron notables aportes en la literatura cubana, en el arte de la oratoria, en el derecho, en la filosofía, en el periodismo y en la crítica estética. Es inobjetable que su labor política contribuyó en el período de 1878-1895 al desarrollo de la conciencia cubana, a través de su constante denuncia cívica de los errores del coloniaje. Es verdad que sus filas no fueron para nada homogéneas, pues en ellas estuvieron juntos, en determinadas coyunturas, patriotas y enemigos de Cuba. Es innegable que una buena parte de esa historia está aún por escribirse. Pero en mi opinión, la idea de que el autonomismo, ya conformada su base legal después de 1878, era una opción nacional no se sustenta más que con argumentos baladíes.

El autonomismo, como última expresión del reformismo cubano del siglo XIX, es un fenómeno que hay que estudiar y analizar en su evolución histórica. Nosotros no catalogamos el ideal autonomista anterior a la Guerra de los Diez Años como antinacional, pues en esos momentos la nación cubana estaba prácticamente en ciernes. Sin embargo, para valorar el papel del autonomismo a partir de 1878 hay puntualizar los principales elementos que la guerra de los Diez Años aportó al proceso de formación de la nación cubana:

---

[525] Elier Ramírez y Carlos Joane Rosario, *El Autonomismo en las horas Cruciales de la Nación Cubana*, Editorial de Ciencias Sociales, La Habana, 2008, p.69.

1- La gesta del 68 constituyó el crisol de la Nación Cubana, dejando muy bien delimitados sus nuevos contornos. Nación que encontró su basamento jurídico en Guaimaro y fue reconocida no solo por muchos cubanos sino también por varios gobiernos latinoamericanos.

2- El independentismo del 68, al imbricarse indisolublemente con el abolicionismo, logró superar la barrera de la esclavitud, incorporando nuevas relaciones sociales entre los grupos étnicos que componían la población insular, única manera de lograr el tránsito nacionalidad-nación, y con ello la posesión de una identidad en sí.

3- La epopeya del 68 creó una grieta espiritual insalvable entre Cuba y España y la ideología mambisa devino autoconciencia de las masas oprimidas por el sistema colonial y baluarte de la identidad nacional.

4- El independentismo de 1868, constituyó un hecho cultural, que sintetizó el nivel alcanzado por la cultura cubana. Cultura que, sin negar las influencias asumidas e integradas a su contenido, reveló autoctonía y autenticidad.

5- La guerra grande aceleró la conformación de una psicología del cubano diferente a la del peninsular.

6- Se creó una memoria colectiva, una épica heroica común con simbología particular y panteón de héroes a admirar.

7- La élite peninsular demostró una vez más que no estaba en disposición de entregar el dominio insular a la élite criolla.

8- Durante la contienda liberadora se fortaleció un elemento muy importante para el proceso de formación nacional: el orgullo nacional.

Luego de valorar y entender todos estos elementos, es fácil percatarse de que la defensa de la autonomía a partir de 1878, con la principal aspiración de convertir a Cuba en una región especial dentro de los marcos de la soberanía de España, era una solución además de inoperante, extemporánea. Ya se hacía evidente que España estaba dispuesta al holocausto del pueblo cubano antes de que posibilitar un cambio de régimen.

Pero la razón fundamental que convierte al autonomismo en una solución antinacional, no estuvo tanto en su cosmovisión teórica, sino en su praxis política. Si el independentismo era la única corriente política del siglo XIX capaz de convertir la nacionalidad en nación e insertar la isla en la modernidad con personalidad propia, en el anti-independentismo practicado por el autonomismo residió entonces la mayor negación a la nación cubana.

Otro factor que colocó a los autonomistas en contra de la nación cubana, estuvo en la posición mayoritariamente racista y discriminatoria que asumieron con un por ciento elevado de la población cubana: negros, mulatos y chinos. Esto fue así, a pesar que en muchas ocasiones se presentaron como defensores de los derechos de estos sectores, no con otra intención que la de ganar votos y simpatizantes en unas elecciones que siempre tenían las de perder, pues las autoridades españolas en la Isla garantizaban que hasta los muertos votaran con tal de que triunfaran los integristas.

La región especial que los autonomistas soñaban dentro de los moldes coloniales de España, no debía incluir a estos sectores a los que consideraban inferiores y un atraso para el país. Ellos, los blancos aristócratas, se consideraban los brahmanes de Cuba. La solución entonces para la mayoría de los autonomistas consistía en la inmigración blanca, preferentemente peninsular. Es cierto que dentro de las filas independentistas también hubo racismo, no podía ser de otra manera en una sociedad como aquella marcada por el fantasma de la esclavitud, pero el proyecto independentista comprendió desde un inicio, además de la abolición de la esclavitud, la inclusión de esos sectores por siglos preteridos, única manera de lograr la nación cubana.

Pero, ¿por qué el autonomismo se ha prestado a tan diversas y encontradas lecturas, sobre todo, en lo que respecta a su posición en relación con la nación cubana? En mi opinión, hay tres razones fundamentales: primero, que dentro de las filas autonomistas se pueden encontrar posiciones e intereses muy disímiles, lo cual complica la posibilidad de dar una valoración definitiva de su papel, pues hay que tomar en cuenta todos los matices; segundo, que el autonomismo fue una corriente política que no quería la independencia de Cuba, pero tampoco que las cosas permanecieran iguales, sino que la Metrópoli hiciera los cambios pertinentes que dieran satisfacción a los intereses locales de la Isla, cosa que de hecho era imposible dado los intereses creados, y tercero; que es innegable que en los autonomistas hubo ciertos grados de cubanía, visibles sobre todo en algunos aspectos de su labor política y cultural, aunque no se hallaban fuera de los límites de la soberanía española.

Es decir, no se sentían completamente españoles, pero tampoco completamente cubanos, sino más bien hispano-cubanos o españoles americanos. Defendían su diversidad insular, pero sin romper el vínculo nacional con España.

Sin embargo, el problema mayor de los autonomistas fue que no evolucionaron junto a la nación cubana, sino que quedaron atrapados en el nacionalismo anterior a la guerra del 68, para después de ella pasar a defender un nacionalismo conservador y moderado, apoyando abiertamente a la Metrópoli que los vejaba, en contra del nacionalismo radical, único que podía alcanzar la constitución definitiva del estado nacional cubano independiente. Esta actitud fue la que, más que cualquier otra característica, los convirtió definitivamente en antinacionales.

Para finalizar, le diría a Rojas las mismas palabras que Enrique Loynaz del Castillo le dirigió a Ricardo del Monte, director del periódico autonomista El País:

¿cómo puede haber cubanos que con un borrón de una pluma...salpiquen la púrpura de los que tienen valor y piedad para morir, fundándole a usted...y a todos los cubanos una patria? Rómpase esta pluma de cubano, si ha de negar a Cuba, como Pedro negó a Jesús[526]".

---

[526] Biblioteca Nacional "José Martí". Colección Manuscrita Montoro, t. XXXV.

UNA CRÍTICA DESAFORTUNADA
A UN LIBRO NECESARIO

Hace varios meses que estaba deseoso de escribir acerca de la protesta del Partido Independiente de Color (PIC) en 1912 y de la brutal masacre a que fueron sometidos sus miembros y simpatizantes por las autoridades cubanas de la época. Después de haber leído prácticamente de un tirón el más reciente libro de Rolando Rodríguez, acerca de esta temática, me sentía impulsado a redactar varias líneas al respecto y hacer al mismo tiempo una valoración de esta obra, como lector permanente que soy de todos los libros de este historiador. Múltiples tareas y responsabilidades me lo habían hecho imposible. Sin embargo, luego de leer la crítica del escritor cubano Guillermo Rodríguez Rivera a este libro, bajo el título "Un libro equivocado" y que apareció en varios blog cubanos[527], me fue imposible evitar dejar todo lo que estaba haciendo y dedicarme a escribir una especie de respuesta al trabajo de Rodríguez Rivera, que me parece muy desajustado en relación con lo que hace muy poco tiempo leí en La conspiración de los iguales.

La protesta de los Independientes de Color en 1912[528]. Mi mayor preocupación es que algunos lectores se formen un criterio negativo de este libro siguiendo la mala costumbre de no ir a la fuente original de la que se está hablando, para sacar sus propias conclusiones. Mi principal propósito con estas líneas, además de aprovechar

---

[527] Véase Guillermo Rodríguez Rivera, *Un libro equivocado*, en: http://segundacita.blogspot.com/2011/12/un-libro-equivocado.html

[528] Rolando Rodríguez, *La Conspiración de los iguales. La protesta de los independientes de Color en 1912,* Imagen Contemporánea, La Habana, 2010.

para dar mi opinión, es motivar a que se lea el libro y no se conformen los lectores con los juicios de los que ya lo han hecho, incluyendo los míos.

Realmente la crítica que Guillermo Rodríguez Rivera hace al libro de Rolando Rodríguez, la cual transpira, a mi juicio, un sesgo de ataque personal más que de análisis histórico, podría resumirse en una o dos cuartillas. Rodríguez Rivera podía ha-berse ahorrado las 17 páginas que dedica a describir los infames acontecimientos ocurridos en 1912, los cuales han sido ya tratados por varios investigadores cubanos.

No sé de dónde sacó este crítico que Rolando Rodríguez pretendía hacer una analogía entre el movimiento conspirativo de Francois Noel Babeuf en Francia a fines del siglo XVIII y el alzamiento del Partido Independiente de Color en la Cuba de 1912. El hecho de que el libro del historiador cubano lleve el título La conspiración de los iguales, se debe simplemente a que lo consideró atractivo para su obra. Ciertamente hubiera hecho falta una aclaración del autor en las palabras introductorias, para evitar tan festinadas elucubraciones. Mas, Rolando Rodríguez no es el único escritor que juega con los títulos, Raúl Roa acostumbraba también a esta práctica. Por ejemplo tomó prestado parte del título de un excelente libro de John Reed, Los diez días que estremecieron al mundo, para titular un ensayo suyo: Los diez días que conmovieron a Franco[529]. Podrían ponerse muchísimos ejemplos más.

En su texto Guillermo Rodríguez Rivera señala que "la imposición de la Enmienda Platt generó un sentimiento de dignidad herida, de humillación, que quedó en el alma de los cubanos"[530]. Sin embargo, cuando cita —de manera incompleta y descontextualizada, para tratar de forzar sus pre-elaborados juicios— algunos frag-

[529] Véase Raúl Roa, Diez días que conmovieron a Franco, en: 15 años después, La Habana, 1950, p.524.
[530] Guillermo Rodríguez Rivera, Ob. Cit.

mentos de los documentos utilizados por Rolando Rodríguez en su libro que demuestran las comunicaciones que establecieron erróneamente los líderes del PIC con el gobierno de los EE.UU. pidiendo que mediara a su favor, obvia que el 18 de octubre de 1910 Francisco Caballero Tejera e Isidoro Santos Carrero y Zamora, presidente y secretario, respectivamente, del comité ejecutivo provincial, de Santiago de Cuba, del PIC, en carta enviada al presidente de los EE.UU., William Taft, se refirieron a la Enmienda Platt como una "visionaria medida" introducida por el "prudente gobierno" de los EE.UU. en la constitución cubana[531].

¿Acaso ese planteamiento no constituía una bofetada en el rostro del sector patriótico más avanzado de la sociedad cubana? ¿No significaba eso ahondar la humillación y la dignidad herida de los cubanos? Tampoco hace referencia Rodríguez Rivera al mensaje que el más distinguido líder del PIC, Evaristo Estenoz, envió al Departamento de Estado de los EE.UU. por con-ducto del cónsul de ese país en Santiago de Cuba, Holaday, en la que señalaba: "...deseo aclarar que antes de ser gobernados por los cubanos como en el pasado, se-ría mucho más preferible ser gobernados por extraños"[532]. ¿Y no sobraría preguntarse si esos extraños no eran otros que los norteamericanos? Estenoz finalizó el mensaje de una manera deplorable al mostrarse partidario de la intervención del gobierno de los EE.UU. en la Isla: "esperamos que el pueblo de los EE.UU. comprenda nuestra posición y estudie el asunto exhaustivamente antes de convencerse de la necesidad de la intervención"[533]. ¿No se sabía que en el lenguaje imperial esta intervención era sinónimo de ocupación?

Es cierto, como dice Rodríguez Rivera, que no podía hablarse en aquellos momentos de una convicción antimperialista generalizada —aunque el llamado despertar de la conciencia nacional de la década de los 20 fue

---

[531] Rolando Rodríguez, Ob. Cit., pp.10-11.
[532] Ibídem, p.13.
[533] Ibídem.

un proceso paulatino que empezó desde mucho antes—
, pero había muchos cubanos que detesta-ban la intromisión del gobierno de los EE.UU. en los asuntos insulares. Sépase que ya existía un sector revolucionario
mucho más avanzado políticamente. Evidentemente,
los líderes del PIC no estaban entre ellos, al menos en
lo que respecta a la comprensión de lo que era el imperialismo yanqui y el daño que hacía a la independencia
de la Isla, la funesta Enmienda Platt, así como la injerencia de Washington en todos los asuntos cubanos.

Resulta además inaudito cómo Evaristo Estenoz, que
en 1905 había visitado los EE.UU. en compañía del escritor Rafael Serra, para estudiar la situación de los negros en aquel país[534], no comprendió que del racista gobierno estadounidense nada podía esperarse a favor de
los oprimidos y discriminados negros cubanos.

Guillermo Rodríguez ataca el libro de Rolando Rodríguez por cargar la mano contra los Independientes de
Color, pero cualquiera que conozca toda la obra de este
historiador y la seriedad y profundidad científica con la
que aborda la historia de Cuba, se dará cuenta al leer
la Conspiración de los iguales, que Rolando Rodríguez
no se ciega ante las pasiones y por mucho que le duela
en ocasiones la verdad que se desprende de la copiosa
documentación que maneja, no puede eludir ponerla
por escrito. Él es fiel a la máxima de Lenin de que "la
verdad es siempre revolucionaria". En libros anteriores
de Rolando Rodríguez, se puede ver cómo algunas de las
personalidades de nuestra gesta libertaria del XIX —
aún vistas por muchos cubanos como patriotas inmacu-
lados—, después de tejer sus historias maléficas y conductas taimadas a través de documentos reveladores,
recibieron las más fuertes críticas del autor. En ese caso
se encuentran figuras como: Manuel de Jesús Calvar —
último presidente de la República en Armas durante la
gesta del 68—, Gonzalo de Quesada y el General Julio

---

[534] Ibídem, p.100.

Sanguily[535].

Al parecer, Guillermo Rodríguez Rivera se saltó las numerosas páginas que están dedicadas en la Conspiración de los iguales a exponer el profundo racismo y la discriminación racial que se instauró desde los primeros momentos en la república neo-colonial burguesa, pues no se explica cómo puede llegar a señalar que "Rolando Rodríguez no ve la existencia del racismo como una entidad importante en aquella re-pública, condicionada desde sus inicios por la intervención norteamericana"[536].

Pareciera también que leímos libros distintos cuando categóricamente asevera: "La conspiración de los iguales explica e implícitamente justifica la brutal represión, apelan-do a lo que cabría llamar motivos de seguridad nacional". Y más adelante cuando afirma: "El libro no le atribuye al presidente Gómez —máximo responsable de la represión— la culpa en los asesinatos del general Ivonnet y de Evaristo Estenoz"[537]. La falsedad de estos planteamientos se demuestra en varios análisis que el autor hace en el propio libro. En este dice:

"Sin duda, aquella guerrita pudiera calificarse de forma contradictoria. No puede dudarse que desde el punto de vista de frenar la bota yanqui, Gómez merece un reconocimiento por tratar de enfrentar la ocupación de EE.UU., que indudablemente amenazaba con destruir la república de Cuba. Pero desde el punto de vista de la atroz represión de los cubanos negros, aun con el error co-

---

[535] Véase en obras de este autor como: *Bajo la piel de la manigua*, Editorial de Ciencias Sociales, La Habana, 1996, *La forja de una nación*, Editorial de Ciencias Sociales, La Habana, 2005, (tres tomos), *Cuba: las máscaras y las sombras. La Primera Ocupación*, Editorial Ciencias Sociales, La Habana, 2007 (dos tomos) y *República de Corcho*, Editorial de Ciencias Sociales, La Habana, 2010 (dos tomos).

[536] Guillermo Rodríguez Rivera, Ob. Cit.

[537] Ibídem.

metido por los Independientes de Color al suble-
varse para exigir un derecho, a Gómez se le olvidaba que aquellos negros eran ante todo cubanos
y que cubano era más que blanco y más que negro"[538].

"Como se desprende de algunos pasajes de los documentos de la época sobre las relaciones entre
Cuba y EE.UU., como es el caso de algunos mensajes cursados durante la sublevación de los Independientes de Color, el gobierno de Gómez no se
comportó como un subordinado de los EE.UU. y
distó un buen trecho de la actitud a favor del protectorado de la administración de Estrada Palma.
Mas, esto no nos hará perdonar su culpa, cuando
pudo haber detenido aquella lamentable guerrita
y evitado la muerte de tantos dignos cubanos, de
tantos hermanos, y no lo hizo"[539].

Guillermo Rodríguez Rivera demuestra poca profundidad en el conocimiento de la historia de la Cuba republicana, especialmente del período presidencial de José
Miguel Gómez (1909-1913), cuando para justificar las
solicitudes de los líderes del PIC pidiendo la intervención y mediación del gobierno de los EE.UU. manifiesta:
habría que decir que el jefe del imperio era entonces el
"juez supremo" de los asuntos cubanos[540].
Parece el crítico criticado decir que solo a este podían
reclamar los Independientes de Color. Esto es un criterio totalmente equivocado, los Independientes de Color
podían haber recurrido a sus propios esfuerzos y con
una táctica y estrategia suficientemente inteligentes
unir a todos los cubanos negros y blancos más progresistas de la nación y luchar por sus derechos y de paso
por una Cuba mucho más libre y soberana de los

---

[538] Rolando Rodríguez, Ob. Cit., pp.350-351
[539] Ibídem, pp.351-352.
[540] Guillermo Rodríguez Rivera, Ob. Cit.

EE.UU., sin pedirle que fueran mucho más allá de las circunstancias históricas que estaban viviendo.

Tómese en cuenta que esa posibilidad existió desde 1908, cuando la dirección de la Junta Patriótica: Salvador Cisneros Betancourt, Manuel Sanguily y Carlos García Vélez, visitaron a Estenoz para proponerle una unión de las fuerzas de dicha junta y las que integraban en ese momento la Agrupación Independiente de Color —aún no habían tomado el nombre de PIC—, pero al final no se llegó a nada[541]. La Junta Patriótica era un grupo político que propugnaba la lucha contra la ocupación de la Isla y la Enmienda Platt y había sido fundada por Salvador Cisneros Betancourt.

El programa del Partido Independiente de Color fue el más revolucionario y avanzado desde el punto de vista social que se había presentado por partido político alguno en la República, pero haber puesto su confianza en el mayor enemigo de la in-dependencia cubana, no fue el único error del PIC. Como bien señaló Portuondo Linares: el nombre del partido y las limitaciones que practicaron en lo referente al ingreso y la promoción a cargos dirigentes (...) de ciudadanos blancos y otros sectores de la población cubana a quienes apuntaba su programa y recogía sus reivindicaciones, fueron sectarias, limitadoras y dieron al partido la fisonomía de entidad de una raza y no el carácter ampliamente popular, que era lo que cabía frente al mero electoralismo característico de los partidos Liberal y Conservador"[542].

Al respecto, apunta Rolando Rodríguez: "Desde luego, haber cambiado el nombre y admitir más blancos en la dirección hubiera constituido un beneficio neto para Cuba y los cubanos tanto los de piel negra, como los blancos. De esa forma, hubieran conseguido acercar el partido a convertirse en un movimiento popular, con un programa atractivo que, tal vez, hubiera podido desplazar a los partidos tradicionales y atraído a los negros de

---

[541] Rolando Rodríguez, *República de Corcho*, Editorial de Ciencias Sociales, La Habana, 2010, tomo 1, pp.666-667.
[542] Citado por Rolando Rodríguez en Ob. Cit., pp.126-127.

renombre que les comenzaron a hacer oposición, como Juan Gualberto Gómez y Silverio Sánchez Figueras"[543].

Es cierto que la independencia de Cuba había sufrido profundos y lamentables recortes con la Enmienda Platt y Cuba había sido convertida en una neo-colonia yanqui en la cual los presidentes de turno debían ser simples marionetas del imperio, pero de lo que quisieron los yanquis a lo que realmente sucedió en muchos ocasiones hay un buen trecho. José Miguel Gómez y, sobre todo, su secretario de Estado, Manuel Sanguily, se convirtieron en figuras muy incómodas para el gobierno de Washington, pues su actuación en varias oportunidades atentó contra los intereses estadounidenses[544].

Por eso los EE.UU. apoyaron abiertamente a Mario García Menocal cuando este se postuló para la presidencia. Sabían sería un presidente mucho más dócil y pro gringo, con intereses económicos muy ligados a los norteamericanos. "Gómez estaba a años luz de Sandino", pero no era un Estrada Palma o un Menocal, y los reproches que le hizo a Washington —escritos evidentemente por Manuel Sanguily—, no fue-ron nada suaves a la hora de defender la dignidad cubana, ahí están como constancia de eso los documentos citados en La conspiración de los iguales. "José Miguel Gómez gobernó en lo posible alejado políticamente de los imperialismos", destacó Julio Antonio Mella en 1925 en su trabajo "Cuba, un pueblo que jamás había sido libre"[545].19

Pero además, cómo se puede tratar de justificar la actitud del PIC respecto a Washington, señalando que ese país era el "juez supremo", cuando por otra parte el pueblo cubano, en su inmensa mayoría, no aceptaba que los EE.UU. fuera quien rigiera los destinos de la Isla y

[543] Rolando Rodríguez, Ob. Cit., p.166.
[544] Para ampliar al respecto véase Rolando Rodríguez, *República de Corcho...*, Ob. Cit., tomo 2.
[545] Ibídem, p.206.

desafiaba constantemente su hegemonía. Acaso se le olvida a Guillermo Rodríguez Rivera que la segunda ocupación de los EE.UU. en la Isla de 1906 a 1909, había lacerado hasta lo más hondo el alma de los cubanos patriotas y que estos no podían ya aguantar otra humillación como esta. Pero, además, ¿sería incierto decir que los dirigentes del PIC, los negros cubanos, se estaban dirigiendo al país más racista del mundo?

No obstante, hay que señalar que si bien el alzamiento de los Independientes de Color fue un error, así como su confianza en el gobierno estadounidense, la represión a la que fueron sometidos los integrantes del PIC por el gobierno de Tiburón, más que un error, fue una masacre infame, un crimen horrendo que jamás cubano alguno podrá perdonar. Esta idea también la defiende Rolando Rodríguez en La conspiración de los iguales.

Como mismo Rolando Rodríguez alaba como dignas las cartas enviadas por el gobierno de José Miguel Gómez a Washington rechazando su injerencia en la Isla, no deja de hacer una aguda crítica al seguramente redactor de estas misivas: Manuel Sanguily, cuando en una de ellas, este injuria a los negros cubanos alzados:

"La carta a ratos muy digna, en otros resultaba condenable, cuando acudía a denigrar a los negros cubanos; por ejemplo, cuando hablaba de la explosión de barbarie de aquella insurrección de hombres que, aunque de forma equivocada, solo habían acudido a la insurrección para reclamar derechos que les habían sido conculcados por ambiciones de políticos blancos. ¿Por qué se olvidaba que la tozuda obstinación de mantener la Enmienda Morúa había provocado la insurrección de los Independientes de Color? Incluso, injustificadamente, con dejos racistas, el secretario de Estado llegaba a afirmar que los negros habían sentido "rencor de la raza hacia sus compatriotas blancos, que tanto y tan imprevisora como afectuosamente los habían halagado y enaltecido".

¿Sanguily desconocía que los negros no tenían apenas derechos a ocupar puestos honrosos en la administración y, por ejemplo, en el mismo servicio exterior que manejaba su secretaría no había prácticamente negros, si no era en puestos subalternos? ¿Era esa la forma en que se halagaba y enaltecía a los ciudadanos negros?[546].

La seriedad de Rolando Rodríguez como investigador histórico y su abnegación por no dejar de la mano ninguno de los matices a la hora de valorar a una personalidad, acontecimiento o proceso histórico, hacía imposible que dejara de hacer ese análisis sobre la postura de Manuel Sanguily, digna por un lado y condenable por racista por el otro.

Según Rodríguez Rivera el libro La conspiración de los iguales, "reclama a los Independientes una visión que no podían tener y que muy pocos cubanos podían tener entonces"[547]. Es cierto que no podía buscarse en ellos un Villena, un Mella, un Guiteras, pero lo que Rolando Rodríguez les reclama en La conspiración de los iguales, no es la visión que llegaron a tener estos últimos, sino al menos que estuvieran en sintonía con el pensamiento promedio de los cubanos que se indignaban con la injerencia yanqui en nuestros asuntos[548] y que hubieran utilizado medios más clarividentes para unificar al sector patriótico de la sociedad cubana.

---

[546] Ibídem, pp.287-288.
[547] Guillermo Rodríguez Rivera, Ob. Cit.
[548] Téngase en cuenta que en agosto de 1912 el joven periodista cubano, reportero de la Lucha, Enrique Mazas, abofeteó y retó a duelo al secretario de la legación de Estados Unidos en La Habana, Hugo Gibson, en el café del hotel Miramar, en Prado y Malecón, porque había proferido injurias contra Cuba. El incidente levantó creo un gran revuelo y provocó una ola de sentimientos antiestadounidenses en el pueblo cubano. También que, al año siguiente, Salvador Cisneros Betancourt al frente de la Junta Patriótica llevó adelante una fuerte campaña contra la Enmienda Platt y la injerencia de los Estados Unidos en los asuntos cubanos.

Si desde hoy se les puede reclamar esta visión es porque en su época otros hombres la tuvieron. No fue nada fortuito que ningún dirigente negro destacado, entre ellos Juan Gualberto Gómez, Rabí, Cebreco, Pedro Díaz, brindara su apoyo al PIC, tampoco que el Club Aponte, de La Habana, después de un fuerte debate sobre la pertenencia de sus integrantes al partido y para evitar se les acusase de racistas, optara por expulsarlos de esa sociedad[549]. El Consejo de Veteranos y Patriotas tampoco apoyó la causa de los Independientes de Color y sus gestiones para lograr que el PIC cambiara el nombre del partido para evitar se le condenara de racista, fueron todas infructuosas. No obstante, la participación que algunos veteranos tuvieron en la represión a los alzados me parece execrable, en todo caso debían haberse enfrentado al gobierno para que levantara de una vez la Enmienda Morúa, que había ilegalizado la existencia del PIC y presionar para una salida negociada lo antes posible. Todos estos elementos que negaron el apoyo al PIC consideraban —ya fuera de manera sincera o por puro oportunismo político— que la existencia de un partido de raza dividía a la sociedad cubana.

Claro que es fácil desde la actualidad señalar los errores que cometieron, esa es la ventaja que posee el historiador cuando analiza un acontecimiento o proceso histórico en el devenir del tiempo, pues las consecuencias de los mismos muchas veces no llegan a ser conocidas por los sujetos participantes. No podemos renunciar a esa prerrogativa. La idea de que no se puede juzgar el pasado con criterios del presente fue uno de los axiomas universales establecidos por la historiografía burguesa que por suerte la historiografía marxista ha ido venciendo. Si no conocemos y analizamos los errores cometidos de las generaciones que nos antecedieron, cómo salvarnos de no cometerlos nosotros mismos.

Los medios que emplearon los Independientes de Color para alcanzar sus objetivos, sumado a su ingenuidad política de confiar en los estadounidenses, llevaron a

---

[549] Rolando Rodríguez, Ob. Cit., p.135.

que la causa justa que defendían, la igualdad racial, lejos de avanzar, se retrasara —al menos por un tiempo— y ello lo sufrió la sociedad cubana en su conjunto, blancos y negros. Todavía hoy, a más de 50 años de Revolución Cubana, estamos luchando por eliminar definitivamente el racismo y cualquier forma discriminatoria en nuestro país. Esa lucha debe continuar con ahínco y decisión, estamos en los mejores momentos para ello, pero las columnas históricas para esa batalla trascendental debemos seleccionarlas bien para que no se nos caiga el hermoso edificio que estamos empeñados en construir.

El destacado investigador cubano Esteban Morales Domínguez, que ha hecho extraordinarios aportes al estudio de la problemática racial en Cuba, escribió un excelente ensayo sobre este tema titulado: Frente a los retos del color como parte del debate por el socialismo, donde distingue dos posiciones enfrentadas entre sí ante el problema racial cubano en la contemporaneidad:

"Una posición considera que los problemas raciales en Cuba, son responsabilidad del gobierno cubano, supuestamente, debido a la ausencia de una política de derechos humanos, democracia y libertades civiles para los negros. Para esta línea de pensamiento, los líderes de la Revolución son racistas, particularmente Fidel Castro, que según estos, no ha atendido el problema racial con vistas a solucionarlo. Comparten el tema racial, dentro de posiciones políticas más generales, llamadas "disidentes", y como podría observarse con claridad, al leer sus documentos, montan la crítica del tratamiento del racismo en Cuba, sobre los mismos pilares de la crítica de la política norteamericana hacia la Isla. Se observa en ellos, cierta tendencia a no reconocer la obra de la Revolución con los negros y mestizos y sujetan la solución del problema racial a la posibilidad de un cambio del régimen político en Cuba. Lo cual, esencial-mente, los convierte en partidarios de la confrontación política que EE.UU. despliega, en su búsqueda de un cambio de régimen en la Isla."

"La otra posición parte de los avances logrados por la Revolución, critica sus errores en el tratamiento del tema: como la falta de un debate más amplio, la ausencia del tema en la educación, el no haber considerado, desde el principio, a la variable 'Color de la Piel', como una variable de diferenciación social en Cuba, lo cual habría permitido una política social más ajustada a las desigualdades que aún permanecen; la falta de un sistema estadístico que refleje mejor los problemas sociales y económicos según el color, permitiendo hacer mejores investigaciones. Sin embargo, al mismo tiempo, los partidarios de esta línea, consideran que los negros han avanzado mucho y que si no hubiera habido una Revolución en Cuba, estos últimos habrían tenido que hacerla para haber alcanzado lo que han logrado hasta hoy. Por lo que consideran que el camino de las soluciones, está en profundizar el socialismo, desarrollando dentro del mismo un debate, en el que los problemas de la "raza", formen parte del proceso de perfeccionamiento de la sociedad cubana actual. No aceptando, bajo ningún principio, que un cambio del régimen político cubano pudiera beneficiar a los negros y mestizos, al no considerar que existan razones, ni un paradigma, que justifique una posición política de esa naturaleza[550]".

---

[550] Véase Esteban Morales Domínguez, *Frente a los retos del color como parte del debate por el socialismo* en: http://estebanmoralesdominguez.blogspot.com/2011/05/frente-los-retos-del-color-como-parte. html.

Los partidarios de la primera posición referida anteriormente, dentro de la cual por suerte no se encuentra incluido el escritor Guillermo Rodríguez Rivera, no le perdonarán jamás a Rolando Rodríguez haber escrito este libro, pues al poner al desnudo la ingenuidad de los Independientes de Color al confiar en el gobierno de los EE.UU. como supuesto defensor de sus intereses, está condenando a los que hoy están haciendo lo mismo, pero en este caso sin ingenuidad política alguna.

Por último, puede decirse que Rolando Rodríguez buscó demostrar que por los cami-nos de violencia de los Independientes de Color y por el acercamiento a los yanquis, solo se lograría la división de la sociedad cubana. Esa que los agentes del imperialismo, desde su Oficina de Intereses, tienen impuesta como primera tarea para lograr destruir la Revolución Cubana.

Un round más sobre
La Conspiración de los Iguales

El escritor Guillermo Rodríguez Rivera "respondió" algunos de los planteamientos críticos que le hice a su texto, "Un libro equivocado", que había sido publicado en varios blogs cubanos. Solo que me quedé esperando una mayor argumentación.

En su reciente réplica, bajo el título *Un poco más sobre La conspiración de los iguales*, publicada en La Jiribilla, el filólogo pretende cerrar un debate que el mismo provocó y, por supuesto, diciendo él la última palabra: "Y ya estuvo bien. Espero que si no enteramente satisfechos (¿quién lo está?), mi criticado, mis críticos y yo nos merecemos el beneficio de un descanso reparador. Al menos, hasta el próximo round"[551].

Pero para mí aún no es suficiente, más si se trata de aportar a un debate o polémica sobre una obra de contenido histórico que aborda un tema tan controvertido y poco conocido más allá de los círculos de los especialistas e investigadores.

Rodríguez Rivera afirma que Rolando Rodríguez delegó en mí la responsabilidad de responderle. Debo aclararle que fue una decisión completamente mía, pues me pareció muy injusta la crítica que se le hacía a su libro y desajustada con relación a lo que hace muy poco había leído. Pero lo que más me preocupaba era que muchos lectores se conformaran con esta crítica y no fueran a la fuente original para hacer sus propias lecturas de la obra. Desde el inicio, el autor de La Conspiración de los Iguales, que tiene como subtítulo La Protesta de los Independientes de Color en 1912, con lo cual aclara que no se trata de la conspiración de Graco Babeauf, decidió

---

[551] Guillermo Rodríguez Rivera, *Un poco más sobre La conspiración de los iguales*, *La Jiribilla* , no 557, enero de 2012.

que no respondería a las consideraciones de Rodríguez Rivera, pues su libro se respondía por sí solo.

En eso, no podía estar de acuerdo con Rolando Rodríguez, pues conozco del mal hábito de muchos de quedarse con la primera versión valorativa de un libro y también que el número de ejemplares impresos es imposible que llegue a todos los lectores interesados. En realidad, pensé que no podía quedarme callado ante crítica tan inconsistente e inmerecida.

Lo del sesgo personal que tanto le inquieta a Rodríguez Rivera, no fue un elemento que observé yo solo en varias expresiones de su texto, sino también el comentario de varios compañeros que habían leído la crítica. Y, por supuesto, que no veo las críticas literarias como ataques personales, de hecho, creo que estamos necesitados de este tipo de ejercicio. Claro, que el que realiza una crítica debe hacerlo con responsabilidad y saber que otros no estarán de acuerdo con él y tendrán derecho a rebatir cualquiera de sus asertos.

Concuerdo con Rodríguez Rivera en que cada uno tiene su propia idea de lo que es una crítica. Y como la mía parece ser diferente a la suya, consideré que su trabajo, que llevaba un título tan categórico como Un libro equivocado, debía haberse concentrado en hacer el análisis crítico tan anunciado desde los primeros párrafos -a lo cual solo dedica cuando más dos cuartillas-; ahorrándose las 17 páginas que consagra a describir −no analizar- los sucesos acaecidos en 1912. Además, aunque un libro sea muy voluminoso, si el crítico tiene un buen entrenamiento y capacidad de síntesis puede llegar realizar una excelente disección crítica en dos o tres cuartillas. Por el contrario, hay críticas que pueden pasar de la docena de páginas y resultar superficiales y omisas.

Al libro de Rolando Rodríguez podrán encontrársele errores o imprecisiones, casi ninguna obra escapa de eso, pero de ahí, a decir que es un libro equivocado, va un buen trecho y quien lo diga debe dar argumentos convincentes. La crítica de Guillermo Rodríguez Rivera además de no cumplir en mi opinión esta expectativa, ofrece una serie de juicios totalmente desacertados y otros que tergiversan lo planteado por Rolando Rodríguez en La Conspiración de los Iguales.

Una de esas tergiversaciones es sostenida por el filólogo en su reciente réplica cuando señala que una de las descontextualizaciones de La Conspiración de los Iguales, "es ver el anti-imperialismo del pueblo cubano desde la óptica actual o, al menos, muy posterior a 1912"[552].

Cualquiera que lea el libro de Rolando Rodríguez podrá percatarse sin dificultad que jamás se da esta visión, lo que el autor le reclama a los máximos líderes del PIC es el anti-injerencismo y anti-plattismo que sí había ganado fuerza en la población cubana ante los constantes ofensas y desmanes de las autoridades estadounidenses en la Isla, sobre todo, a partir de la segunda ocupación norteamericana de 1906 a 1909. En mi anterior trabajo puse el ejemplo de la Junta Patriótica creada por Salvador Cisneros Betancourt, el 10 de octubre de 1907, con la intención de agrupar a todas las fuerzas patrióticas en un bloque nacional, con independencia de clases sociales o filiación política, dirigido al logro de la "independencia absoluta", pues se consideraba que la misma había sido frustrada con la Enmienda Platt.

La máxima dirección de la Junta Patriótica se entrevistó en 1908 con Estenoz con el objetivo de lograr una alianza estratégica, pero a nada se llegó en concreto. Lo más interesante de dicha Junta, es que pretendía convertirse en el gran Partido Revolucionario Cubano, a semejanza del que había fundado José Martí en 1892, y que uno de sus postulados fundamentales era la derogación de la Enmienda Platt. Formaban parte de la misma, figuras tan destacadas nacionalmente en ese momento como: Manuel Sanguily, Enrique Collazo, Eusebio Hernández, Carlos García Vélez, Fermín Valdés

[552] Ibídem.

Domínguez, Enrique Loynaz del Castillo, Francisco
Arredondo y Miranda, Manuel Piedra Martell y Generoso Campos Marquetti, entre otros[553].

Seguramente le sorprenderá a Guillermo Rodríguez
Rivera saber que los diplomas acreditativos de la pertenencia a la Junta Patriótica tenían juicios impresos de
José Martí, Antonio Maceo y de otras figuras relevantes
de la luchas independentistas contra el colonialismo español y que la Junta había asumido como su programa,
en tanto vigente, el Manifiesto de Montecristi[554].

Como olvidar entonces que el Manifiesto de Montecristi, redactado por el Apóstol, señalaba entre otras cosas lo siguiente:

"Cubanos hay ya en Cuba de uno y otro color, ol-
vidados para siempre, -con la guerra emancipadora y el trabajo donde unidos se gradúan- del
odio, en que los pudo dividir la esclavitud. La no-
vedad y aspereza de las relaciones sociales, consi-
guientes a la mudanza súbita del hombre ajeno en
propio, son menores que la sincera estimación del
cubano blanco por el alma igual, la afanosa cultura, el fervor del hombre libre, y el amable carácter de su compatriota negro. Y si a la raza le na-
cieran demagogos inmundos, o alma.; ávidas cuya
impaciencia propia azuzase la de su color, o en
quien se convirtiera en injusticia con los demás la
piedad por los suyos, -con su agradecimiento y su
cordura, y su amor a la patria, con su convicción
de la necesidad de desautorizar por la prueba pa-
tente de la inteligencia y la virtud del cubano negro la opinión que aún reine de su incapacidad
para ellas, y con la posesión de todo lo real del de-

[553] Elda Cento Muñoz y Ricardo Muñoz Gutiérrez, *Salvador Cisneros Betancourt: Entre la controversia y la fe*, Editorial de Ciencias Sociales, La Habana, 2009, pp.123-124.
[554] Ibídem, p.130.

recho humano, y el consuelo y la fuerza de la estimación de cuanto en los cubanos blancos hay de justo y generoso, la misma raza extirparía en Cuba el peligro negro, sin que tuviese que alzarse a él una sola mano blanca. La revolución lo sabe, y lo proclama: la emigración lo proclama también. Allí no tiene el cubano negro escuelas de ira como no tuvo en la guerra una sola culpa de ensoberbecimiento indebido o de insubordinación. En sus hombres anduvo segura la república a que no atentó jamás. Sólo los que odian al negro ven en el negro odio; y los que con semejante miedo injusto traficasen, para sujetar, con inapetecible oficio, las manos que pudieran erguirse a expulsar de la tierra cubana al ocupante corruptor"[555].

Es cierto, como sostiene Guillermo Rodríguez Rivera, que la obra Martiana y el pensamiento de Maceo no eran de conocimiento de la inmensa mayoría en nuestro país, pero no se puede negar que algunas de las ideas de estos hombres habían calado profundamente en no pocos cubanos, aunque al crítico de La Conspiración de los Iguales le parezca eso otra gran descontextualización de esta reciente obra de Rolando Rodríguez. Le remito a que lea los excelente trabajos, sustentados en profundas investigaciones, que viene publicando mi colega, Yoel Cordoví Nuñez, sobre la educación pública en los primeros años de la República neocolonial burguesa. En uno de ellos, titulado José Martí en las escuelas públicas de Cuba, 1899-1920, se afirma:

"José Martí no fue redescubierto en la década del veinte, ni el espíritu independentista se retomó después de un supuesto vacío emocional en el alma de los cubanos provocando por la intervención de Estados Unidos en el conflicto colonial y la

---

[555] Véase José Martí, "Manifiesto de Montecristi. El Partido Revolucionario Cubano a Cuba", en: *Obras Completas*, Editorial de Ciencias Sociales, La Habana, 1975, tomo 4, pp. 96-97.

posterior ocupación. La memoria de las gestas de liberación y sus héroes perduraron a través de múltiples vías. Los pedagogos cubanos y muchos maestros por certificado que empezaron a formarse a inicios del siglo XX, encaminaron sus esfuerzos, con mayor o menor acierto, a no dejar morir la leyenda; a que perduran los ecos del pasado, infiltrándolos en las mentes y los corazones de las generaciones más jóvenes"[556].

El Doctor en Ciencias Históricas, Yoel Cordoví Núñez, expone también en otro trabajo relacionado con la enseñanza de la Historia de Cuba en los inicios de la República, un dato muy interesante. A solo dos años de los funestos acontecimientos de 1912, el maestro cubano Arturo Montori, elaboró una encuesta para niños de primaria, donde la primera pregunta que debían responder era la siguiente: "Entre las personas que Vds. conocen por el estudio, por sus lecturas o por su referencia ¿por cuál sienten más admiración de modo que quisieran parecerse a ella?".

Señala Cordoví Nuñez en este trabajo, que el número mayor de votos lo obtuvo José Martí, mientras que en el segundo puesto se ubicaron los nombres de los maestros de los alumnos encuestados, y que del tercer al quinto lugar aparecían por orden, José de la Luz y Caballero, Antonio Maceo y Carlos Manuel de Céspedes. Montori había encuestado a 1 212 niños (584 niños y 628 niñas) de distintas partes de la Isla[557].

---

[556] Yoel Cordoví Núñez, *José Martí en las escuelas públicas de Cuba, 1899-1920,* en: Internet: http://www.cubarte.cult.cu/periodico/opinion/ jose-marti-en-las-escuelas-publicas-de-cuba-1899-1920/18087.html.
[557] Yoel Cordoví Núñez, *La enseñanza de la Historia de Cuba en las escuelas primarias a inicios de la república,* 1899-1920, en: Internet, http://pensarhistoricamente.net/ideher10/sites/default/files/Cordovi_Nuñez.doc

Rodríguez Rivera comete una pifia histórica al plantear que "Martí empieza a ser verdaderamente conocido después de la primera edición de sus obras completas en 1919"[558]. La verdad es que Gonzalo de Quesada y Aróstegui ya había publicado entre 1900 y 1915 catorce tomos: dos dedicados a Cuba, dos a los Estados Unidos, La Edad de Oro, otro sobre "Hombres", dos sobre Nuestra América, dos de Norteamericanos, Amistad Funesta, dos de poesía y teatro, y el último con la traducción de Ramona. De publicación póstuma, en 1919, fue el tomo XV, con parte del epistolario; años más tarde, 1933, apareció, al cuidado de su hijo, Gonzalo de Quesada y Miranda, el último de esta serie, Flores del destierro.

Pero lo que me parece más inconsistente en los más recientes planteamientos de Guillermo Rodríguez Rivera publicados en La Jiribilla, es decir que los independientes de Color no tenían otra solución que encabezar una protesta armada. Olvida el crítico que ante cada situación política, las alternativas son tan disímiles como las que los líderes son capaces de recrear, tal como ocurre en las partidas de ajedrez, y que realmente el PIC no se encontraba totalmente en una situación de jaque mate. Lamentablemente los máximos líderes del PIC, entre su premura y enfado por la existencia de la ley Morúa -contra la cual erróneamente centraron en un momento toda su lucha-, se dejaron provocar y no supieron prever lo que se les vendría encima, escogiendo la variante más arriesgada y valiente, pero también la más desacertada políticamente.

Era prácticamente un suicidio, pues como se vio inmediatamente, casi todos los sectores de la sociedad cubana; la prensa; la Asociación Nacional de Veteranos; el gobierno cubano; los más reconocidos líderes negros de la época y el gobierno estadounidense -al que ingenuamente pedían mediara a su favor-, no solo no los apoyaron, sino que los condenaron y en la peor variante participaron directamente en la masacre. Lo peor de

---

[558] Guillermo Rodríguez Rivera, Ob. Cit.

todo es que su protesta contra la enmienda Morúa terminó en una masacre brutal del gobierno de José Miguel Gómez contra el alzamiento, en la que perdieron la vida -una buena parte de ellos asesinados salvajemente- miles de valiosos hombres que integraban y simpatizaban con el PIC, y que la propia causa que defendían: la igualdad racial, lejos de avanzar, se retrasó; con efectos nocivos para la sociedad cubana en su conjunto. El propio Rodríguez Rivera reconoce que "en Cuba quedó un espíritu racista dominando en la política y en la cultura"[559], pero no hace alusión alguna a lo que muy bien ha destacado Esteban Morales: "Al ser desacertados en sus métodos, en la práctica, casi sin percatarse de ello, actuaron en contra de la causa que debían defender"[560].

Estos son algunos de los criterios que con sus palabras defiende Rolando Rodríguez en La Conspiración de los Iguales, ¿puede entonces sostenerse la tesis de Rodríguez Rivera, de que la obra constituye de por sí un libro equivocado?

Aunque Rodríguez Rivera no lo quiera ver, La Conspiración de los Iguales refuerza lo ya planteado por Serafín Portando Linares –hijo de uno de los integrantes del PIC sobreviviente de aquella masacre–en su profunda investigación Los independientes de color: "Si su objetivo principal era la integración de un partido en el que estuviesen garantizados la lucha contra la discriminación racial, y por la plenitud de derechos para la población negra, así como los derechos electorales, una vez aprobada la Enmienda Morúa, y declarado el Partido fuera de la ley, debieron no de centrar la lucha por la derogación de la Enmienda, sino juntar sus fuerzas políticas y electorales con otros núcleos progresistas de la

---

[559] Guillermo Rodríguez Rivera, *Un libro equivocado*, *La Jiribilla*, no 557, enero 2012.
[560] Véase Esteban Morales, "Partido Independiente de Color: en la trampa de la fraternidad racial", *La Jiribilla* , no 557, enero de 2012

CUBA: LA ISLA INSUMISA

población cubana, sin tener en cuenta su raza o color; y haber creado un partido popular con otro nombre y un programa más ampliado. Esto le hubiera permitido lograr sus objetivos programáticos y electorales, así como enfrentarse ventajosamente a sus enemigos y a los partidos Liberal y Conservador. Se aferraron al nombre de su partido y al derecho electoral inmediato, que les concedía el código regulador de esa materia vigente"[561].

También en su reciente réplica Guillermo Rodríguez Rivera establece un paralelismo entre la masacre de los independientes de color y la ocurrida casi un siglo antes a raíz de lo que se conoció como la Conspiración de la Escalera. "La Nueva Escalera, acaso sería un mejor título para un libro sobre la masacre de 1912"[562], destaca Rodríguez Rivera. Pero al contrario de lo que piensa este crítico, el destacado intelectual cubano Fernando Martínez Heredia, refiriéndose a la masacre de 1912, ha sostenido con juicio docto: "...aquella bárbara represión que asesinó a miles de personas, atropelló y tomó presos en tantos lugares del país, y que nunca brindó excusas o reparaciones por sus desmanes, no puede igualarse en su significación y sus secuelas a la que sucedió en 1844, el famoso "año del cuero". Esta última tuvo un contexto, unas motivaciones y unos objetivos completamente diferentes"[563].

Rodríguez Rivera dice que me sustento en lo expresado por Rolando Rodríguez en sus libros para señalar los errores tácticos y estratégicos cometidos por los Independientes de Color, pero tengo que responderle que además de los libros de este autor me sirvieron mucho

---

[561] Serafín Portuondo Linares, *Los independientes de color*", Ed.Caminos, La Habana, 2002, p.213.

[562] Guillermo Rodríguez Rivera, *Mas sobre La Conspiración de los Iguales*, La Jiribilla, no 557, enero 2012.

[563] Fernando Martínez Heredia, "Portuondo Linares y Los independientes de color", en: *Andando en la Historia*, Ruth Casa Editorial e Instituto Cubano de Investigación Juan Marinello, La Habana, 2009, pp.291-292.

los análisis de Serafín Portuondo Linares[564], Esteban Morales[565] y otros autores, sobre esta temática. Pero sobre todo, me apoyé en mi propia capacidad de pensar con cabeza propia y de manera desprejuiciada, sin evitar el tan necesario diálogo pasado, presente y futuro.

---

[564] Véase sobre todo "Méritos y errores de los independientes", último capítulo del libro de Serafín Portuondo Linares, *Los independientes de color*, Ed.Caminos, La Habana, 2002, pp.214-215.

[565] Esteban Morales señala como errores cometidos por los independientes de color los siguientes: olvidar que la batalla del PIC no podía ser solo contra la Enmienda Morúa, sino una lucha político-social por ganarse a la masa de negros y mestizos, y hasta de blancos, pobres sobre todo, que podían encontrar reflejadas muchas de sus aspiraciones en el Programa del Partido; no haber prestado más atención al aspecto organizativo del Partido, para evitar lo que de hecho se produjo en algunas ocasiones, la emergencia de iniciativas regionales, que no pocas veces pusieron en peligro las intenciones pacíficas y no racistas del partido; haber confiado de manera muy idealista, apoyados en la estrategia de 1906 contra Estrada Palma, en que el gobierno norteamericano defendería en Cuba reivindicaciones políticas de negros, cuando dentro de su propio país practicaban el racismo más despiadado. Además, que la diferencia con 1906, era que fueron blancos los que lideraron entonces el movimiento; creer que José Miguel Gómez se vería obligado en algún momento a derogar la Enmienda Morúa; no tomar suficientemente en cuenta, los factores de peligro presentes en el ambiente político de la época, tales como: el interés de algunos sectores por provocar la intervención norteamericana, el racismo presente en la vida nacional, el peso de la propaganda racista, que magnificaba, tergiversaba y manipulaba toda actividad del partido, como una acción dirigida contra los blancos y sus familias; además de la actitud paranoica del gobierno norteamericano contra toda actividad que pudiese afectar sus propiedades en Cuba; y confiar en que conversar con José Miguel Gómez les serviría para adelantar algo en sus aspiraciones de abolir la Enmienda Morúa. Véase Estaban Morales, "Partido Independiente de Color: en la trampa de la fraternidad racial", *La Jiribilla*, no 557, enero de 2012. Tenía en mi posesión una copia de este excelente trabajo antes de que saliera publicado en *La Jiribilla*.

Quede claro que, a pesar de todos los errores cometidos por los independientes de color, nada quita, como bien señaló Portuondo Linares, "su lealtad a los principios que defendieron" y "la honradez que rigió su afán justiciero a favor del negro cubano"[566].

Pero la historia hay que contarla en su multiplicidad de matices.

Ahora sí puedo cogerme el descanso reparador que recomienda Guillermo Rodríguez Rivera.

---

[566] Serafín Portuondo Linares, Ob.Cit, p.214.

ANTI-INJERENCISMO Y ANTI-PLATTISMO
EN TIEMPOS DE LOS INDEPENDIENTES DE COLOR

Si nos guiamos por algunos de los análisis vertidos en los últimos tiempos sobre un aspecto aún muy poco abordado y divulgado de la historia del Partido Independiente de Color (PIC), como es el caso de las conexiones que establecieron algunos de sus líderes con el gobierno de los Estados Unidos, pudiera interpretarse que en la sociedad cubana de las primeras décadas de República Neocolonial Burguesa, solo puede hablarse de una mentalidad complaciente ante la tutela yanqui, derivada de la hegemonía cultural, económica y política que ejercía el poderoso vecino en la Isla. Es decir, se pretende justificar los reclamos de mediación e intervención que algunas figuras del PIC hicieron a Washington, bajo la concepción históricamente errada de que en aquellos años, los cubanos todos digerían con facilidad la píldora mitológica de que debían la independencia al gobierno de los Estados Unidos, al tiempo que la modernidad del Norte subyugaba sus sueños y esperanzas. Sobre este problema ha advertido la Doctora en Ciencias Filosóficas, Mely del Rosario González Aróstegui:

"Por mucho tiempo, y a fuerza de consideraciones de marcada intención ideológica, ha dominado la impresión de que esta etapa fue de adormecimiento de la conciencia nacional, y que ésta se despierta con signos de rebeldía sólo en los años veinte; sin embargo, hay evidencias claras de una resistencia en sentido político, pero también en un sentido más amplio: en el sentido de toda una orientación de la cultura, de una orientación del pensamiento nacional hacia una posición de no permitir que las circunstancias adversas dejaran a la nación cubana a su suerte frente a los Estados Unidos"[567].

De estos enfoques que sostienen la no existencia en la sociedad cubana de posiciones contrahegemónicas significativas, se deriva el criterio de que todo el que señale ahora que los líderes del PIC fueron ingenuos o poco clarividentes con respecto a la posición del racista gobierno de los Estados Unidos, y que erraron al pedir la intervención –no anexión- de los estadounidenses , "está haciendo un análisis presentista, que nada tiene que ver con la época que le tocó vivir a los Independientes de Color". El argumento esencial que se ha utilizado para fundamentar este criterio es que no era algo inusual en aquel contexto, que se pidiera continuamente la injerencia de los Estados Unidos en los asuntos cubanos, para favorecer o legitimar los intereses de uno u otro partido de los que se disputaban el poder. Cierto que no era nada extraño, más bien se había convertido en una práctica política.

Eso está bien a la hora de explicar, no para justificar –abjurando de cualquier crítica- la actitud de algunos líderes del PIC al acudir a Washington para dirimir los problemas nacionales, así como de cualquier otro dirigente de los partidos políticos tradicionales, pues entonces soslayamos que en esa misma época, también habían cubanos luchando a brazo partido contra la deshonrosa Enmienda Platt y la injerencia yanqui en nuestros asuntos. Con solo haber existido una personalidad que hubiera tenido estas posiciones en aquella coyuntura histórica, bastaría para desbancar los criterios que plantean la descontextualización. Pero ese no fue el caso de Cuba durante las dos primeras décadas del siglo

---

[567] Mely del Rosario González Aróstegui, "Cuando una cultura se propone resistir. La defensa de la identidad cultural durante los primeros veinte años republicanos en Cuba", Revista digital Letras Mil , v.1, no 2, Diciembre de 2011, p.2.

XX, pues en todos esos años el "plattismo" encontró una fuerte resistencia de las corrientes de pensamiento que rechazaban la dominación económica, política y cultural de potencias extranjeras, especialmente la de Estados Unidos.

Realmente a lo interno de la sociedad cubana existía una pugna muy intensa en el campo de las ideas y las mentalidades. De un lado, las estructuras de poder neocolonial controladas desde Washington promoviendo la cultura "plattista", del otro, elementos de la sociedad civil, especialmente de la vanguardia intelectual, asumiendo posiciones anti-injerencistas y anti-plattistas, que se convirtieron en el centro de la cultura de la resistencia cubana en esos años. Aunque en el amplio espectro de opiniones también hubo matices intermedios.

Los que analizan el tema sin tener en cuenta estas complejidades, soslayan además los avances historiográficos que han demostrado fehacientemente que en la Isla hubo una resistencia a la dominación yanqui incluso desde antes del 20 de mayo de 1902 y que el anti-imperialismo radical de corte marxista de los años veinte fue el resultado de una experiencia acumulativa en materia de pensamiento, que tuvo como antecedente al anti-injerencismo y el anti-plattismo de las primeras dos décadas de ensayo neocolonial.

La investigadora cubana Mely del Rosario, ha hecho importantes contribuciones en este tema del anti-injerencismo y de lo que ella denomina antiimperialismo de corte liberal positivista en los inicios de la República[568].

---

[568] El anti-injerencismo asume el rechazo a la injerencia y a la penetración por el peligro que entrañan para el desarrollo de la nacionalidad cubana, por un problema ético y de resistencia política. No llega a determinar en toda su magnitud la responsabilidad de Estados Unidos en la situación interna de Cuba, y las causas de los problemas los deriva de la corrupción, la incapacidad de los políticos, el desorden social, etc. El antiimperialismo de corte liberal asume el aspecto económico de la penetración norteamericana, y aunque no llega a una claridad conceptual del imperialismo, define el peligro de la injerencia de

En la primera corriente de pensamiento González Arós-
tegui ubica a ensayistas vinculados a importantes pu-
blicaciones de la época como: Mario Guiral Moreno,
Carlos de Velasco, José Sixto de Sola, Julio Villoldo,
Leopoldo Cancio, Roque Garrigó y Ricardo Oxamendi.
También a intelectuales vinculados al Movimiento de
Revisión Histórica, como Enrique Collazo y Fernando
Ortiz; escritores como Miguel A. Carbonell y Eduardo
Abril Amores; otros incorporados en alguna medida al
movimiento de la clase obrera y las ideas socialistas,
como José Antonio Ramos, Carlos Loveira, Miguel de
Carrión y Juan Ramón Xiques; periodistas como Ma-
nuel Márquez Sterling; y abogados que apreciaron el fe-
nómeno de las relaciones entre Cuba y los Estados Unidos a través del prisma de lo jurídico[569].

Por su parte, menciona a Enrique José Varona, Manuel
Sanguily, Juan Gualberto Gómez, Salvador Cisneros
Betancourt y Julio César Gandarilla, como represen-
tantes de la línea antiimperialista de corte liberal[570].

Al respecto señala Mely del Rosario:

> "Los votos particulares contra la Enmienda de
> Juan Gualberto Gómez y Salvador Cisneros Be-
> tancourt, la polémica de Manuel Sanguily en el
> Senado alrededor del tratado de Reciprocidad, los

Estados Unidos en Cuba y su responsabilidad en los problemas
cubanos. Por tanto, el anti-injerencismo es una concepción política más limitada que el antiimperialismo liberal, en el orden de
la comprensión y análisis de las relaciones con Estados Unidos.
El antiimperialismo liberal superó desde inicios del siglo XX las
posiciones anti-injerencistas, aunque no llegaran al radicalismo
de Martí por la fundamentación positivista de que partían.
Véase: Mely del Rosario González Aróstegui, "Antinjerencismo
y antiimperialismo en los inicios de la República en Cuba", revista Temas , no. 22-23, julio-diciembre de 2000.

[569] Mely del Rosario González Aróstegui, "Antinjerencismo y an-
tiimperialismo en los inicios de la República en Cuba", revista
Temas , no. 22-23, julio-diciembre de 2000, pp.13-14. (Premio
Temas de Ensayo 2000 en la modalidad de Ciencias Sociales)

[570] Ibídem, p.14.

estudios de Enrique José Varona sobre el imperialismo en la temprana fecha de 1905 y todos sus escritos desde esa fecha hasta su muerte, así como la obra de Julio César Gandarilla Contra el yanqui, son manifestaciones concretas de esta línea que, sin llegar a una visión marxista sobre el fenómeno, supo ver el lugar central que ocupaban los Estados Unidos en la solución del problema cubano, aún antes de que estuviesen creadas las condiciones económicas y políticas que permitieron en los años veinte esa delimitación de principio"[571].

En 1912 todavía estaban frescos los tristes recuerdos de la segunda ocupación 1906-1909, y ésta, indudablemente, había provocado una radicalización del pensamiento anti-injerencista y anti-plattista en no pocos sectores de la sociedad cubana. Además, se hablaba públicamente de lo funesto que podía ser para Cuba una tercera intervención de los Estados Unidos.

"Los años que siguen a 1906 –destaca Mely del Rosario- se caracterizan por una extensión de las ideas críticas acerca del nuevo dominio a que estaba sometida la Isla, pero sobre todo por el realce de posiciones éticas de rechazo a la injerencia. Se observa una tendencia a la generalización del debate con una amplia gama de ideas, en su mayoría agrupadas bajo la consigna cívica de Manuel Márquez Sterling: "contra la injerencia extraña, la virtud doméstica". A partir de aquí se desata todo un movimiento cívico estrechamente vinculado al problema de la injerencia. Esta manera de interpretar la necesidad de un enfrentamiento a la in-

---

[571] Mely del Rosario González Aróstegui, El antiimperialismo en el pensamiento cubano: génesis y desarrollo, revista Islas , año 51, número 160, abril-junio, 2009, p.14.

jerencia de los Estados Unidos en Cuba es asumida en general por el movimiento de intelectuales defensores de la nacionalidad cubana, portadores de una cultura de la resistencia, tanto de la línea antinjerencista como de la antiimperialista liberal"[572].

Dentro de la pléyade de figuras ilustres que lucharon con denuedo contra la injerencia de los Estados Unidos en Cuba y por la abrogación de la Enmienda Platt, se destacó el líder independentista Salvador Cisneros Betancourt, quien a pesar de su avanzada edad, desplegó una intensa lucha cívica por la independencia absoluta de la Isla, la cual consideraba había sido frustrada por el poder extranjero. El 10 de octubre de 1907 Salvador Cisneros fundó la Junta Patriótica, con la intención de aunar a todas las fuerzas revolucionarias en un bloque nacional con independencia de clases sociales o filiación política. Presidida por el Marqués de Santa Lucía, la Junta aspiraba a convertirse en el gran Partido Revolucionario Cubano, siendo uno de sus postulados fundamentales la abolición de la Enmienda Platt. Integraron además la junta Manuel Sanguily, Enrique Collazo, Eusebio Hernández, Carlos García Vélez, Fermín Valdés Domínguez, Enrique Loynaz del Castillo, Francisco Arredondo y Miranda, Manuel Piedra Martell y Generoso Campos Marquetti, entre otros[573].

Serafín Portuondo Linares señala que los Independientes de Color debieron no centrar su lucha en la derogación de la Enmienda Morúa, "sino juntar sus fuerzas políticas y electorales con otros núcleos progresistas de la población cubana, sin tener en cuenta su raza o

---

[572] Mely del Rosario González Aróstegui, "Antinjerencismo y antiimperialismo en los inicios de la República en Cuba", revista Temas , no. 22-23, julio-diciembre de 2000, p.19. (Premio Temas de Ensayo 2000 en la modalidad de Ciencias Sociales)
[573] Elda Cento Muñoz y Ricardo Muñoz Gutiérrez, Salvador Cisneros Betancourt: Entre la controversia y la fe , Editorial de Ciencias Sociales, La Habana , 2009, p.124.

color; y haber creado un partido popular con otro nombre y un programa más ampliado "[574]. Pienso que los Independientes de Color desaprovecharon esa oportunidad cuando en 1908 los dirigentes de la Junta Patriótica se les acercaron con espíritu unitario, sin que pudieran alcanzarse acuerdos efectivos[575].

Poco tiempo antes de producirse la protesta de los Independientes de Color, el 18 de enero de 1912, Cisneros Betancourt, en profundo discurso antiplattista había señalado:

> "Entiendo, que ni los Estados Unidos, ni otra Nación alguna tiene derecho a inmiscuirse en nuestros asuntos interiores, porque desde ese momento perdemos la independencia absoluta que como Nación debemos tener; pero por desgracia nos vimos obligados a aceptar que en nuestra constitución se agregase la malhadada y tremenda Enmienda Platt, la que no acepté en su principio ni aceptaré jamás.
>
> (...)
>
> Espero de la sensatez y el buen juicio de los cubanos todos que sabrán darse cuenta de los graves males que nos amenazan sino ponemos todo lo que esté de nuestra parte para evitar por todos los medios posibles a fin que no pise en tierra cubana ningún soldado americano"[576].

Es de presumir que Salvador Cisneros, Juan Gualberto Gómez, y el resto de las personalidades destacadas en esos años por su la lucha contra la Enmienda Platt y el injerencismo yanqui, desconocían que el 18 de

---

[574] Serafín Portuondo Linares, Los independientes de color , Ed.Caminos, La Habana , 2002, p.213.

[575] Este criterio también es sostenido por Silvio Castro en: La masacre de los Independientes de Color en 1912 , Editorial de Ciencias Sociales, La Habana , 2002, pp.77-78.

[576] Ibídem, p.463.

octubre de 1910, Francisco Caballero Tejera e Isidoro Santos Carrero y Zamora, presidente y secretario, respectivamente, del comité ejecutivo provincial de Santiago de Cuba del Partido Independiente de Color, habían enviado una carta al presidente estadounidense William Taft, en la que se referían a la Enmienda Platt como la "visionaria medida" introducida por el "prudente gobierno"[577] estadounidense en la constitución cubana[578].

También, que ignoraban el telegrama firmado por 96 integrantes del PIC y dirigido el 23 de marzo de 1912 al Ministro Plenipotenciario de los Estados Unidos en Cuba, Mister Beaupré, para que éste lo trasladara a Taft, en el cual señalaban: "Cansados de injusticias vejaciones esperamos protección de ese Gobierno en atención artículo tercero Ley Platt"[579].

Recordemos que el famoso artículo tercero de la Enmienda Platt era el que daba derecho a los Estados Unidos a intervenir militarmente en la Isla. Otro mensaje que jamás llegaría a los ojos de estas personalidades sería el enviado por Evaristo Estenoz, líder indiscutible del PIC, al Departamento de Estado de los Estados Unidos, en los primeros días de junio de 1912. En este se planteaba entre otras cuestiones:

> "...deseo declarar que antes que ser gobernados por los cubanos en el pasado, sería mucho más preferible ser gobernados por extraños. (...) esperamos que el pueblo de los Estados Unidos comprenda nuestra posición y estudie el asunto ex-

---

[577] De haber sido demagogia, se trataba de una demagogia peligrosa e infantil.

[578] Rolando Rodríguez, "A propósito de la protesta de los Independientes de Color. Discrepancias con un amigo", La Jiribilla , No 581, La Habana , 23-29 de junio de 2012. De haber sido demagogia, se trataba de una demagogia peligrosa e infantil.

[579] Rolando Rodríguez, La conspiración de los Iguales. La protesta de los Independientes de Color, Editorial de Ciencias Sociales, La Habana, 2012, p.161.

haustivamente antes de convencerse de la necesidad de la intervención"[580].

¿De haberse hecho público estos mensajes, qué reacción hubieran provocado en Salvador Cisneros y Juan Gualberto Gómez, por solo mencionar dos nombres harto conocidos? ¿Cuál hubiera sido la respuesta de los sectores del pueblo cubano que en ese momento histórico estaban asumiendo abiertamente posiciones antiinjerencistas y anti-plattistas, de haber leído estos planteamientos? ¿Los que en la actualidad criticamos estas ideas, estamos haciéndolo sin tener en cuenta el contexto? ¿Acaso no había en la época posicionamientos profundamente críticos dirigidos hacia los cubanos que constantemente llamaban a los yanquis para que ejercieran sus "buenos oficios"?

El 12 de marzo de 1913 Salvador Cisneros presidió una reunión de la Junta Patriótica encaminada a impulsar un movimiento nacional para aglutinar a todas las instituciones patrióticas en un Comité Pro Abolición de la Enmienda Platt e iniciar una campaña diplomática y pacífica con ese objetivo. El 26 del mismo mes, se efectuó la constitución del Comité con la asistencia de más de 150 personas entre ellas representantes de la Asociación de Emigrados y obreros de algunas fábricas de tabaco de La Habana[581].

En 1913, se publica el libro Contra el yanqui de Julio César Gandarilla, acontecimiento que Julio LeRiverend califica como "un hecho ideológico de singular categoría". En esta obra Gandarilla continúa la línea historiográfica abierta por Enrique Collazo en Los Americanos en Cuba (1905) al negar la ayuda yanqui a la liberación de Cuba y alertar abiertamente sobre los peligros que

---

[580] Rolando Rodríguez, "A propósito de la protesta de los Independientes de Color. Discrepancias con un amigo", La Jiribilla, No 581, La Habana , 23-29 de junio de 2012. De haber sido demagogia, se trataba de una demagogia peligrosa e infantil.
[581] Elda Cento Muñoz y Ricardo Muñoz Gutiérrez, Ob.Cit, p.129.

representaba la penetración del imperialismo estadounidense en la Isla: "Cubanos: sed celosos de vuestra soberanía, luchad contra los influjos imperialistas del que se dice vuestro amigo. El código Platt es vuestro vilipendio, urge una cruzada del sentimiento patrio contra el insigne abuso de los perjurios puritanos"[582].

Si bien el libro se publica en 1913, hay que decir que los artículos del mismo habían sido desde antes reproducidos en periódicos y revistas de la región oriental y luego en La Prensa y la Opinión, de La Habana. Por lo tanto, habían sido publicados en tiempos de los Independientes de Color.

Otro suceso que denota el auge en la sociedad cubana del rechazo a la injerencia de los Estados Unidos ocurrió en agosto de 1912, cuando el joven periodista cubano, reportero de La Lucha, Enrique Mazas, abofeteó y retó a duelo al secretario de la legación de Estados Unidos en La Habana, Hugh Gibson, en el café del hotel Miramar, en Prado y Malecón, porque había proferido injurias contra Cuba. El incidente levantó un gran revuelo y provocó una ola de sentimientos anti-yanquis en el pueblo cubano. El 29 de agosto de 1912, una editorial del periódico *El Siglo*, bajo el título "Los extranjeros insolentes" se solidarizaba con el periodista cubano:

"Mazas no es Mazas. En él se ha vinculado durante el momento en que hacía justicia a su país, la representación del mismo. La diestra que azotó el rostro del insultador gratuito de la República, fue la mano santa de la República.

"¡Y cuando eso acontece; cuando un hombre, un ciudadano, se transfigura, y lleva en sí, si quiera por un segundo, el decoro nacional, y pega; este hombre, ese ciudadano, es un pueblo que pega¡"[583].

---

[582] Julio César Gandarilla, *Contra el yanqui* , Editorial de Ciencias Sociales, La Habana , 1973, p.66.
[583] El Siglo, 29 de agosto de 1912.

En esta lucha contra la injerencia y la dominación cultural yanqui resalta el aporte que en los primeros veinte años de República realizaron los intelectuales cubanos al diseño de un sistema de enseñanza que salvara nuestros valores culturales. Pese a todos los intentos del gobierno de los Estados Unidos por controlar las escuelas públicas cubanas en función de sus intereses, estas conservaron -gracias a la encomiable labor de los educadores cubanos- las mejores tradiciones de las luchas liberadoras del pasado y se mantuvieron inculcando sentimientos patrióticos en el afán de preservar la cubanía y rechazar la penetración estadounidense[584].

Asimismo, la permanente obsesión de los intelectuales por acercarse a la comprensión de la cubanidad y la cubanía denota una rebelión del espíritu nacional contra la dominación foránea, expresada no solo en la manera de enseñar en las escuelas públicas cubanas, sino también en el carácter de las publicaciones periódicas, en el arte y la literatura de la época. En este caso podemos mencionar la novela *Tránsito*, escrita en 1908, obra de abierto rechazo a la injerencia estadounidense en la Isla. En ella se describe todo el proceso de penetración económica y política de los Estados Unidos en la vida nacional cubana. También el teatro "Alhambra" ha sido considerado como ejemplo del manejo de la sátira en función de rechazar la penetración norteamericana[585].

Con los elementos aportados hasta ahora, basta para poner en claro que en los años de los Independientes de Color, lejos de abandonarse el reclamo del cese de la Enmienda Platt y el rechazo a la injerencia yanqui en

---

[584] Para ampliar al respecto véase los trabajos del historiador Yoel Cordoví publicados en Internet: José Martí en las escuelas públicas de Cuba, 1899-1920 y La enseñanza de la Historia de Cuba en las escuelas primarias a inicios de la república , 1899-1920.

[585] Mely del Rosario González Aróstegui, "Cuando una cultura se propone resistir. La defensa de la identidad cultural durante los primeros veinte años republicanos en Cuba", Revista digital Letras Mil , v.1, no 2, Diciembre de 2011, pp.11-12.

los asuntos cubanos, esta lucha cobraba cada día más fuerzas.

Hay que explicar que la confianza de los Independientes de Color en que los Estados Unidos pudieran intervenir a su favor en la disputa con el gobierno de José Miguel Gómez y por la derogación de la enmienda Morúa, se debía en parte al reconocimiento legal que le había dado al PIC el gobierno estadounidense durante la segunda ocupación[586]. Pero ese fue un error de cálculo terrible, pues el racista gobierno de Taft jamás daría su aprobación a un alzamiento de negros en Cuba y mucho menos intervendría para apoyar sus reclamos[587].

Como lo demostraron los hechos, el gobierno de los Estados Unidos apoyó la cruel matanza desatada por las tropas de Monteagudo contra los alzados y jamás mostró la más mínima solidaridad con los Independientes de Color, ni con la lucha que estos libraban. El hecho de que durante la protesta armada los Independientes de Color respetaran las propiedades estadounidenses en la Isla, no constituye una prueba de que algunos de sus dirigentes no buscaban una intervención de los Estados

---

[586] No es ninguna ilusión pensar que la acción de Magoon dirigida a legalizar el PIC, lejos de ser por respeto al derecho de los negros a ocupar su lugar dentro de la política nacional, más bien fue para tratar de dividir a los cubanos y de ese modo conjurar las potenciales fuerzas políticas que de conjunto y unidas podían hacer avanzar a la República mas allá de lo que Estados Unidos podía permitir. Eso es posible demostrarlo porque las intenciones reales de los Estados Unidos con Cuba datan desde principios del siglo XIX. Desde entonces los yanquis estaban dispuestos a cualquier cosa con tal de tenernos en propiedad: la fruta madura y su corolario es la prueba más palpable de ello. Además Martí, no era tan conocido, pero sus ideas se forjaron a partir de una apreciación exacta de lo que Estados Unidos quería para Cuba desde principios del siglo XIX.

[587] Téngase en cuenta que en esos momentos en los Estados Unidos el racismo y la discriminación racial no tenían parangón en el mundo. Véase Hebert Pérez Concepción, "La situación del negro en los EE.UU. hacia la época de la protesta armada de los Independientes de Color en Cuba", La Jiribilla , No.557, 7-13 de enero de 2012.

Unidos. Si su aspiración era que Estados Unidos los apoyara y reconociera, como iban a enemistarse con el país del Norte destruyendo las propiedades de sus ciudadanos en Cuba. Con eso solo lograban que Washington tomara partido a favor del gobierno de José Miguel Gómez. No en balde Estenoz denunciaba en carta enviada al secretario de Estado de los Estados Unidos que el general Monteagudo trataba de valerse:

> "de algunos individuos de la fuerza a su mando para quemar algunas propiedades americanos y con ello proporcionarse el odio de Vds. todos. Lo que comunico á Vds. para su conocimiento y para que sepa á la vez á cuanto se atreven esos que nos tildan de salvajes á nosotros"[588].

Algunos se niegan a aceptar la ingenuidad y el error táctico de algunos de los líderes del PIC al confiar en un respaldo del gobierno estadounidense y ensalzar la bochornosa Enmienda Platt[589]. Y es que estamos acostumbrados a sacralizar a nuestros héroes. Los Independientes de Color sin duda deben ocupar el lugar que les corresponde en nuestro panteón de mártires heroicos, pero no por eso debemos considerarlos inmunes a los

---

[588] Rolando Rodríguez, *La conspiración de los Iguales. La protesta de los Independientes de Color*, Editorial de Ciencias Sociales, La Habana, 2012, p.321.
[589] Que algunos de los líderes y miembros del PIC hubieran jugado tácticamente con una posible intervención de los Estados Unidos en la Isla, lo cual considero fue un error garrafal, no significa que estas posiciones fueran la de todos los miembros del PIC. Hay pruebas, sobre todo en *Previsión*, de que dentro de las propias filas de los Independientes de Color hubo también manifestaciones anti-injerencistas y anti-plattistas. Quizás los que adoptaron estas posiciones contra la injerencia yanqui dentro del PIC no conocieron tampoco las comunicaciones que algunos de sus líderes y compañeros de causa establecieron con las autoridades estadounidenses.

equívocos. La historia está en los matices y las complejidades de los seres humanos y de los procesos. A cien años de aquella bárbara e inhumana masacre, debemos apropiarnos de la rebeldía y el espíritu justiciero de los Independientes de Color.

Es nuestra responsabilidad rescatar su memoria para enfrentar los racismos que aún nos quedan en la contemporaneidad, pero también debemos aprender de sus errores para no repetirlos. Si bien existía un silencio sobre el tema que felizmente hemos logrado superar, no debemos ahora silenciar ningún aspecto del mismo. Hay que sacar a flote los aciertos del PIC, pero también sus desvaríos. La mejor manera que tenemos de hacerles justicia es con la verdad y el rigor intelectual. Mucho más si el análisis nos aporta una lección tan importante, como la que nos dice que al gobierno de los Estados Unidos nunca debemos acudir para la defensa de nuestras causas de libertad y justicia. Creo que, a los conocedores de cual ha sido la historia de Cuba, no les quedará dudas sobre esta afirmación tan categórica.

ELIER RAMÍREZ CAÑEDO

Entrevistas

ELIER RAMÍREZ CAÑEDO

"DEBEMOS SANAR EL TEJIDO ESPIRITUAL DE LA NACIÓN"
Entrevista de Sheyla Valladares

La primera palabra con la que Elier Ramírez Cañedo logra identificar su relación con el estudio de la historia cubana es fascinación y el primer nombre del que buscó hazañas y dolores fue el de Camilo Cienfuegos, gracias a un álbum de postales que le compraron cuando era pequeño y en el que tuvo que llenar espacios en blanco con los gestos y sonrisas del Capitán de la Vanguardia.

De esta iniciación también fueron responsables sus abuelos José Ramírez Cruz y Luis Cañedo García; el primero, dirigente campesino, fundador y presidente de la ANAP durante 26 años; el segundo, fundador del Partido Comunista de Cuba y uno de los primeros en unirse al movimiento 26 de julio en la emigración cubana, donde colaborara con Fidel a su paso por Miami en 1955. Dos vidas que le permitieron comprender que la historia de una nación la fundan y arman todos los días hombres y mujeres llanos, a golpe de certidumbres, temores, dudas, corajes y querencias de todo tipo.

Estas experiencias marcan su trabajo como historiador, con el que intenta discrepar de la manera aséptica en la que muchos investigadores y maestros reducen la historia a cronologías o a la reconstrucción complaciente de los procesos y de la vida de los grandes y pequeños hombres que los protagonizaron.

Con este ánimo escribió los libros *El Autonomismo en las horas cruciales de la Nación Cubana* y *De la confrontación a los intentos de normalización. La política de EE.UU. hacia Cuba*, temas que lo desvelan en su afán de llenar los posibles vacíos del hacer historiográfico cubano y que compartió con los delegados al II Congreso de la *Asociación Hermanos Saíz* (AHS), organización que por estos días se pensó a sí misma, una manera también de configurar el alma del país que vivimos.

Fernando Martínez Heredia dijo en una entrevista: "Con inmensos trabajos subió la Historia la cuesta de la colonización mental durante el siglo XX, para horadar la Historia europea convertida en "universal" e ir creando otras, sus Historias. Pero en este final infeliz en el que tantos se han desbarrancado es necesario resistir a la recolonización pacífica en curso", ¿cuáles serían los mejores métodos de resistencia ante esa recolonización, cómo reconocerla, sobre todo los jóvenes, para poder construir la Historia de sus lugares y su tiempo?

Nosotros estamos enfrentados a un orden global, hegemónicamente capitalista, y al mismo tiempo, tenemos que enfrentar a lo interno de nuestro país esa ola conservadora que desde los años 90 —como sostiene Fernando Martínez Heredia— ha ido ganando más fuerza. Nos enfrentamos a la reproducción de muchos códigos del capitalismo en nuestra propia sociedad, y la vida cotidiana sufre también los embates de esa guerra cultural. Es una contienda muy asimétrica, pero Cuba tiene potenciales muy enraizados para enfrentarla y salir victoriosa. Sin embargo, en esa lucha ha habido retrocesos por nuestra parte. Ello es producto de muchas causas, empezando por la propia crisis económica que ha devenido en una crisis de valores mucho más aguda. La existencia de una pirámide invertida —hoy incluso más expandida— ha hecho su labor de zapa en las conciencias.

Por lo tanto, pienso que está muy bien que actualicemos nuestro modelo económico. Tenemos que ir mejorando las condiciones de vida de nuestra población. Al mismo tiempo, no podemos olvidarlo, debemos ir sanando el tejido espiritual de la nación cubana, dondequiera que este se encuentre dañado. No podemos confundir táctica con estrategia y, desde el punto de vista estratégico, la guerra frente al capitalismo se decide en el terreno cultural. Allí tendrá lugar la última batalla.

Ello no quiere decir que ignoremos la necesidad de construir una base económica que nos lo permita. Pero no hay que esperar a mañana para, al mismo tiempo que vamos recuperando nuestra economía, ir creando esa nueva cultura diferente y superior a la del capitalismo. De ahí que en un país como el nuestro, que se empeña en construir el socialismo, no se pueden perder de vista los objetivos estratégicos de orden cultural.

Existe una guerra cultural no solo contra el presente y el futuro de Cuba, sino dirigida a desmontarnos —sobre todo a los más jóvenes— el pasado. Entonces tenemos que crear una estrategia muy fuerte e inteligente, alejada de los métodos convencionales con los que estamos acostumbrados a llevar la Historia de Cuba a los jóvenes. Debemos empezar por evitar esos saltos bruscos en el estudio de la historia, que dejan fueran un grupo de temas muy sensibles o espinosos porque el problema está en que después vienen los enemigos de siempre a tergiversarnos lo vivido. Hay que someter todo ese pasado a un examen crítico con sus luces y sombras. No debemos temer a analizar algunos errores cometidos, todo lo contrario, sería muy desfavorable que no lo hiciéramos, pues esa experiencia sería la única fortaleza con la que pudieran contar las nuevas generaciones para no repetirlos.

Los jóvenes escritores y artistas cubanos celebran el II Congreso de la AHS donde discuten temas medulares del arte en relación con el entorno cubano de ahora mismo, ¿cómo valoras este hecho cuando al socialismo cubano le urge acopiar fuerzas culturales eficaces y atractivas a su favor, y en un mundo donde para vencer al otro la Historia de un país se convierte en una de las primeras víctimas de la conversión o destrucción de los símbolos que lo sostienen?

Tenemos la necesidad de crear referentes culturales sólidos para nuestros jóvenes y estar muy vigilantes ante cualquier distorsión en nuestra política cultural, lo que desgraciadamente ocurre con mucha frecuencia. Cuba es un país privilegiado debido a la cantidad de instituciones y organismos que se relacionan con la política cultural, pero a veces damos una imagen de incoherencia porque en algunos casos cedemos terreno a la mercantilización, a la banalización, al culto del tener y no del ser. Debemos potenciar el ser por encima del tener como paradigma de éxito de los jóvenes cubanos y de reconocimiento social por su aporte a la sociedad. Claro que generamos el efecto contrario si nos alejamos del principio socialista "de cada cual según su trabajo, de cada cual según su capacidad".

El congreso va a ser una oportunidad única, como se ha ido ya experimentando desde las sesiones de base y en las asambleas provinciales, pues ha salido una serie de preocupaciones y proposiciones de cómo construir un país mejor, próspero y sustentable, pero entendiendo también esa prosperidad y sustentabilidad desde la cultura. Sin cultura no hay calidad de vida en el socialismo. Creo que la AHS puede hacer propuestas muy interesantes y llevar un mensaje también a la dirección del país en una serie de cuestiones que pueden después materializarse. Al propio tiempo, los jóvenes artistas y escritores cubanos pueden convertirse en los principales protagonistas de las nuevas ideas que surjan del debate con la intención de enriquecer la política cultural de la Revolución en los momentos cruciales que vivimos.

Has escrito: "(...) una Revolución que no se mire de manera constante y crítica hacia dentro para mejorar cada una de sus imperfecciones, una Revolución que no se repiense ella misma todos los días, está condenada a fracasar por el inmovilismo (...)". ¿Responde "Dialogar dialogar" a la necesaria promoción entre nosotros de espacios de participación y control populares como herramientas útiles para el fortalecimiento del proceso revolucionario cubano?

Pienso que el debate y la polémica tienen que ser consustanciales al socialismo, como la sangre al cuerpo, no sé quién apuntó esta idea, pero la comparto totalmente.

Y además, la dirección del país, el mismo General de Ejército Raúl Castro, está insistiendo mucho en la necesidad de la tolerancia ante las discrepancias, de buscar entre todos las mejores soluciones a los problemas y eso solo se logra desde la diversidad de los criterios. Tenemos que superar la falsa unanimidad que ha prevalecido desgraciadamente durante muchos años a la hora de analizar nuestras dificultades y tomar decisiones. Pienso que la confrontación constructiva va a oxigenar no solo el pensamiento social y las ciencias sociales, sino que de ella saldrán propuestas inteligentes, muchas ideas que pueden en definitiva conducir a una transformación real y más positiva de nuestra sociedad. Además, el individuo que participa en estos espacios se siente más protagonista, se siente sujeto participante de lo que está sucediendo en el país. Tiene que ver mucho también con el cambio de mentalidad del que se está hablando. No puede haber tal transformación si no logramos una cultura del debate. En ocasiones sucede que dos personas coinciden en principios, pero discrepan en alguna cuestión que tiene que ver más con la forma que con el contenido y se enemistan de una manera increíble.

También hay jefes que, endiosados, se molestan y toman represalias cuando un subordinado expresa una opinión diferente. Durante muchos años ha sido así y eso forma parte del cambio que tenemos que buscar. Sería una ganancia importantísima para nuestro socialismo. La diversidad de criterios debemos acabar de entenderla como una fortaleza y no una debilidad. Por lo tanto, espacios como "Dialogar, dialogar", que es un homenaje permanente a Alfredo Guevara —maestro por excelencia en estos ejercicios de debate y polémica— deberían ser algo normal en nuestra sociedad porque las personas salen enriquecidas de ellos. La polémica despierta el interés sobre determinados temas, principalmente entre los jóvenes, ayuda a profundizar y madurar algunas ideas, a no quedarnos en la superficie. Los años 60 fueron un ejemplo excepcional en ese sentido, cuando grandes dirigentes de nuestro país debatieron públicamente sobre la economía y la cultura y nada nefasto ocurrió por eso, todo lo contrario, ayudó a la construcción del socialismo en momentos que la agresividad de los EE.UU contra Cuba llegó a sus niveles más altos. Por eso el desafío nuestro seguirá siendo construir un parlamento en una trinchera, como decía Cintio Vitier. Y debemos lograrlo.

¿Cuáles son en tu opinión los deberes que le toca cumplir a la historiografía cubana para hacer aportes sustanciales al pensamiento social que sirvan, sobre todo a los más jóvenes, para poner luz delante de nuestros pasos en medio de la lucha por la transformación liberadora de las personas?

"Tenemos que lograr que los jóvenes conozcan más la historia de su país", es una frase que escuchamos a diario. Pero ello solo se logra si todos los organismos, organizaciones e instituciones trabajan unidas y con creatividad. Sería muy importante que para estimular la investigación histórica, sobre todo de los últimos 50 años de Revolución —la que más a profundidad debiéramos conocer los jóvenes—, se promulgara alguna ley de desclasificación de documentos y comenzaran a poner estos al servicio de los investigadores. Tenemos una deuda inmensa con la historia de la Revolución Cubana en el poder, aunque también la etapa republicana muestra numerosas páginas en blanco. Ojalá sean los propios jóvenes investigadores quienes las llenen. El período de 1935 a 1953, por ejemplo, esa etapa entre revoluciones ha sido muy poco trabajada por la historiografía cubana. Conjuntamente existe un desequilibrio entre la cantidad de investigaciones históricas que se publican año tras año, que actualizan un grupo de problemáticas, y el tiempo que demoran en llegar a las escuelas estos nuevos contenidos, ya sea en los libros de texto u otros materiales. Nuestro sistema de enseñanza y nuestros medios de divulgación tardan mucho en incorporar los avances que produce la ciencia histórica.

Los historiadores tenemos que aprender a insertar los

contenidos de nuestra historia en internet, pues a pesar de los problemas de conectividad que tenemos cada vez son más los jóvenes que acceden a esta fuente. Por supuesto, tendría que ser de una manera diferente a la que estamos acostumbrados cuando escribimos un libro. El mundo virtual ha impuesto otra manera de leer y es muy difícil que alguien te lea en internet un ensayo de más de diez o quince páginas, por lo tanto habría que buscar códigos de comunicación más efectivos.

También debemos crear cada vez más productos audiovisuales atractivos que aborden las problemáticas históricas. ¿Será que es muy difícil lograr películas históricas de la calidad de Clandestinos, José Martí: el ojo del canario, o series televisivas como En silencio ha tenido que ser, Julito el pescador, o Duaba? ¿Será imposible lograr documentales históricos como los que en su época realizó Santiago Álvarez? A la vez tendríamos que superar toda una serie de carencias que existen en el plano teórico y abrirnos más a otras especialidades en el campo de las ciencias sociales y a los enfoques multidisciplinarios. A nivel mundial la teoría de la historia tiene un nivel elevado, hay una serie de corrientes y escuelas historiográficas de las cuales aquí conocemos muy poco, al ser prácticamente nulas las publicaciones teóricas. Solo los que tienen acceso a Internet pueden leer algo al respecto.

Cuando se hace un análisis de toda la historiografía cubana de los últimos años uno percibe que hay avances pero también lagunas. Y es lógico que exista un mayor tratamiento de los temas históricos que más nos legitiman en el presente, pues este siempre condiciona las preguntas que se le hacen al pasado, pero es hora de trabajar en los vacíos que aún tenemos. Soy del criterio que las figuras y corrientes políticas más conservadoras y reaccionarias de nuestra historia también hay que estudiarlas, dar nuestra visión, porque entonces otros se nos adelantan y nos venden una versión totalmente manipulada. Hay que revisar donde quiera que hemos dejado una página en blanco y completarla para que los

jóvenes tengan una historia total, no parcelada, sin exclusión de temas y de figuras. De esa manera lograría-
mos revertir en favor nuestro la guerra cultural en el
campo histórico.

LA HISTORIA SACRALIZADA NO ES HISTORIA
Cubahora conversa con uno de los jóvenes historiadores
más talentosos y destacados del país sobre la enseñanza
de la historia en Cuba...
Entrevista de Leticia Martínez

Aún no se cómo capturé a Elier, ni qué poder obró para
que se tomara un diez y me respondiera algunas preguntas sobre esa ciencia que ama, la Historia. Siempre
anda de un ajetreo a otro, el tiempo parece no alcanzarle y lo mismo anda metido en polémicas sobre la racialidad en Cuba, azuzando opiniones sobre el significado de ser revolucionario hoy, buscando malangas
para su hija en el agromercado, subiendo el Turquino o
lidiando con la doble militancia (en el PCC y la UJC) y
la decena de libros que le restan por leer esta semana.

Es Doctor en Ciencias Históricas y cuando se le anuncia en un panel, en un debate entre intelectuales o en el
lanzamiento de algún libro, al presentador no le queda
más camino que recurrir a la frase de "joven y talentoso
historiador", para despejar las dudas que puedan surgir
en el auditorio a causa de un rostro delatador de solo
tres décadas de vida.

Con Elier Ramírez Cañedo quise conversar acerca de
la "objetividad" de la historia, su enseñanza en las aulas cubanas, los vacíos investigativos, entre otro temas,
desde la perspectiva del graduado con título de Oro en
la Universidad de La Habana; del ex dirigente de la Federación de Estudiantes Universitarios; del moderador
del nuevo espacio "Dialogar, dialogar" de la Asociación
Hermanos Saíz; del autor, junto al investigador Esteban Morales, del libro "De la confrontación a los intentos de "normalización". La política de Estados Unidos
hacia Cuba"; del nieto del líder campesino Pepe Ramírez y del papá de María Fernanda, esa princesa capaz
de abducir toda su atención aún cuando se trae entre

manos el suceso histórico más importante.

—¿Historia es sinónimo de pasado?

—Me gusta más la definición de Marc Bloch sobre la historia como "la ciencia de los hombres en el tiempo", y ese tiempo puede llegar a incluir el mes pasado, el día de ayer, y hasta el minuto transcurrido en que te respondo. Digo esto pues algunos consideran que la historia más reciente no es realmente historia, y que analizar la época en que vivimos solo es labor de los sociólogos, economistas, politólogos. Yo no comparto ese aserto.

"Considero que el historiador debe tener lugar –no menos prestigioso- en esa mesa de cientistas sociales que analizan y piensan los procesos económicos, políticos, sociales y culturales en curso de la humanidad, de un país o región en particular. Si entendemos la historia como la que escriben y divulgan los historiadores, hay que decir también que la historia es siempre una interpretación del pasado, y puede haber miles de interpretaciones de ese pasado, pues es harto conocido que los acontecimientos históricos son imposibles de reproducir en un laboratorio exactamente como estos sucedieron. Existen muchas aproximaciones a la verdad histórica, algunas se acercan más que otras, pero decir que en historia existe la verdad absoluta resulta aventurado."

—¿Qué parte de la historia cubana ha sido más favorecida por las investigaciones?

—En los últimos 55 años me parece que la mayor cantidad de investigaciones han centrado su atención en las revoluciones tanto del siglo XIX, como del XX. Es decir, en las guerras independentistas del 68 y el 95, y en las revoluciones del 30 y de los 50 contra las dictaduras de Gerardo Machado y Fulgencio Batista.

—En consecuencia ¿Qué etapas se conocen menos? ¿Por qué?

—Precisamente las etapas fuera de este marco cronológico de las revoluciones. Por ejemplo, la etapa entre revoluciones, entre la revolución del 30 y la de los años

50, es decir, de 1935 a 1953, ha tenido, en mi consideración, menos acercamientos históricos. Pero la gran deuda nuestra continúa estando en la etapa posterior al triunfo revolucionario de 1959. De esa etapa falta mucho aun por investigar y por decir, y pienso que es la que habría que priorizar por encima de cualquier otra, pues constituye una debilidad nuestra en el terreno cultural e ideológico que los jóvenes no conozcan en profundidad esa historia.

"La carencia de estudios de estas etapas tiene que ver con varios factores. Hay que decir primero que la historia tampoco puede desligarse del presente, existe una relación dialéctica entre pasado y presente, es decir, mientras más conocemos el pasado mejor entendemos nuestros presente, pero también en la medida que más intensamente vivimos nuestro presente, se vuelve una necesidad interrogar al pasado, para que este nos explique y legitime el presente. Es fácil entender entonces por qué cuando triunfa la Revolución en 1959 la mirada se dirigió con tanta fuerza hacia la epopeya del siglo XIX cubano, había que rescatar toda una historia mutilada en parte por la historiografía burguesa, que legitimara y diera las claves necesarias para entender el presente que se vivía y delinear mejor lo que sería el futuro."

"En el caso de los pocos estudios sobre la Revolución cubana en el poder, creo que en breves líneas es difícil explicar las razones de esta realidad. Pero tiene que ver entre otras cosas con el hecho de que muchos de los actores se encuentran vivos y siempre se corre el riesgo de herir susceptibilidades con algún tipo de juicio o valoración. También con el poco acceso que tienen los investigadores a las fuentes documentales de este período que realmente le permitan hacer estudios interesantes y no refritos de los libros existentes."

—¿Qué opinión te merece la enseñanza de la Historia en nuestras escuelas?

—Recientemente participé en el Congreso provincial de Historia de la Unión de Historiadores de Cuba (UN-

HIC) y parece que ha habido cierta mejoría en la enseñanza de la historia en nuestras escuelas. La clave ahí es la profesionalidad y preparación del maestro, por encima de cualquier otra cosa. Pero siempre habrá mucho terreno por recorrer para lograr que la historia cale profundamente en el corazón y el cerebro de los estudiantes cubanos.

"Debe existir una mayor sincronización entre el nivel que alcanzan nuestras investigaciones y la introducción de esos resultados en los libros de textos de historia. En ocasiones tarda mucho tiempo en reflejarse en las aulas cubanas los contenidos de las investigaciones históricas que se publican año tras año. Creo que también debe haber mucha iniciativa para hacer más atractiva la historia a los jóvenes, como visitas a museos y lugares históricos y, en la medida de las posibilidades, el uso de materiales audiovisuales y de las nuevas tecnologías. Dar la posibilidad también a los muchachos de polemizar y debatir determinados temas. Aprovechar mejor la historia de la localidad. Claro, todas las estrategias deben estar siempre en correspondencia con el nivel de enseñanza."

—¿La vida de nuestros héroes está bien contada?

—A veces falta humanizarlos. Pues en ocasiones parecen dioses y no héroes de carne y hueso. Eso, lejos de acercarlos a los muchachos, los distancia y convierte en inimitables. La historia sacralizada no es historia, la historia verdadera es la de las contradicciones y multiplicidad de matices como ha sido siempre la vida en sociedad. La historia también es problematizar. Esa historia de hadas además de ser irreal es muy aburrida.

—Por último, ¿qué de cierto tiene la vieja frase de que la historia la cuentan quienes ganan las batallas? ¿Es la historia objetiva entonces?

—Tiene mucho de verdad. La historia neutral es un mito. Siempre se toma partido por más que trate el investigador de desprejuiciarse. Se puede ser más o menos objetivo, pero la objetividad absoluta no existe.

Hace unos días escuché a una persona que decía que había que hacer una historia que no estuviera permeada por lo político y yo me sonreía diciendo: pero este hombre no sabe que toda historia al final termina siendo política, desde las posiciones que asume el investigador al seleccionar el tema, plantear los problemas y las hipótesis, hasta la elaboración de las conclusiones.

"Una cosa es convertir la historia en una propaganda política y otra es pensar que la historia puede ser imparcial políticamente. Lo que hay que evitar es lo primero, pero lo segundo es imposible. Cabe también la posibilidad de que la persona que hacía ese planteamiento quizás no era nada inocente y su aspiración no era otra que la del desarme cultural e ideológico del pueblo cubano, pues la mayor parte de la historiografía que se escribe en el exterior siempre toma partido — ya sea abierta o sutilmente — contra la Revolución."

"Entonces los historiadores cubanos no debemos ser inocentes y dejarnos confundir. Nuestro compromiso ético como historiadores siempre debe estar con la verdad histórica, la verdad siempre es revolucionaria, pero si somos historiadores marxistas, jamás dejaremos de tomar partido y no precisamente del lado de la persona que defendía una supuesta "imparcialidad" de la historia."

LAS "FRONTERAS" SIMBÓLICAS DEL PATRIOTISMO
Sumario: ¿Puede ser tan patriota «un cubano en Cuba»
y «un cubano en Europa»? ¿Ha redimensionado nuestra
juventud el concepto de patriotismo a partir de nuevas
formas de entender la Patria?
Por Yisell Rodríguez Milán

Elier Ramírez Cañedo tiene 31 años. En Cuba si tienes
menos de 35 años eres política, social y culturalmente
considerado una persona joven. Y por eso, entre otras
razones, valen tanto las sabias opiniones de Elier quien,
además, es Doctor en Ciencias Históricas desde el 2011
y coautor de los libros El Autonomismo en las horas cruciales de la Nación Cubana y De la confrontación a los
intentos de «normalización». La política de los Estados
Unidos hacia Cuba.

Con él, que es alto, agradable y usa espejuelos como
muchos de los buenos investigadores que gastan sus
ojos tras montones de textos o la pantalla de un compu-
tador, conversó Soy Cuba sobre un tema que, en este
país, con este contexto y para esta juventud formada
entre conflictos económicos y dilemas marcados por el
mar, pudiera ser considerado sutilmente «espinoso»: el
patriotismo.

—¿Cómo se mide un acto de patriotismo? ¿Es posible
autoproclamarse patriota sin haberse probado antes en
situaciones tensas como una guerra, por ejemplo?

—Yo lo mediría por el nivel de entrega, sacrificio y des-
prendimiento, con el que una persona sirve a su Patria.
No es necesario probarse en una situación de guerra.
Actos cotidianos en tiempos de paz pueden catalogarse
como patrióticos. Pienso, por ejemplo, en todos los cubanos que resistieron los años más difíciles del período
especial, manteniéndose al lado de la Revolución y del

socialismo.

«Eso constituyó un acto de heroísmo colectivo, que amerita ser más conocido y divulgado entre las nuevas generaciones, como una gran proeza del pueblo cubano. También pienso en los que todavía continúan arrostrando numerosas necesidades económicas, pero se mantienen fieles al proyecto de nación que nos hemos trazado, con la intención de ser cada día más útiles, dispuestos a los mayores sacrificios por su patria.

«Sería un error asociar el patriotismo solo a las personas de bajos ingresos económicos; un cuentapropista, un artista, un deportista, u otro ciudadano que tenga una buena posición económica también puede ser un patriota cubano de nuestros tiempos. Todo depende de la actitud que adopten ante la vida y su compromiso social.

«Si sus ingresos están acorde con lo que le aportan a la Patria, bienvenido sea. Ojalá todos pudieran en Cuba ganar un salario decoroso, en correspondencia con el principio socialista: de cada cual según su trabajo, a cada cual según su capacidad, pero sabemos que aun no están creadas las condiciones para alcanzar esa meta tan necesaria.

«Por otro lado, si hacemos un análisis riguroso, hay que decir que en la Cuba revolucionaria nunca ha habido un período de generalizada y permanente paz. La guerra de los Estados Unidos contra Cuba ha sido permanente. Si bien hemos vivido etapas más tranquilas y de relativa distensión, ¿podemos decir que la guerra económica, mediática, psicológica, ideológica y cultural, de la potencia más poderosa del orbe contra nuestro país, ha cesado en algún momento? ¿Cuándo hemos dejado de estar en guerra? Hay muchas formas de ser agredidos más allá de lo convencional.

«Las guerras que está desarrollando el imperialismo estadounidense cada día son menos convencionales. Algunos autores las llaman "guerras de cuarta generación". Contra Cuba, prevalece la económica, y cada vez irrumpe más la ideológica-cultural. Por todas esas razones históricas y actuales, es imposible hoy ser un patriota cubano sin ser antiimperialista.

«La propia agresividad del imperialismo estadounidense ha contribuido a ligar indisolublemente en nuestras circunstancias patriotismo y antiimperialismo; aunque muchos cubanos solo ven el imperialismo representado en los Estados Unidos, que ha sido el enemigo histórico de la independencia y soberanía de Cuba».

—¿Qué ha caracterizado al patriotismo en Cuba a lo largo de la historia nacional?

—No todos los patriotas pueden medirse de la misma manera. Siempre hay algunos que marchan a la avanzada, que sobresalen. Podemos decir que son los arquetipos del patriotismo.

«Estamos hablando de una actitud ante la vida. Pero existen ejemplos en nuestra historia, por qué no decirlo, de extensas hojas de servicios a la Patria, manchadas por la traición o la ignominia, o de aquellos que siendo en el fondo farsantes, se vistieron de patriotas. Aunque también los hubo que en algún momento fueron pusilánimes, y luego, por vergüenza o madurez ideológica, realizaron actos de verdadero patriotismo, incluso ofrendaron sus vidas a la Patria. Así de rica, contradictoria y diversa ha sido nuestra historia, reflejo fiel de la misma existencia humana.

«En el caso concreto de Cuba, el patriotismo se ha caracterizado a lo largo de la historia por la voluntad de ser útil; el amor a la tierra en que se nació y a nuestros símbolos, mártires y tradiciones; las ansias de libertad; los sacrificios más elevados; la entrega sin límites a causas revolucionarias e ideales de justicia; la capacidad de resistencia frente a todo tipo de adversidades y de superar obstáculos; y el desafío continuo a los límites de lo posible. Tenemos el privilegio y el orgullo de contar con una historia pletórica de acciones patrióticas. No voy a mencionar hechos concretos, pues la lista sería interminable u omisa.

«Hoy consideramos que el patriotismo cubano es el resultado de una acumulación histórica, de una tradición, de una herencia cultural, pero no podemos pensar que los cubanos de finales del siglo XVIII o del XIX, lo entendían de la misma manera, aunque existan muchos puntos de contacto. Tampoco para las generaciones venideras el significado será exactamente igual al de nosotros.

«Al tener un carácter subjetivo, está sometido a constantes actualizaciones, más allá de que la herencia cultural se mantenga. Muchos actos considerados patrióticos en un contexto histórico determinado, al extrapolarse a otra época histórica, pueden ser entendidos de otra manera».

—¿Está divorciado el concepto de patriotismo del de nacionalismo?

—Son conceptos que guardan relación, pero resultan diferentes. El patriotismo es una actitud mucho más abarcadora y no tiene que limitarse exclusivamente al amor y la defensa del país en que se nació. Miles de cubanos a lo largo de la historia han demostrado su patriotismo sirviendo solidariamente a las causas revolucionaras de otros pueblos y naciones. Para muchos de ellos, ser patriota es ser internacionalista y eso se ha incorporado a nuestra cultura política.

«El nacionalismo, que puede tener varios apellidos, se limita a los sentimientos y aspiraciones de un grupo humano dentro de un contexto nacional. Puede incluso expresar una posición de chovinismo de una nacionalidad dada. Los nacionalismos también se construyen y reconstruyen continuamente».

—Dicen que el poeta Heredia, que solo vivió unos pocos años en Cuba, fue uno de nuestros grandes patriotas. Siguiendo esta línea ¿define el tiempo que vivas en tu país la dimensión del amor a la patria? ¿Puede el patriotismo continuar más allá de las fronteras, más allá del mar?

—No creo que el tiempo que se está fuera del país que te vio nacer defina el amor a la patria. Martí, Nicolás, Heredia, Félix Varela y muchos otros grandes cubanos vivieron mucho tiempo fuera de su Patria, algunos incluso sumaron más años en la emigración que dentro de Cuba.

«Sin embargo, la dimensión de su amor a Cuba fue incalculable. Se convirtieron en modelos, en paradigmas del más auténtico patriotismo cubano. Por el contrario, otros que vivieron toda su vida en el país, en cuestiones de patriotismo no le llegaron a estos hombres ni a los talones. No se trata de una cuestión de fronteras, sino de entramados simbólicos y sentimentales, traducidos en actitudes. Se puede ser un emigrado y ser un gran patriota y se puede estar en el país que se nació y ser cualquier cosa menos patriota».

—¿Está todo esto relacionado con las posturas políticas? ¿Puede ser tan patriota «un cubano en Cuba» y «un cubano en Europa o en Miami», por ejemplo?

—Yo creo que sí, que hay muchos cubanos en Miami que son patriotas, que defienden a Cuba y su Revolución. De hecho, de alguna manera el patriotismo de esos cubanos, con estas posiciones, será siempre mucho más estimado, que el de los que se encuentran en el archipiélago, pues es más fácil ser patriota en Cuba, que en Miami, donde se encuentra la más fanatizada extrema derecha de origen cubano.

«La imagen más perfecta que tengo de esta contrarrevolución es la de aquella mujer gritando exasperada: «tumben ese avión, tumben ese avión», cuando se traía de vuelta a Cuba al niño Elián González. Ser un patriota cubano en ese medio tan hostil es algo muy meritorio y requiere mucho valor, incluso poner en peligro la propia vida.

«Hay otros cubanos en Miami que no simpatizan con la Revolución cubana, pero tampoco militan contra ella. Yo no los pongo en el mismo nivel de los anteriores, aunque no los tildo de antipatriotas. Prefiero llamarles cubanos, o emigrados cubanos en los Estados Unidos.

«Muchos de ellos están en contra del bloqueo y a favor de la normalización de las relaciones con los Estados

Unidos, lo cual ya indica una conducta digna, decorosa y sensata.

«Los antipatriotas son los que apoyan el terrorismo contra Cuba, el bloqueo y todas las demás medidas agresivas, los que viven del negocio anticubano. Ni siquiera se les puede llamar «contrarrevolución cubana», como explica muy bien Esteban Morales en uno de sus ensayos, porque nunca han tenido proyecto propio, sino que han asumido el de otra nación: Estados Unidos. Fue el gobierno de Washington quien los creó, luego los financió y apoyó hasta el día de hoy».

—¿En Cuba el término patriotismo está indisolublemente ligado al de Revolución?

—Por supuesto que sí, creo que para ser patriota en la Cuba de hoy hay que estar con la Revolución y el socialismo. Es la Revolución el proyecto social que nos permitió por primera vez ser absolutamente independientes, tanto en el plano doméstico, como internacional. Ello no implica una posición acrítica frente al proceso, sino todo lo contrario, el pensamiento crítico es imprescindible al socialismo. Pero como también ha dicho Enrique Ubieta, existe una crítica revolucionaria, y una crítica contrarrevolucionaria, puede que en algún momento coincidan en el diagnóstico, pero siempre se diferenciarán en la solución y en las intenciones.

«Por otra parte, esos que solo se dedican a criticar y destruir, una especie muy singular de francotiradores, a ser expectantes de los acontecimientos y únicamente piensan en lo que la Revolución debe ofrecerle a su peculio personal y familiar, no pueden considerarse patriotas. Tampoco los que transmiten constante pesimismo por doquier y no están dispuestos al menor sacrificio.

«Pero también hacen mucho daño a la Revolución los oportunistas que se disfrazan de patriotas y adoptan posiciones de acendrado dogmatismo. Esos que ponen sus cuotas de poder por encima del proyecto y que nunca se equivocan o tienen problemas, pues siempre pretenden quedar bien con los superiores. Los que no tienen un pensamiento propio, poco o nada aportan a la

Patria».

—¿Un contrarrevolucionario también pudiera ser patriota?

—También puede ser un patriota, pero solo dentro de esa contrarrevolución que no es cubana, o para el gobierno que ha fabricado dicha contrarrevolución, en este caso los Estados Unidos. Por eso los mercenarios caídos en Girón, que ellos llaman Brigada 2506, tienen un monumento en Miami y los sobrevivientes fueron recibidos con todos los honores por el presidente Kennedy luego de ser liberados en Cuba, cambiados por alimentos y medicinas. Posada Carriles puede también ser un patriota para esa extrema derecha y el gobierno norteamericano, aunque sea un terrorista confeso. También Fariñas, Berta Soler y Yoani Sánchez».

—Si tenemos en cuenta nuestra historia y la de América Latina, ¿suele ser la juventud la etapa en que «estallan» con más frecuencia los sentimientos patrióticos?

—Generalmente sí, pues en muchos casos los actos de patriotismo están unidos a actos de rebeldía, algo que es más común en las edades más tempranas de la vida, aunque no exclusiva de estas».

—¿Cómo crees que ha contextualizado el patriotismo el universo juvenil cubano de hoy? ¿Podría decirse que ha tomado nuevas dimensiones a partir de nuevas formas de entender la Patria?

—Yo creo que la manera de entender la Patria se ha enriquecido y, al mismo tiempo, se ha contextualizado la manera de servirle. La generación del 30 tuvo la suya, también la del Centenario y la de las misiones internacionalistas en América Latina y África. A la nuestra le corresponde una fuerte batalla ideológica y cultural en todos los terrenos.

«Batalla ideológica y cultural, cuya victoria depende en buena medida también del avance que se logre en la actualización del modelo económico y social de nuestro país, proceso en el cual los jóvenes son y deben ser protagonistas.

«A los jóvenes de hoy les toca hacer muchos sacrificios por sacar el país adelante. Ahora está el reto de continuar, trazarnos nuevas metas y alcanzar nuevas conquistas para la Patria. El patriotismo juvenil hoy adquiere nuevos contenidos, pero en sus esencias se haya conectado a un tronco común, sembrado y alimentado por nuestros antepasados.

«Por otro lado, hay que tener en cuenta que la Patria es también sueños, aspiraciones, y nunca está totalmente hecha y asegurada de acechanzas y defectos. Si fuera así, no hicieran falta ya más patriotas.

«Mientras haya trabajo que hacer por la Patria, mientras haya necesidad de seguir empujando para poner la justicia tan alta como las palmas, harán falta los patriotas cubanos. Esto es muy importante que se comprenda. Si bien para ser un buen patriota hay que conocer nuestra historia, no podemos ser sujetos inmóviles que se regodean de lo alcanzado».

—Según algunos estudios sobre juventud hoy la familia, la superación profesional, y las condiciones materiales de vida son, en ese orden, las aspiraciones de las generaciones más jóvenes del país, lo cual podría llevar a preguntarse: ¿no atentan las condiciones económicas desfavorables en la opinión o los sentimientos que pueda tener un joven sobre su patria?

— Es indudable que las dificultades económicas por las que hemos atravesado durante tantos años han hecho su labor de zapa en las conciencias y hay un retroceso notable en los valores socialistas y un avance de la mercantilización de las relaciones sociales, del individualismo y del egoísmo.

«Muchos han optado por refugiarse en sí mismos y la patria se ha convertido en algo que no va más allá de la punta de sus zapatos o de las paredes de su casa. El término «luchar», tiene una connotación diferente para ellos. No se trata, en esos casos, de luchar por la justicia y la dignidad de la mayor cantidad de hijos del país, sino de luchar para sí, aunque ello implique una afectación a terceros.

«Todo eso hemos visto en estos año. Pero también,

como las reservas morales y patrióticas del pueblo cubano han impedido que se pierdan las esencias y en los momentos de mayor calamidad, ha resurgido la solidaridad. Hay que seguir apelando a esas reservas morales y al mismo tiempo ir recuperando la economía».

—Muy difícil o muy aburrido pudiera parecerle el ser patriota a muchos jóvenes debido a la forma en que reciben los contenidos históricos en clases. ¿Crees que influye la forma en que se enseña historia hoy en la representación social que tiene una parte de los jóvenes sobre el patriotismo?

— Por supuesto, ya decía en una entrevista anterior que la historia sacralizada no es historia, pero además no convence ni seduce a los jóvenes. Hay que humanizar más a nuestros héroes, reflejarlos en sus contradicciones y multiplicidad de matices, acercarlos más a nosotros y no convertirlos en soles inimitables.

«Otro problema que tenemos es que en muchas ocasiones somos omisos y maniqueos en el análisis de figuras y procesos, y no nos damos cuenta de que cada vacío que dejamos constituye una vulnerabilidad que nuestros enemigos han aprendido a aprovechar muy bien. La ignorancia y el olvido no pueden ser las recetas que empleemos cuando analizamos algunos temas de nuestra historia que podemos considerar "espinosos".

«En la historia no puede haber anatemas. Algunos piensan que abordar estos tópicos es «hacerle el juego al enemigo». Yo pienso que al no tocarlos es que verdaderamente se lo hacemos».

—Dígame alguna manera, si es que la hay, en que los jóvenes cubanos muestren su patriotismo a diario, aunque ellos mismos no lo sepan…

—Esos jóvenes blogueros revolucionarios cubanos que hoy están peleando en Internet y en las redes sociales, defendiendo a nuestro país del cerco mediático y acercando al mundo a la vida real del cubano, a la Cuba verdadera, son patriotas cubanos del siglo XXI.

«También lo son todos esos jóvenes periodistas, cuentapropistas, dirigentes, cientistas sociales, escritores y artistas que defienden nuestra obra y nuestros valores, frente a los intentos neocolonizadores del sistema capitalista. Los que se enfrentan día a día a la indolencia, la chapucería, el oportunismo y esquematismo. Los que se la pasan buscando ideas renovadoras para transformar la realidad que los circunda.

«Pero no lo son menos nuestros médicos, maestros, campesinos, científicos y deportistas. Todos esos que trabajan por y para Cuba, más que para sí mismos. Que aspiran a una Cuba mejor, a un socialismo mejor, y no se quedan en sus casas de brazos cruzados a ver qué sucede con el futuro, sino salen todos los días con la frente en alto a poner su inteligencia y su sudor en función de la patria y de ese futuro que saben que de ellos depende que sea luminoso».

CUBA HOY

ELIER RAMÍREZ CAÑEDO

"LOS AVATARES ACTUALES DE LA JUVENTUD COMUNISTA CUBANA".[590]

Palabras al IX Congreso de la UJC
Comisión de Trabajo Político-Ideológico, 3 de abril de 2010.

Mi generación, como ninguna otra, sufrió los fuertes embates materiales y espirituales devenidos de la desintegración del campo socialista. Transcurridos 20 años de aquellos acontecimientos no hemos conocido otra cosa que lo que llamamos "Período Especial". No solo nacimos en un país bloqueado y asediado por la potencia imperialista más poderosa del mundo sino que vivimos nuestra niñez, adolescencia y juventud, bajo las circunstancias más adversas en que un pueblo se ha planteado la construcción del socialismo. Pese a las múltiples carencias materiales y las afectaciones lógicas que nuestra desajustada base económica produjo en la espiritualidad de muchos cubanos, nos hicimos comunistas. Ello fue posible, fundamentalmente, gracias a nuestros padres, abuelos y maestros, que hicieron que comprendiéramos que el capitalismo no tenía nada humano que ofrecernos y que el socialismo era el único camino de poner la justicia tan alta como las palmas y de alcanzar la liberación humana de todas las dominaciones posibles; que nos hablaron del sufrimiento de Cuba antes del triunfo revolucionario de enero de 1959 y de todo lo que habíamos logrado luego de este bajo la sabia dirección de nuestro líder Fidel Castro. De esta manera nos incorporamos concientemente a la lucha revolucionaria, a resistir todo lo que viniera, y a tratar de salir adelante. Lo hicimos bajo la inspiración guevariana de que el revolucionario es el escalón más alto de la especie

---

[590] Publicado en el blog personal del autor Dialogar, dialogar, 9 de julio de 2013

humana.

Lo que parecía imposible para muchos espectadores en el mundo entero se logró, Cuba no solo resistió el derrumbe del campo socialista y la entonces más envalentonada y agresiva política de Estados Unidos y sus aliados contra Cuba, sino que logró revertir la situación más crítica de la crisis de los 90. Sólo el sacrificio sin par y la unidad del pueblo, guiados magistralmente por el liderazgo histórico permitió que desafiáramos los límites de lo posible. Mi generación no fue solo testigo de esto, sino también protagonista de tal resistencia heroica. Pero haber sabido nuestros líderes captar en toda su dimensión las coordenadas del momento histórico con creatividad y valentía política, permitió que la Cuba socialista saliera con vida de aquellos momentos tan aciagos, aunque no sin heridas. Heridas que hoy permanecen abiertas y que de no curarlas, llevarían a la reversibilidad de nuestro proceso. De ello nos alertó Fidel, en su magistral y memorable discurso en el Aula Magna de la Universidad de La Habana el 17 de noviembre de 2005. Estamos entonces ahora en otra encrucijada histórica que requiere también derroche de creatividad y la participación abierta de todos los cubanos, para cambiar todo lo que debe ser cambiado. La unión indisoluble vanguardia y masa es hoy más necesaria que nunca.

Pertenezco a un sector comprometido de la juventud cubana, marcado profundamente por las palabras del Comandante en Jefe en aquel discurso en el Aula Magna, en el cual nos responsabilizó a nosotros, los más jóvenes, con el futuro de la Revolución y nos convocó al debate sobre la construcción del socialismo cubano del futuro. "Hoy tenemos ideas, a mi juicio, bastante claras, -nos dijo Fidel- de cómo se debe construir el socialismo, pero necesitamos muchas ideas bien claras y muchas preguntas dirigidas a ustedes, que son los responsables, acerca de cómo se puede preservar o se preservará en el futuro el socialismo".

Pienso que este debate entre la generación histórica y la nuestra que, sólo será histórica en la medida que logre no solo la continuidad de nuestra Revolución sino también un socialismo mejor, aún no se ha producido en toda su profundidad. En la unión indisoluble de los pinos viejos y los nuevos en el actuar y el repensar de nuestro socialismo estará la garantía de la permanencia de lo conquistado y lo por conquistar. La juventud comunista cubana debe proyectarse más allá de los problemas propios de la juventud –que de hecho son bastantes y muy complejos- sino también a todo el entorno social, económico y político de la nación. Debe tener un espacio mayor para crear, para debatir, para influir en la toma de decisiones. Para que la juventud sea el futuro debe empezar por ser el presente. Por eso defiendo la idea de que no solo debemos trabajar por lograr una representatividad mayor en todas nuestras estructuras de dirección, en cuanto a género y raza, sino también generacional. La multiplicidad de voces participativas en la construcción de nuestro socialismo debe ser una de nuestras fortalezas inquebrantables.

Nuestro trabajo político ideológico con los jóvenes sin compromiso, desconectados o colonizados culturalmente por el capitalismo, se hace cada día más complejo. No es que sea imposible que logremos sumarlos a nuestras ideas, sino que se hace más difícil, pues nuestros argumentos chocan con realidades actuales de nuestra sociedad que nosotros mismos, dada nuestra condición de revolucionarios, somos los primeros que añoramos con cierta impaciencia que cambien. El hombre, por naturaleza, toma la práctica como criterio de la verdad. Por eso es más difícil convencer partiendo de ideales que de realidades. Con esto no quiero decir que todo este mal en nuestra realidad, sino que tenemos muchos más problemas acumulados que resolver que en circunstancias pasadas, problemas que han tenido su impacto más fuerte en las generaciones más jóvenes y que no solo tienen que ver con la vida material, sino también con la espiritual, pues ambos campos de nuestra existencia están orgánicamente relacionados. A ello se le une, que el Imperialismo no ha cesado, más bien a incrementado su guerra cultural contra Cuba. También contra todos los proyectos que aspiran a desconectarse de sus redes de dominación sistémica. Sus industrias culturales y del entretenimiento banal tienen mucho poder y en su afán de convertir a la mayoría de los seres humanos de este planeta en sujetos que no piensen sino que consuman, destinan todos los recursos monetarios y humanos a su alcance. Cuba está en el ojo del huracán, a solo 90 millas de la potencia líder de ese sistema alienador y la nueva administración estadounidense tiene entre sus prioridades la subversión ideológica de la juventud cubana.

Ante un nuevo entorno internacional, en el que el prestigio de Cuba se eleva cada vez más y países de nuestra región han apostado también por el socialismo antes que la barbarie, urge que redefinamos nuestra brújula socialista y de que sanemos las heridas yacentes de todos estos años de sobrevivencia y resistencia, y que lo hagamos paralelamente tanto en la base económica como en la superestructura. Si resolvemos solo lo económico y no trabajamos desde ahora por sanear todo nuestro tejido espiritual allí donde ha sido dañado –lo cual considero llevará incluso más tiempo-, no garantizaremos la irreversibilidad de nuestro socialismo. Viceversa, si seguimos trabajando político-ideológicamente sobre una base económica que, fundamentalmente por su distanciamiento de la fórmula planteada por Marx en la *Crítica del Programa de Gotha,* "*de cada cual según su capacidad, a cada cual según su trabajo*", realiza labor de zapa en las conciencias, tampoco lograremos nuestros objetivos a largo alcance. Las desigualdades derivadas de esta situación se hacen más lacerantes ante la presencia del fenómeno de la corrupción y las ilegalidades, cuestión sobre la cual también alertó el Comandante en Jefe en su discurso en el Aula Magna. En definitiva, creemos que la recuperación económica debe ir acompañada de la recuperación cultural.

Por eso, no sería demasiado ocioso decir que la mayor solidaridad internacional que podemos prestar hoy – además de la que ya estamos prestando- sobre todo a los gobiernos revolucionarios del hemisferio, es trabajar fuertemente por resolver las imperfecciones de nuestro modelo socialista, demostrando que no solo resistimos, sino que construimos un modelo de sociedad anticapitalista viable económica, política, social y culturalmente. Soy de los que defiendo la idea de la socialización del poder y la agenda de los cambios, así como la diversificación de las formas de propiedad social, como posibles soluciones a muchos de los problemas que hoy enfrenta nuestro socialismo.

No hay duda de que las imperfecciones de nuestra realidad inciden directamente en el trabajo político-ideológico que desarrollamos con los militantes de la UJC y, sobre todo, con el que desplegamos con los no militantes de nuestro radio de acción. Pero a pesar de que muchas de estas dificultades requieren soluciones a nivel de país, tampoco estamos desarmados. Me atrevería a enumerar algunos de los aspectos que los militantes comunistas debemos tomar en consideración para desarrollar con mayor éxito el trabajo político-ideológico individualizado o colectivo, no como un recetario dogmático, sino como simples recomendaciones a incorporar al debate:

1- Reconocer nuestras propias deficiencias en el trabajo de la juventud y las imperfecciones de nuestra sociedad. Nuestra incondicionaldad con la Revolución no significa que seamos acríticos con lo que hacemos y con lo que vemos, pues entonces dejaríamos de ser revolucionarios. El revolucionario es el mayor inconforme con las insuficiencias y errores, pero ello lo lleva a comprometerse aún más en la lucha, no a abandonarla.

2- Mostrar cultura del debate y tratar de convencer, jamás imponer. Imponer solo con el ejemplo personal. Para ello también es necesario ser cada día más cultos y estar actualizados de nuestro acontecer nacional e internacional.

3- Como dijera nuestro presidente, el General de Ejército Raúl Castro Ruz, en su intervención ante la Asamblea Nacional del Poder Popular el 28 de diciembre de 2007: "quien ocupa un cargo de dirección debe saber escuchar y crear el ambiente propicio para que los demás de expresen con absoluta libertad".

4- La Historia de Cuba y el marxismo constituyen armas ideológicas realmente poderosas. La historia de nuestra patria debemos trasmitirla con pasión para que llegue hasta el corazón mismo de nuestros jóvenes, pero también con rigor científico, como una historia que al preocuparse por la búsqueda de la verdad nos presente seres humanos y no dioses y santos. Una historia por demás analítica y problematizada, no hecholó gica. Dentro de ella, preocuparnos por conocer en profundidad, con sus luces y sombras, la historia de la Revolución Cubana en el poder, desgraciadamente la etapa menos estudiada. *"Los que no conocen su historia están condenados a repetirla"*, decía Santayana. Aunque yo diría mejor: los que no conocen los errores de su historia están condenados a repetirlos. ¿Cómo podremos avanzar sin conocer las lecciones del pasado? Entendamos que cada vacío temático que dejamos en nuestra historia, termina virándose contra nosotros, pues el enemigo encuentra terreno para la manipulación y el engaño. Sabe que el árbol como mejor se corta es de raíz y hacia nuestras raíces dirige sus dardos venenosos.

Por su parte, el marxismo debemos entenderlo como método, no como doctrina. Como una teoría en movimiento no anquilosada por el tiempo, en la que se superen las vulgarizaciones y determinismos que tanto daño le hicieron durante años. "Para nosotros –decían Marx y Engels-, el comunismo no es un estado que debe implantarse, un ideal que ha de sujetarse a la realidad. Nosotros llamamos comunismo al movimiento real que anula y supera el estado de cosas actual".

5- Eliminar el verticalismo en la manera de dirigir que tanto nos afecta. Verticalismo es igual desmovilización, apatía y formalismo. Cuando desconcentramos el poder y lo repartimos entre todos, cuando debatimos en colectivo todas las decisiones, logramos compromiso, identificación, participación y las mejores soluciones a nuestros problemas. Logramos por demás que los militantes participen, piensen, creen, aporten y se eduquen políticamente.

6- Ser dialécticos y creadores todo el tiempo. "Una juventud que no crea es una anomalía", nos decía el Che. Sin engreimientos y autosuficiencias que nos lleven a creer que tenemos la verdad absoluta y con nuestra modestia como arma fundamental, pensar con cabeza propia. "¿Y qué juventud queremos? –preguntaba Fidel en discurso pronunciado el 13 de marzo de 1962- ¿Queremos, acaso, una juventud que simplemente se concrete a oír y a repetir? ¡No¡ Queremos una juventud piense. ¿Una juventud que sea revolucionaria por imitarnos a nosotros? ¡No¡, sino una juventud que aprenda por sí misma a ser revolucionaria, una juventud que se convenza a sí misma, una juventud que desarrolle plenamente su pensamiento".

Para finalizar solo me cabe decir que, o pasamos a la ofensiva con ideas revolucionariamente sólidas y con hechos y realizaciones concretas o perderemos la principal batalla de nuestra generación. Y para que no se hagan ilusiones nuestros enemigos le advertimos de que en esa batalla, la disyuntiva de la juventud comunista no es otra que la de ¡Socialismo o Muerte¡ ¡Patria o Muerte¡ ¡Venceremos¡

Muchas Gracias.

UNA SENCILLA TAREA PARA BERTA SOLER[591]

Berta Soler, "líder" de las Damas de Blanco, recientemente ha declarado en España que la Cuba de Batista
fue una "joya de oro". Como integrante que es de la
nueva jauría de anexionistas cubanos debería estudiar
las palabras que pronunció J.F.Kennedy –uno de sus
presidentes- el 6 de octubre de 1960, en un banquete
ofrecido por el Partido Demócrata en la ciudad de Cincinnati, Ohio, en plena campaña electoral por la presidencia de los Estados Unidos. En esa ocasión el joven
senador expresó:

"En 1953 la familia cubana tenía un ingreso de
seis pesos a la semana. Del 15 al 20 por ciento de
la fuerza de trabajo estaba crónicamente desem-
pleada. Sólo un tercio de las castas de la Isla tenían agua corriente y en los últimos años que pre-
cedieron a la Revolución de Castro este abismal
nivel de vida bajó aún más al crecer la población,
que no participaba del crecimiento económico.
Sólo a 90 millas estaban los Estados Unidos –su
buen vecino- la nación más rica de la Tierra, con
sus radios, sus periódicos y películas divulgando
la historia de la riqueza material de los Estados
Unidos y sus excedentes agrícolas. Pero en vez de
extenderle una mano amiga al desesperado pueblo de Cuba, casi toda nuestra ayuda fue en forma
de asistencia en armamentos, asistencia que no
contribuyó al crecimiento económico para el bienestar del pueblo cubano; asistencia que permitió
a Castro y a los comunistas estimular la creciente
creencia que Estados Unidos era indiferente a las
aspiraciones del pueblo de Cuba de tener una vida

---

[591] Publicado en: *Rebelión*, 7 de abril de 2013

decente...De una manera que antagonizaba al pueblo de Cuba usamos la influencia con el Gobierno para beneficiar los intereses y aumentar las utilidades de las compañías privadas norteamericanas que dominaban la economía de la Isla. Al principio de 1959 las empresas norteamericanas poseían cerca del 40 por ciento de las tierras azucareras, casi todas las fincas de ganado, el 90 por ciento de las minas y concesiones minerales, el 80 por ciento de los servicios y prácticamente toda la industria del petróleo y suministraba dos tercios de las importaciones de Cuba.

El símbolo de esta ciega actitud está ahora en exhibición en un museo de La Habana. Es un teléfono de oro sólido obsequiado a Batista por la Compañía de Teléfonos. Es una expresión de gratitud por el aumento excesivo de las tarifas que autorizó el Dictador cubano a instancias de nuestro Gobierno. Y a los visitantes del museo se les recuerda que Estados Unidos no dijo nada sobre otros eventos que ocurrieron el mismo día que se autorizó el excesivo aumento de las tarifas cuando 40 cubanos perdieron su vida en un asalto al Palacio de Batista...Quizás el más desastroso de nuestros errores fue la decisión de encumbrar y darle respaldo a una de las dictaduras más sangrientas y represivas de la larga historia de la represión latinoamericana. Fulgencio Batista asesinó a 20 000 cubanos en siete años, una proporción de la población de Cuba mayor que la de los norteamericanos que murieron en las dos grandes guerras mundiales...Voceros de la Administración elogiaban a Batista, lo exaltaban como un aliado confiable y un buen amigo, en momentos en que Batista asesinaba a miles de ciudadanos, destruía los últimos vestigios de libertad y robaba cientos de millones de dólares al pueblo cubano. Aumentamos una constante corriente de armas y municiones a Batista justificándola en nombre de la defensa hemisférica cuando en realidad su único uso era aplacar la oposición al Dictador y todavía, cuando la guerra civil en Cuba estaba en todo su apogeo –hasta marzo de 1958- la Administración continuó enviando armas a Batista , que usaba contra los rebeldes aumentando el sentimiento antinorteamericano y ayudando a fortalecer la influencia de los comunistas...Por ejemplo, en Santa Clara, Cuba, hay hoy una exhibición conmemorando los daños causados en la ciudad por los aviones de Batista en diciembre de 1958. Lo más destacado de la exhibición es una colección de fragmentos de bombas con la inscripción debajo de dos manos apretadas que dice "Mutual Defense-Made in USA"...Aún cuando nuestro gobierno detuvo el envío de armas, nuestra misión militar permaneció para adiestrar a los soldados de Batista para combatir a los revolucionarios y se negaron a irse hasta que las fuerzas de Castro estaban en las calles de La Habana".[592]

Está claro que no le podemos pedir a Berta que estudie los profundos estudios históricos realizados por investigadores cubanos sobre la dictadura de Batista, pero seguramente no dejará de leer a uno de sus presidentes estadounidenses. Eso sería una falla imperdonable para ella. Quizás leyendo al propio Kennedy se interese en profundizar y conozca unas cuantas verdades de lo que fue la Cuba de Fulgencio Batista.

---

[592]Citado por Carlos Lechuga en: *Itinerario de una Farsa*, Editorial Pueblo y Educación, Ciudad de La Habana, 1991, pp.127-129.

"LA IMPORTANCIA
DE LA CRÍTICA REVOLUCIONARIA"[593]

Engels planteaba que el socialismo era una sociedad en constante cambio y transformación y Fidel ha dicho que debemos cambiar todo lo que debe ser cambiado. Está claro para mí que no hay cambio posible fuera de la Revolución y del socialismo. Fuera de la Revolución y del socialismo solo está la barbarie. Pero una Revolución sin cambios permanentes, una Revolución que no se mire de manera constante y crítica hacia dentro para mejorar cada una de sus imperfecciones, una Revolución que no se repiense ella misma todos los días, está condenada a fracasar por el inmovilismo y la apatía. Mariátegui destacó que "el socialismo es creación heroica" y precisamente en ese proceso de creación constante debemos participar todos los revolucionarios cubanos. El socialismo es una construcción colectiva, o no es socialismo.

"Los pueblos han de vivir criticándose, porque la crítica es salud: pero con un solo pecho y una sola mente"[594], decía nuestro Apóstol. Ese pecho y esa mente no pueden ser hoy otra cosa para nosotros que el proyecto socialista cubano. En los que practican la crítica revolucionaria, en los inconformes con la realidad que les rodea y que ellos también construyen, no están alistados nuestros enemigos; aunque algunos se vistan de esa manera para hacer daño o buscar protagonismos. Los mayores enemigos están en los declarados y también, en no pocos casos, en los que sostienen todo el tiempo un discurso dogmático y combaten la crítica no

---

[593] Publicado en: *Rebelión* 19 de agosto de 2010
[594] José Martí, "Nuestra América", en: Obras Completas, tomo 6, Editorial de Ciencias Sociales, 1975.

con argumentos sino con imposiciones. La historia demuestra que muchos de los que han mantenido esa actitud están hoy del otro lado. Pero el daño no está solo en eso, sino que una buena parte de estos individuos al adoptar una actitud ciega ante las realidades y contraria a todo tipo de crítica salida del marco oficial, impiden que la Revolución avance y van separándose cada vez más de las masas.

En sus "Palabras a los Intelectuales" en 1961, Fidel dijo: *"dentro de la Revolución, todo; contra la Revolución, nada".* Pero en esa expresión como ha reiterado en varias ocasiones Roberto Fernández Retamar no estaba excluyendo a la crítica revolucionaria. La crítica revolucionaria en debate rico y creador debe ser savia fundamental de nuestro proceso, para que este avance y se perfeccione cada día más. Indiscutiblemente, la ausencia de debate y de crítica revolucionaria durante muchos años fue una de las causas que condujo al derrumbe del campo socialista.

Uno de los argumentos más vetustos utilizados para limitar o evitar la crítica social, es que se basa en la idea de que el enemigo puede aprovechar cualquier crítica para hacer daño a la Revolución y que por lo tanto los que ejercen el pensamiento crítico pueden, sin estar incluso conscientes de ello, ser funcionales a los intereses del enemigo. Sin embargo, con el tiempo he llegado a una conclusión simple: el principal objetivo del enemigo es destruir la Revolución y en ese empeño una de sus tareas primordiales es evitar que la misma se perfeccione y consolide; sin una crítica desde la Revolución y por la Revolución, es imposible que eso se logre, por lo tanto, al limitar la crítica social, es que realmente estamos siendo funcionales a los intereses del enemigo que no desea que nuestro proceso avance superando sus deficiencias. Por no plantear los problemas, estos no se van a resolver solos y, a fin de cuentas, el enemigo nos va a tomar la delantera refiriéndose a ellos de manera sobredimensionada y tergiversada, pues nuestros contrarios se aprovechan de los que decimos, pero también de lo que no decimos. Sobre este tema le expresó a Ignacio Ramonet nuestro Comandante en Jefe:

"Mire, aquí ha habido durante bastante tiempo la tendencia a suponer que los señalamientos críticos, la denuncia de las cosas mal hechas, hacían el juego al enemigo, ayudaban al enemigo y a la contrarrevolución. A veces hay el temor de informar sobre algo, porque se piensa que puede ser útil al enemigo. Y nosotros hemos descubierto que en la lucha contra los hechos negativos es muy importante el trabajo de los órganos de prensa. Y hemos estimulado el espíritu crítico. Llegamos a la convicción de que es necesario desarrollar mucho más el espíritu crítico. Yo lo he estimulado al máximo porque constituye un factor fundamental para perfeccionar nuestro sistema.
Sabemos que hay inconvenientes, pero queremos una crítica responsable. A pesar de las posibles consecuencias, todo es mejor que la ausencia de críticas"[595].

Todas las sociedades humanas han sido regidas por sistemas de dominación, solo que en el socialismo la dominación está en función de la liberación humana. El socialismo es un movimiento constante de superación del estado de cosas anterior dirigido siempre hacia mayores espacios de emancipación. Socialismo, es socializar: socializar el poder, socializar la gestión económica y socializar la agenda de los cambios revolucionarios. En ese proceso de emancipación progresiva, nuestra libertad de ejercer la crítica revolucionaria no puede depender de las movidas del enemigo, no podemos entrar

[595] Tomado del libro "Cien Horas con Fidel, conversaciones con Ignacio Ramonet", editado por Oficina de Publicaciones del Consejo de Estado, La Habana, Septiembre de 2006, Capítulo 25, Cuba hoy. Páginas 603-611. (Segunda edición revisada y enriquecida con nuevos datos).

en su juego, pues la mejor manera de derrotarlo es demostrando que nuestra socialismo es la mayor expresión de la libertad humana y que nuestra conciencia crítica, nuestra voz revolucionaria, no estará esclavizada por los ecos que la misma produce en su territorio. "No vamos a dejar de escuchar la opinión honesta de cada cual, que tan útil y necesaria resulta, por la algarabía que se arma, a veces bastante ridícula, cada vez que un ciudadano de nuestro país dice algo a lo que esos mismos promotores del espectáculo no harían el menor caso, si lo escucharan en otro lugar del planeta", expresó nuestro presidente, Raúl Castro Ruz, el 24 de febrero de 2008 a la Asamblea Nacional.

Si los argumentos que vierte un revolucionario a la hora de hacer una crítica nos parecen desacertados, solo deben ser repelidos por otros argumentos revolucionarios, en medio de una rica y respetuosa discusión. En ese sentido mucho me gustan las palabras del Che, cuando expresó: "...nosotros tenemos que tener la suficiente capacidad como para destruir todas las opiniones contrarias sobre el argumento o si no dejar que las opiniones se expresen. Opinión que haya que destruirla a palos es una opinión que nos lleva la ventaja a nosotros...No es posible destruir las opiniones a palos y precisamente es lo que mata todo desarrollo, el desarrollo libre de la inteligencia"[596].

La cuestión no está solo en hacer la Revolución, sino también en pensar críticamente la revolución socialista, con herramientas teóricas marxistas enriquecidas constantemente por la práctica. Sin teoría revolucionaria no hay práctica revolucionaria; pero al mismo tiempo la teoría no puede forzar la realidad, sino viceversa. Considero que no solo debemos preocuparnos por nuestra actuación revolucionaria, sino también por nuestro pensar revolucionario. Decimos constantemente que somos

---

[596] Acta de reunión en el Ministerio de Industrias, 2 de octubre de 1964, en: Ernesto Che Guevara, *apuntes críticos a la Economía Política*, Editorial de Ciencias Sociales, La Habana, 2006, p.369.

revolucionarios, que somos comunistas y que somos marxistas. ¿Pero nos hemos dedicado a fondo a estudiar y a pensar que es un revolucionario, que es un comunista y que es un marxista?

Los comunistas debemos ser vanguardia no solo en la actuación revolucionaria, sino también en el mundo de las ideas revolucionarias. Más cuando nuestra tarea fundamental es convencer y sumar, no imponer y restar.

UN DISCURSO MEDULAR [597]
Publicado el 18 julio, 2013 de Iroel Sánchez

A pesar de que ya han transcurrido varios días del discurso ante la Asamblea Nacional del General de Ejército, **Raúl Castro Ruz**, aún me siento conmovido. La emoción que sentí con sus palabras estuvo relacionada con el hecho de percibir cuanta comprensión y conciencia tiene nuestro Presidente sobre los problemas más acuciantes del país y de los peligros que enfrenta nuestro proyecto revolucionario.

Raúl ha insistido en numerosas oportunidades a todos los cuadros que deben "pegar los oídos a la tierra" y en cada discurso pronunciado da un ejemplo en ese sentido. Claro que, al pasar los días, la emoción se transforma en preocupación, pues el diagnóstico de nuestra realidad en cuanto a la pérdida de valores y comportamientos éticos elementales, es bien complejo y difícil, pero las soluciones posibles parecen mucho más enrevesadas, debido a que cualquier análisis nos lleva a la conclusión de que solo sería posible revertir esta situación con respuestas integrales y sistemáticas, contando con el mayor apoyo de la población cubana y sus extraordinarias reservas morales.

Ello está intrínsecamente relacionado con el cambio de mentalidad que queremos desarrollar y que sabemos no se logra de manera inmediata. Las mentalidades se resisten al cambio y por lo general solo van modificándose de acuerdo a las condicionantes externas que lo propicien, que incentiven a que las personas dejen de actuar de la manera en que habitualmente lo han hecho durante años.

También recibí con mucho beneplácito las palabras de Raúl, pues en alguna medida me sentí respaldado en

---

[597] Publicado en: *Rebelión*, 19 de julio de 2013.

varias de las ideas que he defendido en diversos escenarios y conversaciones con amigos y colegas de trabajo. Como por ejemplo, el pensamiento de que la recuperación económica de nuestro país, debe ir acompañado de un trabajo muy fuerte en el plano ideológico y cultural, sobre todo enfocado en los aspectos en los que hemos retrocedido. Mucho más ahora con todos los cambios que están teniendo lugar que le dan más espacio al mercado y el influjo de las relaciones monetarios-mercantiles se apodera de las mentes de más cubanos, mientras la llamada "pirámide invertida" continúa haciendo labor de zapa en las conciencias.

Sin ese acompañamiento es prácticamente imposible que avance nuestra economía como queremos –ya se está poniendo de manifiesto-, y en caso de hacerlo, ello no puede llevarnos a pensar que con eso habremos salvado el socialismo en Cuba, pues la batalla final entre el capitalismo y el socialismo se define en el terreno de la espiritualidad. Podremos el día de mañana tener medianamente resueltos los problemas económicos, pero si no hemos creado una nueva cultura, opuesta y superior a la cultura del capitalismo, igualmente habremos perdido el rumbo socialista.

Recordemos que lo que nos hizo sobrevivir la caída del Campo Socialista fue precisamente nuestra cultura y que no en balde Fidel señaló en aquella aciaga coyuntura que eso era lo primero que teníamos que preservar. Pero también nuestra experiencia histórica ha demostrado que no se puede sostener durante mucho tiempo la hegemonía cultural socialista, sin una economía sólida que la respalde. De ahí que exista, una estrecha relación orgánica entre ambos aspectos de la realidad. Gramsci lo explicó muy bien en sus Cuadernos de la Cárcel.

Mas, ¿cómo enfrentamos la degradación moral y cívica de la que hemos sido testigos durante todos estos años posteriores al derrumbe del campo socialista y que atentan contra la sobrevivencia de nuestro proceso revolucionario? Pienso que esa debe ser la pregunta fundamental ahora de los revolucionarios cubanos luego del contundente discurso de Raúl. Y en la búsqueda de respuestas a esa pregunta, los intelectuales cubanos tenemos mucho que aportar.

Pensar en cómo sanar todo el tejido espiritual, allí donde ha sido dañado, debe ser labor fundamental de la intelectualidad cubana, pero no solo pensar, sino también actuar en consecuencia.

Hay medidas y soluciones que deben ser aplicadas a corto plazo y otras en un tiempo mucho más prologando. Está claro que las medidas coercitivas no resuelven los problemas de fondo, sino que estos solo pueden solventarse de manera efectiva en nuestro sistema de educación y en la familia, logrando también una progresiva mejora económica que supere el estado de marginalidad en que viven ciertos sectores de la sociedad cubana. Pero como ha dicho Raúl: "Lo real es que se ha abusado de la nobleza de la Revolución, de no acudir al uso de la fuerza de la ley, por justificado que fuera, privilegiando el convencimiento y el trabajo político, lo cual debemos reconocer no siempre ha resultado suficiente".

No se trata ahora de asumir el reto a través de una campaña del momento o por medio de consignas vacías. El problema no se resuelve, por mencionar un ejemplo, a través de una convocatoria formal por los CDR para decir nuevamente que hay que combatir las ilegalidades, la corrupción y las indisciplinas sociales. Se trata de crear las estructuras y mecanismos que faciliten al pueblo el combate de todos estos fenómenos. Se trata de pensar en profundidad y con mucha creatividad cómo atacar estos problemas a fondo y de una manera sistemática, sabiendo que muchos de ellos costarán años resolverlos.

Considero que las indisciplinas sociales pueden combatirse en lo inmediato utilizando las fuerzas coercitivas y los recursos legales que disponemos. Pero habrá también que crear nuevas fuerzas y recursos legales, pues los existentes no creo sean suficientes. En muchos lugares del mundo se le aplican multas a los ciudadanos que botan papeles u otros desechos en la calle, ponen música alta, pisan el césped, etcétera. Nuestra Policía Nacional Revolucionaria debiera jugar un papel protagónico en ese sentido. También en el transporte público.

Es muy común encontrarse en determinados ómnibus y horarios, ciudadanos que acceden a este servicio en estado de embriaguez, fumando y diciendo palabras obscenas. En otras ocasiones, grupos de revoltosos maltratan la propiedad social. Son pocas las ocasiones en que son requeridos, pues las personas temen recibir una respuesta violenta, incluso con armas blancas. Eso pasa incluso en otros ámbitos de la vida social. Recientemente me contaron de un caso de una persona que fue a reclamar a la panadería, pues le habían dado un pan de muy mala calidad mientras el de mejor elaboración se vendía por la "izquierda" y terminó recibiendo una herida en el brazo, al esquivar el ataque de un machete.

Lo que quiero decir con esto, es que a pesar de que este pueblo también hay valientes que se enfrentan a las indisciplinas sociales y otras conductas inmorales como estas, deben contar con el respaldo de las autoridades correspondientes para que la impunidad no siga prevaleciendo. Las autoridades deben apoyar al máximo a todos los ciudadanos que combaten este tipo de manifestaciones y que sobre los infractores caiga todo el peso de la ley y la repulsa social.

En ese sentido los medios de comunicación, pueden desempeñar un papel muy importante de denuncia y divulgación de todos estos hechos denigrantes para nuestra sociedad. Últimamente han salido en el periódico Granma varios artículos en esa dirección, demostrándose lo efectivos que pueden ser nuestros medios en el enfrentamiento a estas conductas inmorales. Ello contribuye a realzar el espíritu combativo de nuestra sociedad y al desarrollo de una conciencia crítica en nuestro pueblo. De esta manera los corruptos e inmorales se van a ir sintiendo cada día más acorralados.

En cuanto a la corrupción y las ilegalidades pienso que se podrían crear una especie de oficinas anticorrupción en las comunidades dedicadas a recibir las denuncias de la población para luego someterlas a investigación. Este combate a la corrupción y las ilegalidades es de prioridad mayúscula, pues indudablemente constituye el principal enemigo de la Revolución, como bien a expresado el destacado académico cubano Esteban Morales Domínguez en varios de sus artículos. Aunque considero que ese combate debe comenzar de arriba hacia abajo y no a la inversa. No puede ser que la pelea comience contra el viejito que para poder sobrevivir vende maní en la esquina sin licencia, antes que por el gerente o jefe de una fábrica que está robando al por mayor, enriqueciéndose a la vista de todos, llevando un nivel de vida que sabemos es imposible de acuerdo a su salario.

A veces no nos damos cuenta de lo subversiva que puede ser nuestra propia realidad para la persistencia de nuestro proyecto, más subversiva que la propia labor del enemigo externo. Ya Fidel nos lo advirtió el 17 de noviembre de 2005 en su magistral discurso en el Aula Magna de la Universidad de La Habana. El General de Ejército, Raúl Castro, también se ha referido a esta cuestión en varias de sus intervenciones. La realizada el 7 de julio de 2013, ante la Asamblea Nacional es una clarinada para todos los revolucionarios cubanos en los momentos actuales que vivimos, pues tenemos que ganar en percepción del riesgo que corremos si continuamos de brazos cruzados ante este tipo de fenómenos que han ganado cada vez más espacio en nuestro país.

Aún estamos a tiempo de salvarnos de la barbarie que significaría el regreso del capitalismo a Cuba. Los intelectuales cubanos, además de vincularnos muy estrechamente a todas las tareas del proceso revolucionario, seguimos llamados a ofrecer luz, alertar y ejercer la crítica ante todos los fenómenos que nos parezcan puedan atentar contra la obra que estamos empeñados en construir, y no solo a ello, sino también a hacer proposiciones concretas. La mejor ciencia social es la que no solo se queda en el diagnóstico de la realidad, sino la que a partir de ese escrutinio hace propuestas que puedan ayudar a transformarla. Eso nos hace también marxistas.

"LUCHAMOS CONTRA LA MISERIA,
PERO AL MISMO TIEMPO LUCHAMOS CONTRA LA ALIE-
NACIÓN"
Publicado el octubre 21, 2013
(Palabras al II congreso de la AHS)

Los jóvenes escritores y artistas de la Asociación Hermanos Saiz, además de participar activamente en cada
una de las tareas de la organización, debemos tener
como una de nuestras misiones fundamentales pensar
la Revolución, pensar la sociedad cubana actual, y
desde nuestros análisis y proposiciones, contribuir también a perfeccionar nuestro socialismo, fundamentalmente en el ámbito de la cultura. En nuestras manos
no solo está el futuro de la Revolución, sino el propio
presente del que somos testigos y participantes excep-
cionales. Sabemos que estamos en una coyuntura muy
difícil, pero a la vez no deja de ser estimulante y movi-
lizadora para cualquier joven revolucionario, pues muchas son las realidades nuevas que van percibiéndose
en nuestra sociedad, así como gigantescos los retos y
desafíos. Nadie puede decir que en los últimos años ha
habido inmovilismo, todo lo contrario, Cuba ha cambiado más aceleradamente de lo que nosotros mismos
hoy podemos percibir.
Todos coincidimos en que hay que actualizar también
nuestro país desde la cultura. Y esto es tan difícil como
hacerlo en el terreno económico. Creo, incluso, que mucho más, pues como todos sabemos las transformaciones en la superestructura operan con mayor lentitud.
Además, somos conscientes de que no es posible lograr
que los individuos cultiven su espíritu en toda su plenitud, si al menos no tienen garantizadas algunas condiciones mínimas de vida. Sin embargo, es imprescindible
que en la medida que vayamos recuperando nuestra

economía, multipliquemos también -como ha reiterado el compañero Abel Prieto- las iniciativas culturales que contribuyan a ir sanando todo el tejido espiritual de la nación cubana, allí donde se encuentre dañado.

De esta manera, cada acción económica que realicemos debe estar acompañada de un fuerte trabajo ideológico y cultural. Si no nos libramos de fenómenos como la corrupción, las ilegalidades, las indisciplinas sociales y otras conductas nocivas, es muy difícil que nuestra economía despegue como aspiramos todos los cubanos. Por eso me pareció tan importante el discurso del General de Ejército, Raúl Castro, el pasado 7 de julio ante la Asamblea Nacional.

Hace solo unos días a los delegados de la capital nos dieron una explicación detallada de todas las inversiones y transformaciones que están teniendo lugar en el centro histórico de la ciudad y es asombroso ver el impacto que tiene en las personas, cuando a la vez que se les ofrecen condiciones dignas de vida, se les brindan mayores opciones culturales. Pienso que ese es el verdadero camino socialista. Y que cuando hablamos de un socialismo próspero y sustentable, debemos entenderlo también en el plano espiritual.

Es cierto que el principal sospechoso de nuestros retrocesos en el campo cultural e ideológico hay que buscarlo siempre en la base económica que hemos tenido desde los años 90, pero también tenemos nuestras propias insuficiencias subjetivas a la hora de enfrentar los retos culturales e ideológicos actuales.

Un trabajo cultural e ideológico mucho más efectivo es hoy cuestión de vida o muerte, cuando sabemos los riesgos que corremos –y que era inevitable correr ante el peligro mayor de reversión sistémica que significaba permanecer con el modelo económico anterior- al conceder mayor espacio al mercado y a las relaciones monetario-mercantiles. Al tiempo que aún no ha podido resolverse –pero tendrá obligatoriamente que encontrarse una solución- el tema de la llamada "pirámide invertida", hoy lamentablemente mucho más expandida, la cual continúa haciendo su labor de zapa en las conciencias.

Ello es realmente preocupante, en un país como el nuestro, con más de un millón de graduados universitarios. Lo que constituye una fuente de talentos y fuerza altamente calificada realmente envidiable. Lo triste es que aún no hemos creado las fórmulas adecuadas para saber aprovecharla en función del crecimiento económico. En la coyuntura actual aumentan cada día los que, siendo talentosos en sus profesiones, al no poder edificar su proyecto de vida e imposibilitados de construir o mantener a sus familias, pasan al sector cuentapropista a emplearse en funciones que nada tienen que ver con lo que estudiaron. Peor aún para el futuro de nuestro país, es cuando esos profesionales deciden emigrar a trabajar y establecerse definitivamente en otros países.

Si a todo ello, sumamos el trabajo subversivo que realiza nuestro ancestral enemigo del norte, aprovechándose de cada una de nuestras vulnerabilidades, es evidente la necesidad que tenemos poner además de la justicia, la cultura tan altas como las palmas.

El crecimiento económico es indispensable para la sostenibilidad del proyecto socialista, pero él no traerá por sí solo la garantía de la superación del horizonte capitalista, para eso hay que ir creando desde el presente una nueva cultura, diferente y superior a la del capitalismo. Cómo hacerlo desde la praxis revolucionaria es el mayor reto que tenemos los que conformamos la joven vanguardia artística e intelectual cubana.

Hay que seguir creando espacios e iniciativas que ofrezcan referentes culturales sólidos a nuestros jóvenes. Todo lo que hagamos debe estar bien pensado y tener una intencionalidad clara. Se impone mantener una vigilancia estricta y crítica contra todo aquello que signifique la reproducción de los códigos culturales del capitalismo. Es necesario continuar repensando cómo la Asociación puede incrementar su vocación social. El arte y la cultura tienen un especial potencial para aliviar el alma de las personas más necesitadas y sufridas, y de aquellas que aún continúan viviendo en condiciones de marginalidad. Creo que también los jóvenes artistas e intelectuales cubanos pudieran desempeñar un papel muy relevante en la guerra cultural tan intensa que hoy tiene lugar en Internet y en las redes sociales, multiplicando los contenidos contra-hegemónicos, pero para eso habría que ofrecerles mayores facilidades de conectividad. Al mismo tiempo, sería muy oportuno que la AHS trabajara de conjunto o incorporara a la organización a esos blogueros jóvenes cubanos, que tanto están aportándole al pensamiento revolucionario cubano y enfrentándose a toda la maquinaria mediática del sistema capitalista que ataca a nuestro país.

Por otro lado, hay que lograr un trabajo más coordinado entre todas las instituciones y organismos. Cuba es un país con la suerte de contar con numerosas instituciones y organismos vinculados a la cultura, pero muchas veces somos incoherentes y damos la imagen de que tenemos varias políticas culturales al mismo tiempo e incluso contrapuestas entre sí. Y hay que evitar que existan concesiones a la mercantilización de la cultura, así como la promoción de esos productos banales que reproducen el culto al tener como sentido de la vida.

El capitalismo ha tenido éxito en trabajar no en función de satisfacer las necesidades de las personas, sino en fabricar continuamente esas necesidades a partir de nuevos objetos. No crea mercancías, sino sueños esclavizantes que mantengan las ganancias crecientes. El socialismo, por el contrario, debe empeñarse en la etapa de tránsito en lograr que los ciudadanos tengan a partir de lo que son y lo que entregan a la sociedad, "a cada cual según su trabajo, de cada cual según su capacidad", pero buscando siempre la creación de un hombre que, por encima de todo, encuentre el sentido de su vida en el SER y que en ese SER esté también su reconocimiento social. Ahí es donde debemos potenciar que los jóvenes cubanos encuentren sus paradigmas de éxito.

Volver al Che, a ese hombre que algunos calificaron de idealista y voluntarista, pero que sin embargo, tuvo una claridad meridiana sobre los destinos del socialismo que se estaba construyendo en la URSS, se hace hoy también imperioso. Su pensamiento aún tiene mucho que decirnos y alertarnos. En 1963, hace ya 50 años, el Che reflexionaba: "El socialismo económico sin la moral comunista no me interesa. Luchamos contra la miseria, pero al mismo tiempo luchamos contra la alienación (…) Si el comunismo descuida los hechos de conciencia puede ser un método de repartición, pero deja de ser una moral revolucionaria".

Igual que en los años 60, cuando el Che participó activamente en el gran debate de la economía, algunos consideran hoy que hay que optimizar el crecimiento económico y que lo otro vendrá espontáneamente después. Y en ese aserto se equivocan dramáticamente. Si bien no debemos caer en el idealismo voluntarista que desprecia las estructuras económicas objetivamente existentes y el impacto que estas tienen en el accionar y el pensar de los individuos, tampoco podemos caer en el pragmatismo economicista que subvalora los aspectos subjetivos y los actos de conciencia en la transición socialista.

Que mejoren notablemente las condiciones económicas de nuestro país –algo indispensable para la sobrevivencia de nuestro proyecto- no significa que ese cambio se va a reflejar mecánicamente en el entramado ideológico-cultural, generándose una expansión de la conciencia solidaria y socialista. Antonio Gramsci, célebre marxista italiano, cuya obra merecería una mayor divulgación entre los jóvenes cubanos, explicó de manera brillante la relación orgánica que existe entre la base económica y la superestructura, librándose de la famosa dicotomía idealismo-economicismo.

Digo todo esto, pues me preocupa el renacer de algunos enfoques, caracterizados por un pragmatismo economicista, que están haciendo daño a la política cultural de la Revolución. Conceptos como rentabilidad y ganancia, no pueden implicar que nos asesinemos culturalmente. Por solo citar unos ejemplos, no puede ser que porque sea menos costoso, decidamos privilegiar los productos Hollywoodenses —muchas veces lo peor de ellos- a los cubanos o latinoamericanos, o que en los centros nocturnos por obtener mayores ingresos, lograr el autofinanciamiento y satisfacer el mal gusto del que paga, jerarquicemos la música vulgar y los mensajes banales.

Propuestas culturales e ideológicas originales, y objetivamente posibles, no pueden verse como un gasto. Solo lo serían en caso de no ser efectivas. Todas las vías que se piensen para lograr ingresos desde la cultura —lo cual también es necesario-, deben ser sobre la base de la protección de los principios esenciales que han guiado nuestra política cultural en los últimos años y la salvaguarda de nuestro patrimonio nacional. En este sentido no podemos permitir que los árboles nos impidan ver el bosque, pues pudiéramos terminar construyendo el "hombre nuevo" made in USA.

Como parte de ese cambio de mentalidad y esa nueva cultura que necesitamos, el debate entre revolucionarios es fundamental. Hay que aprender a escuchar de manera respetuosa los criterios diferentes, por mucho que estos no nos gusten y los consideremos erróneos, y multiplicar los espacios que permitan a los ciudadanos cubanos pensar el socialismo cubano del siglo XXI. Es cierto que existen jóvenes en nuestra sociedad talmente enajenados, que no ven más allá de las marcas de sus zapatos, pero hay muchos otros que tienen ansias de participar y ser escuchados, de ser protagonistas. Algunos son cuestionadores y críticos, pero ahí está la principal cantera de revolucionarios con la que contamos, aunque en algún momento expresen algún criterio que nos parezca inadecuado. El solo hecho de que se preocupen por su realidad, por el futuro de su país, es algo muy meritorio en los tiempos actuales.

Cuando se habla de la importancia del debate y de la

tolerancia a los criterios diferentes, me gusta siempre mencionar la frase del Che cuando dijo: "Lo único que creo es una cosa, que nosotros tenemos que tener la suficiente capacidad como para destruir todas las opiniones contrarias sobre la base del argumento, o si no dejar que las opiniones se expresen. Opinión que haya que destruirla a palos es opinión que nos lleva ventaja a nosotros....No es posible destruir las opiniones a palos y precisamente es lo que mata todo el desarrollo, el desarrollo libre de la inteligencia".

Espacios como Dialogar, dialogar, deberían ser algo natural en nuestra sociedad. Si lo logramos, brindaríamos el mejor homenaje a Alfredo Guevara, ese gran intelectual cubano, de pensamiento eternamente joven, que tantas enseñanzas nos legó. Además de ayudar a oxigenar el pensamiento social y las Ciencias Sociales, de estos debates surgen ideas muchas veces novedosas y propositivas que ayudan a perfeccionar nuestro socialismo. Pero a la vez aumentan los niveles de participación e identificación de los cubanos con el presente y el futuro del país. Contribuye a trasladar conocimientos y aumentar la cultura de nuestra población en numerosos temas de la historia y el presente de Cuba. Lo que no se conoce no se ama y es imposible de defender o transformar positivamente. Además, si nosotros mismos, los revolucionarios, no creamos y multiplicamos estos espacios, otros lo harán por nosotros, no siempre con los mejores propósitos. El reto sigue estando, como dijo Cintio Vitier, en crear y defender un parlamento en una trinchera.

En este sentido quería referirme también a la ausencia de estudios serios y profundos sobre la historia de la Revolución en el poder. En la asamblea provincial de la AHS en La Habana, Abel Prieto se refirió a la existencia de una guerra cultural muy intensa no solo contra el presente y el futuro de Cuba, sino también dirigida a desvirtuar su pasado y de cómo nos están rescribiendo la historia de la República y de la Revolución.

Ello es muy cierto, y lo que ocurre es que aún tenemos muchas zonas inexploradas en nuestra historia, que demandan una urgente aproximación de nuestros investigadores y una correcta divulgación e inserción de esos nuevos conocimientos en los libros de textos de nuestro sistema de educación. Por ejemplo, hay que también investigar, escribir y divulgar la historia de las figuras más funestas en la historia de Cuba o de las corrientes políticas más conservadoras. Tenemos que tener nuestra propia versión y no dejar esas páginas en blanco, que tanto les gusta llenar a nuestros enemigos.

Sin embargo, nuestra mayor deuda, y a la vez nuestra mayor vulnerabilidad, está en el poco conocimiento de nuestros jóvenes acerca de la historia de los últimos 50 años de Revolución. Y la responsabilidad mayor no es de ellos. Urge que la juventud cubana se apodere de todos los temas de la historia de la Revolución, por muy sensibles y espinosos que puedan resultar algunos de ellos. Preguntémonos hoy, por ejemplo: ¿cuántos jóvenes conocen la historia acerca del juicio de Marquitos?, ¿qué saben sobre el sectarismo a la microfacción?, ¿de la ofensiva revolucionario del 68, la zafra del 70 o eso que muchos llaman quinquenio gris?, ¿cuántos conocen en profundidad, incluso, temas más divulgados, como Girón, la Crisis de Octubre, el pensamiento de Fidel y del Che?

Lo peligroso en ese sentido es que después vienen los enemigos a mecernos la cuna y a contarnos una historia totalmente adulterada. Pero también es imperioso un examen crítico de toda esta etapa, con sus luces y sus sombras. Los que no conocen los errores de su historia, están imposibilitados de contar con la experiencia que evitaría su repetición.

Aunque se han producido ligeros progresos en los estudios de la Revolución en el poder, y el Instituto de Historia, la Academia de la Historia de Cuba y la Unión de Historiadores de Cuba, ha hecho algunos esfuerzos, aún es insuficiente y la mayoría de las investigaciones continúan centrándose en etapas anteriores.

Considero que uno de los problemas fundamentales

que desmotiva a nuestros investigadores a incursionar en esta etapa, es el escaso acceso que tienen a los documentos que le permitan realmente hacer aportes novedosos e interesantes desde la ciencia histórica. La mayoría de los libros que se han escrito sobre este período, deben su existencia a fuentes secundarias. Por otro lado, son pocos los textos que han abordado la etapa de manera totalizadora, pues más bien la atención ha estado centrada en temas muy específicos como: la campaña de alfabetización, la lucha contra bandidos, Girón, Crisis de Octubre, el proceso de institucionalización del país y el pensamiento y la obra de algunas personalidades, por solo mencionar algunos ejemplos.

A más de 50 años de Revolución sería muy oportuno la creación de alguna ley de desclasificación de documentos o de alguna Comisión que pueda encargarse de esta misión de comenzar a revisar y sacar a la luz algunos documentos que se hallan en nuestros archivos. Esto podría estimular sobremanera el trabajo investigativo de nuestra historia más reciente, especialmente a los investigadores más jóvenes. Al mismo tiempo, pudiera pensarse algún tipo de estrategia para divulgar su contenido, tanto en papel impreso, como en forma digital. Así como prepararse libros con selecciones de estos documentos, con el ánimo de facilitar el trabajo de los investigadores. En nuestros archivos descansan documentos de un valor incalculable. Su desclasificación sería fundamental para enfrentar la guerra cultural que también existe en el campo de la Historia, y que está dirigida principalmente hacia la juventud cubana.

Quería terminar mis palabras citando a Alfredo Guevara, cuando dijo: "No habría modo de refundar el socialismo sin desterrar la fealdad, la miseria y la ignorancia, enemigas imperialistas que se empeñan en invadirnos y que andan infiltradas...Son rasgos incompatibles con el socialismo. El socialismo tendrá que ser definitivamente neo-renacentista cultor de la belleza". Muchas Gracias.

RELEYENDO *PALABRAS A LOS INTELECTUALES* [598]

Aunque para muchos pueda parecer reiterativo, el paso del tiempo obliga a nuevas relecturas de *Palabras a los intelectuales*. No son pocos los representantes de las nuevas hornadas de jóvenes que desconocen la trascendencia de aquellos intercambios sostenidos los días 16, 23 y 30 de junio de 1961, en la Biblioteca Nacional, entre la dirección de la Revolución Cubana, en especial su líder histórico Fidel Castro y un grupo de escritores y artistas. "Dentro de la revolución todo, contra la revolución nada", es la frase a la que se recurre en muchos casos como único referente de las memorables *Palabras*....

En aquellas reuniones que marcarían el destino de la política cultural de la Revolución Cubana, estuvieron entre otros destacados intelectuales: Roberto Fernández Retamar, Alfredo Guevara, Graziella Pogolotti, Lisandro Otero, Pablo Armando Fernández, Lezama Lima y Virgilio Piñera. El más joven era Miguel Barnet, con apenas 21 años. El detonante de la reunión fue la prohibición del documental PM —realmente intrascendente si lo analizamos hoy— por la dirección del ICAIC, pero en realidad la cuestión trascendía a PM. El fantasma del "realismo socialista", provocaba temores en algunos círculos intelectuales y, al mismo tiempo, a la dirección de la Revolución, enfrascada en un proceso de unidad entre las tres fuerzas principales que habían luchado contra Batista: el movimiento 26 de julio, el Partido Socialista Popular (PSP) y el Directorio Revolucionario 13 de marzo; se le hacía imperioso extender también ese proceso al terreno de los escritores y artistas cubanos, donde existían no pocos conflictos y divisiones. El intercambio dio su primer fruto con la creación de la

---

[598] Publicado en: *La Jiribilla*, no 686, 5-11 de julio de 2014.

UNEAC en agosto del propio año, al celebrarse el Primer Congreso Nacional de Escritores y Artistas.

El alcance de las *Palabras...* de Fidel está también en el contexto en que fueron pronunciadas. La Isla acababa de derrotar una invasión mercenaria en abril del 61 y permanecía movilizada para la guerra. El presidente J.F. Kennedy había sufrido la principal derrota de su carrera política y era evidente que buscaría el desquite. En noviembre de ese año el presidente norteamericano aprobó la operación Mangosta, el plan subversivo más grande orquestado contra Cuba desde Washington, que debía culminar con la intervención directa en la Isla, de las Fuerzas Armadas de los EE.UU. en octubre de 1962. Existían bandas armadas en distintas zonas montañosas del país y los planes de atentados contra la vida de los dirigentes de la Revolución seguían su curso. La lucha interna de clases en Cuba estaba en pleno apogeo y la guerra psicológica hacía sus estragos, en especial a través de la llamada operación Peter Pan[599]. Es en medio de ese contexto de guerra abierta y encubierta contra Cuba, que el líder de la Revolución dedica una buena parte de su tiempo a los problemas de la cultura. Durante tres días, escucha pacientemente las preocupaciones y reclamos de los escritores y artistas, hasta que finalmente el día 30 pronuncia las históricas palabras.

Ello es una muestra fehaciente de cómo la cultura estuvo desde los propios inicios en el corazón mismo del proyecto revolucionario cubano. La Revolución, para poder sobrevivir y avanzar tenía que ser por sobre todas

---

[599] La conocida como Operación Peter Pan fue una de las más secretas y siniestras operaciones de guerra psicológica organizada por el gobierno de los EE.UU. contra la Revolución Cubana, al manipular el tema de la *patria potestad* de los padres cubanos sobre sus hijos. Su principal ejecutor en coordinación con el gobierno de EE.UU. fue el cura de origen irlandés Bryan O. Walsh. Por esta vía salieron de Cuba un total de 14,048 niños, muchos de ellos nunca volvieron a encontrarse con su padres.

las cosas un hecho cultural. No se trataba solo de la toma del poder político, sino de la creación de una nueva cultura, de la creación de un hombre nuevo. De ahí que la institucionalidad de la cultura comenzara a crearse desde 1959. Por eso, al llegar el año 1961 ya existía, entre otras instituciones, Casa de las Américas y el ICAIC. Además, el país se encontraba inmerso en la Campaña de Alfabetización. Es esta acelerada revolución cultural la que explica que en un país como Cuba, donde el anticomunismo se había inoculado hasta el cansancio, se pudiera, en tan corto tiempo, declarar el carácter socialista de la Revolución, y que, cuando los milicianos fueran a las arenas de Playa Larga y Playa Girón, lo hicieran no solo con el objetivo de enfrentarse a una invasión mercenaria, sino dispuestos a morir en la defensa del socialismo.

Cuando uno analiza esto, le es muy fácil entender entonces, por qué en los más difíciles años del Período Especial Fidel plantea que lo primero que había que salvar era la cultura. Y es que en la cultura ha estado siempre la clave de la resistencia y sobrevivencia de la Revolución frente al poder global del capitalismo liderado por la potencia imperialista del Norte, incluso, en los momentos del derrumbe del campo socialista, cuando muchos de nuestros adversarios pensaban que el "efecto dominó" terminaría con el desafío cubano.

Fidel dedica una buena parte de sus *Palabras...* a despejar la duda sobre una posible variante tropical en Cuba del "realismo socialista": "Permítanme decirles, en primer lugar, que la Revolución defiende la libertad; que la Revolución ha traído al país una suma muy grande de libertades; que la Revolución no puede ser por esencia enemiga de las libertades; que si la preocupación de algunos es que la Revolución va asfixiar su espíritu creador, que esa preocupación es innecesaria, que esa preocupación no tiene razón de ser"[600]. Más avanzada la intervención expresa: "La Revolución no

---

[600] *Palabras a los intelectuales*, Casa Editora Abril, La Habana, 2007 (cuarta edición), p.12.

puede pretender asfixiar el arte o la cultura cuando una de las metas y uno de los propósitos fundamentales de la Revolución es desarrollar el arte y la cultura, precisamente para que el arte y la cultura lleguen a ser un patrimonio real del pueblo"[601].

Palabras a los intelectuales en 1961, han sido en diversas oportunidades manipuladas o leídas de forma fragmentada. Lo frase que más se descontextualiza es cuando Fidel exclama: "dentro de la Revolución, todo; contra la Revolución, nada"[602], tratando de darle a esta un viso excluyente, cuando se trata de todo lo contrario. Está claro que, sin una lectura completa del discurso, puede surgir la incógnita de cómo definir y hasta dónde, el "dentro" y "el contra". Mas Fidel responde de manera magistral esa interrogante —y me parece la frase más importante y a la vez menos citada de ese discurso— :"La Revolución solo debe renunciar a aquellos que sean incorregiblemente reaccionarios, que sean incorregiblemente contrarrevolucionarios"[603].

Con esta expresión estaba diciendo que podían existir, incluso, contrarrevolucionarios corregibles y que la Revolución debía aspirar a sumarlos al proceso. Además, que todos aquellos escritores y artistas honestos, que sin tener una actitud revolucionaria ante la vida tampoco eran contrarrevolucionarios, debían tener derecho y las oportunidades de hacer su obra dentro de la Revolución. "La Revolución debe tener la aspiración de que no sólo marchen junto a ella todos los revolucionarios, todos los artistas e intelectuales revolucionarios —dice Fidel— (...) la revolución debe aspirar a que todo el que tenga dudas se convierta en revolucionario (...) la Revolución nunca debe renunciar a contar con la mayoría del pueblo"[604].

---

[601] Ibídem, p.17.
[602] Ibídem, p.16.
[603] Ibídem, pp.15-16
[604] Ibídem, p.15.

Este es otro de los pasajes más relevantes de las *Palabras...* en medio de aquellas circunstancias tan complejas y tensas, de peligro para la patria. En ellas solo puede encontrarse un tono y sentido totalmente inclusivo, anti-dogmático, alejado de cualquier tipo de sectarismo. Como en juicio docto ha señalado Fernando Martínez Heredia: "Yo veo la trascendencia de *Palabras a los intelectuales* en el conjunto de la intervención de Fidel y en los objetivos que tuvo, más que en la frase famosa. A mi juicio, esa frase atendía a lo esencial de aquella coyuntura, y no al propósito imposible de enunciar en un principio general permanente de política cultural"[605].

Asimismo, Fidel esboza toda una serie de ideas para beneficiar a los artistas y escritores cubanos y estimular que su espíritu creador encontrara las mejores condiciones para desarrollarse. También sobre la promoción del arte y la literatura entre las grandes masas de la población. "La Revolución significa, precisamente, más cultura y más arte"[606], enfatiza en los momentos finales del discurso.

Sin duda, esta intervención de Fidel marcó de alguna manera lo que podemos considerar los principios fundamentales de la política cultural de la revolución. Que en los años 70 hubo distorsiones y errores, eso nadie lo puede negar, pero por suerte luego se rectificaron muchas de aquellas prácticas y se recuperó el camino trazado por *Palabras a los intelectuales*. Este discurso definió la originalidad y herejía de la Revolución también en el campo cultural, frente a las experiencias socialistas precedentes. Permitió que la cultura en Cuba alcanzara tales grados de democratización, que trascurridos 53 años, podemos enorgullecernos diciendo que constituye una de las principales conquistas de la Revolución Cubana.

---

[605] Fernando Martínez Heredia, "Cincuenta Años de Palabras a los intelectuales", Cubarte, 30 de junio de 2011.
[606] *Palabras a los intelectuales*, Ob. Cit, p.35.

Por otro lado, habría que decir que *Palabras a los intelectuales* fue solo el comienzo de lo que sería un diálogo permanente y abierto, entre el líder de la Revolución con los artistas y escritores cubanos, siendo él mismo uno de los más brillantes exponentes de la intelectualidad cubana. En aquel junio de 1961, se confirmó que, una vez más en la historia de Cuba, la vanguardia política y la vanguardia intelectual volvían a ser la misma cosa.

ELIER RAMÍREZ CAÑEDO

Editorial Letra Viva ©

2014

251 Valencia Avenue #0253
Coral Gables, FL 33114

www.ingramcontent.com/pod-product-compliance
Lightning Source LLC
Chambersburg PA
CBHW070623270326
41926CB00011B/1791